北京市教工委项目"国家治理现代化与民族复兴理论研究"成果,
项目编号:L18H200010

人间正道

《大学》的人生教育

李效东 著

北京出版集团
北京出版社

图书在版编目（CIP）数据

人间正道：《大学》的人生教育 / 李效东著. — 北京：北京出版社，2022.12
ISBN 978-7-200-17625-4

Ⅰ. ①人… Ⅱ. ①李… Ⅲ. ①儒家②《大学》—研究 Ⅳ. ①B222.15

中国版本图书馆CIP数据核字（2022）第239836号

人间正道
《大学》的人生教育
RENJIAN ZHENGDAO

李效东 著

*

北 京 出 版 集 团
北 京 出 版 社 出版
（北京北三环中路6号）
邮政编码：100120

网　　址：www.bph.com.cn
北 京 出 版 集 团 总 发 行
新 华 书 店 经 销
北京建宏印刷有限公司印刷

*

170毫米×240毫米　23印张　438千字
2022年12月第1版　2023年5月第2次印刷
ISBN 978-7-200-17625-4
定价：98.00元
如有印装质量问题，由本社负责调换
质量监督电话：010-58572393

目录

前言 ·· 1
导论 ·· 1
   一、"教人之法" ··· 2
   二、"行其政教" ··· 11
   三、"大学之道" ··· 18

第一章　知 ··· 22
   一、"入德之门" ··· 23
   二、"止于至善" ··· 36
   三、"知所先后" ··· 47

第二章　行 ··· 60
   一、"修身为本" ··· 62
   二、"知其所止" ··· 66
   三、"大畏民志" ··· 86

第三章　真 ··· 95
   一、"即物而穷其理" ·· 96
   二、"因其已知之理而益穷之" ····································· 109
   三、"求至乎其极" ··· 119

第四章　善 · 132
一、"毋自欺也" · 133
二、"必慎其独" · 144
三、"必诚其意" · 154

第五章　美 · 166
一、"修身在正其心" · 167
二、"不得其正" · 179
三、"心正而后身修" · 191

第六章　家 · 203
一、"齐其家在修其身" · 203
二、"辟焉" · 220
三、"身修而后家齐" · 230

第七章　国 · 244
一、"治国必先齐其家" · 245
二、"其机如此" · 265
三、"家齐而后国治" · 283

第八章　天　下 · 297
一、"平天下在治其国" · 299
二、"辟则为天下僇矣" · 310
三、"国治而后天下平" · 332

附　录 · 351
程朱重排《大学》原文分章 · 351

后　记 · 356

前言

"我和朋友只谈大事,只谈修身齐家治国平天下的事!"这是毛泽东回忆学生时代的话,"除了不谈女人——普遍在这时期的青年的生活中极为重要——以外,我和同伴连日常生活中的琐事也是不谈的。记得有一次在一个青年的家里,他和我谈起'买肉'的事情,并且当面叫佣人来和他商量,叫他去买。我动怒了,以后就不和他来往"。1921年1月1日,毛泽东在新民学会长沙会员大会上的发言中说:"现在国中对于社会问题的解决,显然有两派主张:一派主张改造,一派则主张改良。前者如陈独秀诸人,后者如梁启超、张东荪诸人。改良是补缀办法,应主张大规模改造。至用'改造东亚',不如用'改造中国与世界'。提出'世界',所以明吾侪的主张是国际的;提出'中国',所以明吾侪的下手处;'东亚'无所取义。中国问题本来是世界的问题,然从事中国改造不着眼及于世界改造,则所改造必为狭义,必妨碍世界。"不知道今天的青年学生看了这些话有何感想,我本人的感受是伟人都是志向远大的人,凡人都是追求平凡生活的人。毛泽东出生在湖南湘潭韶山冲,父亲是个农民,年轻时因负债累累曾去当兵。虽然,父亲后来靠着节省和做小生意赚了点钱,不仅赎回了田地而且成为相对富裕的农民。毛泽东的家庭也就仅此而已,既不是官宦之家,也不是书香门第。湖南湘潭腾巨龙,韶山飞出金凤凰,靠的不就是"修身齐家治国平天下"之志?

但是,"只谈大事,只谈修身齐家治国平天下的事",在今天大多数学生看来是"天方夜谭"。很多青年学生谈"健身"而不是"修身","成家"而不是"齐家","当官"而不是"治国","出国"而不是"平天下"。毫无疑问,那时候的学生也不都像毛泽东一样,今天自然也有类似青年毛泽东的学生。"有些人改变国家,有些人改变国籍",我们应该教育青年学生,像青年毛泽东那样的学生,应该被认定为最优秀的学生,因为修身齐家治国平天下是人间正道!今天的学生几乎没有时间谈"修身齐家治国平天下的事",他们有做不完的作业、考不完的题,而这一切又都是为了进入一流大学,找到一份好工作,遇到一个好对象,建立一个好家庭,过上自己的好日子。我们今天的大学更加注重职业生涯规划,更加注重专业知识教育。"人民对美好生活的向往,就是我们的奋斗目标"!注重职业生涯规划和专业知识教育,无疑回应了最广大民众的心声。但是,很显然,必须有人带领人民为美好生活而奋斗,因此必须有人谈"修身齐家治国平天下的事"。大学如果不谈谁谈?大学生如果不做谁做?

2014年5月4日,习近平在北京大学师生座谈会上的讲话中指出:"古人说:'大学之道,在明明德,在亲民,在止于至善。'核心价值观,其实就是一种德,既是个人的德,也是一种大德,就是国家的德、社会的德。国无德不兴,人无德不立。如果一个民族、一个国家没有共同的核心价值观,莫衷一是,行无依归,那这个民族、这个国家就无法前进。"大学之"大",正在修身、齐家、治国、平天下。如果只是为了找一份工作,那上职业技术学校就可以了。2021年4月19日,习近平在清华大学考察时强调,广大青年"要锤炼品德,自觉树立和践行社会主义核心价值观,自觉用中华优秀传统文化、革命文化、社会主义先进文化培根铸魂、启智润心,加强道德修养,明辨是非曲直,增强自我定力,矢志追求更有高度、更有境界、更有品位的人生"。所谓"更有高度、更有境界、更有品位的人生",就是能超越谋求一己私利、致力于治国平天下的人生。2022年4月25日,习近平在中国人民大学考察时指出,"世界百年未有之大变局加速演进,世界进入新的动荡变革期,迫切需要回答好'世界怎么了''人类向何处去'的时代之题。要坚持把马克思主义基本原理同中国具体实际相结合、同中华优秀传统文化相结合,立足中华民族伟大复兴战略全局和世界百年未有之大变局,不断推进马克思主义中国化时代化。加快构建中国特色哲学社会科学,归根结底是建构中国自主的知识体系。要以中国为观照、以时代为观照,立足中国实际,解决中国问题,不断推动中华优秀传统文化创造性转化、创新性发展,不断推进知识创新、理论创新、方法创新,使中国特色哲学社会科学真正屹立于世界学术之林。哲学社会科学工作者要做到方向明、主义真、学问高、德行正,自觉以回答中国之问、世界之问、人民之问、时代之问为学术己任,以彰显中国之路、中国之治、中国之理为思想追求,在研究解决事关党和国家全局性、根本性、关键性的重大问题上拿出真本事、取得好成果。要发挥哲学社会科学在融通中外文化、增进文明交流中的独特作用，传播中国声音、中国理论、中国思想，让世界更好读懂中国，为推动构建人类命运共同体做出积极贡献。"

毛泽东说的"修身齐家治国平天下"，习近平说的"大学之道，在明明德，在亲民，在止于至善"，都出自《大学》。"大学之书，古之大学所以教人之法也"，《大学》是讲中国古代教育方法的书。本书的基本目的就是通过研究阐释《大学》，思考今天大学"培养什么人、怎样培养人、为谁培养人这一根本问题"。"大学之道，在明明德"，要"坚持把立德树人作为根本任务"，但怎么才能"明明德"或"立德"呢？"古之欲明明德于天下者，先治其国；欲治其国者，先齐其家；欲齐其家者，先修其身；欲修其身者，先正其心；欲正其心者，先诚其意；欲诚其意者，先致其知；致知在格物。物格而后知至，知至而后意诚，意诚而后心正，心正而后身修，身修而后家齐，家齐而后国治，国治而后天下平"，中国古代大学教育不是抽象地谈论"明明德""立德树人"，而是强调"明明德""立德树人"必须从治理好自己的国家开始，治理好自己的国家又要先管理好自己的家庭，管理好自己的家庭又必须先修养自己品行，修养自己的品行首在端正自己的心态，端正自己的心态必须先做到意念诚实，意念诚实必须先有正确的认知，正确的认知则来自社会实践。唯有通过社会实践才能获得正确的认知，获得了正确的认知才能意念诚实，意念诚实才能端正心态，端正心态才能修养品行，修养品行才能管好家庭，管好家庭才能治理好国家，治理好国家才能使天下太平。如此才能避免各国互相指责甚至发动战争，才能实现天下太平。当今世界矛盾和冲突的根源，在于西方国家无视自身问题，却对别国问题妄加指责，甚至为此发动战争。"修身"是连接"格物、致知、诚意、正心"和"治国、平天下"的关键环节，所以强调"自天子以至于庶人，壹是皆以修身为本"。从最高领导者到普通民众，都要以身体力行的美好品德为根本，这就是人类和平相处的"大学之道"。"身修而后家齐，家齐而后国治，国治而后天下平"，每个人都能身体力行美好品德，就能把自己的家庭和国家建设好，最后就能达到"天下太平"的"至善"境界，这就是中国自古至今最崇高的政治理想。《大学》提出了与"个人主义"不同的"天下主义"，与"自由竞争"不同的"天下太平"，这是"大学之道，在明明德"提出的崇高道德理想，这也就是"修身"的"立德"方面。有了崇高道德理想还要教导人去践行，所以"大学之道，在明明德"之外还有"在亲民，在止于至善"，这就是"修身"的"树人"方面。"欲修其身者，先正其心；欲正其心者，先诚其意；欲诚其意者，先致其知；致知在格物。物格而后知至，知至而后意诚，意诚而后心正，心正而后身修"。《大学》讲的"修身"并不是佛家的"修心养性"或道家说的"修道炼丹"，也不是今天人们越来越注意的"健身健美"。"修身"固然是要"正心诚意"，但不能靠直接"明心见性"，而要通过间接的"格物致知"，这就是"物格而后知至，知至而后意诚，意诚而后心正，心正而后身修"，这是"大学之道"提出的"修身"从"格物"开始，也就是一切从客观实际出发的唯物主义立场。也正因为只有通过"格物致知"才能真正达到"诚意正心"的"修身"目标，所以，"欲修其身者，先正其心；欲正其心者，先诚其意；欲诚其意者，先致其知；致知在格物"，"修身"最终要落实到"格物"，这就是"大学之道"提出的"修身"最终在于"格物"，也就是"在亲民，在止于至善"，这也就是"改造世界"的辩证法立场。由此可见，《大学》还提出了与"唯心主义"不同的"唯物主义"，与"形而上学"不同的"辩证法"。"大学之道，在明明德"是"修身"的"立德"方面，"在亲民，在止于至善"是"修身"的"树人"方面。所谓"厚德载物"，"明明德"或"立德树人"绝不是空洞的道德说教，"道德"必须经由"格物致知"才能真正"心有所得"，"大学之道"就是通过认识世界发展客观规律实现道德"内化于心"。所谓"君子之德风，小人之德草，草上之风必偃"，"明明德"或"立德树人"正体现"在亲民，在止于至善"，"大学之道"就是通过道德"外化于行"以改造世道人心和实现治国平天下。概而言之，"大学之道"，"修身为本"，"修身"包括"内修"和"外修"，是"内圣"和"外王"的统一。中国人自古有"王天下"或"平天下"的崇高理想，但历来反对依靠武力称霸世界的霸权主义，推崇"为政以德，譬如北辰，居其所而众星共之"，也就是依靠遵循美德实现天下民众相亲相爱的至善境界。

如果说毛泽东那一代中国青年学生的历史使命是让中国赶上世界潮流，新时代的中国青年学生的历史使命就是要让中国引领世界潮流。人类已经到了需要中国人贡献中国智慧和中国方案的新时代，因此，谈"修身齐家治国平天下的事"正当其时。我们不能把马克思主义窃取为解决人类问题的中国智慧和中国方案，我们也不能当沉迷于中华优秀传统文化的"啃老族"。只有把马克思主义基本原理同中国具体实际相结合、同中华优秀传统文化相结合，推动中华优秀传统文化创造性转化、创新性发展，推进马克思主义中国化、时代化，才能真正为解决人类共同问题贡献中国智慧和中国方案。本书就是在这方面的一个粗浅尝试，希望有益于培养为人民谋幸福、为民族谋复兴、为世界谋大同的时代新人。

导论

  《大学》之书，古之大学所以教人之法也。盖自天降生民，则既莫不与之以仁义礼智之性矣，然其气质之禀或不能齐，是以不能皆有以知其性之所有而全之也。一有聪明睿智能尽其性者出于其间，则天必命之以为亿兆之君师，使之治而教之，以复其性。此伏羲、神农、黄帝、尧、舜所以继天立极，而司徒之职、典乐之官所由设也。三代之隆，其法寖备，然后王宫、国都以及闾巷，莫不有学。人生八岁，则自王公以下，至于庶人之子弟，皆入小学，而教之以洒扫、应对、进退之节，礼乐、射御、书数之文。及其十有五年，则自天子之元子、众子，以至公、卿、大夫、元士之适子，与凡民之俊秀，皆入大学，而教之以穷理、正心、修己、治人之道。此又学校之教、大小之节所以分也。夫以学校之设，其广如此，教之之术，其次第节目之详又如此，而其所以为教，则又皆本之人君躬行心得之余，不待求之民生日用彝伦之外，是以当世之人无不学。其学焉者，无不有以知其性分之所固有，职分之所当为，而各俛焉以尽其力。此古昔盛时所以治隆于上，俗美于下，而非后世之所能及也！

  及周之衰，贤圣之君不作，学校之政不修，教化陵夷，风俗颓败，时则有若孔子之圣，而不得君师之位以行其政教，于是独取先王之法，诵而传之，以诏后世。若《曲礼》《少仪》《内则》《弟子职》诸篇，固小学之支流余裔，而此篇者，则因小学之成功，以著大学之明法，外有以极其规模之大，而内有以尽其节目之详者也。三千之徒，盖莫不闻其说，而曾氏之传独得其宗，于是作为传义，以发其意。及孟子没而其传泯焉，则其书虽存，而知者

鲜矣！自是以来，俗儒记诵词章之习，其功倍于小学而无用；异端虚无寂灭之教，其高过于大学而无实。其他权谋术数，一切以就功名之说，与夫百家众技之流，所以惑世诬民、充塞仁义者，又纷然杂出乎其间。使其君子不幸而不得闻大道之要，其小人不幸而不得蒙至治之泽，晦盲否塞，反复沈痼，以及五季之衰，而坏乱极矣！

天运循环，无往不复。宋德隆盛，治教休明。于是河南程氏两夫子出，而有以接乎孟氏之传。实始尊信此篇而表章之，既又为之次其简编，发其归趣，然后古者大学教人之法、圣经贤传之指，粲然复明于世。虽以熹之不敏，亦幸私淑而与有闻焉。顾其为书犹颇放失，是以忘其固陋，采而辑之，间亦窃附己意，补其阙略，以俟后之君子。极知僭逾，无所逃罪，然于国家化民成俗之意、学者修己治人之方，则未必无小补云。

淳熙己酉二月甲子，新安朱熹序

"《大学》之书，古之大学所以教人之法也。"朱熹这篇序言开宗明义，指明《大学》这本书讲的是古代大学用以教导人的方法。"大学之道"，概而言之，就是"三纲八目"，也就是"大学之道，在明明德，在亲民，在止于至善"，进而言之，"古之欲明明德于天下者，先治其国；欲治其国者，先齐其家；欲齐其家者，先修其身；欲修其身者，先正其心；欲正其心者，先诚其意；欲诚其意者，先致其知；致知在格物。物格而后知至，知至而后意诚，意诚而后心正，心正而后身修，身修而后家齐，家齐而后国治，国治而后天下平"。"三纲八目"简单明了而又环环相扣，或许曾启发了革命队伍建设的"三大纪律八项注意"，确定无疑地启发了社会主义核心价值观"三个层次八个倡导"。《大学》是中国古代核心价值观教育的专书，今天学习《大学》的主要意义就是理解中国人历久弥新的价值追求。

一、"教人之法"

"盖自天降生民，则既莫不与之以仁义礼智之性矣"，这意味着"大学之道"是从"天命之谓性"出发的，也就是首先要尊重人的天赋秉性。"一有聪明睿智能尽其性者出于其间，则天必命之以为亿兆之君师，使之治而教之，以复其性"，这意味着教育者自身需是"聪明睿智能尽其性者"，这就是所谓的"在明明德"；"使之治而教之"亦不过是使学生"复其性",这就是所谓的"在亲民"。"其学焉者,无不有以知其性分之所固有,职分之所当为,而各俛焉以尽其力",教学不过是教师根据学生本身固有的天分,以及社会分工所需承担的分内之责,促使每个学生都能发挥其天赋潜能、实现人尽其才,这就是所谓的"在止于至善"。由此可见,中国古代大学教育非但不扭曲人性,反倒是特别强调尊重个性发展,致力于促进人的自主发展。

(一)"仁义礼智之性"

教育的方法说到底是由对人性的看法决定的。如果认为人性是恶的,那么教育就是教人"改恶从善";如果认为人性是善的,那么教育就是教人"积善成德"。中国人比较普遍地接受"人之初,性本善",所以赞同教育不应"扭曲人性"而应"因材施教"。子曰:"古之学者为己,今之学者为人。"(《论语·宪问》)孔子当时就批评说古代学者学习是为了充实提高自己,现在的学者学习是为了装饰而满足别人的看法。孟子认为先王不是从天下国家治理的需要出发来教育人,而是从人的善良本性出发来治理天下国家。

> 人皆有不忍人之心。先王有不忍人之心,斯有不忍人之政矣。以不忍人之心,行不忍人之政,治天下可运之掌上。所以谓人皆有不忍人之心者,今人乍见孺子将入于井,皆有怵惕恻隐之心。非所以内交于孺子之父母也,非所以要誉于乡党朋友也,非恶其声而然也。由是观之,无恻隐之心,非人也;无羞恶之心,非人也;无辞让之心,非人也;无是非之心,非人也。恻隐之心,仁之端也;羞恶之心,义之端也;辞让之心,礼之端也;是非之心,智之端也。人之有是四端也,犹其有四体也。有是四端而自谓不能者,自贼者也;谓其君不能者,贼其君者也。凡有四端于我者,知皆扩而充之矣,若火之始然,泉之始达。苟能充之,足以保四海;苟不充之,不足以事父母。①

孟子是"性善论"的代表,"性善"的依据是"人皆有不忍人之心",也都有

---

① (宋)朱熹,集注.四书章句集注[B].北京:中华书局,2016:238—239.

不能忍受险恶的善心,比如看到小儿就要掉到井里去了,都会感同身受地惊恐万状,这种设想是自己或自己的孩子将掉进井里时产生的恻隐之心,就是"推己及人"的"不忍人之心"。古代的君王基于这种对同类的恻隐之心,所以实行了不忍人类受苦的仁政。与恻隐之心类似,人类还有羞恶之心、辞让之心、是非之心,它们是人最终确立仁、义、礼、智四种美德的"开端"。精神上的这"四端"就像肉体的"四肢",也像四肢实现人的物质追求一样,"四端"能实现人的精神追求。说自己做不到仁义礼智,这是自暴自弃。说自己的君主做不到,那是贬损自己的君主。它们就像星星之火和滚滚源泉,如果懂得让它们全面扩大和充分发挥,就能保证百姓安康、四海升平,否则就连奉养父母也办不到。孟子这段话概述了他关于"人之初,性本善"的"性善论",以及由此"扩而充之"确立的"仁政"思想。在教育上,则把每个人都看作是可以教养的,由此也奠定了"有教无类"的博大教育情怀。

很显然,"大学"从一开始就和"政治"联系在一起,因为"大学"本身就是面对天下国家需要的教育。值得注意的是,这是孟子、朱熹对人性的看法,并不是所有人的看法。比如荀子就是中国古人"性恶论"的代表,他认为:"凡人有所一同:饥而欲食,寒而欲暖,劳而欲息,好利而恶害,是人之所生而有也,是无待而然者也,是禹、桀之所同也。"(《荀子·荣辱》)商鞅表达了类似的看法:"民之性:饥而求食,劳而求佚,苦则索乐,辱则求荣,此民之情也。"(《商君书·算地》)韩非子也说:"夫民之性,喜其乱而不亲其法";"夫民之性,恶劳而乐佚。"(《韩非子·心度》)西方文化通常持"性恶论",比如亚里士多德就认为,"一般人显然是奴性的,他们宁愿过动物式的生活。不过他们也不是全无道理,因为许多上流社会的人也有撒旦那帕罗那样的口味",推崇的墓志铭是"吃吧,喝吧,玩吧,其余不必记挂";"我吃的和我享受的快事仍为我有,而所有财富则离我而去"[①]。此外还有"兼而有之"的观点。公都子曰:"告子曰:'性无善无不善也。'或曰:'性可以为善,可以为不善。是故文、武兴,则民好善;幽、厉兴,则民好暴。'或曰:'有性善,有性不善。是故以尧为君而有象,以瞽瞍为父而有舜,以纣为兄之子且以为君,而有微子启、王子比干。'今曰'性善',然则彼皆非与?"(《孟子·告子上》)告子认为人性无所谓善

---

① [古希腊]亚里士多德.尼各马可伦理学[M].北京:商务印书馆,2017:10.

或不善，或者说人性既可以从善也可以从恶，比如周文王、周武王的时候民风好善，大概是人民善良的本性受到感染；周幽王、周厉王的时候民风暴戾，大概人民邪恶的本性得到激发。又或者说人性有善和不善两面，因此以尧这样的圣人为君时也有像这样的刁民，以瞽瞍这样的恶人为父亲却有舜这样的孝子；以商纣王这样的暴君为兄长和侄子，却有微子启和王子比干这样的贤人。既然"性善"和"性恶"都能找到事例来证明，它自然只能证明"性无善无不善""性可以为善，可以为不善""有性善，有性不善"。普通人在日常生活中也很容易发现善、恶两种现象，因此，所以很容易得出类似告子的观点："人，一半是天使，一半是魔鬼。"

"性恶论"通常被认为是"神"为"人"立德立法的逻辑起点，所以，在神权统治的地方通常不认为人性本是善良。但是，这个观点很容易被人们所接受，因为大多数人都能感觉到自己也倾向于安逸享乐，甚至感觉这就是自己渴望的幸福。在"性善论"看来，"饥而欲食，寒而欲暖，劳而欲息，好利而恶害"，就像《大学》讲到的"如恶恶臭，如好好色"，并非"恶"而是"善"，"饥而不欲食，寒而不欲暖，劳而不欲息，恶利而好害"，"是谓拂人之性，菑必逮夫身"。"性恶论"说的"恶"其实首先是人的"理性"，理性怎么能说是恶呢？"君子好色而不淫"，好色但不淫乱就不能说是"恶"。"君子爱财，取之有道"，爱财但不违背道德地赚取，这当然是"善"。"性善论"和"性恶论"双方都能找到论证自身观点的证据，因此显得"无善无恶或可善可恶论"好像更高明，其实它只能让人无所适从，除了卖弄口舌没有多少价值，也根本不符合强调"喜怒哀乐之未发，谓之中"的"中庸之道"，是典型的"小人之中庸"。

朱熹说的"盖自天降生民，则既莫不与之以仁义礼智之性矣"，指的也就是"无恻隐之心，非人也；无羞恶之心，非人也；无辞让之心，非人也；无是非之心，非人也"。换句话说，"仁义礼智之性"就是"天命之谓性"，仁义礼智是人天生必有的本性。当然，这个"本性"或"根性"也只是个"端"，只是像种子的萌芽或树木的扎根。要真正结果成材还需要成长，教育的作用就是促进种子和树木发育成长。

（二）"知其性之所有而全之"

"然其气质之禀或不能齐，是以不能皆有以知其性之所有而全之也"，人的天性虽然在本质上都是善的，然而受生活环境的影响难免有量的差别，所以并非人人都能知道自身的全部潜能并把它发挥出来。大多数人一辈子浑浑噩噩，根本不知道自己要干什么、能干什么，这才是教育的根本问题。"一有聪明睿智能尽其性者出于其间，则天必命之以为亿兆之君师，使之治而教之，以复其性"，聪明睿智的人最根本的体现是知道大家应该干什么、每个人都能干什么，这样的人必定获得天命成为亿万人的君主或老师，从事治理人、教育人的工作，从而使亿万人都能发挥天赋秉性，实现人尽其才。"此伏羲、神农、黄帝、尧、舜，所以继天立极，而司徒之职、典乐之官所由设也"，伏羲、神农、黄帝、尧、舜，这些远古时代的君王继承天命建立政权，并且设立教育之职务、礼乐之官职都是为了这个目的。

"天命之谓性"强调万事万物都有其自身的内在规律性，"率性之谓道"则强调遵循事物自身的内在规律性才是当行之道。教育和治理民众必须遵循人性，就像制造木制器具必须遵循树木特性。

> 告子曰："性，犹杞柳也；义，犹桮棬也。以人性为仁义，犹以杞柳为桮棬。"
>
> 孟子曰："子能顺杞柳之性而以为桮棬乎？将戕贼杞柳而后以为桮棬也？如将戕贼杞柳而以为桮棬，则亦将戕贼人以为仁义与？率天下之人而祸仁义者，必子之言夫！"
>
> 告子曰："性犹湍水也，决诸东方则东流，决诸西方则西流。人性之无分于善不善也，犹水之无分于东西也。"
>
> 孟子曰："水信无分于东西。无分于上下乎？人性之善也，犹水之就下。人无有不善，水无有不下。今夫水，搏而跃之，可使过颡；激而行之，可使在山。是岂水之性哉？其势则然也。人之可使为不善，其性亦犹是也。"[1]

告子持"人性之无分于善不善"论，所以必然凭空在"性"上添加"仁义"。他认为人的本性好比杞柳树无所谓善恶，把人的本性纳于仁义正好比用杞柳树来制成杯盘，也就是说仁义完全是教育的"无中生有"。孟子强调人要顺着杞柳树的本性来

---

[1] （宋）朱熹，集注．四书章句集注 [B]．北京：中华书局，2016：331—332．

制成杯盘，而不是毁伤杞柳树的本性来制成杯盘。言下之意，树的本性不适合制作杯盘，人就没有办法把它制作成杯盘。如果毁伤杞柳树的本性来制作杯盘，那就像毁伤人的本性来要求仁义，这种"仁义"要求本身就不仁义。所以说引导天下人来损害仁义的，一定是告子这种似是而非的言论。告子又争辩说人性就像湍急的水流，在东方打开缺口便向东方流，在西方打开缺口便向西方流。所以，人性不能说善或不善，就像水不能说是向东流或向西流一样。孟子反驳他，说水的确不见得都向东流或向西流，但是，难道也不能说向上流或向下流吗？人性向善就像水往低处流，人的本性没有不善良的，就像水通常没有不向低处流的。至于水受到拍打而飞溅起来，甚至能高过额头；施加外力使它流动，它甚至能流上山岗。这难道是水的本性吗？外在势力迫使它如此的。人之可能受外在影响而做坏事，其善良本性也就像这样改变了。由此可见，儒家的教育思想其实非常人性化，认为人天生就有仁义礼智的"善根"，因此都是可以教养成为具有仁义礼智美德的人。

"然其气质之禀或不能齐，是以不能皆有以知其性之所有而全之也"，意味着"性善论"只是一个"定性"判断，而不是"定量"分析。"人之初，性本善"，只是认为人没有天生的坏蛋，不应该把人一出生就判定为"孽种"。坏人的孩子最终成为坏人，很可能是社会不接受他，迫使他自暴自弃的结果。但人的天生禀赋不同也是毫无疑义的，比如有些婴儿天生就有身体残疾，或者智力发育不全。智力水平高低，性情喜好不同，也同样是毫无疑义的。然而，并不能说发育不健全或者智力水平低的就不是"善"。古代的乐师通常都是盲人，舜的父亲瞽瞍应该就是乐师。像孙悟空从石猴变来，大概代表天生智商低下。教育最重要的不是发现"优秀人才"，而是发现"天赋秉性"。每个人生活的具体情境不同，所以并不是人人都能认识到自己天生的潜能，所以不能把自己的潜能全部发挥出来。这个道理很容易理解，很多人在成长的过程中大概都曾感慨过：要是我生活在那样的家庭，要是我在那样的学校上学……人天生的禀赋其实并没有那么大的差别，我们今天所知的杰出人物，如果生活在贫穷落后的非洲，饱受营养不良和疾病的摧残，也得不到良好的教育和成长环境，最终必定也难以成长成材。所以，"一有聪明睿智能尽其性者出于其间，则天必命之以为亿兆之君师，使之治而教之，以复其性"，聪明睿智的人其实不过是人类中潜能得到充分发挥的人，这样的人应该承担起亿万民众的领导者和教育者的责任，他们治理天下国家的任务就是让每个人的个性和潜能都能得到全面发展。"此伏羲、神农、黄帝、尧、舜所以继天立极，而司徒之职、典乐之官所由设也"，伏羲、神

农、黄帝、尧、舜顺承天命担任最高统治者，设置各种政务以及文教礼乐官员，都是为了恢复人个性发展的机会。

由此看来，儒家理想政治领导者和教育者都类似园丁，他们的聪明才智应该用于促进人的成长发展。也就是说，对于"因材施教""尊重个性"，中国古代本来有最好的智慧，但是，后来在科举考试中完全丢失了。"千军万马过独木桥"，绝大多数人才都掉到桥下淹死了，这就是教育的悲哀！当今中国教育的最大问题还是考试一刀切，而且学生始终处于考试升学的压力之中，在很大程度上扼杀了学生自身的天赋秉性。

（三）"穷理、正心、修己、治人之道"

"三代之隆，其法浸备，然后王宫、国都以及闾巷，莫不有学"，夏商周三代隆盛之时，教育体系堪称完备，王宫、国都、闾巷都设置有学校。从中也可以看出，学校最初是为培养政治领导者准备的，教育的主要对象是贵族子弟。古代教育也分为小学和大学，8岁上小学、15岁上大学，小学和大学所教的内容也不一样。

关于古代学校，孟子在回答滕文公问"为国"时曾说"设为庠序学校以教之。庠者，养也；校者，教也；序者，射也。夏曰校，殷曰序，周曰庠"（《孟子·滕文公上》），也就是说"校""序""庠"是夏、商、周三代学校的不同名称。据《礼记·王制》记载："有虞氏养国老于上庠，养庶老于下庠；夏后氏养国老于东序，养庶老于西序；殷人养国老于右学，养庶老于左学；周人养国老于东胶，养庶老于虞庠。虞庠在国之西郊。"由此可见，"庠"在舜的时候就有，周朝还有叫"东郊"的类似机构，所以"校""序""庠"的名称可能并不因朝代而完全不同，应该存在沿袭关系。郭秉文《中国教育制度沿革史》总结认为，尧、舜统治时期，在王宫附近至少有两种教育机构，一种称作"上庠"，另一种称作"下庠"。上庠提供较高等的教育，或称为"太学"；下庠是提供较低程度教育的场所，或称为"小学"。这两种学校，也存在于夏、商两朝，但名称不同。夏朝分别成为东序、西序，都以皇宫或都城的方位命名。商朝则分别称为右学、左学。右学在王宫之西，左学在王宫之东，其位置与夏时恰恰相反。这两种学校为王子、贵族与普通民众中的优秀子弟而设。在古代早期还存在另一些学校，如校、序、乡学与瞽宗。校即教，是夏朝教育平民孩子的学校。序即射箭，是商朝对这一类学校的命名。乡学则是给诸侯封地（乡）所设学校的名称。瞽宗设在王宫附近，是教习礼乐的场所[1]。周朝的学校分为两种：一种建在王城与诸侯首邑，另一种建在诸侯一般封地。其承续下来的共有五种：上庠、东序、瞽宗、成均、辟雍，前三种起源于舜、夏、商时期，成均是起源于周朝的学校，或称培养完美与均衡人格的学府，主要进行高等教育，建在都城南面。辟雍建在都城中心，是天子所设的大学。各诸侯封地的都城所设的大学称之为"泮宫"。周朝各地方的学校，设在闾的称为"塾"，设在党的称为"庠"或"序"，设在各州的称为"序"，设在各侯国所辖乡的称为"庠"[2]。值得注意的是，作为最早的学校，"庠"其实是养"国老"和"庶老"的地方。这说明教育的目的从一开始就是为了培养人伦道德和社会礼节。所谓"上老老而民兴孝，上长长而民兴弟，上恤孤而民不倍"，通过从小培养"孝悌也者，其为仁之本"来培养"忠君爱国"，这就是大学要传授的"家国情怀"。

"人生八岁，则自王公以下，至于庶人之子弟，皆入小学，而教之以洒扫、应对、进退之节，礼乐、射御、书数之文"，儿童长到八岁，不论王公贵族还是庶民百姓家子弟，都入小学，接受诸如洒水扫地、应答作对、进出家室的教育，以及学习礼义音乐、射箭驾车、书文计数。"洒扫"是日常家务劳动，"应对"和"进退"是日常生活礼节。《礼记·内则》说"凡内外，鸡初鸣，咸盥、漱，衣服，敛枕、簟，洒扫室堂及庭，布席，各从其事"，也就是家中男女长幼，鸡鸣即起，洗漱穿衣，收好枕席，洒水扫地，把屋里屋外都打扫干净，布置好坐席，各自从事自己的职责。这是通过从小培养劳动习惯和卫生习惯，逐步形成洁身自好的道德品行。《礼记·曲礼》则讲了很多"应对"和"进退"的礼节，比如"长者问，不辞让而对，非礼也"，"见父之执，不谓之进不敢进，不谓之退不敢退，不问不敢对"，"夫为人子者，出必告，反必面；所游必有常，所习必有业。恒言不称老"，等等与长者交往相处的礼节，要求孩子学会尊重长者。这和西方近代宣传的"平等"不完全一致，但也并不是宣扬所谓的"封建家长制"。《礼记·曲礼》说"太上贵德，其次务施报。礼尚往来。往而不来，非礼也；来而不往，亦非礼也。人有礼则安，无礼则危"，最好当然是人人道德品行高尚，而不需要彼此要求实施和回报，但既然不可能人人道德品行高尚，

---

[1] 郭秉文. 中国教育制度沿革史[G]. 北京：商务印书馆，2017：16—17.
[2] 郭秉文. 中国教育制度沿革史[G]. 北京：商务印书馆，2017：23—24.

就需要礼来规范彼此的交往关系。礼是双方有来有往的，只是我对他人有礼而对方不回报我，并不符合礼的本意；只要求对方有礼而自己不报之以礼，也不符合礼节。人与人之间能遵守礼节就能和睦安定，没有礼节互相制约就会有危险冲突。说到底，"夫礼者，自卑而尊人。虽负贩者，必有尊也，而况富贵乎？富贵而知好礼，则不骄不淫；贫贱而知好礼，则志不慑"，礼就是要懂得自我谦卑而尊重别人，即使是挑担的小贩也值得尊重并要懂得尊重他人，更何况大富大贵的人呢？富贵之后还知道重视礼节，就不会骄奢淫逸了；即便身处贫贱也知道遵守礼节，就不会人穷志短了。也就是说，中国古代的教育特别重视培养"洁身自好""不骄不躁""自立自强"等道德情操，强调独立的人格、谦卑的品格和自主的精神。

在"教之以洒扫、应对、进退之节"基础上，再学习"礼乐、射御、书数之文"，也就是文化知识与军事技能。这方面的学习主要为了选拔考试的需要，以及掌握实际技能。《礼记·王制》记载："命乡论秀士，升之司徒，曰'选士'。司徒论选士之秀者而升之学，曰'俊士'。升于司徒者不征于乡，升于学者不征于司徒，曰'造士'。乐正崇四术，立四教，顺先王《诗》《书》《礼》《乐》以造士：春、秋教以《礼》《乐》，冬夏教以《诗》《书》。"意思是说由诸侯封地乡考评优秀士子推荐给司徒，这叫"选士"；司徒评论选士中的优秀者推荐到大学，称为"俊士"。选拔到司徒那里的人不用服乡中徭役；推荐到大学的人免征国家徭役，这就是"造士"。乐正推崇《诗》《书》《礼》《乐》四门学术，把它们立为教育的四门课程，这是顺承先王选拔优秀人才的教育方法：春、秋两季的主要教学内容是《礼》《乐》，冬、夏两季则以《诗》《书》作为主要教学内容。《礼记·王制》又记载："凡执技论力，适四方，裸股肱，决射御。凡执技以事上者：祝史、射御、医卜及百工。"凡凭技艺为生者，考核他们的实践能力，派他们到各地区，裸露大腿手臂，比赛射箭驾车。凭技艺侍奉君主的人包括从事天文、历史、射箭、驾车、医药、占卜工作的人及各种工匠，用今天的话来说就是专业人士和技术人员。由此可以看到，小学教育的主要目标是道德品行的养成以及生活技能的培训，最终按照考试成绩选拔到大学的其实是少数。

"及其十有五年，则自天子之元子、众子，以至公、卿、大夫、元士之適子，与凡民之俊秀，皆入大学，而教之以穷理、正心、修己、治人之道。"这些学生到了十五岁，从天子的嫡长子、其他王子，到王公贵族大夫士人的嫡长子，以及普通民众中才华出众者，都能被选入大学，教授他们探究真理、端正内心、修养品行和治理百姓的道理。《礼记·王制》记载："王大子、王子、群后之大子、卿大夫元士之適子，国之俊、选，皆造焉。"君主的王长子和其他王子都入大学，其他公卿士大夫则只有嫡子入大学，此外就是司徒和乡推荐的"俊士"和"选士"。这意味着长子继承制和王子教育制度已经确立，但也并不完全忽视发掘其他儿子以及普通子弟中的优秀人才。"此又学校之教、大小之节所以分也"，以上就是夏商周时期的学校教育体系以及大小学等级划分的情况。关于大学和小学教育的划分，《礼记·王制》记载："天子命之教，然后为学。小学在公宫南之左，大学在郊。天子曰辟雍，诸侯曰泮宫。"这说明大学和小学的划分已经很明确了，它们教育目标的不同也是清清楚楚。

"夫以学校之设，其广如此，教之之术，其次第节目之详又如此"，当时学校的设置，就是这么广发多样，而且教育学生的方法，体现在学习阶段和教学科目上又是如此详尽。"而其所以为教，则又皆本之人君躬行心得之余，不待求之民生日用彝伦之外，是以当世之人无不学"，用以教学的内容，又都是国君带领民众建国立业的经验总结，而不脱离民众生活日常需要处理的生产和生活关系，所以当时的人没有不参加和热爱学习的。"其学焉者，无不有以知其性分之所固有，职分之所当为，而各俛焉以尽其力"，这样的学习，说到底就是帮助每个人认识自己天赋秉性所固有的潜能，从而选择自己在社会中所能承担的职责分工，从而实现每个人各尽其能地自由发展。"此古昔盛时所以治隆于上，俗美于下，而非后世之所能及也"，所以在夏商周最兴盛的时期，政治上层建筑受人景仰，天下百姓风气纯美，这就是后世所不能比及的地方。

中国古代的教育一言以蔽之，就是"修道之谓教"。也就是按照"天命之谓性"和"率性之谓道"的逻辑，教育要认识学生的天赋秉性，进而尊重学生的独特个性，促进学生天赋的充分发挥。

二、"行其政教"

在周朝以前，教育是完全由朝廷主办的，政治和教育、官员和教师也是一体的，政治重在道德教化，教育服务于政治目的。"及周之衰，贤圣之君不作，学校之政不修，教化陵夷，风俗颓败，时则有若孔子之圣，而不得君师之位以行其政教，于是独取先王之法，诵而传之以诏后世"，这说明社会办学是从孔子开始的，由此政治和教育、官员和教师才彼此分开，但孔子教的还是"先王之法"。孔子以"述而不作"的方式总结了历代圣王的政教传统，形成了承载中国政教传统的六经留给后世。朱

熹认为《大学》最主要的目的，就是要弘扬中国政治和教育的优良传统，复兴教育治国平天下的伟大功效。

（一）"先王之法"

"及周之衰，贤圣之君不作，学校之政不修，教化陵夷，风俗颓败"，大约说的是公元前771年犬戎杀死周幽王导致西周灭亡后，周朝就再没有贤能的君主，学校教育体系也难以为继，政治教化从此日渐荒废，民风世俗每况愈下。"时则有若孔子之圣，而不得君师之位以行其政教，于是独取先王之法，诵而传之，以诏后世"，就在这礼坏乐崩的时代孔圣人诞生了，但因为没有获得君主和国师的高位推行思想政治教育，所以只能用心选取先王治国平天下的成功方法，向当时的君王和民众讲解传授，希望后世的人们能够继承过去治国平天下的成功之道。

具体来说，"若《曲礼》《少仪》《内则》《弟子职》诸篇，固小学之支流余裔"，《曲礼》《少仪》《内则》《弟子职》等篇章，是世代流传的小学阶段学习篇目。"而此篇者，则因小学之成功，以著大学之明法，外有以极其规模之大，而内有以尽其节目之详者也"，《大学》这篇则是在小学阶段的学习完成后，用以指明大学阶段独特的教育方法，就大学的外延来说达到了无所不涉的宏大规模，就大学的内涵来说要探究各个学科领域的高深知识。"三千之徒，盖莫不闻其说，而曾氏之传独得其宗，于是作为传义，以发其意"，据说孔子有弟子三千，大概他们都听老师讲过大学之道，而曾参最深入地领悟了孔子的本意，所以为《大学》本经作了解释意义的传，以阐发其中隐含的深远意蕴。"及孟子没而其传泯焉，则其书虽存，而知者鲜矣"，及至孟子过世，三代以来的优良政教传统也就泯灭了，《大学》一书虽然尚存，但是能够真正理解的人却很少了。

朱熹把《大学》单列成书，大概是为了凸显教育教学对国家社会治理的极端重要性吧。《礼记·学记》说："古之王者建国君民，教学为先。"古代的君王建立国家治理社会，总是从教导民众开始，把教导民众学习新的思想观念放在优先地位[①]。教育学家郭秉文通过梳理中国教育制度沿革史，发现"中国有史以来，政治一直占有

---

① 李效东，编著. 学以成人：<学记>的教育智慧[G]. 长春：吉林大学出版社，2020：33.

强大势力。可以这么说,国家能否长治久安就看政府能否尽心于教育。因此中国教育机制就是政府维持的一种政治制度,政府借此培养和启发国家观念,以实现国家稳定。"[1]当然,这种现象也是古今中外的普遍现象,在国家政治意图的影响下,"每所学校如同一台由政府精心制造的机器,专门生产符合政府期望的国民,民主国家以培养未来的统治者为要,军事国家就以锻炼未来的军人为主。这样,每个国家都通过各自的教育机制培养其理想国民。"[2]很多人可能会觉得这种说法太过夸张,但是,郭秉文不是空口说白话,他本人是中西文化共同培育的大学者。他是通过古今中外历史事实,总结了教育的政治职能。孔子作为后世所称的"王官之学"的创始人,其有生之年更是基本上都在民间传播"王官之学"。历史上中国发展很好的书院其实并非完全脱离政治,反而是最好地研究和传播了官方意识形态,朱熹本人就是一个典型代表。正是作为民间教育家的孔子和朱熹,实现了官方意识形态和价值观的兴盛。同样的,美国今天的私立大学并不是不关注意识形态和价值观,反而比州立大学更加偏执于"新教伦理与资本主义精神"。

《学记》和《大学》是中国历史上记载教育教学最主要的著作了,了解中国古人的教育教学思想的主要依据就是这两篇文章。《大学》这本书除了朱熹的序言和补充的"所谓致知在格物"章,几乎没有专门讲学校教育教学。所以,《大学》其实不完全是教育教学之作,倒是更接近治理天下国家的"大学问"。只不过这门"大学问"要以教育人们格物、致知、诚意、正心的"修身"功夫为本,是一个从"修身"这一"下学"开始不断"上达"至"齐家""治国""平天下"的人生修养过程。《学记》篇幅比《大学》更短,但是它涉及人生学习成长的全过程和各种形式,不仅包括"大学"还包括"小学",以及政府对民众的宣传教育、日常生活中的学习模仿等等。但是,《学记》和《大学》其实首先都是关于意识形态和价值观教育的书,这当然也是由当时的教育几乎就是意识形态和价值观教育决定的。

朱熹的理想是复兴中国政治和教育的优良传统,重建国家长治久安、人民安居乐业的理想社会。从这个意义上来说,"大学"之"大"就在于通过教育实现治国平天下的伟大理想。朱熹抨击"异端虚无寂灭之教",就是为了恢复"经世致用"的教学理念。

---

[1] 郭秉文. 中国教育制度沿革史[G]. 北京:商务印书馆,2017:9.
[2] 郭秉文. 中国教育制度沿革史[G]. 北京:商务印书馆,2017:9.

（二）"至治之泽"

导致天下由"治"而"乱"的原因，朱熹认为有二：一是儒家经世致用之实学因为教育者的失败，变成了"俗儒记诵词章之习"；二是"异端虚无寂灭之教"取而代之，这些佛老之学"高过于大学而无实"。也就是说，一方面儒家讲授的修身、齐家、治国、平天下，最终变成单纯记诵书本词句而已，我们今天大多数情况可能也仍然如此；另一方面，道家和佛教只关注从"修身"直达"平天下"，对于家庭和国家治理一掠而过这两种情况也是我们今天对待传统文化最应该警惕的地方。

"自是以来，俗儒记诵词章之习，其功倍于小学而无用；异端虚无寂灭之教，其高过于大学而无实"，自孟子过世之后，庸俗的儒家学者只懂得死记硬背词句来传习《大学》，其结果或许学得了比"小学"更多的知识但却毫无用处；至于道家的"虚无"和佛家的"寂灭"学说，看起来比《大学》所教更加高深却并无实质用途。此外，"其他权谋术数，一切以就功名之说，与夫百家众技之流，所以惑世诬民、充塞仁义者，又纷然杂出乎其间"，其他搞争权夺利的权谋和玩占卜算卦的术数，是一切以获取功名为目标的学说，它们与其他诸子百家追求的奇技淫巧一道，最容易蛊惑世人引诱民众、阻断仁义道德传播，最终造成了众说纷纭莫衷一是的局面。

朱熹在这里一方面感叹了儒家优秀传统中断，学者成为"记诵词章"的老雕虫；另一方面感叹人们或者沉迷于"虚无寂灭"的佛老之学或陷入追求"权谋术数""百家众技"的功利主义。朱熹选编和注释《大学》的首要目的，就是批判释道两家离开客观事物讲道理。

> 吾儒更著读书，逐一就事物上理会道理。他便都扫了这个，他便恁地空空寂寂，恁地便道事都了。只是无用。德行道艺，艺是一个至末事，然亦皆有用。释氏若将些子事付之，便都没奈何。古人志道，据德，而游于艺：礼乐射御书数，数尤为最末事。若而今行经界，则算法亦甚有用。若时文整篇整卷，要作何用耶！徒然坏了许多士子精神。[①]

---

① （宋）黎靖德，编．王星贤，点校．朱子语类[B]．北京：中华书局，2020：277．

"逐一就事物上理会道理"，就是一切从客观实际出发认识真理。然而，佛教却教人不要从客观事物出发，把客观事物都看破了，把一切都看作"空"，这样一切事情也就都没有了。朱熹承认这种思想方法确实"高"，只是现实生活中没有用。他又举例说，像美德、品行、大道和技艺，技艺在修养境界中是排在最后的事，但也和其他三者一样都是有用的。佛教如果把这些事都看作"空"，那就什么事也没有办法了。古人以探寻真理大道为志向，依据美德行事，沉浸于各种技艺：礼义、音乐、射箭、驾车、书文、算术，其中算术尤其被认为是末端的事。但是，像现在要划定田地之间的界线，算术方法就特别管用。反倒是应时书文整篇整卷，要它们有什么用？不过是败坏了许多读书人的务实精神。

强调"逐一就事物上理会道理"，强调"有用"，就是"经世致用"。朱熹对于"艺"和"数"的重视，无疑是包含着推崇科学技术的思想。而且，他不只是口头上强调"行经界"和"算术"，"六十一岁知漳州，推行经界清丈田地"；可惜，"为当地豪强所阻，任职一年多就卸任了"[①]。朱熹深感佛老误国，试图通过重新振兴儒家思想，推行务实的治国方略。今天的人不应该要求朱熹"格物"一下子格出资本主义和社会主义来，他所处的时代只能在继承儒释道的基础上开拓创新。

"使其君子不幸而不得闻大道之要，其小人不幸而不得蒙至治之泽，晦盲否塞，反复沈痼，以及五季之衰，而坏乱极矣"，思想混乱使得君子不幸不能听闻真理要道，小人不幸不能获得治世恩泽，人们如同在黑暗中四处碰壁找不到出路，社会反复陷入动荡冲突的顽瘴痼疾，发展到五代十国时期的衰乱，国家社会真实坏乱到了极点！

（三）"治教休明"

在中国古代，教育历来与政治紧密相关，这固然有其缺陷，比如容易扼杀人的个性。尤其是科举考试在选拔优秀人才的同时，也使无数没有考试才能的人成为牺牲品。过分迷信考试，仍旧值得我们今天警惕。考试选拔不应该成为人才选拔的唯一渠道，举荐也是行之有效的好方法。但是，教育与政治相结合，是中国古人"为

---

① （宋）黎靖德，编．王星贤，点校．朱子语类[B]．北京：中华书局，2020：1．

政以德"的落实，它的本意是选拔"德才兼备，以德为先"的人才。服务于政治的道德教化只能由教育机构来承担，不像宗教传播可以由寺庙、道观、教堂承担。

　　古人认为政治是人类最重要的事，"政教"涵盖从君主到庶民的所有人，其目的是确立人伦道德的正义。"政教"要求君主"以身作则"树立榜样，从而可以"上行下效"，让民众自我治理。子曰："无为而治者其舜也与！夫何为哉？恭己正南面而已矣。"(《论语·卫灵公》) 舜的"无为而治"没有别的，就是以身作则供万民效法而已，这也是"君临天下"的本意。

> 孔子侍坐于哀公。
>
> 哀公曰："敢问人道谁为大？"
>
> 孔子愀然作色而对曰："君之及此言也，百姓之德也！固臣敢无辞而对？人道政为大。"
>
> 公曰："敢问何谓为政？"
>
> 孔子对曰："政者，正也。君为正，则百姓从政矣。君之所为，百姓之所从也。君所不为，百姓何从？"
>
> 公曰："敢问为政如之何？"
>
> 孔子对曰："夫妇别，父子亲，君臣严，三者正，则庶物从之矣。"
>
> 公曰："寡人虽无似也，愿闻所以行三言之道，可得闻乎？"
>
> 孔子对曰："古之为政，爱人为大。所以治爱人，礼为大。所以治礼，敬为大。敬之至矣，大昏为大。大昏至矣，大昏既至，冕而亲迎，亲之也。亲之也者，亲之也。是故君子兴敬为亲，舍敬，是遗亲也。弗爱不亲，弗敬不正。爱与敬，其政之本与！"[①]

　　《礼记·哀公问》说孔子认为在所有人类事务中，政治是最重要的。大概是因为政治关系到整个国家甚至天下所有人，政治搞好了就能使国泰民安、天下太平，否则就是春秋战国、世界大战那样的乱世，这无疑是值得今天的人重视的。所谓"政"就是"正"，"政治"的意思就是国君自身品行端正，老百姓跟着也就品行端正了。

---

① 胡平生，张萌，译注.礼记（下）[B].北京：中华书局，2017：960—961.

具体来说要做好三件事：夫妇有别，父子相亲，君臣相敬，这三件事做好了其他事情就都好办了。古人为政以夫妇有别开始，其实就像强调男女分工。当今时代，人们继续为男女平等而斗争，但是女王、女总统、女首相的丈夫也"妇唱夫随"。认识男女有别才能认知男女之爱，进而才能真正做到互敬互爱。爱和敬是处理夫妻、父子、君臣，以及其他各种上下级关系、平等关系的根本，因此也就是为政的根本问题。

"天运循环，无往不复"，如同太阳、月亮等天体运行循环不断，过往的古代盛世也是可以再次复兴。"宋德隆盛，治教休明"，宋代君主道德高尚，政治教化美好清明。"于是河南程氏两夫子出，而有以接乎孟氏之传"，河南程颢、程颐两位儒家大师横空出世，得以接续孟子去世后失传的儒家政治和教育传统。"实始尊信此篇而表章之，既又为之次其简编，发其归趣，然后古者大学教人之法、圣经贤传之指，粲然复明于世"，程颢、程颐最早开始尊崇敬信《大学》这篇文章并突出强调它的重要性，进而又对文章次序进行了编排，阐发了其写作的最终意图，此后古代大学教育人的方法、儒家圣贤传世经典的意旨，终于像启明星一样再次闪耀人世。"虽以熹之不敏，亦幸私淑而与有闻焉"，因此即便像我朱熹这么不够聪敏的学者，也有幸私下就学于圣贤而得以听闻真理大道。"顾其为书犹颇放失，是以忘其固陋，采而辑之，间亦窃附己意，补其阙略，以俟后之君子"，考虑到该书仍然还有很多纰漏，所以不顾自己学识有限，对该书进行整理编辑，间或也私下添加一些自己的想法，以补充其中缺失或简略的地方，以待后世君子批评改进。"极知僭逾无所逃罪，然于国家化民成俗之意、学者修己治人之方，则未必无小补云"，我很清楚自己难逃僭越之罪，但这对于国家教化民众改进风俗的意图、学者修养自己治理天下的方法，则未必没有小许补充。

今天的人对于意识形态和价值观教育通常不太热心，对于政府加强意识形态和价值观教育甚至有所抵触。但是，如果教育者能吸取历史教训的话，就应该认识到如果没有能引导政治的意识形态和价值观，最终结果必然是政治和社会"坏乱极矣"。科学技术本身拯救不了世道人心，科学技术竞争的结果使用不当甚至会把人类带到彻底毁灭的境地。"爱与敬"强调的是"克己复礼"亦即"仁"，时代正需要"克己复礼"之"仁"补救过分强调"己"的"民主自由"。

三、"大学之道"

"大学之道",首先是指"教人之法",也就是一般意义上的教学方法;其次是指"先王之法",也就是特殊意义上的"行其政教"。本书强调"大学之道",重点在"道"字,用今天的话说就是世界观、人生观、价值观。"道"按古人的习惯分为"体"和"用",世界观、人生观、价值观就是"体",方法论就是"用",二者就像硬币的一体两面。

(一)"知"与"行"

本书第一、二章为"知"与"行",也就是"知道"与"行道"。第一章是讲"大学之道""则近道矣",也就是对"三纲八目"的总体概述,让学者初步认识"道"。第二章讲"自天子以至于庶人,壹是皆以修身为本""此谓知本,此谓知之至也",也就是帮人认识"大学之道"的根本,以便正确地推行和遵行。

"在明明德"就是强调大学教育首先要让人明白"大德必受命",而所谓"德为圣人"就是如"舜其大孝也与"(《中庸》)。"在亲民"就是把对父母的孝和对兄长的敬推而广之,形成"仁者爱人,有礼者敬人"的社会美德(《孟子·离娄下》)。"在止于至善",就是最终人人能够"穷则独善其身,达则兼善天下"(《孟子·尽心上》)。简单地说,"大学之道"就是"立德树人"。"知止而后有定,定而后能静,静而后能安,安而后能虑,虑而后能得",也就是只有从"知止"开始最"后"才"能得"。"物有本末,事有终始,知所先后,则近道矣",万物都有"本"和"末",凡事都"终"和"始",知道了"先"和"后"就差不多符合"道"了。也就是说,对于大学之"道"的具体运"用","止于至善"是"本""始"和"先","明明德"恰恰是"末""终""后"。用通俗的话说,《大学》教人之法不是强调"赢在起跑线上",而是强调"赢在终点线上"。今日教育之所以浮躁不安而且不尽人意,最主要的就是忘了"知止而后有定,定而后能静,静而后能安,安而后能虑,虑而后能得"。只有从每个人"止于至善"的自由全面发展出发,真正关爱每个人"止于至善"的自由全面发展,才能说真正符合"立德树人"的"大学之道"。大学一以贯之的根本之道,在于让每个人明白人生的真正价值所在,为此就必须真心关爱每个人,帮助每个人实现人尽其才的自由全面发展。曾国藩认为真正的"读书人"应该忧虑的就是"明德、新民、止于至善"，而不只是"能文能诗，博雅自诩"；前者是"明理有用之人"，后者不过是"识字之牧猪奴"。

盖人不读书则已，亦既自名曰"读书人"，则必从事于《大学》。《大学》之纲领有三：明德、新民、止于至善，皆我分内事也。若读书不能体贴到身上去，谓此三项与我身了不相涉，则读书何用？虽使能文能诗，博雅自诩，亦只算得识字之牧猪奴耳！岂得谓之明理有用之人也乎？朝廷以制艺取士，亦谓其能代圣贤立言，必能明圣贤之理，行圣贤之行，可以居官莅民、整躬率物也。[1]

很显然，"大学之道"包含"知"与"行"合一的明确意图，而且这个"知行合一"还不仅仅是科学技术层面的，更是国家社会层面的。"大学"不仅仅是传授一门技术解决就业问题而已，更重要的是为解决国家治理和人类问题提供方案和智慧。

"大学之道，在明明德，在亲民，在止于至善。"其实就是说"大学"的根本道理，就在于教人明晓人生那如太阳一般哺育万物的光明大德，并在阳光普照之下如沐春风般茁壮成长，"让生如夏花之绚烂，死如秋叶之静美"（郑振铎译泰戈尔《飞鸟集》），善始善终地过完一生。子曰："苗而不秀者有矣夫！秀而不实者有矣夫！"（《论语·子罕》）人生就像那田地里播种的庄稼，有只长苗而不开花的吧！有开了花却不结果实的吧！谁不想人生有出彩的机会呢？大学教学的根本道理就是成就美好人生。

（二）"真"、"善"与"美"

第三章是朱熹说补充，"所谓致知在格物"，就是"物格而后知至"，大致相当于说要获得真知必须从客观事物出发，通过认识客观事物才能获得真知。也就是说，"致知在格物"，"物格而后知至"，就是一切从客观实际出发，通过不断深入研究客观事物以获得真理。朱熹补充这一章的内容，正是他对《大学》的最大贡献，凸显了儒家朴素的唯物辩证法。第四章讲"诚意"，"所谓诚其意者，毋自欺也"，"小人闲

---

[1] 曾国藩，著．李瀚章，编撰．李鸿章，校勘．曾文正公家书（上）[K]．北京：线装书局，2015：39．

居为不善，无所不至，见君子而后厌然，掩其不善，而著其善"，说到底是讲"善"。"善"说到底是一种"意"，所以通常成为"善意"。我们今天讲"全心全意为人民服务"，就是古人讲修身的"诚意"功夫。第五章讲"所谓修身在正其心者"，"心正而后身修"。"意"和"心"很难区分，所以通常是"心"和"意"一块说，比如"全心全意"或"诚心诚意"。本书认为，"诚意"主要是"一念之间"的"善"念修养，"正心"体现了中国古人偏重内心中正的"美"学观念。"内心"的"善"与符合"中正"的"真"的统一就是"美"。思想政治教育要在学生心中埋下真、善、美的种子。

（三）"家"、"国"与"天下"

第六章讲"所谓齐其家在修其身者"，"欲齐其家者，先修其身"，"身修而后家齐"。也就是说，"修身"是"齐家"的手段，这是儒家和佛老的最大区别。儒家的"修身"为"家""国""天下"而修，佛老修身也为"天下"，但通常没有儒家的"家国情怀"。第七章讲"所谓治国必先齐其家者"，"欲治其国者，先齐其家"，"家齐而后国治"，这是"家天下"时代政治的典型特点。曾经，君主个人的集中、纪律、权威压制了民众个人的民主、自由、人权，今天民众个人的民主、自由、人权正在损害必要的政府集中、纪律、权威，只有平衡政府和个人关系的自主和自律才能实现国泰民安的善治，这就是古人智慧的现代价值。最后一章讲"所谓平天下在治其国者"，用《大学》总论的"八目"中的话说就是，"欲明明德于天下者，先治其国"，"国治而后天下平"。也就是说，所谓"平天下"就是"明明德于天下"，用今天的话说就是推广有利于世界和平相处的崇高品德。合起来说就是，如果想要推广"普世价值"，就得先把自己的国家治理好，把自己的国家治理好才能使天下人心悦诚服地学习。

"三纲八目"紧密相连、环环相扣，但这种"难解难分"不适合现代人的阅读习惯。本书对《大学》的结构进行了整理，大体来说，《大学》一书是讲"道"的，"一生二"为"知道"和"行道"或"内圣"与"外王"，"二生三"为"真""善""美"或"大学之道，在明明德，在亲民，在止于至善"；"三生万物"为"古之欲明明德于天下者，先治其国；欲治其国者，先齐其家；欲齐其家者，先修其身；欲修其身者，先正其心；欲正其心者，先诚其意；欲诚其意者，先致其知；致知在格物。物格而后知至，知至而后意诚，意诚而后心正，心正而后身修，身修而后家齐，家齐而后国治，国治而后天下平"。这样的逻辑结构是比较清楚的，但也有严重缺陷，那就是把彼此不能分开的"环环相扣"打断了。比如"知"本来就是包括"行"的要求，"行"其实也是教人"知"如何行"道"。至于"八目"，更是从原来八个变为六个。但是，"格物致知"这章本来就没有，是朱熹所加。除了"诚意"这个"目"单独讲，其余都是两个合在一块讲，比如"所谓平天下在治其国者"。所以，分六章讲也没有什么太大的不是，主要是"知""行"；"真""善""美"；"家""国""天下"的布局比较适合今天大学的教学内容。

大学之道

道							
知				行			
内圣				外王			
真			善		美		
大学之道		在明明德		在亲民	在止于至善	
格物	致知	诚意	正心	修身	齐家	治国	平天下

本书有感于朱熹说的"自是以来，俗儒记诵词章之习，其功倍于小学而无用"，并斗胆响应推进中华优秀传统文化"创造性转化和创新性发展"的号召，试图让传统大学的"政教"思想启发今天的思想政治教育。所以，本书并没有奉行"述而不作"，而是试图在阐述原文的基础上有所创新。本书注释通常只是引用原文，而没有照抄所引原文的翻译。比如最后一章引用《荀子·正论》的"以桀、纣为常有天下之籍则然，亲有天下之籍则不然，天下谓在桀、纣则不然"，本文并没有采纳王引之认为第二句话的"不"为衍文的意见，而是理解为桀、纣不能直接管理天下臣民，而后一句则理解为不能说天下属于桀纣，从而重新阐释"普天之下莫非王土，率土之滨莫非王臣"，推出"天下是天下人的天下"。这无疑是胆大妄为之举，类似的"妄作"书中还不少。是否可以像程朱把"亲民"解释为"新民"一样"推陈出新"，本书实在不敢妄言，但其用意却是一样的。"词章"毫无疑问是"义理"的基础，而在这方面本书作者并没有得到专门的训练。虽然，《大学》的各种注释本书都已经尽力搜罗，而且也曾请教于同事朋友中在古代汉语方面有深厚修养的人，但难免有词不达意的误解曲解，欢迎专家学者和广大读者批评指正。

第一章 知

> 大学之道,在明明德,在亲民,在止于至善。知止而后有定,定而后能静,静而后能安,安而后能虑,虑而后能得。
>
> 物有本末,事有终始,知所先后,则近道矣。古之欲明明德于天下者,先治其国;欲治其国者,先齐其家;欲齐其家者,先修其身;欲修其身者,先正其心;欲正其心者,先诚其意;欲诚其意者,先致其知;致知在格物。物格而后知至,知至而后意诚,意诚而后心正,心正而后身修,身修而后家齐,家齐而后国治,国治而后天下平。

所谓"求学问道",学习的目的就是探究"道"。大学的根本之"道",首在"明明德",其次是"亲民",归根到底在"止于至善"。用今天的话说,培养高等人才的根本道理,首先在认识美德,其次在亲爱人民,归根到底为实现人民对美好生活的向往而不懈奋斗。从"知止"到"能得"的逻辑演进想要说明,只有确立为人民谋幸福的初心,才能真正有获得感和幸福感。世间万物都有本末,世界万事都有终始,如果能搞清楚事物发展的先后顺序,就差不多懂得培养高等人才的根本道理了。但是,《大学》的"三纲"只是讲了一个道理及其逻辑关系,体现了中国古人"为政以德"的政治教育理想。这个根本道理有人信吗?要人明确的美德是什么呢?为什么高等人才要亲民呢?人民对美好生活的向往又是什么呢?所以,《大学》通过"八目"进一步提出论证,意在说明"三纲"的合理性。"古之欲明明德于天下者,先治其国",想要推销所谓的"明德",用今天的话说就是"普世价值",先治理好自己的国家。"欲治其国者，先齐其家；欲齐其家者，先修其身"，要治理好国就要先治理好家，要治理好家则要求修养自身品德。"欲修其身者，先正其心；欲正其心者，先诚其意；欲诚其意者，先致其知；致知在格物"，修养自身品德包括端正心态、诚实意念、认识规律和面对现实，归根到底是从实际出发认识客观规律。"物格而后知至，知至而后意诚，意诚而后心正，心正而后身修，身修而后家齐，家齐而后国治，国治而后天下平"，只有一切从客观实际出发才能认识客观规律，从而做到诚心诚意地修养品行，进而能够治理好家庭、国家和天下。"欲明明德于天下"的最终条件是"在格物"，"物格而后"的最终结果是"天下平"。就"物有本末"来说，"明德"是"本"，"至善"是"末"，这就是"立德树人"的教育理念。就"事有终始"来说，"格物"为"始"，"平天下"为"终"，这就是"唯物主义"的思想方法。"知所先后，则近道矣"，通过每个人"明明德"实现"止于至善"的境界，通过认识世界发展客观规律（"物格而后知至"）达到"平天下"的理想，这就是"大学"要教给人的生存发展之"道"。由此可见中国文化追求人类和谐共处的人文主义传统，可见中国政治追求天下太平的和平主义传统。

一、"入德之门"

朱熹说："子程子曰：'《大学》，孔氏之遗书，而初学入德之门也。'于今可见古人为学次第者，独赖此篇之存，而《论》《孟》次之。学者必由是而学焉，则庶乎其不差矣。"意思是说程颢、程颐认为《大学》是孔子流传于世的书，是初学者修养品德的入门书。今天我们还能知道古人读书为学的先后次序，首先就是依赖现存《大学》这本书，其次是《论语》和《孟子》。学习者如果按照这个顺序去学习，大概就不会偏离为学之道太远了。"道"是事物发展的客观规律，决定着事物的前途命运，中国人一贯对"道"非常重视。朱熹在《论语》第一篇《学而》中指出，"此为书之首篇，故所记多务本之意，乃入道之门、积德之基，学者之先务也"[1]。《大学》开篇言"大学之道"，隐含的意思就是"大学"要探究"人间正道"。

---

[1] （宋）朱熹，集注.四书章句集注[B].北京：中华书局，2016：47.

（一）"大学"

古代所说的"学"，正如朱熹对"学而时习之"进行注释时说的，"学之为言效也"，"学"的意思是"效"（北方至今也还有这么说的，只是发阳平），效仿。也就是说，"学"并非只是学校里的学习，也不只是书本知识的学习，效仿君主、官员、士人、农夫、商人、工匠、艺人、医生等等都是"学"。这样也就容易理解"学而时习之"了，比如学技艺总是要不停地练习的，否则永远也学不会。不过，诸如稼穑、为圃、制弓、造车等技艺都是"小人之事"，其所学也就称不得"大学"——古代没有农业大学、工业大学、商业大学。"大学者，大人之学也"，大学是处理"大人之事"的学问，成就"大人"的学问。大学所学"具众理而应万事"，融汇了"小人之事"中的各种道理，成为能应对天下万事万物的"普遍真理"。所谓"明明德"，就是认识了"众理"因而能"应万事"。这样的人，不仅自己能顺应世界的变化，而且就像指路明灯，能指引他人前进的道路，因此就能使他人也成为"新民"。世界的发展变化永无止境，"大学"的最终目的就是教人"止于至善"。用今天的话来说，"大学"是用来培养领导者和精英的，他们的使命是认识社会发展的必然趋势，并团结和带领人民不断地自我革新，不断地适应社会发展的必然趋势。

> 大学者，大人之学也。明，明之也。明德者，人之所得乎天，而虚灵不昧，以具众理而应万事者也。但为气禀所拘，人欲所蔽，则有时而昏；然其本体之明，则有未尝息者。故学者当因其所发而遂明之，以复其初也。新者，革其旧之谓也，言既自明其明德，又当推以及人，使之亦有以去其旧染之污也。止者，必至于是而不迁之意。至善，则事理当然之极。言明明德，新民，皆当止于至善之地而不迁。盖必其有以尽夫天理之极，而无一毫人欲之私也。此三者，大学之纲领也。[①]

《大学章句》的"序言"说："人生八岁，则自王公以下，至于庶人之子弟，皆入小学，而教之以洒扫、应对、进退之节，礼乐、射御、书数之文；及其十有五年，

---

① （宋）朱熹，集注.四书章句集注[B].北京：中华书局，2016：3.

则自天子之元子、众子，以至公、卿、大夫、元士之适子，与凡民之俊秀，皆入大学，而教之以穷理、正心、修己、治人之道。此又学校之教、大小之节所以分也。"由此可见，"大学"除了"大人之学"的含义外还有"高等学校"的意思，这与我们今天说的"大学"包括学校设施和高等教育双重含义也差不多。从学校设施来说，很简单，就是规模"庞大"，学生也都是"大人"。从教学内容来说，"大人之学"，就是教人超越以谋取自我利益为中心的"小我"，成为有利于治国平天下的"大我"。"小学"和"大学"的根本区别，就是"教之以洒扫、应对、进退之节，礼乐、射御、书数之文"与"教之以穷理、正心、修己、治人之道"的不同，是"修身、齐家"与"治国平天下"的不同。

> 亚夫问大学大意。
> 曰："大学是修身治人底规模。如人起屋相似，须先打个地盘。地盘既成，则可举而行之矣。"
> 或问："大学之书，即是圣人做天下根本？"
> 曰："此譬如人起屋，是画一个大地盘在这里。理会得这个了，他日若有材料，却依此起将去，只此一个道理。明此以南面，尧之为君也；明此以北面，舜之为臣也。"[①]

"大学"的主旨是教人"修身治人"，这是儒家一以贯之的"大学之道"。道家和后来的佛教都注重"修身"，但无意于"治人"，道家倡导"我无为而民自化"，"佛言当念身中四大，各自有名，都无我者"。法家和墨家都以"治人"为宗旨，但都不太相信"修身治人"的方法，它们比较相信法制和组织的力量。换句话说，《大学》的"大意"是阐释儒家独特的为人处世之"道"，那就是"自天子以至于庶人，一是皆以修身为本"，从而达到"齐家""治国""平天下"的目标。所以，《大学》所教，"如人起屋相似，须先打个地盘"，"如行程相似"，"如一部行程历"，"是一个腔子"。用今天的话来说，《大学》是关于儒家世界观、人生观、价值观和方法论的教育。

大致可以说，"小学"着眼于"修身、齐家"以"独善其身"，"大学"着眼于"治

---

① （宋）黎靖德，编．王星贤，点校．朱子语类[B].北京：中华书局，2020：266—267.

国、平天下"以"兼善天下",前者重在"立德"而后者重在"树人"。子曰:"民可使由之,不可使知之。"(《论语·泰伯》)可以让普通民众遵照我们的指示去做,但没有办法让他们都知道为什么要这样做。"小学"主要是养成良好的生活习惯以及掌握基本的生活技能,以应对日常生活的需要,这是所有人都能做到的,属于"民可使由之";"大学"则是教授如何探究真理、修养身心、治国理政,以满足以身作则和承担公务的需要,这就不是每个人都能做到的,属于"使知之"的"大学之道"。子夏曰:"贤贤易色;事父母,能竭其力;事君,能致其身;与朋友交,言而有信。虽曰未学,吾必谓之学矣。"(《论语·学而》)子夏认为一个人能够看重贤德而不是美色,侍奉父母能够竭尽全力,服侍君主能够献出自己的生命,同朋友交往说话诚实恪守信用,即便没有专门学习过也算有学养。也就是说,"小学"重在养成基本的道德规范,不见得要在学校接受教育,也不见得必须完全理解这些道德规范。但是,子路使子羔为费宰,子曰:"贼夫人之子。"子路曰:"有民人焉,有社稷焉,何必读书然后为学。"子曰:"是故恶夫佞者。"(《论语·先进》)子路叫子羔去做费地的长官,孔子认为这是祸害人家子弟,大概就是认为子羔没有学习治国安邦的道理。子路认为那里有百姓,有土地五谷,何必读书才算学习?孔子认为这是强词夺理,所以自己很讨厌那些能说会道的人。在孔子看来,"治国平天下"之事超出了个人"独善其身",所以在知识储备上也必须有超出"小学"的"大学"。朱熹曾概括说,"人心有明处,于其间得一二分,即节节推上去",就成了"大人之学",意思是说人都有认知的主观能动性,认得一二分就能不断地扩张开来,这就是从"小学"到"大学"的发展[①]。

> 小学涵养此性,大学则所以实其理也。忠信孝弟之类,须于小学中出。然正心、诚意之类,小学如何知得。须其有识后,以此实之。大抵大学一节一节恢廓展布将去,然必到于此而后进。既到而不进,固不可;未到而求进,亦不可。且如国既治,又却絜矩,则又欲其四方皆准之也。[②]

---

① (宋)黎靖德,编.王星贤,点校.朱子语类[B].北京:中华书局,2020:268.
② (宋)黎靖德,编.王星贤,点校.朱子语类[B].北京:中华书局,2020:268.

"小学"主要是涵养天赋感性,"大学"主要提高理性认识。"小学"着重于"忠信孝弟之类"的道德规范,"大学"要通过"格物、致知、诚意、正心"认识其所以然,而且还要把它运用于"齐家、治国、平天下"。如果说"小学"重在"知道",大学则重在"明道"以及"遵道而行"。1917年,蔡元培在就任北京大学校长的演说中就曾提出,"今人肄业专门学校,学成任事,此固势所必然。而在大学则不然,大学者,研究高深学问者也"[①]。蔡元培把"专门学校"和"大学"做对比,认为大学是研究高深学问的地方。1931年,梅贻琦在就职国立清华大学校长演讲中说:"一个大学之所以为大学,全在于有没有好教授。孟子说:'所谓故国者,非谓有乔木之谓也,有世臣之谓也。'我现在可以仿照说:'所谓大学者,非谓有大楼之谓也,有大师之谓也。'"[②]很显然,梅贻琦要强调的是,"大学"之所以叫大学,其根本并不是由"大楼"体现的大"学校",而是由"大师"体现的"大学问"。

蔡元培说的"大学者,研究高深学问者也",梅贻琦说的"所谓大学者,非谓有大楼之谓也,有大师之谓也",与朱熹在《大学章句》中明确指出的"大学者,大人之学也",都是强调"大学"的"内涵",而不是"形式"。清华大学国学研究院院长陈来教授指出,《大学》这个篇名的意思古代就有一种说法,最早见于东汉的经学家郑玄说的"以其记博学,可以为政"[③]。"大学"之"大",正体现在教学内容的"博大","格物、致知、诚意、正心、修身、齐家、治国、平天下"无所不包,但终归是郑玄说的"可以为政"。也就是说"大学"说到底是"大师"培养"治国、平天下"的"大人"的"高深学问"。

(二)"道学"

"大学"是"博学",是"大人之学";"大学之道"意味着"大学"要学"道"。《大学》开篇讲"大学之道",《论语》开篇则是"学而",朱熹在《论语集注》中说:"此为书之首篇,故所记多务本之意,乃入道之门、积德之基,学者之先务也。"[④]子

[①] 蔡元培.中国人的修养[G].北京:人民文学出版社,2018:23.
[②] 《国立清华大学校刊》第341号,1931年12月4日。
[③] 陈来,王志民,主编.大学解读[B].济南:齐鲁书社,2019:1—3.
[④] (宋)朱熹,集注.四书章句集注[B].北京:中华书局,2016:47.

曰："君子食无求饱，居无求安，敏于事而慎于言，就有道而正焉，可谓好学也已。"（《论语·学而》）"就有道而正"就是"好学"，由此可见，"学"就是"学道"。子曰："赐也，女以予为多学而识之者与？"对曰："然，非与？"曰："非也，予一以贯之。"（《论语·卫灵公》）孔子对子贡说："赐呀，你以为我是多多地学习并牢牢地记住的人吗？"子贡回答说："是的，难道不是这样吗？"孔子说："不是的，我有一以贯之的东西。""大学"无疑是要"博学"，但不能只是"多学而识之"，需要学"一以贯之"的东西。子曰："参乎！吾道一以贯之。"（《论语·里仁》）也就是说，"道"就是"一以贯之"的东西。子曰："朝闻道，夕死可矣。"孔子认为早晨能够得知"道"，即使当晚死去也没有遗憾。这说明"道"实在是学习的最终目的！

孔子曰："天下有道，则礼乐征伐自天子出；天下无道，则礼乐征伐自诸侯出。自诸侯出，盖十世希不失矣；自大夫出，五世希不失矣；陪臣执国命，三世希不失矣。天下有道，则政不在大夫；天下有道，则庶人不议。"（《论语·季氏》）孔子认为，天下政治清明，制礼作乐以及出兵征伐的命令都由天子下达；天下政治昏乱，制礼作乐以及出兵征伐的命令都由诸侯下达。政令由诸侯下达，大概延续到十代就很少有不丧失的；政令由大夫下达，延续五代后就很少有不丧失的；大夫的家臣把持国家政权，延续到三代就很少有不丧失的。天下政治清明，国家的政权就不会掌握在大夫手中；天下政治清明，普通百姓就不会议论朝政了。"道"在这里是天下国家兴衰治乱的决定因素，"有道"就能长治久安，"无道"就会动荡混乱。子曰："笃信好学，守死善道，危邦不入，乱邦不居。天下有道则见，无道则隐。邦有道，贫且贱焉，耻也；邦无道，富且贵焉，耻也。"（《论语·泰伯》）孔子身体力行并严格要求学生，坚定信仰、努力学习并誓死守卫"人间正道"。不进入政局不稳的失道国家，不居住在动乱的无道国家。天下有道就出来做官；天下无道就隐居不出。国家有道而自己贫贱，是耻辱；国家无道而自己富贵，也是耻辱。由此可见，"道"也是儒家要求的行为准则，学者尤其不应该"离经叛道"，"同乎流俗，合乎污世"。

子曰："人能弘道，非道弘人。"（《论语·卫灵公》）人能够把"道"发扬光大，不是"道"能把人发扬光大。在孔子所处的时代，仪地的长官曾说："天下之无道也久矣，天将以夫子为木铎。"（《论语·八佾》）天下"无道"已经很久了，所以老天让孔子承担"传道"的使命。孔子自己曾说："天下有道，丘不与易也。"（《论语·微子》）天下如果"有道"，孔子就不用试图改变什么了。他还说："道之将行也与欤，命也；道之将废也与欤，命也。"（《论语·宪问》）大道将得到实行或者将被荒废，由人难以改变的客观规律决定。他的学生子路曾补充说："不仕无义。长幼之节，不可废也；君臣之义，如之何其废之？欲洁其身，而乱大伦。君子之仕也，行其义也。道之不行，已知之矣。"（《论语·微子》）不做官是不对的，因为长幼间的关系是不可能废弃的，君臣间的关系怎么能废弃呢？一味地想要自身清白，却破坏了根本的君臣伦理关系。君子做官，只是为了实行君臣之义的。至于道的行不通，早就知道了。就是从这个意义上，孔子被认为"知其不可而为之者"，"道之不行，已知之矣"却仍然致力于推动"道之将行"。

由上可知，"道"是儒家学说的思想精髓，也是儒家追求的政治理想，还是儒家修身的根本准则。"求学"的目的是"闻道"，最终是为了"行道"，为此日常就得"修道"。子贡曰："夫子之文章，可得而闻也；夫子之言性与天道，不可得而闻也。"（《论语·公冶长》）子贡感觉孔子关于《诗》《书》《礼》《乐》等文献的讲述经常能够听得到。但是，关于天性和天道方面的言论从来没听到过。所以，后世儒者就有人专门致力于"性与天道"，其中《中庸》就是专门"言性与天道"。《中庸》开篇就说"天命之谓性，率性之谓道，修道之谓教"，这就是明确了自然规律就是"天性"，遵循自然规律就是"天道"，修身以使合道就是"教育"。《中庸》有子曰："素隐行怪，后世有述焉，吾弗为之矣。君子遵道而行，半途而废，吾弗能已矣。君子依乎中庸，遁世不见知而不悔，唯圣者能之。"那些唯恐天下不知道自己的隐士和狂人，或许也能留名后世，但我可不想做这样的人。正人君子应该始终如一地遵道而行，忍受不了默默无闻就会半途而废，我绝对不能让自己停止步伐。正人君子就应该始终依中庸之道而行，即便默默无闻不被理解也不后悔，只有称圣的人才能做到！《中庸》其实总结出了圣人就是"遵道而行"的人，"遵道而行"就是"依乎中庸"。

但是，孟子发现"中庸"很可能变成"乡愿"，这种人"非之无举也，刺之无刺也；同乎流俗，合乎污世；居之似忠信，行之似廉洁；众皆悦之，自以为是，而不可与入尧舜之道，故曰德之贼也。孔子曰：'恶似而非者：恶莠，恐其乱苗也；恶佞，恐其乱义也；恶利口，恐其乱信也；恶郑声，恐其乱乐也；恶紫，恐其乱朱也；恶乡原，恐其乱德也。'君子反经而已矣。经正，则庶民兴；庶民兴，斯无邪慝矣。"（《孟子·尽心下》）"乡愿"其实就是"两面讨巧"的"墙头草""骑墙派"，是完全没有立场的投机分子，根本谈不上"遵道而行"。所以孟子提醒说，孔子"不得中道而与之，必也狂狷乎！狂者进取，狷者有所不为也"，如果不能找到真正理解"中庸之道"的人共事，那就找那些狂人和隐士吧！狂人有进取心，隐士则坚持原则。当然，也不能是"素隐行怪"，"好人之所恶，恶人之所好，是谓拂人之性，灾必逮夫身"，那种和常人的喜好完全相反的是违背人性的，最终必然"获罪于天，无所祷也"。"道学"到底如何才是好呢？孟子认为"君子反经而已矣"，"经正，则庶民兴；庶民兴，斯无邪慝矣"，也就是说君子应该做的是返回到圣人经历的历史中去，只有这样才能真正理解儒家经典中的圣人之道。把儒家经典正确理解了，百姓自然就会奋发兴起；百姓能够奋发兴起，自然就没有乡愿之类的邪恶行为了。孟子在讲完"乡愿"之后，就提出了"道"的历史传承：

> 由尧、舜至于汤，五百有余岁，若禹、皋陶，则见而知之；若汤，则闻而知之。由汤至于文王，五百有余岁，若伊尹、莱朱则见而知之；若文王，则闻而知之。由文王至于孔子，五百有余岁，若太公望、散宜生，则见而知之；若孔子，则闻而知之。由孔子而来至于今，百有余岁，去圣人之世，若此其未远也；近圣人之居，若此其甚也，然而无有乎尔，则亦无有乎尔。（《孟子·尽心下》）

孟子回顾"道"的发展史，从尧、舜到汤，经历了五百多年，像禹、皋陶那样的人，是亲见尧舜之道而继承的；像汤，则是听闻尧舜之道而继承的人。从商汤到周文王，又有五百多年，像伊尹、莱朱那样的人，是亲见商汤之道而继承的；像文王，则是听闻商汤之道而继承的。从周文王到孔子，又是五百多年，像太公望、散宜生那样的人，是亲见文王之道而继承的；像孔子，则是听闻文王之道而继承的。从孔子到现在，一百多年，离开圣人在世的年代这样的不远，距离圣人的家乡又这样的近，但是却没有亲见圣人之道而继承的人了，以后恐怕也没有听闻圣人之道而继承的人了吧！

孟子这段话概括了"道"的基本内涵：首先，"道"指的是"圣王之道"，因此有"尧舜之道""商汤之道""文王之道"；其次，如同《中庸》讲的"武王缵大王、王季、文王之绪"，"道"是"一以贯之"的优良传统；最后，孔子是"道"的"集大成者"，代表着后人应该继承和发扬的中国政治的优良传统。但是，孔子并不是圣王，因此也不能"行"先王之"道"，他只能总结先王之"道"并希望后世君王能"学"习。这就是朱熹在《大学章句·序》中说的"及周之衰，贤圣之君不作，学校之政不修，教化陵夷，风俗颓败，时则有若孔子之圣，而不得君师之位以行其政教，于是独取先王之法，诵而传之以诏后世"。尧、舜、禹、汤、文、武代表的是"道"的政治传统，孔子代表的是对优良政治传统的学习，这就是"道统"和"道学"的滥觞。孟子没有明说但暗示了自己的决心，那就是通过学术研究使中国政治的优良传统发扬光大。

韩愈在《原道》中对"先王之道"的内涵和传承进行了更详尽的阐释。

夫所谓先王之教者，何也？博爱之谓仁，行而宜之之谓义。由是而之焉之谓道。足乎己无待于外之谓德。其文：《诗》《书》《易》《春秋》；其法：礼、乐、刑、政；其民：士、农、工、贾；其位：君臣、父子、师友、宾主、昆弟、夫妇；其服：麻、丝；其居：宫、室；其食：粟米、果蔬、鱼肉。其为道易明，而其为教易行也。是故以之为己，则顺而祥；以之为人，则爱而公；以之为心，则和而平；以之为天下国家，无所处而不当。是故生则得其情，死则尽其常。效焉而天神假，庙焉而人鬼飨。曰："斯道也，何道也？"曰："斯吾所谓道也，非向所谓老与佛之道也。尧以是传之舜，舜以是传之禹，禹以是传之汤，汤以是传之文、武、周公，文、武、周公传之孔子，孔子传之孟轲，轲之死，不得其传焉。荀与扬也，择焉而不精，语焉而不详。由周公而上，上而为君，故其事行。由周公而下，下而为臣，故其说长。然则如之何而可也？曰："不塞不流，不止不行。人其人，火其书，庐其居。明先王之道以道之，鳏寡孤独废疾者有养也。其亦庶乎其可也！"

韩愈所说的"道"是"先王之道"，也就是尧、舜、禹、汤、文、武、周公治国理政的道理，由孔子总结出来并传给孟子。韩愈最后提出"明先王之道以道之，鳏寡孤独废疾者有养也"，也就是重新用历史上最杰出的君王的治国经验来指导治国理政，以实现"大道之行也，天下为公，选贤与能，讲信修睦。故人不独亲其亲，不独子其子，使老有所终，壮有所用，幼有所长，矜、寡、孤、独、废疾者皆有所养，男有分，女有归。货恶其弃于地也，不必藏于己；力恶其不出于身也，不必为己。是故谋闭而不兴，盗窃乱贼而不作，故外户而不闭，是谓大同"的理想。

"道学"就是关于"圣王之道"的"学"说，它源自"道统"：以尧、舜、禹、汤、文、武、周公为代表的优良政治传统，以孔孟为代表的总结和弘扬优良政治传统的学术传统。说"儒家"是"王官之学"是没有错的,儒家就是研究和实践"圣王之道"的学说。不过,"道"是"一以贯之"的东西,它贯通天地万物。朱熹在《论语集注》中说:"凡言道者,皆谓事物当然之理,人之所共由者也。"[①]这个意思正如《中庸》所言:"道也者,不可须臾离也,可离非道也。"就像鱼离不开水,人离不开空气,国家离不开人民一样,"道"其实就是事物发展的客观规律,是人类必须遵循的基本法则。由此可见,"道学"的价值目标和"科学"是一致的,只是它还不能区分自然科学、社会科学和人文科学,更不要说更详细的学科分类,这是它不科学的表现。但是,物极必反,学科分类走到极端之后就需要跨学科才能发展,这时候"一以贯之"的"道"可能带来"学"的创新。

(三)《大学》

《大学》开篇讲的"大学之道,在明明德,在亲民,在止于至善",其实就是以尧、舜、禹、汤、文、武为代表的"圣王之道",体现在能够使天下明晓光明大德,使人民相亲相爱,使国家长治久安、社会和谐稳定,尤其舜和文王是"大德必受命"的典型代表。《大学》在宋朝受到高度推崇,代表了当时对"圣王之道"治下的太平盛世的渴望。

宋朝是在唐代安史之乱后和五代十国大动乱背景下建立的朝代,而且王朝自始至终没有摆脱少数民族政权的挑战,最终也是亡于草原游牧民族蒙古人入侵。这种王权丧失和外族入侵的局面,不禁让人想起周朝衰落后的春秋战国时期。对天下"大一统"和"圣王之道"的渴望,使当时的士人"高唱华夷之防""又盛唱拥戴中央";"他们重新抬出孔子儒学来矫正现实""他们极推崇春秋,为'尊王攘夷论'之拥护与发挥";"他们用明白朴质的古文,即唐韩愈所倡'文以载道',来推翻当时的文体";"他们因此辟佛老,尊儒学,尊六经""他们在政制上,几乎全体有一种革新的要求";"他们更进一步看不起唐代,连带而及于汉,而大呼三代上古";"他们在私生活方面,亦表现出一种严肃的制节谨度,而又带有一种宗教狂的意味,与唐代的士大夫恰恰走上相反的路径,而互相映照""因此他们虽则终于要发挥到政治社会

---

① (宋)朱熹,集注. 四书章句集注 [B]. 北京:中华书局,1983:52.

的实现问题上来，而他们的精神，要不失为含有一种哲理的或纯学术的意味"；受此影响，"太宗淳化三年，诏刻《礼记·儒行》篇赐近臣，及京朝官受任于外者，并以赐进士孙何等"；"真宗天圣五年，赐进士王尧臣以下《中庸》，八年赐进士王拱辰以下《大学》，后登第者必赐二书及《儒行篇》"，"是此诸篇本为当时所重""下至程、张辈，此诸篇乃发挥益臻精妙"①。儒家在宋代的复兴既是天下"大一统"的现实需要，也是佛老盛极而衰造成的精神需要。

司马迁在《史记·太史公自序》论六家要旨时说："儒者博而寡要，劳而少功，是以其事难尽从。"确实，"六经"实在太过"博大"，"皓首穷经"可能也难以掌握。子曰："赐也，女以予为多学而识之者与？"对曰："然，非与？"曰："非也！予一以贯之。"（《论语·卫灵公》），孔子对学生子贡主动发问表明，他很担心因为"多学而识之"而迷失了"一以贯之"的"道"。子曰："博学于文，约之以礼，亦可以弗畔矣夫！"（《论语·颜渊》）应对的办法就是在广泛地学习文化典籍的同时，要注意用礼来约束，这样就可以不至于离经叛道。从《礼记》当中抽出"儒行""中庸""大学"，并且由君主赐予科举及第的士人，正是为了保证他们"弗叛"于"道"。《大学》集中阐释了儒家的"大学"亦即"博学"中"一以贯之"的"道"，所以朱熹倾注了一生的精力去阐释这本书。

朱熹说："某于《大学》用工甚多。温公作《通鉴》，言：'臣平生精力，尽在此书。'某于大学亦然。论、孟、中庸，却不费力。"②《大学》对于朱熹就像《资治通鉴》对于司马迁，是将平生精力倾注其中的书，《论语》《孟子》《中庸》其实没有让他太费力。在《大学章句》中，朱熹开篇强调"子程子曰：'大学，孔氏之遗书，而初学入德之门也。'于今可见古人为学次第者，独赖此篇之存，而《论》《孟》次之。学者必由是而学焉，则庶乎不差矣"。③用上文孟子的话说，《大学》体现的正是"君子反经而已矣"，"经正，则庶民兴；庶民兴，斯无邪慝矣"。所以，他仿佛强调"先看《大学》，次《语》《孟》，次《中庸》"，他认为"果然下功夫，句句字字，涵泳切己，看得透彻，一生受用"，"若信得及，脚踏实地，如此做去，良心自然不放，践履自

---

① 钱穆. 国史大纲（下册）[B]. 北京：商务印书馆，2016：560.
② （宋）黎靖德，编. 王星贤，点校. 朱子语类[B]. 北京：中华书局，2020：275.
③ （宋）朱熹，集注. 四书章句集注[B]. 北京：中华书局，1983：3.

然纯熟"①。朱熹的最大贡献就是总结了儒家的精髓"四书",由此也使得儒学结出了"道学"的硕果,是为"新儒学"。虽然"道学"或"新儒学"不但面临着挑战而且走向了分裂,但《大学》却成了各方争论的焦点。尤其是"程朱理学"和"陆王心学"的政治和学术斗争,很大程度上就是围绕《大学》展开的"真理标准大讨论"。

朱熹以"道学"的接班人自居,始终以接续"道统"为己任。《大学》之所以让他倾注了平生精力,就是因为《大学》讲的"道"就是儒家"一以贯之"的"道"。对于《大学》开篇的"大学之道,在明明德,在亲民,在止于至善",人们都把关注重点放在"在明明德,在亲民,在止于至善",而忘了"大学之道"是"入德之门",不"明道"就不可能"明明德"。借用更富有哲理的道家的话来说,"大学之道,在明明德,在亲民,在止于至善"是"道"生出的"一"个整体,"一生二"成为"道"这一本体和它可能发挥的效"用","二生三"成为"在明明德,在亲民,在止于至善","三生万物"成为包罗万象的"大学"。"大学"之"大",正在于其无所不包,"道"则是其中"一以贯之"的"脉络"。子曰:"博学于文,约之以礼,亦可以弗畔矣夫!"(《论语·颜渊》)"大学"就是"博学于文",对于思想政治、文化道德、科学技术等等各种知识无所不学,"道"就是"约之以礼",《大学》试图找出各种知识学习其中最根本的东西,唯有把握住大学的根本之道才不会背离教育的初心和使命。

"大学之道",这四个字意味着"大学教人,先要理会得个道理。若不理会得,见圣人许多言语都是硬将人制缚,剩许多工夫。若见得了,见得许多道理,都是天生自然铁定底道理"。②所谓"自然铁定底道理",用今天的话说就是客观规律,或者真理。朱熹认为《大学》这本书讲"大学"之"道"其实是天地之间"实有""元有""人人都有""莫不皆然"的,重要的是"做工夫之节目",也就是按照先后顺序在实践中落实。

> 大学,只说个做工夫之节目,自不消得大段思量,才看过,便自晓得。只是做工夫全在自家身心上,却不在文字上。文字已不著得思量。说穷理,只就自家身上求之,都无别物事。只有个仁义礼智,看如何千变万化,也离

---

① (宋)黎靖德,编.王星贤,点校.朱子语类[B].北京:中华书局,2020:266.
② (宋)黎靖德,编.王星贤,点校.朱子语类[B].北京:中华书局,2020:269.

这四个不得。公且自看，日用之间如何离得这四个。如信者，只是有此四者，故谓之信。信，实也，实是有此。论其体，则实是有仁义礼智；论其用，则实是有恻隐、羞恶、恭敬、是非，更假伪不得。试看天下岂有假做得仁，假做得义，假做得礼，假做得智！所以说信者，以言其实有而非伪也。更自一身推之于家，实是有父子，有夫妇，有兄弟；推之天地之间，实是有君臣，有朋友。都不是待后人旋安排，是合下元有此。又如一身之中，里面有五脏六腑，外面有耳目口鼻四肢，这是人人都如此。存之为仁义礼智，发出来为恻隐、羞恶、恭敬、是非。人人都有此。以至父子兄弟夫妇朋友君臣，亦莫不皆然。至于物，亦莫不然。但其拘于形，拘于气而不变。然亦就他一角子有发见处：看他也自有父子之亲；有牝牡，便是有夫妇；有大小，便是有兄弟；就他同类中各有群众，便是有朋友；亦有主脑，便是有君臣。只缘本来都是天地所生，共这根蒂，所以大率多同。圣贤出来抚临万物，各因其性而导之。如昆虫草木，未尝不顺其性，如取之以时，用之有节：当春生时"不夭夭，不覆巢，不杀胎；草木零落，然后入山林；獭祭鱼，然后虞人入泽梁；豺祭兽，然后田猎"。所以能使万物各得其所者，惟是先知得天地本来生生之意。①

"道"是"天地本来生生之意"，是天地万物自身内在发展规律，是世界发展的客观规律。《易经·系辞》说："形而上者谓之道，形而下者谓之器。""生生之谓易"，"一阴一阳之谓道"。这里说的"形而上"并不是马克思主义哲学中的与"辩证法"相对立的片面的"形而上学"方法，而是指有形事物背后的无形规律。超乎形体之上的是形成事物的"道理"，见于形体之下的是事物的"器用"。"道"和"器"的关系，就是"体"和"用"的关系，也就是属性和功能的关系；不同的物有不同的生成之道，也有不同的器用②。"大学之道"，这四个字本身默认了"大学"以"问道"为使命；正是致力于探究"一以贯之"的"道"，才真正体现了"大学"的"博大"。今天的人很容易把"大学"理解为"高等学校"，如果这样理解的话，"大学之道"

---

① （宋）黎靖德，编．王星贤，点校．朱子语类 [B]．北京：中华书局，2020：272—273．
② 李效东，编著．学以成人：〈学记〉的教育智慧 [G]．长春：吉林大学出版社，2020：26．

就是办好高等教育的道理。这样理解对于教育管理者来说并没有错,但是,《大学》并不只是讲高等教育的书,它讲的"大学"其实是无所不包的"博学"。"大学"之"道",其实是无所不包的"博学"中"一以贯之"的"道",也就是世界的普遍规律。

总之,"大学,孔氏之遗书,而初学入德之门也",《大学》这本书讲的"大学之道",是"明明德"进而"亲民"和"止于至善"的门径。如果因为"大学"亦即"博学"而迷失了"道",也就不可能"明明德"进而"亲民"和"止于至善"。反过来也意味着,"明明德"进而"亲民"和"止于至善"的功夫不在于"闭门思过"或"冥思顿悟",归根到底还得是从门外的"世道人心"上来。所以,"大学"首在关注"世道人心",从中发现"自然铁定底道理"。当然,"大学"不能"止"于"自然铁定底道理",而应该进一步"明明德",最终"止"于"亲民"(或"新民")的"至善"境界。这就是中国古代儒家试图把自然科学知识与人文社会科学"一以贯之"的"大学之道"。

二、"止于至善"

"大学之道,在明明德,在亲民,在止于至善。知止而后有定,定而后能静,静而后能安,安而后能虑,虑而后能得。""大学之道",简单地说就是通过"大学"走向"至善"境界的渠道。"大学之道,在明明德,在亲民,在止于至善",讲了"道"和"德"的关系,也就是"道"的作用首先让人能"明明德",进而实现"亲民"的"至善"境界,这就是"为政以德"的治国理念。"知止而后有定,定而后能静,静而后能安,安而后能虑,虑而后能得",强调知"大学之道,在明明德,在亲民,在止于至善"的"大概效验如此"[①],也即是大学之"道"的作用是让人最终能有所"得",这就是学以致用的基本理念。用今天的话说就是崇高理想决定着最终所得的结果。只有把天下百姓相亲相爱作为至善境界去追求,才能实现社会稳定有序、人民安居乐业的景象。

(一)"明道"与"明德"

子曰:"志于道,据于德,依于仁,游于艺。"(《论语·述而》)孔子一生以探寻

---

① (宋)黎靖德,编.王星贤,点校.朱子语类[B].北京:中华书局,2020:290.

真理大道为志向，以弘扬崇高美德为根本准则，以仁爱亲民为根本依归，从事礼、乐、射、御、书、数研究。"大学之道，在明明德，在亲民，在止于至善"的基本意旨，就是"志于道，据于德，依于仁，游于艺"，它们都是儒家教育思想的基本内容。只不过，"游于艺"对于受过"大学"教育的"大人"应"止于至善"。樊迟请学稼，子曰："吾不如老农。"请学为圃，曰："吾不如老圃。"樊迟出。子曰："小人哉，樊须也！上好礼，则民莫敢不敬；上好义，则民莫敢不服；上好信，则民莫敢不用情。夫如是，则四方之民襁负其子而至矣，焉用稼？"之所以说樊须是"小人"，就是因为他"请学"的目标"止"于"老农"之"稼"或"老圃"之"为圃"等"小人之事"。"大人之事"是"为国"，"大人之学"应该"止"于"礼""义""信"，最终实现"四方之民襁负其子而至"的"至善"境界。

"大学之道，在明明德，在亲民，在止于至善"，这句话是"道"的"体"和"用"的统一，也就是说大学之"道"的功用在"明明德，在亲民，在止于至善"。"道"是"自然铁定底道理"，"问道"或"闻道"是"大学"第一位的功夫。但是，"大学"不能"止"于学习"自然铁定底道理"，"问道"或"闻道"之后还要让它发挥效用，就像人问清了路或知道了路就要去走。大学之"道"，其实就是通向"明明德""亲民"的"止于至善"之"路"。我们今天说到"知道"两个字，好像是认知的结束，但古人认为它其实是认知的开始，知"道"就要行"道"，走向"明明德""亲民"（或"新民"），最终"止于至善"境界。

"明道"和"明德"的关系，用今天的话来说，就是认识世界规律和运用世界规律改造世界的关系。就像只有认识世界规律才能改造世界，只有"明道"才能"明明德"进而"亲民"和"止于至善"。《中庸》开篇说："天命之谓性，率性之谓道，修道之谓教。"这里的"天命"就是朱熹说的"自然铁定底道理"或"天地本来生生之意"，用一个字来概括就是"性"。天地不可违背的命令就是世界的客观规律性，遵循世界客观规律就是人所当行之道，这就是"明道"。但是，教育不能"止"于"明道"，在此基础上还需进一步"明明德""亲民"（或"新民"），朝着这条路一直走下去，这就是"止于至善"，这就是"修道之谓教"。

举个例子来说，"明道"体现在"学射"这件事上，就是学到了射箭的技艺。子曰："君子无所争。必也射乎！揖让而升，下而饮。其争也君子。"君子没有什么可与别人争的事情。如果有，一定是比射箭了。比赛时，相互作揖谦让后上场。射完后，登堂喝酒。这是一种君子之争。怎么射才能中由"自然铁定的道理"决定的，没有什么好争的，要争就比试比试吧，总能射中就是"明道"。所以，孟子曰："射者正己而后发。发而不中，不怨胜己者，反求诸己而已矣。"（《孟子·公孙丑上》）在射箭这件事上，要先端正自己身心再发射，如果射出去却没有射中，不能怪比自己优秀的人，而应该弄清自己对射箭之"道"不明之处。但是，射箭之"道"也是"入德之门"啊，教人学射箭不能"止"于射箭本身的"道"，还要"箭道"之外的"人道"，进而才能"明明德""亲民"（或"新民"），也就是要引导学生在技艺和道德上"止于至善"。

逄蒙学射于羿，尽羿之道，思天下惟羿为愈己，于是杀羿。孟子曰："是亦羿有罪焉。"

公明仪曰："宜若无罪焉。"曰："薄乎云尔，恶得无罪？郑人使子濯孺子侵卫，卫使庾公之斯追之。子濯孺子曰：'今日我疾作，不可以执弓，吾死矣夫！'问其仆曰：'追我者谁也？'其仆曰：'庾公之斯也。'曰：'吾生矣。'其仆曰：'庾公之斯，卫之善射者也，夫子曰"吾生"，何谓也？'曰：'庾公之斯学射于尹公之他，尹公之他学射于我。夫尹公之他，端人也，其取友必端矣。'庾公之斯至，曰：'夫子何为不执弓？'曰：'今日我疾作，不可以执弓。'曰：'小人学射于尹公之他，尹公之他学射于夫子。我不忍以夫子之道反害夫子。虽然，今日之事，君事也，我不敢废。'抽矢扣轮，去其金，发乘矢而后反。"（《孟子·离娄下》）

逄蒙向羿学射箭，当他把射箭的技术都学到后，觉得天下就羿可能超过自己，所以就把羿杀了。孟子认为羿作为老师有过错，他的学生公明仪认为老师没有过错。孟子认为只能说不能都怪羿，但哪能说没有过错呢？因此他举了子濯孺子、尹公之他和庾公之斯的师承关系为例，来说明学者应该学的"大学之道"。其时，郑国派子濯孺子攻打卫国，没有成功而撤走，卫国反派庾公之斯追击他。子濯孺子说："今天我病痛发作，不能拿弓，我死定了！"于是向给他驾车的人问道："追我的是谁呢？"驾车的人说："是庾公之斯。"子濯孺子就说："我能活下来了。"驾车的人问道："庾公之斯是卫国擅长射箭的人，先生却说自己能活下来了，这怎么说？"子濯孺子回答道："庾公之斯是向尹公之他学的射箭，尹公之他是向我学的射箭。尹公之他是个正直的人，他所交的朋友一定也是正直的人。"当庾公之斯追上来，就说："先生为什么不拿弓?"子濯孺子说:"今天我病痛发作,拿不了弓。"庾公之斯便说:"我是向尹公之他学的射箭,尹公之他是向先生学的射箭。我不忍心用先生的本领反过来伤害先生。尽管这样,今天的事,是君主的公事,我不敢不办。"于是抽出箭,敲了几下车轮,把箭镞去掉,发射了四支后便回去了。

"射"是"礼、乐、射、御、书、数"六艺之一,最早或许是为打猎和打仗,后来演变为"射礼"。包括天子、诸侯祭祀前选择参加祭祀人而举行的"大射"、诸侯朝见天子或诸侯相会时举行的"宾射"、平时燕息之日举行的"燕射"、地方官为荐贤举士而举行的"乡射"。《礼记·射义》说:"射者,进退周还必中礼。内志正,外体直,然后持弓矢审固。持弓矢审固,然后可以言中,此可以观德行矣。""射"之所以受到重视,就因为射箭首先需要端正自己的身心,张弓搭箭动作要沉着冷静,体现了"周道如砥,其直如矢"的道德品质以及"开弓没有回头箭"的坚定毅力。所以,对于射箭来说,"传道"不能仅仅是传授"箭道",还要传授"人道",也就是"正直"的品德。射箭的本领超过了老师,这从射箭技术本身来讲,完全符合"箭道",是"君子之争"。但是,为了超过老师,直接用老师教的本领射杀了老师,完全违背"人道",是"欺师灭祖"。羿作为最优秀的射手,没有教学生逄蒙"人道",最终自己死于非命,这就是他本身的过错。与之相反,子濯孺子的学生"夫尹公之他,端人也,其取友必端",所以尹公之他的学生庾公之斯"不忍以夫子之道反害夫子",用师父教的本领杀死师父不对,杀死师父的师父自然也不对。但是,战争不是师徒之间的私事,所以,庾公之斯说"今日之事,君事也,我不敢废"。最终,庾公之斯做到了"仁至义尽",尽可能做到了对师者的"仁"和对君主的"义",这就是"止于至善"。有些人可能觉得"抽矢扣轮,去其金,发乘矢而后反",这不就是个"假动作"嘛,哪里算得是"义尽"呢?如果说"义尽"就得射杀师祖,那么"仁至"又何在呢?要知道,"一日为师,终身为父",向师祖发射箭已经"大逆不道"了!"无君无父,是禽兽也"(《孟子·滕文公下》),"止于至善"就是既不能"无君"也不能"无父",也就是尽可能两边都顾及到的"中庸之道",它也就是"大学之道"。逄蒙学射于羿和庾公之斯学射于尹公之他,从反面和正面阐释了"大学之道,在明明德,在亲民,在止于至善"。"小人之学"表现为"尽羿之道,于是杀羿","大人之学"应该明"大道之行,天下为公"。逄蒙为一己私利可以杀羿,其他人也必然"以其人之道,还治其人之身"。只有先"明道"才能"明明德",进而实现"亲民"或"新民",直至"止于至善"。

从"明道"和"明德"的关系来说,"大学之道,在明明德,在亲民,在止于至善"就是先要认清人间正道,然后才能彰明光明美德,坚持民为邦本,使国家长治久安。很显然,这里的"大学"说到底是治国理政的思想理论学习,相当于我们今天说的学习马克思主义先要认识人类社会发展的客观规律,在此基础上才能坚定共产主义理想信念,才能坚持以人民为中心,不断实现人民对美好生活的向往。

(二)"知止"与"能得"

"知止而后有定,定而后能静,静而后能安,安而后能虑,虑而后能得。"懂得"止于至善"之后就能"态度坚定","态度坚定"之后才能"遇事冷静","遇事冷静"之后才能"坐怀不乱","坐怀不乱"之后才能"思虑周密","思虑周密"之后才能"适得其所"。这段话讲了很多微妙复杂的心理活动,但是关键词是开头的"知止"和末尾的"能得"。跳过中间的心理变化,就是说要是能够努力做到最好,就一定会有所得。

> 知止至能得,上云"止于至善"矣,此又提起来说。言能知止,则有所定;有所定,则知其理之确然如是。一定,则不可移易,任是千动万动,也动摇他不得。既定,则能静;静,则能安;安,则能虑;虑,则能得其所止之实矣。
>
> 知止至能得,盖才知所止,则志有定向;才定,则自能静;静,则自能安;安,则自能虑;虑,则自能得。要紧在能字。盖滔滔而去,自然如此者。虑,谓会思量事。凡思天下之事,莫不各得其当,是也。
>
> 知止,只是先知得事理如此,便有定。能静,能安,及到事来,乃能虑。能字自有道理。是事至物来之际,思之审,处之当,斯得之矣。

"大学之道,在明明德,在亲民,在止于至善。知止而后有定,定而后能静,静而后能安,安而后能虑,虑而后能得",表达的是一种道德信念。《中庸》以孝子舜为例告诉人们,"大德必得其位,必得其禄,必得其名,必得其寿"。"道"的本意就是"必由之路","德"的本意就是遵循必由之路"得以"至善。"大学之道,在明明德",这两句包含的"道德"信念就是走"亲民"的路就能也才能走向"至善"境界。

从"知止（于至善）"到"能得"，就是教人相信"大德必得其位，必得其禄，必得其名，必得其寿"。人们常说"人的命，天注定"，这句话是一个人的信念的通俗表达。它意味着其中的"知止"是止于"天"，"有定"是定于"天命"。关键是如何理解"天"和"命"，消极的理解是"听天由命"，那就是任由老天爷安排，人是一点办法也没有。但如果相信"嘉乐君子，宪宪令德。宜民宜人，受禄于天，保佑命之，自天申之"，"天命"就是"大德者必受命"的规律。

子曰："视其所以，观其所由，察其所安，人焉廋哉？人焉廋哉？"（《论语·为政》）看他言行的动机，观察他一贯的遵循，考察他安心之事，一个人的品行就昭然若揭。"所以"是由"知止"决定，人以什么名义做事由他信仰的"主宰"力量决定；"所由"是由"有定"决定的，人以什么理由做事由他相信的"因果"报应决定。以"人民的名义"做事就是相信人民是世界的"创造者"和"最终决定力量"，"以上帝的名义"做事就是相信上帝是世界的"创造者"和"最终决定力量"。绝大多数人都是相信存在某种"主宰"力量，也相信存在某种"因果"报应。对世界的"主宰"力量和"因果"报应完全不相信的人，只能说还算不得具有人的感性和理性，还处于类似动植物的蒙昧无知状态。子曰："不知命，无以为君子也；不知礼，无以立也；不知言，无以知人也。"（《论语·尧曰》）不要以为否定"天命"就是破除了迷信，也可能只是让人变得"无法无天"而已；不要以为藐视"礼法"就是获得了解放，也可能只是使人"自由放任"而已；不要以为打破"讷于言而敏于行"（《论语·里仁》）就能获得言论自由，也可能只是使人"巧言令色"而已。"知止"就是要人"知天命"，知"天命不可违"，也就是知道天下有任何人都不可违背的必然规律。"能定"就是定于"大德者必受命"，遵守"亲民"道德准则的人一定能获得"至善"结果。古人的言辞听起来有"迷信"色彩，但是，今天的人应该能用自己的语言去理解，消除其中容易导致迷信的成分。

  定，是见得事事物物上千头百绪皆有定理；静，只就自家一个心上说。定以理言，故曰有；静以心言，故曰能。定是理，静在心。既定于理，心便会静。若不定于理，则此心只是东去西走。

  静是就心上说，安是就身上说。而今人心才不静时，虽有意去安顿那物事，自是不安。若是心静，方解去区处，方解稳当。既静，则外物自然无以动其心；既安，则所处而皆当。看打做那里去，都移易他不得。

> 知止，只是识得一个去处。既已识得，即心中便定，更不他求。如求之彼，又求之此，即是未定。"定而后能静，静而后能安"，亦相去不远，但有深浅耳。与中庸动、变、化相类，皆不甚相远。
>
> 定、静、安颇相似。定，谓所止各有定理；静，谓遇物来能不动；安，谓随所寓而安，盖深于静也。定、静、安三字大略相类。然定是心中知"为人君止于仁，为人臣止于敬"。心下有个定理，便别无胶扰，自然是静。如此，则随所处而安。[①]

"知止"就是确立了止于至善的理想，"能定"就是能够坚定理想信念，"能静"就是能够心无旁骛不受诱惑，"能安"就是能够始终如一地身体力行，"能虑"就是遇事能够深思熟虑，"能得"就是最终实现止于至善的理想。共产党人一旦确立共产主义崇高理想，就不会再相信资本主义民主自由，即便能够获得个人经济上的好处也不动心，始终如一地为共产主义理想而奋斗，为实现共产主义理想而殚精竭虑，最终使共产主义理想不断地成为现实。没有人知道共产主义最终实现的时候，但是，我们知道只要为这个"至善"而奋斗，就"能得"我们这代人的"至善"。

（三）"闻道"与"得道"

子曰："朝闻道，夕死可矣。"（《论语·里仁》）朝闻道夕死而无怨，是因为"死得其所"，"求仁而得仁，又何怨"？（《论语·述而》）这里说的从"知止"到"能得"的过程，就像从"闻道"到"得仁"，亦即从口耳听闻"大学之道，在明明德，在亲民，在止于至善"到内心得知"大学之道，在明明德，在亲民，在止于至善"。朱熹认为，"知止而后有定"就像走路，世界上的路虽然是没有尽头的，但是我们一旦确定了一段行程，就可以好好地规划自己的行程了。就像"十一"长假确定去欧洲旅游，就不再想到美国要干什么了，目标定下来了心就静了，也就能安心地去思虑在欧洲的行程了，这样才能得到一次愉快的旅行。

[①] （宋）黎靖德，编．王星贤，点校．朱子语类[B]．北京：中华书局，2020：291—292．

知止而后有定，如行路一般。若知得是从那一路去，则心中自是定，更无疑惑。既无疑惑，则心便静；心既静，便贴贴地，便是安。既安，则自然此心专一，事至物来，思虑自无不通透。若心未能静安，则总是胡思乱想，如何是能虑！定，对动而言。初知所止，是动底方定，方不走作，如水之初定。静则定得来久，物不能挠，处山林亦静，处廛市亦静。安，则静者广，无所适而不安。静固安，动亦安，看处甚事皆安然不挠。安然后能虑。今人心中摇漾不定叠，还能处得事否？虑者，思之精审也。人之处事，于丛冗急遽之际而不错乱者，非安不能。圣人言虽不多，推出来便有许多说话，在人细看之耳。①

从"知止"到"能得"，指出了做事情的基本训练。简单地说，"知止"就是要目标明确，人最怕的就是没有目标、没有追求，浑浑噩噩、得过且过。没有目标、没有追求就会心神不定、惶惶不可终日，做事情无所适从、随时都可能变卦，这样当然不可能深思熟虑，更不可能有所收获。完美的旅行是需要深思熟虑去规划的，完美的人生也是需要自己去规划的。漫无目标，信马由缰，这种突然的设想也许是最自由自在的旅游，但也很可能陷入人仰马翻的悲剧。真正自由自在的旅行，通常都是自己很熟悉的地方。即便是哥伦布、麦哲伦这些冒险家，其航程也是有明确的目的地，对航行线路也是事先确定的，而且是一次又一次坚定地尝试，即便同伴死去也没有放弃，真正是殚精竭虑地想要开辟通往东方的路，所以最终才真正有所得。人生的航程又何尝不是如此？这些冒险家虽然算不上"大德"，但确实阐释了人生旅程的真谛。

先是自家心安了，有些事来，方始思量区处得当。今人先是自家这里鹘突了，到事来都区处不下。既欲为此，又欲若彼；既欲为东，又欲向西，便是不能虑。然这也从知止说下来。若知其所止，自然如此，这却不消得工夫。若知所止，如火之必热，如水之必深，如食之必饱，饮之必醉。若知所止，便见事事决定是如此，决定着做到如此地位，欠阙些子，便自住不得。

---

① （宋）黎靖德，编．王星贤，点校．朱子语类[B]．北京：中华书局，2020：292—293．

如说"事父母能竭其力,事君能致其身",人多会说得。只是不曾见得决定着竭其力处,决定着致其身处。若决定见得着如此,看如何也须要到竭其力处,须要到致其身处。且如事君,若不见得决定着致其身,则在内亲近,必不能推忠竭诚,有犯无隐;在外任使,必不能展布四体,有殒无二。"无求生以害仁,有杀身以成仁。"这若不是见得到,如何会恁地![1]

当今时代,今天的人可能不会承认哥伦布也是"大德必受命",其实也不会赞同舜那样的孝在今天还能"大德必受命"。"今人先是自家这里鹘突了",朱熹这句话可能对我们今天也适用。对于我们想要追求的价值目标,当人类可以说处于彷徨迷茫状态,所以对于当今世界面临的很多事情就无所适从。我们既想重建人与自然的和谐,又为科学技术而狂热竞争;既想要重振东方集体主义,又想要西方个人自由,实际上对人类何去何从并不清楚。但是,"东方专制主义"不可能在当代复兴,民主自由作为"历史的终结"已经成为笑话。批判"终极价值""普世价值"并不难,困难的是重建让人类"知止而后有定"的价值目标。"若知所止,便见事事决定是如此,决定着做到如此地位",如果有"止于至善"的道德信念,就能凡事该当如此才能有"善"的结果,因此也就能坚定地那么去做。其实,即便在朱熹的时代,"事父母能竭其力,事君能致其身"也不能是"愚孝""愚忠",需要"见得决定着竭其力处,决定着致其身处",也就是要知道在决定性的实质问题上竭力和舍身。比如,侍奉君王,如果不能在要害问题上尽心竭力,就做不到在朝廷内侍奉君王,既能忠诚无欺,又能犯颜劝谏;外派任职出使,就不能竭尽所能,忠贞不贰。同样的,"无求生以害仁,有杀身以成仁",如果不是见得"仁"道实在处,也不会慷慨赴死。"无事袖手谈心性,临危一死报君王"(《颜元集·学辨一》),这绝不是"事君能致其身"。

知止,只是知有这个道理,也须是得其所止方是。若要得其所止,直是能虑方得。能虑却是紧要。知止,如知为子而必孝,知为臣而必忠。能得,是身亲为忠孝之事。若徒知这个道理,至于事亲之际,为私欲所汨,不能尽其孝;事君之际,为利禄所汨,不能尽其忠,这便不是能得矣。能虑,是见

---

[1] (宋)黎靖德,编.王星贤,点校.朱子语类[B].北京:中华书局,2020:292—293.

得此事合当如此，便如此做。

知与行，工夫须着并到。知之愈明，则行之愈笃；行之愈笃，则知之益明。二者皆不可偏废。如人两足相先后行，便会渐渐行得到。若一边软了，便一步也进不得。然又须先知得，方行得。所以大学先说致知，中庸说知先于仁、勇，而孔子先说'知及之'。然学问、慎思、明辨、力行，皆不可阙一。[①]

儒家讲"知止"不是教人"心如止水"，而是知"止于至善"，因此，这里"知"本身包含了"行"，也就是要努力做到最好。"知止而后有定"其实"知"是事物发展的"终止"，也就是知道事物发展的必然规律，所以为人处世能"坚定"地遵循事物发展的必然规律。最简单的"止"就是人的生命的"终止"，人到一定年龄都知道生命终将结束，"知止"用到个人身上就是人生观。庄子说："吾生也有涯，而知也无涯，以有涯随无涯，殆已。"（《庄子·养生主》）道家不建议人对"知"孜孜以求，而教人顺其自然地活（"道法自然"）。佛教则认为到头来一切都是"空"，所以教人"知"就是知"空"。佛道的"知止而后有定"，就是"无欲无求"而后"有定"。儒家却教人"知其不可而为之"，也就是说，明"知"生命是有"止"也要让它"止于至善"，"有定"则是坚定地追求"止于至善"。只要每个人、每代人都竭尽所能做最好的自己，世界就是生生不息永续发展的美好世界。

2022年2月20日，第24届冬季奥林匹克运动会在北京闭幕，这事预先已经"知止"。中国人没有因为迟早要结束，就不努力申办、尽力办好，而是竭尽所能地申办并办了最精彩的盛会！或许，"是非成败转头空"，但是，"经历就是一种获得"。我们尽力做最好的自己，向世界展示了独特的中国精神和中国文化，也重新认识了我们的精神追求和文化特性。2008年奥运会和2022年冬季奥运会的总导演张艺谋写下了如下一段文字，满怀真情地表达了中国人主流的精神追求和文化特性。

两次奥运会，我们不仅仅说"双奥"的概念，也不仅仅满足于我们是唯一的双奥城市、唯一的双奥场馆。它是我们走过的路，是中国这么多年的发展变化。

[①]（宋）黎靖德，编．王星贤，点校．朱子语类[B]．北京：中华书局，2020：298—299．

中国人的家国情怀是特别浓厚的,我也一样。如果没有国家的强大,没有中国国际地位的提高,我们不可能在这么短的时间里申办两次奥运会,也不可能有我所谓的"双奥导演",这是我的幸运。从接到冬奥会任务,我就知道自己一定要全力以赴,不能懈怠,家国之间,还是国的事儿更大,不光我,很多人都和我一样不遗余力。

这次闭幕式"缅怀环节"的创意会,我们其实也开了很多次,下了很多功夫。这个环节是自里约奥运会开始的规定动作,为了缅怀逝者。韩国选择用类似葬礼的形式展示,东京奥运会则展现了日本的"物哀文化"。

那么中国人如何表达死亡?如何在中国文化中萃取出中国人的生死观?我想中国跟其他国家不太一样的是,对于逝去的人、对于生命,我们有属于中国人的乐观与向上。中国人对于逝者常说的一句话叫"一路走好",我们的生命观就是如此,在纪念逝者、缅怀逝者的同时,我们常常会擦干眼泪,活着的人还是要好好活着。

所以我们选择了"折柳送别"的意象。大家拿着一个发光的"柳条",在《送别》的音乐中缓缓地向中间走,有无数道绿色的光像纪念碑一样升起来。我们特别把光调成绿色的,意味着生命、希望和成长,我们没有太多的悲伤,更多的是一种深沉的纪念。

绿色的希望重新升起,一切都要向前看,这是一种完全不同的情怀。①

"知止"其实就是知"无止",子在川上曰:"逝者如斯夫,不舍昼夜。"(《论语·子罕》)我们都"知"道一切都终将逝去,不仅人的生命将终"止",万事万物都将终"止"。但是,逝去的一切不过像河中之水,源源不断地日夜流淌。眼前看到的水固然不断地流逝,但新的水流也不断地到来。所以,"知止"就是知"吾生也有涯",我们的生命都将会终"止",但我们可以"止于至善";"知止"也是"知也无涯",知道生命代代相传"无止境",逝去不过是追随先辈走向更广阔的天涯。从个体生命看,一切都将"止",一切都将成"空"。但是,"以天下观天下",天下万物新陈代谢,生生不息。"生如夏花之绚烂,死如秋叶之静美"(郑振铎译印度诗人泰戈

---

① 观察者网.《张艺谋谈闭幕式:家国之间,还是国的事儿更大》[2014—02—20].https://www.guancha.cn/zhangyimou/2022_02_20_627001.shtml.

尔所作《飞鸟集》）就是"止于至善"，这样看待生活就能"知止而后有定，定而后能静，静而后能安，安而后能虑，虑而后能得"。正是这种"止于至善"的精神，使得中国能成功举办奥运会，使得中华民族迎来伟大复兴！

三、"知所先后"

"物有本末，事有终始，知所先后，则近道矣"，是说理解"大学之道"最主要的是把事物的本末、始终、先后顺序搞清楚。"道"的本意，就是从本到末、自始至终、由先到后的发展过程。这句话承上启下，既总结了"大学之道，在明明德，在亲民，在止于至善。知止而后有定，定而后能静，静而后能安，安而后能虑，虑而后能得"，又指明了"古之欲明明德于天下者，先治其国；欲治其国者，先齐其家；欲齐其家者，先修其身；欲修其身者，先正其心；欲正其心者，先诚其意；欲诚其意者，先致其知；致知在格物。物格而后知至，知至而后意诚，意诚而后心正，心正而后身修，身修而后家齐，家齐而后国治，国治而后天下平"的大意。

（一）"本"和"末"

"大学之道，在明明德，在亲民，在止于至善"，"道"是"本"，"止于至善"是"末"。朱熹说："大学首三句说一个体统，用力处却在致知、格物"，"明德是指全体之妙，下面许多节目，皆是靠明德做去"，"圣人教人，只在大学第一句'明明德'上"。[1] 就像种树的道理是"根深叶茂"，"大学"的道理是"立德树人"。但是，"明明德"并不是"灵光乍现"，只有"明道"才能"明明德"。"致知在格物"，"物格而后知至"，所以说"用力处却在致知、格物"。也就是说，"大学之道，在明明德，在亲民，在止于至善"，归根到底是要通过格物致知来实现。"欲止于至善在亲民，亲民在明明德，明明德在明道，明道在格物；物格而后道明，道明而后德明，德明而民亲，民亲而善至。"用今天的话说，要实现善治就必须亲民，亲民依靠弘扬美德，弘扬美德依靠遵循正道，遵循正道必须认识事物发展的客观规律。只有先认识世界

---

[1] （宋）黎靖德，编．王星贤，点校．朱子语类[B]．北京：中华书局，2020：277．

发展客观规律才能遵循人间正道,从而弘扬正义美德,团结天下民众,共同建设美好世界。所以,"大学"要从客观事物出发,去认识事物发展的客观规律,也即是"道",才能真正"明明德",进而才能够做到"亲民"和"止于至善"。

《论语》第一篇"学而"就谈到了"本",有子曰:"其为人也孝弟,而好犯上者,鲜矣;不好犯上,而好作乱者,未之有也。君子务本,本立而道生。孝弟也者,其为仁之本与!"虽然这句话不是孔子本人所言,但它强调学习"一以贯之"的"道"显然符合孔子的教学理念。朱熹对"学而"篇首先强调"所记多务本之意,乃入道之门、积德之基、学者之先务也",对有子这段话进行了详尽的注释。

> 善事父母为孝,善事兄长为弟。犯上,谓干犯在上之人。鲜,少也。作乱,则为悖逆争斗之事矣。此言人能孝弟,则其心和顺,少好犯上,必不好作乱也。
>
> 本,犹根也。仁者,爱之理,心之德也。为仁,犹曰行仁。与者,疑辞,谦退不敢质言也。言君子凡事专用力于根本,根本既立,则其道自生。若上文所谓孝弟,乃是为仁之本,学者务此,则仁道自此而生也。程子曰:"孝弟,顺德也,故不好犯上,岂复有逆理乱常之事。德有本,本立则其道充大。孝弟行于家,而后仁爱及于物,所谓亲亲而仁民也。故为仁以孝弟为本。论性,则以仁为孝弟之本。"或问:"孝弟为仁之本,此是由孝弟可以至仁否?"曰:"非也。谓行仁自孝弟始,孝弟是仁之一事。谓之行仁之本则可,谓是仁之本则不可。盖仁是性也,孝弟是用也,性中只有个仁、义、礼、智四者而已,曷尝有孝弟来。然仁主于爱,爱莫大于爱亲,故曰孝弟也者,其为仁之本与!"

"善事"二字首先值得注意,它意味着"孝悌"本身并不是"自明"的"道"。"孝悌"要说属于"小学"的"洒扫、应对、进退之节",但是,推而广之,却能"不好犯上","不好作乱者",因此成为"大学",其中的"道"就更复杂了。《孝经》说:"夫孝,始于事亲,中于事君,终于立身";"以孝事君则忠,以敬事长则顺";"教以孝,所以敬天下之为人父者也。教以悌,所以敬天下之为人兄者也";"君子之事亲孝,故忠可移于君;事兄悌,故顺可移于长;居家理,故治可移于官。是以行成于内,而名立于后世矣。"从"孝悌"到"忠义"、从"居家"到"治官"、从"行成于内"

到"名立于后世",其中"一以贯之"的就是"道"。把这个"道"搞清楚了,就能更好地实现从"孝悌"到"忠义"、从"居家"到"治官"、从"行成于内"到"名立于后世"。

由此可见,"本"和"末"其实是一体的,它们就是"道"的"本体"和"效用",只不过有"先"和"后"而已。所谓"本立而道生",就像"树根"扎根在土壤,按照"道理"应该会"生长"成树木,一个人如果懂得"孝悌",按照道理就应该不会"犯上"和"作乱",这就是"立德树人"的"大学之道"。"孝弟也者,其为仁之本与",就是说"孝悌"是"仁爱"的"根本",有了对父母兄弟的"孝悌"就会生长出对国君民众的"忠爱",这就是"仁学"之"道"。显然,从人的道德修养来讲,"孝悌"是"本","忠爱"是"末",它们统称为"仁道"。从"道"的性质来说,"仁"是"本体","孝悌"和"忠爱"都是"用"。程子专门强调"孝悌"是"为仁之本",也就是孝敬父母、亲爱兄弟是遵循仁道的开始。但他否定"孝悌"是"仁"之本,因为"仁"就是"道"的一种——"仁道",所以,"仁"就是"本","孝悌"和"忠爱"都是"仁道"之"用",也就是"末"。

"本"和"末"应该分清是两个不同层面的含义,即"形而上"和"形而下",或"道"和"器"。我们通常说的"本"和"末",是"形而下"或"器物"层面的,比如说"树根"是"本",生长成的"树木"是"末",这从"本"和"末"两个字的"象形"中就能"会意"。但是,这样的"本"和"末"关系其实很表面,谁都看得见,并没有揭示出什么大道理,顶多就树木本身总结出"树大根深""根深叶茂"等道理。把这形态上看得到的下层道理向上推,抽象出更高深更普遍的规律,就是"形而上"的"道"。比如,从树木"根深叶茂"的道理,推而广之得出"立德树人"的"大学之道"。"立德树人"的"大学之道"中,"德"是"本","止于至善"是"末",它们也是"大学"之"道"的"体"("本体")和"用"("效用")。

子曰:"不怨天,不尤人。下学而上达,知我者其天乎!"(《论语·宪问》)"下学而上达"就是"得道"的方法,"下学"是"本""始""先"而"上达"是"末""终""后",如此就可以不埋怨天,也不责备人,因为天会理解自己——其实是人在理解"天道"。从"本"到"末",就是从"形而下"到"形而上"的"上达",从"器"到"道"的"抽象"。"道"是通过"大学"总结出来的"理",而且只有"下学而上达"才能总结出"道理"。以为可以越过"小学"直接到"大学",可以无视"形而下"而直指"形而上",那就是"本末倒置"。关于学习问题上的"本"和"末",

《论语·子张》篇记载了孔子的两个学生子游和子夏的争论:

> 子游曰:"子夏之门人小子,当洒扫应对进退,则可矣,抑末也。本之则无,如之何?"子夏闻之,曰:"噫,言游过矣!君子之道,孰先传焉?孰后倦焉?譬诸草木,区以别矣。君子之道,焉可诬也?有始有卒者,其惟圣人乎?"

"洒扫应对进退"是"小学"的教学内容,所以子游认为子夏的学生只学到了"小学"该学的生活小节,"大学"根本的东西却没有学到。子夏当然不同意,听了,说:"唉,子游错了!君子之道先传授哪一条,后传授哪一条,这就像草和木一样,都是分类区别的。君子之道怎么可以随意歪曲,欺骗学生呢?能按次序有始有终地教授学生们,恐怕只有圣人吧!"这次争议显然是关系教学方法的重大争议,所以朱熹在《论语集注》中结合程子的评论做了详细的阐释:

> 子游曰:"子夏之门人小子,当洒扫应对进退,则可矣,抑末也。本之则无,如之何?"子游讥子夏弟子,于威仪容节之间则可矣。然此小学之末耳,推其本,如大学正心诚意之事,则无有。子夏闻之曰:"噫!言游过矣!君子之道,孰先传焉?孰后倦焉?譬诸草木,区以别矣。君子之道,焉可诬也?有始有卒者,其惟圣人乎!"言君子之道,非以其末为先而传之,非以其本为后而倦教。但学者所至,自有浅深,如草木之有大小,其类固有别矣。若不量其浅深,不问其生熟,而概以高且远者强而语之,则是诬之而已。君子之道,岂可如此?若夫始终本末一以贯之,则惟圣人为然,岂可责之门人小子乎?
>
> 程子曰:"君子教人有序,先传以小者近者,而后教以大者远者。非先传以近小,而后不教以远大也。"又曰:"洒扫应对,便是形而上者,理无大小故也。故君子只在慎独。"又曰:"圣人之道,更无精粗。从洒扫应对,与精义入神贯通只一理。虽洒扫应对,只看所以然如何。"又曰:"凡物有本末,不可分本末为两段事。洒扫应对是其然,必有所以然。"又曰:"自洒扫应对上,便可到圣人事。"
>
> 愚按:程子第一条,说此章文意,最为详尽。其后四条,皆以明精粗本

末。其分虽殊，而理则一。学者当循序而渐进，不可厌末而求本。盖与第一条之意，实相表里。非谓末即是本，但学其末而本便在此也。

朱熹指出，子游讥笑子夏的学生只是在"洒扫应对进退"方面，体现出了不错的"威仪容节"。但是，这些都是"细枝小学"就教的"末节"，要说学问的"大本大源"，比如"大学正心诚意之事"，则完全没有学到。对此，子夏的反驳，认为"君子之道"虽然从"小学"到"大学"，但并不意味着先传授的就是"细枝末节"，也不意味着后面不再传授"大本大源"。学生所掌握的知识，自有高低深浅不同，就像树木生长有大有小，教授知识的分类是出于学生成长的客观差别。如果不管学生知识水平的高低深浅，不管他们对知识掌握的生熟情况，一概以深奥的知识来要求他们，只能让他们无所适从而已！君子传道授业，岂能如此？如果要求始终本末一以贯之，或许只有圣人才能做到，哪能要求自己所教的学生？朱熹显然认同子夏的观点，进而引用程子的话说："老师教学要有序推进，先从身边小事开始，逐步拓宽到宏大事理。并不是说从身边小事开始，以后也不教他们大道理。"程子还说："洒扫应对这些日常生活习惯中，也有'形而上'的道理，道理并不因事情大小而不同。所以君子修身，非常重视居家独处之时。"程子又说："圣人教人的道，也不分事情的精深和粗糙。从洒水扫地和待人接物这些粗活小事，到用高深义理塑造人的精神，其中一以贯之的道理是一样的。即便洒水扫地和待人接物，也有个为什么要这样的理。"程子又说："事物的本和末，不应该截然分为两件事。洒水扫地和待人接物之所以要这么做，必定有其这么做的理。"程子又说："从洒水扫地和待人接物这些'下学而上达'，就能认识圣人'正心诚意之事'。"朱熹最后强调说："事物虽有精粗本末的不同，但其中的道理则是一样的。学习者应该循序渐进，不可忽视细枝末节而专求大本大源。这并不是说'末'就是'本'，而是说细枝末节之中蕴含着大本大源。"

子游和子夏之间关于"学"的"本"和"末"争论，最终发展成"为学"的两种"倾向"。一种是注重在现实生活中学习，"知行合一""生活教育""在干中学"都有这种倾向；另一种是注重提高思想理论自觉，"道学""理学""科学"都有这种倾向。这当然是一个大致的概括，尤其是在中国，学者普遍会认同"中庸"的思想方法，不承认自己有这种"偏颇"。但是，事实上朱熹和王阳明的差别主要就是这两种倾向，他们本人对这两种倾向还是很警惕的，他们的弟子把这两种倾向发展到了"极致"，因此成了"程朱理学"和"陆王心学"两种对立的"学派"。平心而论，"知行合一""生活教育""在干中学"永远行得通，永远有必要。但是，"民间高手""民科""民间艺人"多半是美好愿望，普通民众的日常生活很难产生伟大的思想、艺术、科学和技术创造等。其实，"生活教育""在干中学"和"道学""理学""科学"都是"事"，所谓的"本"和"末"其实只是"先"和"后"。"物有本末"的"物"是指这些"事"背后的"形而上"的"道"，只有"道"才是"本"，而"道"这一"本体"的"运用"体现"在明明德，在亲民，在止于至善"，也就是说，"本"最终必须体现于"止于至善"的"末"。用今天的话说，实践是检验真理的唯一标准，到底哪个学派真正抓住了"本"就让实践去检验吧，就让"民间高手""民科""民间艺人"和大发明家、大科学家、大思想家艺术家去各尽其能止于至善吧。

"大学之道，在明明德，在亲民，在止于至善"这句话中"本"和"末"，类似于我们今天讲马克思主义理论学习时强调掌握马克思主义的基本原理，坚定共产主义理想信念，全心全意为人民服务，为共产主义奋斗终身。掌握马克思主义的基本原理和坚定共产主义理想信念当然是"本"，但归根到底要落实到全心全意为人民服务和为共产主义奋斗终身中。事实又证明，只有在全心全意为人民服务和为共产主义奋斗终身的伟大实践中，才能真正掌握马克思主义的基本原理和坚定共产主义理想信念。就像树的"本"和"末"首尾相连、始终如一，大脑学习思考和脚手付诸行动彼此配合、相互促进。"大学之道，在明明德，在亲民，在止于至善"，是"道"之"本"和"止于至善"之"用"的统一，亦即"本"和"末"的统一。

（二）"终"和"始"

"知止而后有定，定而后能静，静而后能安，安而后能虑，虑而后能得"，这句话的意思是教人思考问题和做事情要从"终"开"始"，而且要"慎终如始"和"始终如一"才会有所得。用今天的话说，首先要想的是不要输在"终点线"，而不只是不要输在"起跑线"。我们今天所有的不安定和浮躁，可以说都是因为太过注重"始"，太少考虑"终"。正是因为不知"止于至善"的道理，所以心神不安、莫名焦虑，终究谈不上"能得"。

问知止至能得。

曰："真个是知得到至善处，便会到能得地位。中间自是效验次第如此。

学者工夫却在'明明德，新民，止于至善'上。如何要去明明德，如何要去新民，如何要得止于至善，正当理会。知止、能得，这处却未甚要紧。圣人但说个知止、能得样子在这里。"

陈子安问："知止至能得，其间有工夫否？"

曰："有次序，无工夫。才知止，自然相因而见。只知止处，便是工夫。"①

"止于至善"其实是"各尽所能"，"能得"是"各得其所"，这就是"真个是知得到至善处，便会到能得地位"。所以，这个"知止"还需要强调"物格而后知至"，也就是要先弄清楚客观情况，而不是主观地定一个最高标准作为"至善"。"物格、知至，则天下事事物物皆知有个定理"，从具体事物出发去思考"止于至善"，那么天下万事万物各有自身的"定理"。所谓的"定"，就像冷了要穿衣、饿了要吃饭，是没有商量余地的事实。"静"是"心不动摇走作"，也就是下定决心去解决温饱问题，而不是玩弄"心静自然凉"之类的说辞。"安"是"随所处而安"，也就是"穷不失义，达不离道"，而不是"随遇而安，随波逐流"。"虑"是"思虑其曲折精微"，也就是"居庙堂之高则忧其民，处江湖之远则忧其君"（范仲淹此言正对朱熹"在内亲近，必不能推忠竭诚，有犯无隐；在外任使，必不能展布四体，有殒无二"），而不是"其未得之也，患得之；既得之，患失之"（《论语·阳货》）。"得"是"得所止"，也就是"止于至善"。

物格、知至，则天下事事物物皆知有个定理。定者，如寒之必衣，饥之必食，更不用商量。所见既定，则心不动摇走作，所以能静。既静，则随所处而安。看安顿在甚处，如处富贵、贫贱、患难，无往而不安。静者，主心而言；安者，主身与事而言。若人所见未定，则心何缘得静。心若不静，则既要如彼，又要如此，身何缘得安。能虑，则是前面所知之事得到，会行得去。如平时知得为子当孝，为臣当忠，到事亲事君时，则能思虑其曲折精微

---

① （宋）黎靖德，编．王星贤，点校．朱子语类[B]．北京：中华书局，2020：299.

而得所止矣。[1]

所以,"知止而后有定"还得强调"物格、知至以后,方能如此","知到尽处了,方能知止有定"。但是,"格物"又哪里能够格得尽呢?"致知"哪有"止境"?朱熹说"物格、知至也无顿断",这无异于说"知止"就是"知无止境"。如果能够尽知天下万物,那就必定能从容中道了。但是,一般人顶多"一事上知得尽,则此一事便知得当止处",也就是做某一方面的专家。其实没有必要追求对事物的"全知",好像那样就能成为定乾坤的"全能"。也没必要因为"知未到尽头",就觉得什么都不能干。"知止而后有定",完全可以随各人所知深浅而定。固然,不论对天下万物还是一事一物,"知到尽处"是最好的了,但未到尽知也能有所定。比如人们走一条路,走熟了一条路,就有所定了。圣人教人,就是要人勇敢地去走自己的路。所以,"知止而后有定,定而后能静,静而后能安,安而后能虑,虑而后能得",真正要讲的道理没别的,就是教人不要总是无所作为地等待。事到临头,敢于面对,就必然会有所得。怕的就是等待,总是需要等到条件成熟才去做事,终究只能一事无成。正确的态度是从具体事物出发,在了解事物中获得对事物的认知。

问:"'知止而后有定',须是物格、知至以后,方能如此。若未能物格、知至,只得且随所知分量而守之否?"

曰:"物格、知至也无顿断。都知到尽处了,方能知止有定。只这一事上知得尽,则此一事便知得当止处。无缘便要尽底都晓得了,方知止有定。不成知未到尽头,只怅地鹘突待在这里,不知个做工夫处!这个各随人浅深。固是要知到尽处方好,只是未能如此,且随你知得者,只管定去。如人行路,今日行得这一条路,则此一条路便知得熟了,便有定了。其他路皆要如此知得分明。所以圣人之教,只要人只管理会将去。"

又曰:"这道理无它,只怕人等待。事到面前,便理会得去做,无有不得者。只怕等待,所以说:'需者,事之贼也!'"

---

[1] (宋)黎靖德,编.王星贤,点校.朱子语类[B].北京:中华书局,2020:297.

又曰："'需者，事之贼也！'若是等待，终误事去。"

又曰："事事要理会。便是人说一句话，也要思量他怎生如此说；做一篇没紧要的文字，也须思量他怎生如此做。"①

做事情能够"止于至善"就最终必定"能得"，讲的其实是"各尽所能，各得其所"。因为每个人的天赋和能力不同，"止于至善"对不同的人有不同的内涵，但只要知道尽其所能努力做到最好，就必定会有所得。朱熹明确指出："这数句，只是要晓得知止。不知止，则不能得所止之地。如'定、静、安'数字，恰如今年二十一岁，来年二十二岁，自是节次如此来，自不可遏。如'在明明德，在亲民，在止于至善'这三个短句，却紧要只是'在止于至善'；而不说知止，则无下工夫处。"②也就是说"做最好的自己"这是最重要的，只要敢于"做最好的自己"，就自然会有"定、静、安"。同样的，"在明明德，在亲民，在止于至善"，这三个短句最重要的也是"在止于至善"；不讲"做最好的自己"，就会让人无所适从。朱熹还进而指出，"知止是知事事物物各有其理。到虑而后能得处，便是得所以处事之理。知止，如人之射，必欲中的，终不成要射做东去，又要射做西去。虑而后能得，便是射而中的矣。且如人早间知得这事理如此，到晚间心里定了，便会处置得这事。若是不先知得这道理，到临事时便脚忙手乱，岂能虑而有得！"③"知止"之所强调"做最好的自己"，是以为"知止"就是知道万事万物各有其内在道理，"虑而后能得"就是懂得对待万事万物的道理（包括人对自身发展规律的认识）。"知止"就像人要射箭一定是想射中靶心，因此绝不能想要向东射又要向西射，"虑而后能得"就是射中靶心。如果人们早上知道这个道理，到晚上心里就安定了，就知道目标专一地射箭了。如果不事先搞懂这个道理，临到射箭时手忙脚乱，怎么能"虑而后能得"？

《大学》讲的"止于至善"，现在来说并不是人人都必须考100分。即便没有考及格，尽了最大努力也是"止于至善"。当然，"止于至善"也意味着不能停止，要不断地努力"做最好的自己"。即便如此，也可能一辈子都不如人，但这也是"止于至善"。只要知道了"止于至善"的道理，就必定"能得"到自己想要的美好生活，

---

① （宋）黎靖德，编．王星贤，点校．朱子语类[B]．北京：中华书局，2020：290—291．
② （宋）黎靖德，编．王星贤，点校．朱子语类[B]．北京：中华书局，2020：297．
③ （宋）黎靖德，编．王星贤，点校．朱子语类[B]．北京：中华书局，2020：298．

这就是"各尽其能，各得其所"。

（三）"先"和"后"

"古之欲明明德于天下者，先治其国；欲治其国者，先齐其家；欲齐其家者，先修其身；欲修其身者，先正其心；欲正其心者，先诚其意；欲诚其意者，先致其知；致知在格物。物格而后知至，知至而后意诚，意诚而后心正，心正而后身修，身修而后家齐，家齐而后国治，国治而后天下平"，"八目"是环环相扣的八个环节，"格物"为"先"，"明明德"和"平天下"是"后"。朱熹明确指出，"此一书之间，要紧只在'格物'两字，认得这里看，则许多自是闲了"[1]；"论其功用之极，至于平天下。然天下所以平，却先须治国；国之所以治，却先须齐家；家之所以齐，却先须诚意；意之所以诚，却先须致知；知所以至，却先须格物。本领全只在这两字上"[2]。对"格物"两字的极端重视是朱熹注解《大学》的最突出特点，下文他还借助程子意思补充"所谓致知在格物"。

"八目"以"格物"为先，这是从文字逻辑关系本身就能确定的。但朱熹认为"格物"也是"三纲"的逻辑起点，他说："大学首三句说一个体统，用力处却在致知、格物。"[3]《大学》这本书试图给人指明"人间正道"，那就是先要"明明德"，然后要"亲民"，最后就能"止于至善"，这就是"三纲"的基本意思。但是，怎么才能让人知道这个道理呢？"八目"进一步指出从"格物"开始才能"致知"，也就是才能知"大学之道"，进而才能"诚意""正心""修身"以"明明德"，从而能够"亲民"以"齐家""治国"，最后达到"平天下"的"至善"境界。"三纲"是"明道"，开宗明义地把"大学之道"摆出来；"八目""释道"，解释"大学之道"何以应该如此。

> 须知如何是格物。许多道理，自家从来合有，不合有。定是合有。定是人人都有。人之心便具有许多道理：见之于身，便见身上有许多道理；行之于家，便是一家之中有许多道理；施之于国，便是一国之中有许多道理；施

---

[1] （宋）黎靖德，编．王星贤，点校．朱子语类[B]．北京：中华书局，2020：271.
[2] （宋）黎靖德，编．王星贤，点校．朱子语类[B]．北京：中华书局，2020：271.
[3] （宋）黎靖德，编．王星贤，点校．朱子语类[B]．北京：中华书局，2020：277.

之于天下，便是天下有许多道理。"格物"两字，只是指个路头，须是自去格那物始得。只就纸上说千千万万，不济事。①

"格物"就是为了认识"道理"，所谓"公道自在人心"，"道"其实是客观存在的。对于人来说，有所谓的"人同此心，心同此理"；把这道理用在家庭生活中，就有一家人相处的许多道理；把它用于国家政治生活中，就有治国理政的许多道理；把它用于天下各国，则有天下人和平共处的许多道理。"格物"两个字就是指明了一个方向，每个人要在个人生活、家庭生活、国家生活和国际交往中去认识。只在纸上说一千道一万，终究无济于事。

"格物"就是为了认识道理而亲自去接触、体会和研究客观事物，就是"行"，就是"实践"。《大学》已经把"道"讲明了，但学习者需要"格物"才能真正"明道"。所以，重要的是学习者去"行道"，否则读《大学》只读到了空壳，完全没有用处。可以说《大学》只是勾画了人生旅程的广阔空间，它需要学习者自己去填充扩大，它所说的"三纲八目"都是教人去践行。从"小学"到"大学"，就是一个从"小人"到"大人"的充实提升过程。"明明德""亲民""止于至善"，就是教人既要"温故而知新"，也就是懂得继承和创新。必须与时俱进、开拓创新，才算是学有所得。而且，创新还不是道理新解，而是自我革新。所以，大学教人，一方面是教人学习先辈前贤已经认识到的理论，另一方面是教人在理论指导下，通过身体力行去理解、掌握和创新。

大学一书，如行程相似。自某处到某处几里，自某处到某处几里。识得行程，须便行始得。若只读得空壳子，亦无益也。

大学如一部行程历，皆有节次。今人看了，须是行去。今日行得到何处，明日行得到何处，方可渐到那田地。若只把在手里翻来覆去，欲望之燕，之越，岂有是理！

大学是一个腔子，而今却要去填教实著。如他说格物，自家是去格物后，填教实著；如他说诚意，自家须是去诚意后，亦填教实著。

---

① （宋）黎靖德，编．王星贤，点校．朱子语类[B]．北京：中华书局，2020：271—272．

> 尝欲作一说，教人只将大学一日去读一遍，看他如何是大人之学，如何是小学，如何是"明明德"，如何是"亲民"，如何是"止于至善"。日日如是读，月去日来，自见所谓"温故而知新"。须是知新，日日看得新方得。却不是道理解新，但自家这个意思长长地新。[①]

上面朱熹关于《大学》这本书和"大学教人"方法的话，概括了他关于读书和生活的基本观点，即求"知"和践"行"的基本观点。从中可以看得出来，他强调的重点在"行"。他并不是特别强调"博览群书"，更反对"皓首穷经"地读书。朱熹费尽一生精力于《四书集注》，就是希望读书人"博学于文，约之以礼，亦可以弗畔矣夫"（《论语·颜渊》），也就是不会背离"大学之道，在明明德，在亲民，在止于至善"的"教义"。进而"知止而后有定，定而后能静，静而后能安，安而后能得"。强调"格物"是为了"致知"，也就知"大学之道，在明明德，在亲民，在止于至善"。"知止"又是为了"有定"，也就是意有定向，这是"诚意"的功夫。唯有如此，才能不受外物诱惑而发生动摇，这就是"定而后能静"，也就是"正心"要实现的目标。心静之后才能安心做事，这就是"静而后能安"，也就是"修身"的根本功夫。只有全身心地投入到一件事中，才能深思熟虑地把这件事情做好，这就是"安而后能虑，虑而后能得"，也就是能够"齐家""治国""平天下"。

从"物格而后致知"到"国治而后天下平"，就是教人做事要做到"心安理得""心无旁骛""止于至善"。强调"格物"只是因为"致知在格物"，但绝不意味着停止于"格物"，"格物"就是为了"致知"，也就是得知"大学之道，在明明德，在亲民，在止于至善"。"物格而后致知"只是"先"，最"后"目的是"国治而后天下平"。"君子上达，小人下达。"（《论语·宪问》）君子向上努力通达"大人之学"和"大人之事"，小人停留在"小学"和"小人之事"，甚至自甘堕落为蝇营狗苟之辈。"知所先后，则近道矣"，"大学之道"就是从"小学"到"大学"的过程，就是从"洒扫、应对、进退之节，礼乐、射御、书数之文"到"穷理、正心、修己、治人之道"的过程，这个过程其实就是从"小我"到"大我"的升华过

[①] （宋）黎靖德，编．王星贤，点校．朱子语类[B]．北京：中华书局，2020：267—269．

程。"大学"将使一己"小我"和"世界"万物实现内外合一，也就是实现个人生存能力和世界客观规律相一致，这样"小我"就变成"大我"、"大人"或"大师"。"大学之道"，就是告诉人们实现"小我"变成"大学"、"小人"变成"大人"的途径。

古代教育对"致知在格物"重视不够，今日大学则偏重于"格物"和"致知"，也就是研究客观事物和传播科学知识。关于"诚意""正心""修身""齐家""治国""平天下"的人文社会科学教育，不如关于"格物""致知"的科学技术创新受重视，这是人类生产力发展的客观要求造成的，也是人类知识不断深化的表现。但是，正如历史学家汤因比指出的，"在最近500年时间里，地球的整个表面，包括大气层，都因为惊人的技术进步而有机联系在一起。然而，人类在政治上却尚未实现联合，我们彼此之间仍然是按照各自的方式生活的陌生人。这本来是我们从'消除距离'之前的时代继承下来的遗产，现在却使我们陷入了非常危险的境地。两次世界大战以及现今世界范围内的不安、沮丧、紧张和暴力，说明了这种危险。人类无疑正在走向自我毁灭，除非我们能成功地形成天下如一家的状态"[①]。科学技术创新毫无疑问是大学的重要职能，但是，科学技术也给人类带来了自我毁灭的危险——核武器就是人类自我毁灭的现实风险，"平天下"正是当今"大学"面临的最重大历史使命。

---

① 〔英〕汤因比. 历史研究（插图本）[B]. 上海：上海世纪出版集团，2005：1.

第二章
行

> 自天子以至于庶人，壹是皆以修身为本。其本乱而末治者否矣，其所厚者薄，而其所薄者厚，未之有也！
>
> 《康诰》曰："克明德。"《太甲》曰："顾諟天之明命。"《帝典》曰："克明峻德。"皆自明也。汤之《盘铭》曰："苟日新，日日新，又日新。"《康诰》曰："作新民。"《诗》曰："周虽旧邦，其命惟新。"是故君子无所不用其极。《诗》云："邦畿千里，惟民所止。"《诗》云："缗蛮黄鸟，止于丘隅。"子曰："于止，知其所止，可以人而不如鸟乎！"《诗》云："穆穆文王，於缉熙敬止！"为人君，止于仁；为人臣，止于敬；为人子，止于孝；为人父，止于慈；与国人交，止于信。
>
> 《诗》云："瞻彼淇澳，菉竹猗猗。有斐君子，如切如磋，如琢如磨。瑟兮僩兮，赫兮喧兮。有斐君子，终不可喧兮！"如切如磋者，道学也；如琢如磨者，自修也；瑟兮僩兮者，恂栗也；赫兮喧兮者，威仪也；有斐君子，终不可喧兮者，道盛德至善，民之不能忘也。《诗》云："於戏！前王不忘！"君子贤其贤而亲其亲，小人乐其乐而利其利，此以没世不忘也。子曰："听讼，吾犹人也，必也使无讼乎！"无情者不得尽其辞。大畏民志，此谓知本。此谓知本，此谓知之至也。

第一章让人从总体上"知"大学的基本道理，这一章要从总体上教人践"行"这一道理。"自天子以至于庶人，壹是皆以修身为本"，这意味着"大学之道"重在"身体力行"。虽然"大学"是为了"闻道""明道"，但是，听闻明晓了"道"就要去"行",而且要"止于至善",否则就没有任何意义。在"格物""致知""诚意""正心""修身""齐家""治国""平天下"这"八目"中,"修身"也是中间环节,"格物""致知""诚意""正心"是"内修"或"内圣"功夫,"齐家""治国""平天下"是"外修"或"外王"功夫,"修身"是"内外兼修"或"知行合一"。所谓"其本乱而末治者否矣"就是强调"修身为本","其身正,不令而行;其身不正,虽令不从"(《论语·子路》)。子曰:"弟子入则孝,出则弟,谨而信,泛爱众,而亲仁。行有余力,则以学文"(《论语·学而》),孝悌、谨信、仁爱都是"修身",这些都要先做到了再学习文献。"其所厚者薄,而其所薄者厚,未之有也",就是强调"笃行"为"厚者"而"学文"是"薄者",厚"学文"而薄"笃行"就会一切落空。"修身为本"就如《中庸》所言的"修道之谓教","修身"就是教人践行"大学之道,在明明德,在亲民,在止于至善"。具体来说,"克明德"就是"顾諟天之明命",能明明德者始终遵循天命。"自明"就是君主首先自己要能明德,然后才能使民众"明明德"。当然,因为"天命之谓性","天命"其实是事物的"本性",也是人的本性,所以"明明德"对君主和民众都可以说是"自明",每个人只要自己努力都可以"明明德"。"亲民"是"作民之父母",所以"自明"之后还要使民众"明明德",以做一个"亲民"。世界万事万物日新月异发生变化,这也意味着"天命无常",所以才有"周虽旧邦,其命惟新"。"君子无所不用其极",就是教人要懂得始终与时俱进,不断地开拓创新。"知其所止",就是知"止于至善",归根到底是"知天命"。为此,一方面是"道学",也就是"大学之道"的"学习",另一方面是"自修",也就是"自觉修身"以遵循"大学之道"。文王、武王都是"顾諟天之明命"的代表,其最终效果就是形成了"君子贤其贤而亲其亲,小人乐其乐而利其利"的"至善"境界,因此说是他们"道盛德至善,民之不能忘也"。儒家向往的就是在君主的带领下,人人都既能"知"大学之"道"又能遵道而"行",那么也就"必也使无讼乎",人人都能各尽其能、各得其所就不会有纠纷了。"自天子以至于庶人,壹是皆以修身为本",就是要求人人都既知"当行之道"又能"中道而行"。把"知道"和"行道"统一起来就是"修身"做人的根本,"知道"和"行道"的统一不仅是"知行合一",也是"天人合一",因此说是"知之至也"。

一、"修身为本"

"自天子以至于庶人,壹是皆以修身为本。其本乱而末治者否矣,其所厚者薄,而其所薄者厚,未之有也!"这句话强调的是"修己治人",用今天的话说就是领导者"以身作则",带动全体民众人人"从我做起"。领导者不能以身作则却想治理好民众,对自己身体力行不重视,却对普通民众严格要求,这是不可能办到的事。2019年3月1日,习近平在中央党校(国家行政学院)中青年干部培训班开班式上发表重要讲话明确强调:"为政之道,修身为本。"①

(一)"天子"与"庶人"

"自天子以至于庶人,壹是皆以修身为本",表达的是儒家"教化"的政治理想,就是通过天子美德来感化普通民众。"大学之道,在明明德,在亲民,在止于至善",就是强调治国理政的根本之道,在依靠执政者的美德教化民众,实现上下相亲的国泰民安景象。

季康子问政于孔子曰:"如杀无道,以就有道,何如?"孔子对曰:"子为政,焉用杀?子欲善而民善矣。君子之德风,小人之德草,草上之风,必偃。"(《论语·颜渊》)季康子向孔子询问治国理政之事,说:"如果杀掉无道的人,以此成就有道的人,怎么样?"孔子说:"您治国理政,哪里用得着杀人呢?您追求善政就会带动老百姓跟着行善。治国理政者的品德好比风,普通民众的品德好比草,草上吹过的风,必定使草跟着倒。"朱熹点评道:"为政者,民所视效,何以杀为?欲善则民善矣";又引尹氏曰:"杀之为言,岂为人上之语哉?以身教者从,以言教者讼,而况于杀乎?"②执政者是民众仰视和效仿的榜样,杀人能起什么效果呢?执政者想要善行民众就会有善行,执政者想要杀人民众也想要杀人。动不动就想要杀人,这哪是执政者所该说的话?身教使人从,言教引争讼,何况杀人呢?岂能不带来互相残杀!这样的政治逻辑,今天在某些国家法庭诉讼无穷、枪击事件频发中得到了验证。

---

① 中共中央党校(国家行政学院)网.《习近平在中央党校(国家行政学院)中青年干部培训班开班式上发表重要讲话强调》[2019—03—01].https://www.ccps.gov.cn/xtt/201903/t20190301_130004.shtml.

② (宋)朱熹,集注.四书章句集注[B].北京:中华书局,2016:139.

今天当然没有"天子"和"庶人"了，那样的封建思想也完全不合时宜了，但是，领导干部和普通群众还是存在的，上下级关系则是长期存在的。所谓"上行下效""上梁不正下梁歪"，社会风气是由领导干部的作风决定的，因此治国理政必须从"关键少数"抓起。2020年1月8日，习近平在"不忘初心、牢记使命"主题教育总结大会上的讲话中指出：

不忘初心、牢记使命，必须坚持领导机关和领导干部带头。

领导机关是国家治理体系中的重要机关，领导干部是党和国家事业发展的"关键少数"，对全党全社会都具有风向标作用。"君子之德风，小人之德草，草上之风必偃。"在上面要求人、在后面推动人，都不如在前面带动人管用。不忘初心、牢记使命，领导机关和领导干部必须做表率、打头阵。

"人不率则不从，身不先则不信。"领导机关和领导干部带头冲在前、干在先，是我们党走向成功的关键。革命战争年代，喊一声"跟我上"和吼一声"给我上"，一字之差、天壤之别。新中国成立以后，也是因为我们党有一大批像焦裕禄、谷文昌、杨善洲、张富清这样的英雄模范率先垂范，才团结带领人民群众不断开创各项事业发展新局面。领导机关和领导干部要深刻认识自身的责任，时刻保持警醒，经常对照检查、检视剖析、反躬自省。

"不忘初心、牢记使命"其实就是古人说的"修身"，"不忘初心"相当于"格物""致知""诚意""正心"的"内修"功夫，"牢记使命"相当于"齐家""治国""平天下"的"外修"功夫。"内圣外王"当然是不适宜的概念，但"修身"的基本功夫也差不多。这就提醒今天的领导干部"不忘初心、牢记使命"的"党性修养"，一方面要在"格物""致知""诚意""正心"上下功夫，也就是要通过认识世界发展客观规律以坚定自己的理想信念；另一方面要把修身落实到管理好自己的家庭，落实到为人民谋幸福、为民族谋复兴、为世界谋大同的事业中。在领导干部的带领下，就会形成同心共筑中国梦的民族精神。

（二）"乱"与"治"

"其本乱而末治者否矣"，是说按照"自天子以至于庶人"的"上行下效"逻辑，

"天子"的"修身为本"如果"乱"了，其"末"却是"庶人"得到"治"，这是没有的事。统治者"修身"是天下兴衰治乱的"根本"，"身修而后家齐，家齐而后国治，国治而后天下平"。"大学之道，在明明德，在亲民，在止于至善"，就是强调儒家"为政以德"达到"无为而治"的政治理想。

子曰："无为而治者，其舜也与？夫何为哉？恭己正南面而已矣。"（《论语·卫灵公》）能够不做什么就使天下得到治理的人，大概只有舜吧？他做了什么呢？他只是庄重端正地面向南地坐在王位上罢了。"恭己正南面"就是"以身作则"，为天下人树立了一个"榜样"。当然，舜其实并非无所作为，这只是为了让人更具体地理解"本"就是"榜样"或"标杆"。季康子问政于孔子。孔子对曰："政者，正也。子帅以正，孰敢不正？"（《论语·颜渊》）鲁国大夫季康子向孔子问政，孔子回答说，"政"的意思就是"正"，以自身之"正"作则使人不敢"不正"。子曰："其身正，不令而行；其身不正，虽令不从。"（《论语·子路》）执政者如果自身言行端正，无须行政命令百姓也没有言行不端；如果执政者自身言行不端，即使严令禁止百姓也不会服从。

在孔子看来，"政治"首要的就是"正"，正如老子说的"以正治国"。尽管儒家和道家都说"无为而治"，各自的基本价值内涵并不相同。老子说的"无为而治"是"我无为而民自化"，"使民有什伯之器而不用，使民重死而不远徙。虽有舟舆，无所乘之。虽有甲兵，无所陈之。使民复结绳而用之。甘其食，美其服，安其居，乐其俗。邻国相望，鸡犬之声相闻，民至老死不相往来"，确实教人尽量"无所作为"。儒家的"无为而治"是叫统治者不要强迫和压迫民众，但统治者自己恰恰要如"大禹治水""舜其大孝"那样"大有作为"。道家的"无为而治"是"无政府主义"状态下的"放任自流"，儒家的"无为而治"是"圣王之道"指引下的"教化政治"，说到底是要唤起民众的政治自觉。

我们今天要更加强调领导干部的引领示范作用，也要更加注意发挥民众的主动性积极性自觉性。习近平《之江新语》中有一篇《要用人格魅力管好自己》的文章说道：

> 人格魅力是领导干部人品、气质、能力的综合反映，也是党的干部所应具备的公正无私、以身作则、言行一致优良品质的外在表现。广大干部群众的眼睛是雪亮的，他们不但要看我们是怎么说的，更要看我们是怎么做的。"其身正，不令而行；其身不正，虽令不从"，讲的就是这个道理。有的领导

干部之所以在广大干部群众中威信高、影响力大，其中一个重要方面就是自身模范作用好、人格魅力强。否则，"台上他说，台下说他"，说话办事怎么会有影响力和号召力？尤其是我们省级领导干部，众目睽睽，大家关注，更应注重身体力行，以自身的人格魅力，给人们以思想上的正确引导和行为上的良好示范，在领导工作中靠前指挥，在钱物使用上严守规定，在用权用人上坚持原则，在处理问题上公道公正，在解难帮困上尽心尽力，在工作作风上求真务实，在生活待遇上不搞特殊化，在团结共事上胸怀坦荡，努力展示自身过硬、组织信赖、下级钦佩、群众拥护的良好形象。

（三）"厚者"与"薄者"

"其所厚者薄，而其所薄者厚，未之有也"，强调的是"民可近不可下，民惟邦本，本固邦宁"（《尚书·五子之歌》），应当亲近而不能轻视与低看人民，人民才是国家的根基，根基牢固国家才能安定。所以，执政者"修己"是所当"厚者"，"治人"是所当"薄者"。如果搞不清楚轻重厚薄，也就不可能治理天下国家。

子路问君子，子曰："修己以敬。"曰："如斯而已乎？"曰："修己以安人。"曰："如斯而已乎？"曰："修己以安百姓。修己以安百姓，尧、舜其犹病诸！"（《论语·宪问》）。当子路问孔子怎么做一个君子的时候，孔子提出按照"大学之道，在明明德，在亲民，在止于至善"的要求，修养自己对"明德"严肃恭敬的态度，修养自己对百姓的亲爱之心，修养自己使天下百姓安乐。《论语·尧曰》篇记载了王者的"修己"的要义所在。

> 尧曰："咨！尔舜！天之历数在尔躬，允执其中。四海困穷，天禄永终。"舜亦以命禹。曰："予小子履，敢用玄牡，敢昭告于皇皇后帝：有罪不敢赦。帝臣不蔽，简在帝心。朕躬有罪，无以万方；万方有罪，罪在朕躬。"周有大赉，善人是富。"虽有周亲，不如仁人。百姓有过，在予一人。"谨权量，审法度，修废官，四方之政行焉。兴灭国，继绝世，举逸民，天下之民归心焉。所重：民、食、丧、祭。宽则得众，信则民任焉。敏则有功，公则说。

上天的大命之所以最终落在舜的身上了，这其实是他"修己"的结果，所以，对于获得"天命"来说，"修己"是"其所厚者"。"修己以敬"，就是"允执其中"，亦即诚实地保持那中正之道。"修己以安百姓"就是告诫舜，"假如天下百姓陷于困苦和贫穷，上天赐给你的禄位也就会永远终止"，舜也这样告诫过禹。商汤说："我这小子履谨用黑色的公牛来祭祀，向光明伟大的天帝祷告：有罪的人我不敢擅自赦免。天帝的臣仆我也不敢藏有私心，一切都由天帝的心来做明断。我本人如果有罪，请不要牵连天下百姓，天下百姓若有罪，都由我一个人承担。"周朝建立之初大封诸侯，使善人都富贵起来。周武王说："我虽然有至亲，不如有仁德之人。百姓如有过错，都追究在我一人身上。"认真检查度量衡器，周密地制定法度，全国的政令就会通行了。恢复被灭亡了的国家，接续已经断绝了的家族，提拔隐逸山林的人才，天下百姓就会真心归服了。所重视的四件事：人民、粮食、丧礼、祭祀。宽厚就能得到众人的拥护，诚信就能得到民众的信任，勤敏就能取得治功，公平就会使百姓喜悦。

2012年11月15日，习近平等十八届中央政治局常委同中外记者见面，提出"全党必须警醒起来。打铁还需自身硬。我们的责任，就是同全党同志一道，坚持党要管党、从严治党，切实解决自身存在的突出问题，切实改进工作作风，密切联系群众，使我们党始终成为中国特色社会主义事业的坚强领导核心。"[①]"打铁还需自身硬"强调的就是"其本乱而末治者否矣，其所厚者薄，而其所薄者厚，未之有也"，唯有"坚持党要管党、从严治党"，才能"使我们党始终成为中国特色社会主义事业的坚强领导核心"。

二、"知其所止"

"大学之道，在明明德，在亲民，在止于至善"，作为对中国古代"大人之学"的总概括，集中体现了"为政以德"的基本治国理念。子曰："为政以德，譬如北辰居其所而众星共之。"（《论语·为政》）治理国家依靠道德的力量，就像北极星安然其位而众星拱卫。所谓"道"最初的含义就是"轨道"，就像天体运行的轨道。"明明德"就是君主使人看明"明德"，就像最亮的北极星的"居其所"的定位作用；"亲

---

① 习近平．习近平谈治国理政[B]．北京：外文出版社，2014：4—5．

民"其实就是使民亲如"众星共之","止于至善"就是"众星共之"的和谐景象。"北辰"代表着强有力的领导核心,"北辰居其所而众星共之"体现了政局稳定和人民之所趋附。"北辰居其所"如果变成了动荡不居,"众星共之"也就不再可能,这就是政治动荡造成社会动乱的景象。与上章主要从"知"的角度谈"知止"不同,本章主要从"行"的角度讲"知其所止",具体地说就是君主要如"北辰居其所",民众要如"众星共之"。

(一)"明明德"

《康诰》曰:"克明德。"《太甲》曰:"顾諟天之明命。"《帝典》曰:"克明峻德。"皆自明也。这段话用《尚书》中的典故论证"为政以德"的理念,"克明德"就是能明晓道德教化的重要性,"顾諟天之明命"就是心目中始终专注于这天地的必然规律,"克明峻德"就是能彰明俊才美德。"皆自明也",则是这些例子都说明了一个道理,天子首先要"自明明德"。如果天子不能"自明明德",庶民必然也就迷失了方向。当然,所谓"公道自在人心","明德"其实是人人心中自有的公共道德。对于庶人来说,"明明德"说到底也是"自明",而不是外在的道德"说教"或"绑架"。"修身"终究要靠"自修","明明德"当然也要靠"自明"。

"克明德"引自《康诰》中的"克明德慎罚","克"是"能"的意思,"克明德慎罚"就是能明白"道之以政,齐之以刑,民免而无耻;道之以德,齐之以礼,有耻且格"(《论语·为政》)。用政令来治理百姓,用刑罚来制约百姓,百姓只会尽力避免触犯政令和刑罚,但不觉得不服从统治是可耻的;如果用道德来感化百姓,用礼仪来规范百姓,百姓就会有廉耻之心,进而遵循道德礼仪。《康诰》是《尚书·周书》中的一篇,据《史记·周本纪》记载,周公在平定三监及武庚所发动的叛乱之后,把康叔封在殷地,以统治殷的余民。这篇诰文便是康叔上任之前,周公对康叔的训诫之辞[①]。原文为"惟乃丕显考文王,克明德慎罚,不敢侮鳏寡,庸庸,祗祗,威威,显民",意思是只有你那英明的考父文王,能崇尚道德教化而谨慎地使用刑罚,不敢侮辱鳏夫寡妇,任用那些应当受到任用的人,尊敬那些应当受到尊敬的人,镇压那些

---

① 王世舜,王翠叶,译注.尚书[B].北京:中华书局,2012:178.

应当受到镇压的人，彰显民众是应当受到亲爱的人。这是在平定管叔、蔡叔、霍叔和武庚发动叛乱后的反思，认识到对殷民应该主要用"怀柔"的办法来"归化"，而不能"以暴易暴"地重蹈纣王覆辙。纣王因失德而失国，所以武王的后人也不能迷恋武力，国家长治久安需要更多地依靠文王的治国之道，也就是更多地运用道德和教化而不是政令和刑罚。我们今天对"以德治国"和"依法治国"的道理争论不休，只需要回到武王伐纣和武庚叛乱这两件重大历史事件中来，"德主刑辅"的道理显而易见。

"顾諟天之明命"引自《尚书·商书》的《太甲》上篇，原文为："先王顾諟天之明命，以承上下神祇，社稷宗庙，罔不祇肃。天监厥德，用集大命，抚绥万方。"先王成汤顾念这上天的严明命令，顺天承运敬奉天神地祇，宗庙社稷无不恭敬严肃。上天看到先王成汤的美德，因此用他来统一完成重大使命，让他安抚绥靖天下百姓。朱熹在《大学章句》中说："顾，谓常目在之也"；"諟，古是字"，"犹此也，或曰审也"；"天之明命，即天之所以与我，而我之所以为德者也"；"常目在之，则无时不明矣"[1]。在《朱子语类》中又说："自人之受之，唤做'明德'；自天言之，唤做'明命'"；"人之明德，即天之明命"[2]。"顾諟天之明命"，就是"见得长长地在面前模样"，"立则见其参于前，在舆则见其倚于衡"（《论语·卫灵公》）[3]。"天命"一刻也不能忘，站着仿佛看到它显现在面前，坐车好像看到它刻在车辕前的横木上。

"明德"和"天之明命"的关系，用《中庸》中的话说就是"大德必受命"，所以，"大学之道，在明明德"。《大学》开篇就是告诫君王，君位其实不是可以由人禅让或继承的，而要靠"明德"获得"天之明命"。《太甲》是《尚书·商书》的内容，共上、中、下三篇，为伊尹所作，主要就是告诫太甲要"明明德"。伊尹是辅佐商汤伐夏桀的功臣，太甲是汤的嫡长孙。据《史记·十二本纪·殷本纪》载："帝太甲既立三年，不明，暴虐，不遵汤法，乱德，于是伊尹放之于桐宫。三年，伊尹摄行政当国，以朝诸侯。帝太甲居桐宫三年，悔过自责，反善，于是伊尹乃迎帝太甲而授之政。帝太甲修德，诸侯咸归殷，百姓以宁。伊尹嘉之，乃作太甲训三篇，褒帝太甲，称太宗。"夏桀因为虐政荒淫而被商汤讨伐，不想太甲也"暴虐，不遵汤法，乱

---

[1] （宋）朱熹，集注．四书章句集注[B]．北京：中华书局，2016：4．
[2] （宋）黎靖德，编．王星贤，点校．朱子语类[B]．北京：中华书局，2020：336．
[3] （宋）黎靖德，编．王星贤，点校．朱子语类[B]．北京：中华书局，2020：338．

德",所以伊尹把他放逐于桐宫。伊尹摄政三年,太甲在桐宫悔过自新后,伊尹就把太甲迎接回来,重新执掌政权。太甲依靠"修德"获得诸侯的归附,天下百姓得以安宁,伊尹因此作太甲训三篇,训诫、嘉许、褒奖太甲。伊尹在《太甲》上篇还告诫太甲说:"先王昧爽丕显,坐以待旦。旁求俊彦,启迪后人。无越厥命以自覆。慎乃俭德,惟怀永图。若虞机张,往省括于度则释。钦厥止,率乃祖攸行。"先王成汤天色未明就思虑光大明德,为此常常坐着等待天明。又遍求俊才贤德,以开导教化后人。你不要僭越天命以自取灭亡啊。你要谨慎保持他俭约的美德,思怀国家长治久安的蓝图。做事要像虞人张开了机械弓弩,还要校准目标有的放矢。你要敬重自己所要完成的使命,遵循你的祖先开创的长久之道!在《太甲》中篇又告诫太甲说:"修厥身,允德协于下,惟明后。先王子惠困穷,民服厥命,罔有不悦。"修养自身,用公允美德协和天下,这才是明君。先王成汤施恩惠于困顿贫穷者,所以人民服从他的命令,没有不心悦诚服的。《太甲》下篇告诫太甲的同时对"天命"做了最好的阐释:

惟天无亲,克敬惟亲。民罔常怀,怀于有仁。鬼神无常享,享于克诚。天位艰哉!德惟治,否德乱。与治同道,罔不兴;与乱同事,罔不亡。终始慎厥与,惟明明后。先王惟时懋敬厥德,克配上帝。今王嗣有令绪,尚监兹哉。[①]

上天没有偏爱的人,能敬天的人就得护爱。民众不会常怀爱君之心,但常怀获得仁爱的心。鬼神不固定享用祭品,只享用真诚的献祭。保持天命授予的王位很不容易呀!有德才能治理国家,无德就会造成国家大乱。遵循与治世之君相同的治理之道,没有不兴盛的;做与乱世之君一样的背德之事,没有不灭亡的。慎终如始地中道而行,就是能明明德的君主。先王就是如此随时勉励敬修自己的德行,所以能够配得上上天的天命要求。如今我王继承有先王的美好传统,希望时时参照这一传统呀!伊尹作《太甲》三篇告诫王者"受命于天""天命无常""大德必受命",这就是中国政治文化的古老传统。

"克明峻德"引自《尚书·虞书》中的《尧典》,其对尧的评价是:"钦明文思安安,允恭克让,光被四表,格于上下。克明峻德,以亲九族。九族既睦,平章百姓。

---

① 王世舜,王翠叶,译注. 尚书[B]. 北京:中华书局,2012:45.

百姓昭明，协和万邦。黎民于变时雍。"尧之为政既勤俭严明又文雅温和，既公允恭敬又礼让贤能，所以人格光辉普照四方，以至于上天入地。他能彰明俊才美德，使九族家人亲密和睦。家族和睦以后，又彰明百官中的善行美德。百官昭明善行美德之后，就能使诸部落协调和顺。天下黎民百姓从此也就友好和睦了。尧依靠以身作则树立道德榜样，实现家族、国家、天下和睦，就是孔子说的"为政以德"和"大学"讲的"明德""亲民""止于至善"，以及"修身""齐家""治国""平天下"的典范。关于"明德"与"天之明命"的关系，孟子曾做过解释：

> 万章曰："尧以天下与舜，有诸？"
>
> 孟子曰："否。天子不能以天下与人。"
>
> "然则舜有天下也，孰与之？"
>
> 曰："天与之。"
>
> "天与之者，谆谆然命之乎？"
>
> 曰："否；天不言，以行与事示之而已矣。"
>
> 曰："以行与事示之者，如之何？"
>
> 曰："天子能荐人于天，不能使天与之天下；诸侯能荐人于天子，不能使天子与之诸侯；大夫能荐人于诸侯，不能使诸侯与之大夫。昔者，尧荐舜于天而天受之，暴之于民而民受之，故曰：天不言，以行与事示之而已矣。"
>
> 曰："敢问荐之于天而天受之，暴之于民而民受之，如何？"
>
> 曰："使之主祭而百神享之，是天受之；使之主事而事治，百姓安之，是民受之也。天与之，人与之，故曰：天子不能以天下与人。舜相尧二十有八载，非人之所能为也，天也。尧崩，三年之丧毕，舜避尧之子于南河之南，天下诸侯朝觐者，不之尧之子而之舜；讼狱者，不之尧之子而之舜；讴歌者，不讴歌尧之子而讴歌舜，故曰，天也。夫然后之中国，践天子位焉。而居尧之宫，逼尧之子，是篡也，非天与也。《泰誓》曰：'天视自我民视，天听自我民听。'此之谓也。"①

---

① 方勇，译注.孟子[B].北京：中华书局，2015：181—182.

表面上看禅让制就是尧把天下让与舜，但天下不是天子的私有之物，所以也不能把它让与人，舜有天下其实是天给他的。天并不谆谆教导人做事，天不说话也不发文，所谓"人在做，天在看"，天命以行动和事迹来显示罢了。依据人的行动和事迹，天子能把人推荐给天，但不能让天把天下交给他；诸侯能把人推荐给天子，但不能让天子把诸侯之位交给他；大夫能把人推荐给诸侯，但不能让诸侯把大夫之位交给他。从前，尧将舜推荐给天，天接受了；公开介绍他给百姓，百姓也接受了。所以说，天不说话，天命以行动和事迹来显示罢了。具体来说，能顺利地主持祭祀天地的大礼，能做成老百姓想做的事，这就是表示得到了天和人的共同接受。所以说是天授予的，天子并不能以天下让与人。舜辅助尧二十八年，这不是人所能决定的，是天命。尧驾崩后，三年之丧完毕，舜躲避尧的儿子而到南河的南边去。可是，天下诸侯朝见天子，不到尧的儿子那里而到舜那里；打官司的，也不到尧的儿子那里而到舜那里；唱赞歌的人，不歌颂尧的儿子而歌颂舜，这就是说舜获得了天命。如此，舜才回到中央国都，登基做了天子。如果居住在尧的宫室，逼迫尧的儿子让位，这是篡夺，不是天命。正如《泰誓》说过的，天看人是通过百姓的眼睛看到的，天听事是通过百姓的耳朵听到的。这就是所谓的天命。简单地说，"天命"就是"民意"，被百姓接受就是获得天命。

"皆自明也"，就是统治者要靠自身"明明德"获得"天之明命"。"自明"就是"譬如北辰"，也就是说君主要像北极星一样，为天下百姓找准自己的位置和指明前进的方向，这也是"君临天下"的最基本内涵。"北辰"并非完全"无为"而是也在运行，不过，它起到了定位和指向作用。《礼记·礼运》有言，"君者所明也，非明人者也"。"君者所明也"，意思是说君主就是人民所仰望的光明，这就是君的"自明"；"非明人者也"，意思是说君主不能自以为是地教人明白道理，这意味着要让百姓也"自明"。合而言之，就是"皆自明也"。孟子曰："贤者以其昭昭使人昭昭，今以其昏昏使人昭昭。"（《孟子·尽心下》），意思是说贤能的君主要以其"自明"使人"明明德"，这就是"皆自明也"。相反，现在有些官员、教师、企业管理者抑或家长，"自明"尚且没有做到却想教人"明明德"。歌曲《红军战士想念毛主席》唱道："抬头望见北斗星，心中想念毛泽东，想念毛泽东。迷路时想你有方向，黑夜里想你照路程，黑夜里想你照路程。""抬头望见指路星，心中想念毛泽东，想念毛泽东。困难时想你有力量，胜利时想你心里明，胜利时想你心里明。"这就是毛泽东"以其昭昭使人昭昭"，以其"自明"使人民"自明"，达到了"皆自明也"。

以领导者的"自明"使天下百姓"皆自明",这就是"为政以德,譬如北辰居其所而众星共之"的治理理念。《史记·天官书》中有如下之言:"五星分天之中,积于东方,中国利;积于西方,外国用者利。五星皆从辰星而聚于一舍,其所舍之国可以法致天下。"[1]1995年新疆民丰县尼雅遗址出土一块东汉末到魏晋的彩锦护膊,上有"五星出东方利中国"的文字,可见这种观念在中国有很大的影响。所谓"中国",是星占学分野概念里的"中国",泛指黄河流域的中原地区,而"中国"之外就是"西方""夷狄"或者"外国"。"五星积于东方"和"五星出东方"是指五大行星在某段时期内,在日出前同时出现在东方。五星聚合一般要几十年乃至上百年才能出现一次。中国上一次出现五星聚合(间距〈30°〉)的时间是公元1921年,下一次出现五星聚合的时间则是公元2040年[2]。1921年中国共产党成立,"这是开天辟地的大事变"[3]。五星红旗很容易让人们联想到"五星分天之中,积于东方,中国利",让我们拭目以待2040年的中国会发生怎样的变化吧——中国将更加强大。《史记·天官书》中还有"夫天运,三十岁一小变,百年中变,五百载大变"的说法[4],如果从西方人普遍认可的西方崛起时间1500年算,到2000年就应该已经出现"五百载大变"。今天的人可能会觉得它是一种封建迷信,但我们今天确实在讨论"中华民族伟大复兴的战略全局"和"世界百年未有之大变局"。

"明明德",要求以领导者的"自明"使天下百姓"皆自明","为政以德,譬如北辰居其所而众星共之","五星分天之中,积于东方,中国利;积于西方,外国用者利。五星皆从辰星而聚于一舍,其所舍之国可以法致天下。"这些说法主要表明了中国古人的理想信念:一个依靠道德感召力实现和谐团结的国家无往不利,有这种道德感召力的国家必将为世界各国所效法。

(二)"作新民"

汤之盘铭曰:"苟日新,日日新,又日新。"《康诰》曰:"作新民。"《诗》曰:"周

---

[1] 司马迁.史记(第4册)[B].北京:中华书局,2013:1583.
[2] 王力,主编.中国古代文化常识(插图修订第4版)[B].北京:北京联合出版公司,2014:2.
[3] 毛泽东.毛泽东选集(第4卷)[B].北京:人民出版社,1991:1514.
[4] 司马迁.史记(第4册)[B].北京:中华书局,2013:1601.

虽旧邦，其命惟新。"是故君子无所不用其极。这段话紧接着上文指出了"明明德"的效果，那就是"作新民"，进而实现"旧邦新命"。不论成汤伐夏桀还是武王伐纣，抑或共产党推翻国民党的反动统治，都实现了人民的解放和国家的革新。所以，真正的君子对于"明德"，一定不能只是"自明"而已，一定要"无所不用其极"地致力于"皆自明也"。唯有如此才能"亲民"，也唯有如此才能"新民"，从而团结和领导人民建设一个新世界。

据《史记·殷本纪》记载，汤的先祖是契，因辅佐大禹治水有功，被舜任命为掌管教育的司徒并赐封于商。契的后代在尧舜禹时代逐步兴起，其治理功业在诸侯中很显著，百姓因此得以享有太平盛世的生活。汤曾说："人视水见形，视民知治不。"人从水中能看到自己的形象，从民众身上能知道国家治理得好不好。其时正是夏桀残暴统治时期，因此，汤带领诸侯讨伐夏桀。《尚书·商书》中有汤动员诸侯伐夏的《汤誓》，指出"有夏多罪，天命殛之"，夏王犯下众多罪恶，天命我们诛杀他。

> 今尔有众，汝曰："我后不恤我众，舍我穑事而割正夏？"予惟闻汝众言，夏氏有罪，予畏上帝，不敢不正。
> 今汝其曰："夏罪其如台？"夏王率遏众力，率割夏邑，有众率怠弗协，曰："时日曷丧？予及汝皆亡。"夏德若兹，今朕必往。[①]

汤借民众的话说，夏桀不能体恤民众艰辛，让民众稼穑无时，如何能够正人？我害怕上帝，不敢不遵命纠正他。夏的罪恶又如何呢？君臣都滥用民力，层层盘剥民众，所以民众都怠于奉献，上下早已不和，有人甚至说夏王："你这个太阳什么时候能够消亡？我愿意与你一起死去。"夏王的德行堕落到这种程度，所以我一定要前往讨伐他。商汤打败夏桀后，作的《汤诰》与诸侯百姓共勉。

> 嗟！尔万方有众，明听予一人诰。惟皇上帝，降衷于下民。若有恒性，克绥厥猷惟后。夏王灭德作威，以敷虐于尔万方百姓。尔万方百姓，罹其凶害，弗忍荼毒，并告无辜于上下神祇。天道福善祸淫，降灾于夏，以彰厥

---

① 王世舜，王翠叶，译注.尚书[B].北京：中华书局，2012：97—98.

罪。肆台小子，将天命明威，不敢赦，敢用玄牡，敢昭告于上天神后，请罪有夏。聿求元圣，与之戮力，以与尔有众请命。上天孚佑下民，罪人黜伏，天命弗僭，贲若草木，兆民允殖。俾予一人辑宁尔邦家，兹朕未知获戾于上下，栗栗危惧，若将陨于深渊。凡我造邦，无从匪彝，无即慆淫，各守尔典，以承天休。尔有善，朕弗敢蔽；罪当朕躬，弗敢自赦，惟简在上帝之心。其尔万方有罪，在予一人；予一人有罪，无以尔万方。呜呼！尚克时忱，乃亦有终。①

汤首先强调天下各处的民众都是好的，上帝让美德降临到每个民众身上。美德仿佛是人固有的本性，保持民众本性固有之善则需要君主以身作则。但是，夏王丧失了美德，骑在人民头上作威作福，施加虐待于天下百姓。天下百姓深受残酷迫害，无法容忍其荼毒，向天地神灵控诉。上天之道福佑善良祸患淫邪，降灾难于夏，以彰显其罪。因此，我小子依从天命严明声威，不敢赦免夏王罪恶，虔诚地用黑色公牛做祭品，冒昧地向上天神帝昭告，请求依罪讨伐夏王。于是寻求大圣人伊尹，一起勠力同心，为民众请命。上天相信并护佑民众，罪人被罢黜后伏诛，天命不再被僭越，于是就像草木获得生机一样，天下生民也快速繁衍。让我一人最终承担治国安民责任的天命，我担心获罪于天地神灵，战战兢兢地恐惧，就像将陨落于深渊。凡是我赐封建立的邦国，一定不要没有法度，一定不能怠惰淫乐，各自都要恪守典章，以得承蒙上天福佑。你们身上有善行，我不敢去遮蔽；罪过发生在我身上，我也不敢自我赦免，它们都要受检视于上帝的心眼中。天下百姓如果有罪，在我一人身上追究；我一人如果有罪，不能累及天下百姓。唉！倘能始终保持热忱，也就会有好的结果。

汤之盘铭曰："苟日新，日日新，又日新。"朱熹在《大学章句》中说："盘，沐浴之盘也。铭，名其器以自警之辞也。苟，诚也。汤以人之洗濯其心以去恶，如沐浴其身以去垢，故铭其盘，言诚能一日有以涤其旧染之污而自新，则当因其已新者，而日日新之，又日新之，不可略有间断也。"②意思是汤想要以生活中的洗澡洁净身体，来警诫洗涤自己的心灵以去其恶，并且要日复一日地去除心中的污垢。这个日

---

① 王世舜，王翠叶，译注. 尚书[B]. 北京：中华书局，2012：386—387.
② （宋）朱熹，集注. 四书章句集注[B]. 北京：中华书局，2016：5.

常生活中的自我警诫与汤早年说的"人视水见形"恰恰相符，但很可能政治高度不够，没有体现"视民知治不"的意思。而且，上文的"明明德"，下文的"作新民"，"涤其旧染之污而自新"在义理上也不够通畅。因此，上文引用了《汤誓》和《汤诰》，并从中汲取汤之盘铭之深意。汤的盘铭说的"如果我们能一日实现革新，就能每日都实现革新，日复一日地革新"，应该就像座右铭上写着"尚克时忱，乃亦有终"，目的是警告自己及后代，要保持"革命热忱"，做到"慎终如始"，不要像夏王朝一样慢慢地走向腐朽堕落，最终成为"革命"对象。朱熹认为盘是沐浴的盘，应该自有其考据。但如果是铭刻在吃饭的盘上，显然更能每天警醒自己。一日三餐反省，这是很多宗教的规矩。直到今天也有在盘子上刻字，放在醒目地方作为座右铭的。也就是说，"苟日新"的意思应该不只是由沐浴想到的自新，而是汤伐夏实现的革新，它不但使民众得到了新生，而且革新了国家和社会。"日日新，又日新"，是保持"革命精神"，不断"自我革命"。

"作新民"，这句《尚书·周书》之《康诰》中的话，或许也暗示了汤之盘铭的话也是来自《尚书》。前文"克明德"也来自《康诰》。"作新民"一句所在原文如下：

> 呜呼！小子封，恫瘝乃身，敬哉！天畏棐忱，民情大可见。小人难保，往尽乃心，无康好逸豫，乃其乂民。我闻曰：'怨不在大，亦不在小。'惠不惠，懋不懋。已！汝惟小子，乃服惟弘。王应保殷民，亦惟助王宅天命，作新民。①

唉！封，你这年轻人啊，治理国家就像医治有病痛在身的人，一定要小心谨慎啊！令人敬畏的天是否热忱支持你，从民众的情绪中大体可以看见。这些小民朝不保夕，你前去一定要尽心竭力，不能喜好安逸享乐，这样才能造福百姓。我听说："民怨不在于大，也不在于小。"重要的是要施惠于未能分享恩惠的人，要助力于没有发展机会的人。唉！你虽然是个年轻人，你的责任却非常重大。王者天命理当保护殷民，也要你助王遵循天命，让殷民获得新生。

"作新民"的"作"，朱熹解释为"鼓之舞之之谓作，言振起其自新之民也"，

---

① 王世舜，王翠叶，译注. 尚书[B]. 北京：中华书局，2012：184.

也就是鼓舞民众振作起来实现自新。就文武周公的时代来说,"作新民"具体的意思是发动民众,并领导他们推翻商纣王的暴政。从《康诰》原文来看,"作新民"首先是指周王朝要善待前朝遗民,就像商汤说夏桀失德但人民是好的,周也不该因商纣暴虐而让殷民没有出路,如果那样只能逼迫殷民叛乱。"万方有罪,在予一人;予一人有罪,无以尔万方",这既是王者自身所应当承担的政治责任,也是王者对待百姓所应有的政治立场。所谓"上天孚佑下民",就是不怪罪普通百姓,没有不是的老百姓;"天畏棐忱,民情大可见",天命支持还是反对,只能从民情中才能看到。进而言之,"作新民","天命弗僭,贲若草木,兆民允殖",就像遵循大自然的规律自然会迎来春天草木繁茂,遵循天命也必然使民众像枯木逢春获得新生。"怨不在大,亦不在小",怨不在于大小,而在于是否符合天命。夏桀商纣或许怨最大,但"诛一夫"乃是天命;夏民殷民可能怨小,但"上天孚佑下民"。"天命"就像大自然四季变化的规律一样,因此,"作新民",就是所谓"惠不惠,懋不懋",就像春天让万物生长一样,让民众普遍获得新的发展机会。

"周虽旧邦,其命惟新"来自《诗经·大雅·文王》,《毛诗传笺》毛亨序明确指出,"文王,文王受命作周也。受命,受天命而王天下,制立周邦";对于本句则有郑玄笺注,"大王聿来胥宇而国于周,王迹起矣,而未有天命,至于文王而受命。言新者,美之也"①。意思是说这首诗是为文王受天命建立周而作,强调"周虽旧邦,其命惟新"是为了赞美文王。尽管古公亶父(周武王姬发建立周朝时,追谥他为"周太王")率领族人由豳迁到岐山下的周原建国,并且因为美德吸引天下民众纷纷到来,已经可见王者迹象,但却还没有获得天命,直到文王才真正获得天命。但周朝是武王伐纣后才建立的,所以很多人认为说"至于文王而受命"没有道理。朱熹的解释是"言周国虽旧,至于文王,能新其德以及于民,而始受天命也"②,方玉润认为"此诗盖推本文王之德足以配天,故可以肇造周室于奕禩"③,言下之意都是文王的"德"比其先祖更高。子曰:"无忧者其惟文王乎!以王季为父,以武王为子,父作之,子述之。武王缵大王、王季、文王之绪,壹戎衣而有天下,身不失天下之显名。尊为天子,富有四海之内。宗庙飨之,子孙保之。"(《中庸》)孔子认为,没有忧虑

---

① (汉)毛亨,传.郑玄,笺.毛诗传笺[B].北京:中华书局,2018:353.
② (宋)朱熹,集注.四书章句集注[B].北京:中华书局,2016:5.
③ (清)方玉润.诗经原始(下)[B].北京:1986:475.

的大概只有文王了吧！因为有王季做父亲，有武王做儿子，父亲为他开创基业，儿子继承他的遗志。武王继太王、王季、文王的未完功业，一举用兵而取得天下，但武王自身并非没有美名。所以能贵为天子，富有四海天下。宗庙祭祀他，子孙永葆祝祷他。显然没有人会说武王"壹戎衣而有天下"就是"受命"，如果那样就真成了"成者为王败者寇"了，所以这里要特别说明武王也是"身不失天下之显名"，武王自身也有美德而不是光靠武力打天下。强调"至于文王而受命"也是说不通的，《思文》中有"思文后稷，克配彼天，立我烝民，莫匪尔极"，后稷就可以说配天命了；《昊天有成命》则说"昊天有成命，二后受之，成王不敢康，夙夜基命宥密"，文王武王一并受命，成王当然也受天命。这里的"周虽旧邦，其命惟新"，其实是说周虽是商之旧邦，但是一代一代接续不断地带领人民开拓创新，最终实现了"普天之下莫非王土，率土之滨莫非王臣"。

"周虽旧邦，其命惟新"，其实是以周作为例子，说明"苟日新，日日新，又日新"和"作新民"的重要性。"受命"不能说在文王，也不能说在武王，它是一个逐步积累的过程，也是一个需要不断革新的过程。"其命惟新"，就是告诫统治者"天命无常"，要不断"维新"（类似清末说的"维新变法"），才能保持"骏命不易"。《朱子语类》记载了朱熹对"天命"的解释，那就是"天使自我民视，天听自我民听"，"天岂曾有耳目以视听！只是自我民之视听，便是天之视听。如帝命文王，岂天谆谆然命之！只是文王要恁地，便是理合恁地，便是帝命之也"；"若一件事，民人皆以为是，便是天以为是；若是人民皆归往之，便是天命之也"[①]。简单地说，"顺乎民心，合乎民意"，就是"天命"。其实，也可以说"商虽旧邦，其命惟新"，商也曾是夏王朝的诸侯国，后来获得天命建立新的商王朝。中国政治的"革新"始终就是这样新陈代谢的。从夏、商、周新陈代谢中得到最根本的政治教训是：如果能通过一次"革命"使国家和人民获得新生，就应该通过不断"自我革命"使国家和人民获得长盛不衰。

"是故君子无所不用其极"，就是总结夏、商、周新陈代谢的历史规律，执政者要"无所不用其极"地践行"苟日新，日日新，又日新"；不断"作新民"；从而实现"周虽旧邦，其命惟新"。"不知命，无以为君子也"（《论语·尧曰》），"天命"就

---

① （宋）黎靖德，编．王星贤，点校．朱子语类[B]．北京：中华书局，2020：337．

像太阳日复一日东升西落,就像四季年复一年有序更替,万物总能在春天迎来勃勃生机!"周虽旧邦,其命维新",正在于"作新民",周作为一个旧邦国能够获得新生命,根本在于它能通过让人民从对旧政权的绝望中获得新生。因此,国家治理最根本的就是遵循不可违背的"天命",不断地"作新民",从而实现国家的新生。

(三)"知天命"

"大学之道,在明明德,在亲民,在止于至善","明明德"之后是"亲民"还是"新民",这是理解"止于至善"的关键。程朱根据"作新民"这一段,推定"在亲民"当为"在新民",并认为古本内容存在竹简排列错误,本章所述内容需要从古本在"所谓诚其意者"后前移,以便与"在明明德,在新民,在止于至善"一一对应。王阳明反对古本是竹简错排的结果,"在亲民"也不宜理解为"作新民"。而且,他还认为"作新民"的"作"字与"亲"相对,言下之意"作新民"其实就是"亲民",只不过"兼教养意"。

> 爱问:"'在亲民',朱子谓当作'新民'。后章'作新民'之文似亦有据。先生以为宜从旧本'作亲民',亦有所据否?"
>
> 先生曰:"'作新民'之'新'是自新之民,与'在新民'之'新'不同,此岂足为据?'作'字却与'亲'字相对,然非'新'字义。下面'治国平天下处',皆于'新'字无发明。如云'君子贤其贤而亲其亲,小人乐其乐而利其利''如保赤子''民之所好好之,民之所恶恶之,此之谓民之父母'之类。皆是'亲'字意。'亲民'犹孟子'亲亲仁民'之谓,亲之即仁之也。百姓不亲,舜使契为司徒,敬敷五教,所以亲之也。《尧典》'克明峻德'便是'明明德';'以亲九族'至'平章''协和',便是'亲民',便是'明明德于天下'。又如孔子言'修己以安百姓'。'修己'便是'明明德';'安百姓'便是'亲民'。说'亲民'便是兼教养意,说'新民'便觉偏了"。[①]

---

① (明)王阳明,撰.王晓昕,译注.传习录译注[B].北京:中华书局,2018:9—10.

王阳明发现，除了"作新民"这一段外，《大学》全篇不再对"新"字有所阐发，因此断定"作新民"这一段说的其实还是"在亲民"。也就是说，他认为"明明德"的基本要求就是"亲民"，比如《尧典》说的"克明峻德"便是"明明德"；"以亲九族"至"平章""协和"，便是"亲民"。所以，王阳明阐释"止于至善"时说："至善是心之本体，只是'明明德'到'至精至一'处便是"[①]，也就是说"至善"就是"明明德"做到"至精至一"极致而已，也仍然是"明明德"。"明明德"的基本要求就是"亲民"，所以，"止于至善"也可以说就是"亲民"做到"至精至一"。但是，程朱把"在亲民"理解为"作新民"，这意味着"明明德"要体现为"作新民"，所以"止于至善"也要实现"周虽旧邦，其命惟新"。

　　程朱和阳明的不同解释让后人争论不休，其实，只要用历史唯物主义的眼光去看，我们只应该佩服他们既是伟大的思想家也是伟大的实践家。程朱生活于"国破山河在"的南宋，其实南宋连"偏安一隅"都算不上，应该说是"岌岌可危"。所以，作为有历史使命感的思想家和官员，程朱特意强调《大学》就是为了"作新民"，就是要改变沉迷于求佛信道的社会风气，弘扬修身齐家治国平天下的儒家精神。其"止于至善"的期盼，就是实现"周虽旧邦，其命惟新"。也正因为同样的原因，梁启超专门写了《新民说》。虽然南宋最终还是无可奈何地灭亡，但是，我华夏文明毕竟没有灭亡，中国也没有变为一个佛教国家。元、明、清三代，朱子《四书章句集注》成为科举标准教科书，中华文明非但没有湮灭于外来的佛教，而且在吸收佛教文明后实现了中华文明的伟大复兴。北方、西北、西南、东北的少数民族，也因此进一步成为中华民族大家庭的一员。一个没有儒家文化主导的中国，并不会是一个佛教的中国或道教的中国，而必定四分五裂为汉传佛教地区、藏传佛教地区、伊斯兰教地区、儒家地区等等，元、明、清作为统一国家存在根本就不可能！这是我们今天学习"止于至善"绝对不能忘的，忘了就不能说是"知其所止"了。当然，为了"周虽旧邦，其命惟新"，也就是为了重建类似周朝天下"大一统"这个"至善"目标，也造成了越来越严重的君主专制，王阳明强调"亲民"主要就是他处于皇权不断加强的明朝。所以，我们今天学习《大学》也要"学以致用"，"知其所止"。

　　"邦畿千里，惟民所止"，这句诗出自《诗经·商颂·玄鸟》。朱熹说："邦畿，

[①]（明）王阳明，撰．王晓昕，译注．传习录译注[B]．北京：中华书局，2018：12．

王者之都也。止，居也，言物各有所当止之处也。"①这个解释跳过了"惟民所止"的直接意思，让人不容易理解"物各有所当止之处"，没有起到引用《诗经》所应有的生动效果。原文为"邦畿千里，惟民所止，肇域彼四海"，《毛诗传笺》说："畿，疆也"，"止犹居也。肇当作兆。王畿千里之内，其民居安，乃后兆域正天下之经界。其言为政，自内及外"。②也就是说这里讲的是为政之道，当自内及外，由治国至平天下。该诗先写天命玄鸟降临生了契，殷商因此受天命立国。接着写上帝命商汤执掌天下四方，为政华夏九州。再写武丁继续天命，实现商王朝中兴。"邦畿千里，惟民所止"被认为是商"受命不息"的表现，所以，能实现源源不断"四海来假"的盛景。最后总结说"殷受命咸宜，百禄是何"，到武丁为止的商王都适宜地遵循天命，理当获得上天的众多福禄。据《礼记·王制》记载："天子之田方千里，公、侯田方百里，伯七十里，子、男五十里。不能五十里者，不合于天子，附于诸侯，曰'附庸'。"③"王畿"是天子直辖的区域，"邦"则是其他诸侯的治地，有点像今天美国行政区域由华盛顿哥伦比亚特区和各州组成。"邦畿千里，惟民所止，肇域彼四海"是说天子直接治理的土地有千里，天子首先要使住在这千里之内的民众安居乐业，然后才能让天下诸侯造福各自封国的民众。子曰："苟正其身矣，于从政乎何有？不能正其身，如正人何？"(《论语·子路》)，所谓正身不只是道德修养，更主要的是体现在从政，天子首先要知道"邦畿千里，惟民所止"，如此方能"正天下之经界"。如果不遵守"邦畿千里，惟民所止"，天下诸侯国也必然互相攻伐彼此兼并。全诗贯穿始终的是"天命"，"天命"的要求就是"邦畿千里，惟民所止"，也就是上天的命令是让所辖区域内的人民安居乐业。

玄 鸟

天命玄鸟，降而生商，宅殷土芒芒。
古帝命武汤，正域彼四方。
方命厥后，奄有九有。
商之先后，受命不殆，在武丁孙子。

---

① （宋）朱熹，集注.四书章句集注[B].北京：中华书局，2016：5.
② （汉）毛亨，传.郑玄，笺.毛诗传笺[B].北京：中华书局，2018：495.
③ 胡平生，张萌，译注.礼记（上）[B].北京：中华书局，2017：241.

武丁孙子，武王靡不胜。
龙旂十乘，大糦是承。
邦畿千里，惟民所止，肇域彼四海。
四海来假，来假祁祁，景员维河。
殷受命咸宜，百禄是何。

今天的中国，各个省、市、自治区可说"邦畿千里"，需要各地领导干部"惟民所止"，"守土有责，守土尽责"，"为官一任、造福一方"。2019年9月27日，习近平在全国民族团结进步表彰大会上的讲话中用到了"邦畿千里，惟民所止"，2011年3月1日，在中央党校春季学期开学典礼上的讲话中，则说了"为官一任、造福一方"。

"邦畿千里，惟民所止。"各族先民胼手胝足、披荆斩棘，共同开发了祖国的锦绣河山。自古以来，中原和边疆人民就是你来我往、频繁互动。特别是自秦代以来，既有汉民屯边，又有边民内迁，历经几次民族大融合，各民族你中有我、我中有你，共同开拓着脚下的土地。秦代设置南海郡、桂林郡管理岭南地区，汉代设立西域都护府统辖新疆，唐代创设了800多个羁縻州府经略边疆，元代设宣政院管理西藏，明代清代在西南地区改土归流，历朝历代的各族人民都对今日中国疆域的形成作出了重要贡献。今天，960多万平方公里的国土富饶辽阔，这是各族先民留给我们的神圣故土，也是中华民族赖以生存发展的美丽家园。[①]

"缗蛮黄鸟，止于丘隅"，写的是小臣或小民的"安分守己，恪尽职守"，与大臣或诸侯"守土有责，守土尽责"恰成对照。"缗蛮黄鸟，止于丘隅"出自《诗经·小雅·绵蛮》，《毛诗传笺》认为"绵蛮，微臣刺乱也。大臣不用仁心，遗忘微贱，不肯饮食教载之，故作是诗也"；"小鸟知止于丘之曲阿静安之处而讬息焉，喻小臣择卿大夫有仁厚之德者而依属"；"在国依属于卿大夫之仁者，至于为末介，从而行，道路远矣，我能劳，则卿大夫之恩宜如何乎？渴则予之饮，饥则予之食，事末至则

[①] 中共中央党校（国家行政学院）网.《习近平：在全国民族团结进步表彰大会上的讲话》[2019—09—27].https://www.ccps.gov.cn/xxsxk/zyls/201909/t20190927_134584.shtml.

豫教之，临事则诲之，事败则命后车运之"①。意思是说《绵蛮》是一首士人讽刺卿大夫的诗，因为大臣对属下士人没有仁爱之心，不肯提供饮食、教导和车载。"绵蛮"，就是诗名"绵蛮"二字，朱熹认为是"鸟声"②，毛亨认为是"小鸟貌"。感觉毛亨的理解比较在理，"缗蛮"读音不像是象声词——大概也没有人听过这样的鸟叫声，从文字本身来看比较可能是描写勤劳灵活的样子，诗中"岂敢惮行，畏不能趋"也有所表明。"绵蛮黄鸟，止于丘隅。岂敢惮行？畏不能趋"连在一起就容易理解了，说的是微臣安分守己和恪尽职守的品德，体现在做事从不畏缩而一往无前。这样的微臣细民，诸侯卿大夫理当"饮之食之，教之诲之，命彼后车，谓之载之"。由此可见，全诗要表达的是"君使臣以礼，臣事君以忠"(《论语·八佾》)的政治道德。

绵 蛮

绵蛮黄鸟，止于丘阿。
道之云远，我劳如何？
饮之食之，教之诲之，
命彼后车，谓之载之。
绵蛮黄鸟，止于丘隅。
岂敢惮行？畏不能趋。
饮之食之，教之诲之。
命彼后车，谓之载之。
绵蛮黄鸟，止于丘侧。
岂敢惮行？畏不能极。
饮之食之，教之诲之。
命彼后车，谓之载之。

子曰："于止，知其所止，可以人而不如鸟乎？"意思是说对于适可而止，知道适可而止，这方面为什么有些人还不如鸟呢？"绵蛮黄鸟"知"止于丘隅"，人不如

---

① (汉)毛亨，传. 郑玄，笺. 毛诗传笺[B]. 北京：中华书局，2018：346—347.
② (宋)朱熹，集注. 四书章句集注[B]. 北京：中华书局，2016：5.

鸟之"知其所止"。按《毛诗传笺》的解释,"绵蛮黄鸟,止于丘隅"的寓意就是人要"择卿大夫有仁厚之德者"。《左传·哀公十一年》记载有孔子说:"鸟则择木,木岂能择鸟?"所以后来有"良禽择木而栖,贤臣择主而事"的说法。子曰:"里仁为美。择不处仁,焉得知?"(《论语·里仁》)居住在有仁德的地方才好。选择住处,不居住在有仁德的地方,怎能说是明智呢?《论语·乡党》又有:"色斯举矣,翔而后集。曰:'山梁雌雉,时哉!时哉!'子路共之,三嗅而作。"朱熹《论语集注》认为此"言鸟见人之颜色不善,则飞去,会翔审视而后下止。人之见机而作,审择所处,亦当如此",并引邢氏曰:"时哉,言雉之饮啄得其时。"[1] 其深意大概也如子曰:"笃信好学,守死善道,危邦不入,乱邦不居。天下有道则见,无道则隐。邦有道,贫且贱焉,耻也;邦无道,富且贵焉,耻也。"(《论语·泰伯》)坚定信念并努力学习,誓死坚守为人处世的善道。不进入失道临危的国家,不居住在违道生乱的国家。天下有道就出来做官;天下无道就隐居不出。国家有道而自己贫贱,是耻辱;国家无道而自己富贵,也是耻辱。孟子说:"吾闻出于幽谷迁于乔木者,未闻下乔木而入于幽谷者。"(《孟子·滕文公上》)我只听说过从幽深的山谷中出来,向上迁到高大的树木上,从没有听说过从高大的树木上下来,迁到幽深的山谷中去的。"伐木丁丁,鸟鸣嘤嘤。出自幽谷,迁于乔木"(《诗经·小雅·伐木》),也是以鸟择良木来类比人择善道。因此,不论人还是鸟,"知其所止"都包含"停止"不再行和"终止"而另行的意思,其完整意思当如《中庸》中子曰:"回之为人也,择乎中庸,得一善,则拳拳服膺弗失之矣。""知其所止"并非"心如止水",而是"守死善道","止于至善",因此也是"永无止境"。

"穆穆文王,于缉熙敬止!"这是《诗经·大雅·文王》的一句,《毛诗传笺》中毛亨解"穆穆,美也。缉熙,光明也";郑玄笺注进一步发挥,"穆穆乎,文王有天子之容,于美乎,又能敬其光明之德"[2]。朱熹《大学章句》解释略有不同:"穆穆,深远之意。於,叹美辞。缉,继续也。熙,光明也。敬止,言其无不敬而安所止也。因此而言圣人之止,无非至善。"[3] 大致可以说庄严肃穆令人景仰的文王,其伟大正在于继承先人光明美德不断敬业进德。通读全诗可见最突出的主题是"天命",体现在

---

[1] (宋)朱熹,集注.四书章句集注[B].北京:中华书局,2016:123.
[2] (汉)毛亨,传.郑玄,笺.毛诗传笺[B].北京:中华书局,2018:354.
[3] (宋)朱熹,集注.四书章句集注[B].北京:中华书局,2016:5.

"于昭于天""其命惟新""帝命不时","假哉天命""上帝既命""天命靡常""永言配命""骏命不易""命之不易""上天之载",因此可以进一步明确这里说"敬止"有具体的含义,那就是"聿修厥德""永言配命",也就是用自己"明德"配"天之明命"。这里说"敬止"而不只是说"知止",大概就是强调"天命"之可"敬畏"。孔子曰:"君子有三畏:畏天命,畏大人,畏圣人之言。小人不知天命而不畏也,狎大人,侮圣人之言。"(《论语·季氏》)君子有三种敬畏:敬畏天命,敬畏王公大人,敬畏圣人的言论。小人不知道天命不可违抗,所以不敬畏它,轻视王公大人,侮慢圣人的言论。文王自身既是"大人"也是"圣人",但也必须"畏天命"所以说"于缉熙敬止"。第一部分是上文引用过的"周虽旧邦,其命惟新",也就是周在逐步积累美德,使得获得天命的迹象越来越明显。第二部分,"穆穆文王,于缉熙敬止",说的就是文王因为敬业修德,所以天命最终从殷纣王转给文王儿子周武王,这就是"天命靡常";第三部分讲"骏命不易",也就是后面将要讲的"殷之未丧师,克配上帝",殷在没有失去民心之时也是能够配得上天命的,周之子孙"宜鉴于殷"。全诗的主旨很明确,就是朱熹在《诗集传》中说的,"周公追述文王之德,明周家所以受命而代商者,皆由于此,以戒成王"[①]。清人方玉润又进一步发挥说:"夫文王德配上帝,而后遂有天下者,盖能尽人性以合天心,而天因以位育权畀之耳";"故周公述焉,亦将以为万世法,岂独为成王戒";"然则此诗固不独兴王兆之章,抑亦圣学传心之典"[②]。这一发挥正合于下句就君臣、父子、与国人交的总结。

文　王

文王在上,於昭于天。

周虽旧邦,其命惟新。

有周不显?帝命不时?

文王陟降,在帝左右。

亹亹文王,令闻不已。

陈锡哉周,侯文王孙子。

---

① (宋)朱熹,集撰.诗集传[B].北京:中华书局,2018:269.

② (清)方玉润.诗经原始(下)[B].北京:1986:475.

文王孙子，本支百世。
凡周之士，不显亦世？
世之不显？厥犹翼翼。
思皇多士，生此王国。
王国克生，维周之桢。
济济多士，文王以宁。
穆穆文王，于缉熙敬止。
假哉天命，有商孙子。
商之孙子，其丽不亿。
上帝既命，侯于周服。
侯服于周，天命靡常。
殷士肤敏，祼将于京。
厥作祼将，常服黼冔。
王之荩臣，无念尔祖。
无念尔祖，聿修厥德。
永言配命，自求多福。
殷之未丧师，克配上帝。
宜鉴于殷，骏命不易！
命之不易，无遏尔躬。
宣昭义问，有虞殷自天。
上天之载，无声无臭。
仪刑文王，万邦作孚。

"为人君，止于仁；为人臣，止于敬；为人子，止于孝；为人父，止于慈；与国人交，止于信。"紧接"穆穆文王，于缉熙敬止"，推而广之言"为人君，止于仁"，进而"为人臣""为人子""为人父""与国人交"各有所当"敬止"。这是对"自天子以至于庶人，一是皆以修身为本"的进一步解释，也就是人人都要以"修身为本"，但是因为社会地位或社会分工的不同，"修身"的要求并不一样，但对双方都有要求。齐景公问政于孔子。孔子对曰："君君，臣臣，父父，子子。"公曰："善哉！信如君不君，臣不臣，父不父，子不子，虽有粟，吾得而食诸？"（《论语·颜渊》）齐景公问孔子如何治理国家。孔子说:"做君主的要像君的样子,做臣子的要像臣的样子,做父亲的要像父亲的样子,做儿子的要像儿子的样子。"齐景公说:"讲得好呀!如果君不像君,臣不像臣,父不像父,子不像子,虽然有粮食,我能吃得上吗?"孔子的意思是君臣父子要各尽其责,但齐景公恰恰只从君主受人供养角度考虑。定公问:"君使臣、臣事君如之何?"孔子对曰:"君使臣以礼,臣事君以忠。"(《论语·八佾》)为人君者往往以为君臣之间就是"君使臣、臣事君"而已,孔子强调国君要以礼仪使用臣子,臣子要以忠心侍奉国君。"为人君,止于仁;为人臣,止于敬"与"君使臣以礼,臣事君以忠",基本内涵是一样的。

由上可知,之所以会有"于止,知其所止,可以人而不如鸟乎?"是因为"知其所止"本身就很难,要"行之"就更难了。但不管怎么说,"为人君,止于仁"这是首要的,如果"为人君"不能做到"止于仁","为人臣"也就难以"止于敬"了。孟子告齐宣王曰:"君之视臣如手足,则臣视君如腹心;君之视臣如犬马,则臣视君如国人;君之视臣如土芥,则臣视君如寇仇。"(《孟子·离娄下》)国君如果把大臣亲如手足看待,大臣就会把他当心腹看待;国君如果把大臣当作御用的犬马,大臣就会不尊敬他而把他当作平民百姓;国君如果把大臣视作一钱不值的尘土草芥,大臣就会把国君当作仇敌贼寇看待。

三、"大畏民志"

由前文可知,"知其所止"其实就是"知天命",而所谓"天命"则"天矜于民,民之所欲,天必从之"(《尚书·周书·泰誓上》),因此,本章最后一部分讲"道盛德至善,民之不能忘"的道德修养目标,讲"君子贤其贤而亲其亲,小人乐其乐而利其利"的德治效果,以至于"无讼"的至善境界,归根到底是"大畏民志"的"畏天命"自觉,"大畏民志"和"畏天命"打通了"天人之际",因此能自觉遵行"一以贯之"的"大学之道",所以是"知"的"极至",也就是认知的最高境界。

(一)"道盛德至善"

《诗》云:"瞻彼淇澳,菉竹猗猗。有斐君子,如切如磋,如琢如磨。瑟兮僩兮,赫兮喧兮。有斐君子,终不可喧兮!"如切如磋者,道学也;如琢如磨者,自修也;

瑟兮僩兮者，恂栗也；赫兮喧兮者，威仪也；有斐君子，终不可喧兮者，道盛德至善，民之不能忘也。这里首先引用《诗经·国风·卫·淇奥》中的话，以淇水湾浑然天成的竹子作兴，指明君子修养德行有如制作骨器，切割后还要细磋，如制作玉器，雕琢后还要研磨。因此有威严、刚毅、高大、威猛的形象，使得德行高尚的君子令人难以忘怀。进而解释修养德行的功夫所在：所谓的切割和雕琢，就像师傅领进门；细磋和研磨，就是修行靠自己；其威严和刚毅，让人心生战栗；其高大和威猛，显得威风凛凛；德行高尚的君子之所以令人难忘，就是如同骨玉必经过不断切磋打磨和精雕细琢变得极其精致美观，君子经长期求学问道和自我历练变得德高望重，所以民众见了就久久难以忘怀。《大学》这里通过引用《诗经》的话说明"道盛德至善，民之不能忘"，也就是"道之以德，齐之以礼，有耻且格"（《论语·为政》）。

朱熹的《大学章句》解释说："淇，水名。澳，隈也。猗猗，美盛貌。兴也。斐，文貌。切以刀锯，琢以椎凿，皆裁物使成形质也。磋以鑢钖，磨以沙石，皆治物使其滑泽也。治骨角者，既切而复磋之。治玉石者，既琢而复磨之。皆言其治之有绪，而益致其精也。瑟，严密之貌。僩，武毅之貌。赫喧，宜着盛大之貌。喧，忘也。道，言也。学，谓讲习讨论之事，自修者，省察克治之功。恂栗，战惧也。威，可畏也。仪，可象也。引诗而释之，以明明德者之止于至善。道学自修，言其所以得之之由。恂栗、威仪，言其德容表里之盛。卒乃指其实而叹美之也。"①也就是说这段是通过引用《诗经》来解释"明明德"要做到"止于至善"，既有内在的充实又有外在美感。确实，如果看《淇奥》全诗，"道盛德至善"其实不止于"瑟兮僩兮，赫兮喧兮"，还有"宽兮绰兮，猗重较兮；善戏谑兮，不为虐兮"的更高境界，也就是不仅令人敬畏还能让人亲近。郑玄就强调，"君子之德，有张有弛，故不常矜庄而时戏谑"，"虽则戏谑，不为虐矣"②。朱熹在《诗集传》就全诗有进一步发挥："以竹之至盛，兴其德之成就，而又言其宽广而自如，和易而中节也。盖宽绰，无敛束之意；戏谑，非庄严之时。皆常情所忽而易致过差之地也。然犹可观而必有节焉，则其动容周旋之间，无适而非礼，亦可见矣。礼曰：'张而不弛，文武不能也；弛而不张，文武不为也；一张一弛，文武之道也。'此之谓也。"③道德高尚的君子也不总是板着

---

① （宋）朱熹，集注. 四书章句集注[B]. 北京：中华书局，2016：6.
② （汉）毛亨，传. 郑玄，笺. 毛诗传笺[B]. 北京：中华书局，2018：80.
③ （宋）朱熹，集撰. 诗集传[B]. 北京：中华书局，2018：54.

脸，而是张弛有度。总是紧张而不得放松，文王武王也做不到；总是松弛而不紧张，文王武王不会那么做。只有张弛有度，才是符合中道。德高望重的君子，就当如此才好，就如毛泽东为中国人民抗日军事政治大学亲笔题词写的"团结、紧张、严肃、活泼"。

<h3 style="text-align:center">淇奥</h3>

　　瞻彼淇澳，菉竹猗猗。
　　有斐君子，如切如磋，如琢如磨。
　　瑟兮侗兮，赫兮咺兮。
　　有斐君子，终不可咺兮。
　　瞻彼淇澳，菉竹青青。
　　有斐君子，充耳琇莹，会弁如星。
　　瑟兮侗兮，赫兮咺兮。
　　有斐君子，终不可谖兮。
　　瞻彼淇澳，菉竹如箦。
　　有匪君子，如金如锡，如圭如璧。
　　宽兮绰兮，猗重较兮。
　　善戏谑兮，不为虐兮。

　　清人方玉润称赞"此诗道学极矣"，"首章以菉竹兴起斐然君子，言彼学问，切磋以究其实，琢磨而致之精。次章言威仪，冠弁以表尊严之象，充耳而饰光昌之容。三章言成德，金锡则比其精纯，圭璧方兹温润，均各带其仪容以赞美之。盖德容根乎心性，内美既充，外容必盛；未有德成睟然而不见面盎背者。故但即威仪动静间，已知其学之日进无疆也。始虽瑟侗赫咺，犹有矜严之心，终乃宽兮绰兮，绝无勉强之迹。故篇末又言及善谑，以见容止语默无不雍容中道。诗之摹写有道气象可谓至矣"[①]。今天的人更应该懂得以"中道"来看待"道德"。《诗经》已经把竹子当作修养美德的"标杆"，但是，大家不要只看到"瑟兮侗兮，赫兮咺兮。有匪君子，终不可谖兮"，还要看到"宽兮绰兮，猗重较兮。善戏谑兮，不为虐兮"。作为美德象

---

① （清）方玉润.诗经原始（下）[B].北京：1986：172—173.

征的竹子不是枯死的竹竿，更不是作为酷刑插入手指缝的竹签。只有先知道万物生长的"道"，才能称得上"克明德"。美德不是统治者虐待民众的借口，而是润物细无声的滋养。"瞻彼淇澳，菉竹猗猗"；"瞻彼淇澳，菉竹青青"；"瞻彼淇澳，菉竹如箦"，在缓缓水流的滋养下，青青绿竹如沐春风，这才是美德真正令人难忘的美！

（二）"前王不忘"

《诗》云："於戏前王不忘！"君子贤其贤而亲其亲，小人乐其乐而利其利，此以没世不忘也。紧接上文，这里引用《诗经·周颂·烈文》中"於戏前王不忘"，就是强调文王的美德就在于使"君子贤其贤而亲其亲，小人乐其乐而利其利"，"此以没世不忘也"。人民世世代代不忘的美德，就是实现了君子和小人各尽其能、各得其所。

烈 文

烈文辟公，锡兹祉福。
惠我无疆，子孙保之。
无封靡于尔邦，维王其崇之。
念兹戎功，继序其皇之。
无竞维人，四方其训之。
不显维德，百辟其刑之。
於乎前王不忘。

《毛诗传笺》认为"烈文，成王即位，诸侯助祭也。新王即政，必以朝享之礼祭于祖考，告嗣位也"；所以，"前王，武王也"，"无疆乎维得贤人也，得贤人则国家强矣，故天下诸侯顺其所为也。不勤明其德乎，勤明之也，故卿大夫法其所为也。于乎先王文王、武王，其于此道，人称颂之不忘"[①]。意思是说《烈文》这首诗为成王继位时与诸侯共祭祀先祖而作，新王登基必须在宗庙里祭祀先祖，告知新王继承王位。"前王"被认为是成王父亲武王，但从文王开始追述。文王以美德招徕天下贤人，因

---

① （汉）毛亨，传．郑玄，笺．毛诗传笺[B]．北京：中华书局，2018：453—454．

此获得上天赐予福祉，"普天之下莫非王土，率土之滨莫非王臣"，子孙应当保守先王志业，勤于修养先王美德，成为卿大夫效仿的榜样。文王、武王受人称颂，正在依靠美德使国家强盛。朱熹在《诗集传》中也以"不显维德，百辟其刑之"解释"于乎前王不忘"，"言莫强于人，莫显于德。先王之德所以人不能忘者，用此道也。此戒饬而勤勉之也"。[①]先王之德之所以令人难忘，就在于不靠武力强迫人而是靠美德吸引人，这也是成王应该警戒和追求的德行。方玉润对全诗解释说："盖诗起四句乃劳诸侯以助祭之意，言王祭而受福，以及其子孙，皆诸侯相助以成之。中四句则戒辞而兼以慰意也，戒则戒其无封而无靡，无靡则用之有节，无封则取之有制；慰则慰其先人既来辅王室以有功，其后嗣亦将世继屏藩而昌大，皆专以对诸侯之辞也。后五句忽题先王之所以能感激人心至没世而不忘者，实由其生前之能得人，能务德也。此以互相敦勉，盖不唯有望诸列辟，亦将以自勖耳。"[②]也就是说全诗其实包括了慰劳诸侯前来助祭、警戒偏离先王之道和总结先王美德供君臣共勉三层意思，最终表达了要像先王一样修德以得人心。

"君子贤其贤而亲其亲，小人乐其乐而利其利，此以没世不忘也"，就是对"前王不忘"之功业的总结，但还不是对"文武之政"成功之道的解释。《中庸》记载哀公问政，孔子举了文王和武王作为君王学习的榜样。

> 文武之政，布在方策。其人存，则其政举；其人亡，则其政息。人道敏政，地道敏树。夫政也者，蒲卢也。故为政在人，取人以身，修身以道，修道以仁。仁者人也，亲亲为大；义者宜也，尊贤为大。亲亲之杀，尊贤之等，礼所生也。

文王和武王治国理政的方略，都记载于竹简中。只要有继承文武之道的仁君在，天下国家的治理就会好起来；如果没有继承文武之道的人，类似文王武王的良政善治也就消亡了。政治说到底是做人的工作，社会基本矛盾决定政治方略，就像土地性质决定树木生长。政治，就像植草种树。治国理政说到底是做人的工作，也就是

---

① （宋）朱熹，集撰.诗集传[B].北京：中华书局，2018：339.
② （清）方玉润.诗经原始（下）[B].北京：1986：584.

根据人的德能使用人，这又取决于执政者自身的修养德行，修养德行取决于遵循天下的大道，遵循天下大道取决于仁爱之心。所谓仁，就是人，亲爱亲人是最大的仁。所谓义，就是适宜，尊重贤臣是最大的义。亲爱亲人时有亲疏之分，尊重贤臣时有等级划分，礼义就是由此而产生的。

文武之政成功的原因，首先是"为政以德"的基本理念，也就是"人道敏政，地道敏树。夫政也者，蒲卢也"，其目标是实现"瞻彼淇澳，菉竹猗猗"的至善境界。但是，光有理念和理想还不够，还需要落实实现理念理想的手段，因此，"亲亲之杀，尊贤之等，礼所生也"，也就是需要"仁爱"和"道义"的配合。"君子贤其贤而亲其亲，小人乐其乐而利其利，此以没世不忘也"说的是效果，"亲亲之杀，尊贤之等，礼所生也"说的是原因。正是以"仁"和"义"为核心的"礼"体现了"道盛德至善"，因此才能形成"君子贤其贤而亲其亲，小人乐其乐而利其利"的"至善"之治。子曰："能以礼让为国乎，何有？不能以礼让为国，如礼何？"（《论语·里仁》）能用礼让的原则来治理国家的话，治理国家有什么困难吗？如果不能用礼让的原则来治理国家，又怎么能实行礼制呢？到底成功在哪里？有子曰："礼之用，和为贵。先王之道，斯为美，小大由之。有所不行，知和而和，不以礼节之，亦不可行也。"（《论语·学而》）礼的功用，和美为贵。以前的圣明君主治理国家，最可贵的地方就在这里，无论事大事小都按这个原则去做。但也有不可行的时候，如果一味地追求和美，而并不用礼法去节制它，那也是行不通的。

"文武之政"，直接意思是文王和武王的治国之道，但也完全可以宽泛地解释为文韬武略。中国人吸取历史教训的时候，往往夸大了"文"而贬低"武"，在朱熹生活的宋朝尤其如此。所以，宋朝虽然堪称文化辉煌的朝代，但国家却始终处于软弱挨打的境地。"礼之用，和为贵。先王之道，斯为美，小大由之"是中国人最可宝贵的文治理想，但"知和而和，不以礼节之，亦不可行也"，切不可"自废武功"啊！"於乎前王不忘！"中国人不能忘的就是"张而不弛，文武不能也；弛而不张，文武不为也；一张一弛，文武之道也"。

（三）"知之至也"

儒与释道的最大区别，就是其宗旨是国家"政教"，而不是个人"教化"。儒家不会只就个人来讲"修身"或"修心"，而总要上升到"政治高度"。但是，儒家也不是高高在上地搞"思想政治教育",它强调从"人道"着手讲"政道"和"治道"。"人道"对于政治有多重要呢?就像"地道"对树木的重要,这就是"人道敏政,地道敏树"。儒家认为,"夫政也者,蒲卢也",所以,"瞻彼淇澳,菉竹猗猗"是儒家的理想。从这方面来说,儒释道是一致的,都可以说是"道法自然",都追求"众生平等"。但是,儒家除了理想主义之外,还有现实主义的一面,它深知"知和而和,不以礼节之,亦不可行也"。所以,儒家把主要的精力用于"礼让为国",而不只是一味地强调"礼之用,和为贵"的理想。本章最后要讲的"知之至也",指的就是理想和现实、目标和手段、结果和过程的统一。

《中庸》说"仲尼祖述尧舜,宪章文武;上律天时,下袭水土",意思是孔子首先通过总结尧舜以来的历史经验,尤其是文王和武王的治国之道,同时又依据时代发展的变化,以及各地的风土人情,创立了儒家思想。与儒家不同,道家和佛家都不甚关注历史,尤其是政治发展史,而偏重于天时地利人和。下面所选《中庸》的话最能体现儒家的文化特性:

> 在下位不获乎上,民不可得而治矣!故君子不可以不修身;思修身,不可以不事亲;思事亲,不可以不知人;思知人,不可以不知天。天下之达道五,所以行之者三:曰君臣也,父子也,夫妇也,昆弟也,朋友之交也:五者天下之达道也。知,仁,勇,三者天下之达德也,所以行之者一也。或生而知之,或学而知之,或困而知之,及其知之一也;或安而行之,或利而行之,或勉强而行之,及其成功一也。

社会的下层得不到上层的滋养,人民就不可能被治理好了。因此,君子不能不修养自身德行,修养德行不能不侍奉亲人,侍奉亲人不能不知人之常情,欲知人之常情不能不知道天理。人人都不能离开的社会关系有五种,要遵行的美德有三种。君臣、父子、夫妇、兄弟、朋友交往,这五项是人人都不能离开的社会关系。智慧、仁爱、英勇这三者是要遵行的三种美德。三种美德背后的道理是一样的。有的人生来就通晓其中道理,有的人通过学习才知道,有的人经历过困惑后才知道;最终真正知道了都是一样的。有的人心安理得地遵道而行,有的人遵道而行是出于利弊算计,有的人则是迫不得已勉强遵行,但能够遵道而行都是一样的。

"在下位不获乎上,民不可得而治矣",儒家是不相信依靠"教化"就能解决社会问题的，它相信社会下层普通民众一定要得到社会上层的"政教"才行。所以，儒家讲的"修身"首先就是对"君子"提出的要求，也就是相对于"在下位"对"上"位的要求，尤其是最上位的"君主"。从一开始，儒家就和道家、佛教分道扬镳了，佛道不会或许也不敢对君主有明确要求。"事亲"又是儒家和道家、佛教的一大区别，儒家的"家国情怀"是佛家和道家所没有、不能有或者至少非常弱的。"知人"和"知天"当然是儒、释、道共有的，但很显然，儒者所重首在国家，佛道重在天人。"君臣也，父子也，夫妇也，昆弟也，朋友之交也"，这五个方面的社会关系就是儒家学说的主要内容，子贡甚至说"夫子之言性与天道，不可得而闻也"（《论语·公冶长》）。"言性与天道"，则是佛、道两家共同的重点，"君臣也，父子也，夫妇也，昆弟也，朋友之交"则是它们试图打破甚至消除的对象。由此造成的结果是，类似"知""仁""勇"等"达德"的内涵，三家都有所触及却各不相同。当然，子贡的说法并非完全错误，《论语》中就有"性相近也，习相远也"（《论语·阳货》）"天何言哉，四时行焉，百物生焉，天何言哉"（《论语·阳货》）等"言性与天道"的记载，"所以行之者一也"就是儒家在要求的"修身"有"一以贯之"的"道"。这"一以贯之"的"道"，就是"修身""齐家""治国""平天下"贯通的"大学之道"，而不要像释、道两家的道止于"修身"。很显然，对于这"一以贯之"的"道"，要"知道"和"行道"都不容易，在儒家看来释、道两家既不能"知道"，也不能"行道"。儒家的态度是，"或生而知之，或学而知之，或困而知之，及其知之一也；或安而行之，或利而行之，或勉强而行之，及其成功一也"。

简单地说，"知"的重点应该是"君臣也，父子也，夫妇也，昆弟也，朋友之交"的"人道"，它也是与"天道"相符的"一以贯之"的"道"。具体地说，"为人君，止于仁；为人臣，止于敬；为人子，止于孝；为人父，止于慈；与国人交，止于信"，就是人人都要有道德底线，不能突破道德底线。但是，与佛老"一是平等""众生平等"不同，儒家要每个人遵循的道德规范又是不一样的，因此，就有"于止，知其所止，可以人而不如鸟乎？"的感叹。孔子认为，不管怎么达到"知之"和"行之"的，最后能"知之"和"行之"效果都是一样的。子曰："民可使由之，不可使知之。"（《论语·泰伯》）孔子又认为不可能使每个民众都"知之"，但可以使"由之"亦即通过引导而实现"行之"。

子曰："听讼，吾犹人也，必也使无讼乎！"说的就是"为人君，止于仁；为人臣止于敬；为人子，止于孝；为人父，止于慈；与国人交，止于信"，所以"君子贤其贤而亲其亲，小人乐其乐而利其利"，以至于"无讼"。君子小人各尽其能、各得其所，自然就没有纠纷诉讼了，这也就是"为政以德，譬如北辰，居其所而众星共之"的"至善"境界。"无情者不得尽其辞"，则是"道之以德，齐之以礼，有耻且格"的题中应有之义。既然"有耻且格"，亦即懂得耻辱且能做到自律，当然就不会没有事也不需要强词夺理了。"大畏民志，此谓知本"，是警告统治者要敬畏民众的心志，他们是否成为无理取闹、强词夺理的刁民，其根本所在正是统治者自己。"此谓知本，此谓知之至也"，知道了治理国家的根本在统治者以身作则，"君子之德风，小人之德草，草上之风必偃"（《论语·颜渊》），这就是知的最高境界了。

总之，知道了"人道敏政，地道敏树。夫政也者，蒲卢也"，"君子之德风，小人之德草，草上之风必偃"，致力于实现"瞻彼淇澳，菉竹猗猗"的"道盛德至善"境界，其实也就打通了天道、地道与人道，因此也就是知道了"一以贯之"的"大学之道"，所以是"知之至也"。"知之至也"就是"知其所止"，这是《大学》对于"知"的"终极"目标。"自天子以至于庶人，一是皆以修身为本"，最终就是要达到自天子以至于庶人都"知其所止"。人人"知其所止"就能实现"君子贤其贤而亲其亲，小人乐其乐而利其利"的"道盛德至善"境界，也就是构建各尽所能、各得其所的和谐社会。

第三章
真

> 所谓致知在格物者，言欲致吾之知，在即物而穷其理也。盖人心之灵莫不有知，而天下之物莫不有理，惟于理有未穷，故其知有不尽也。是以大学始教，必使学者即凡天下之物，莫不因其已知之理而益穷之，以求至乎其极。至于用力之久，而一旦豁然贯通焉，则众物之表里精粗无不到，而吾心之全体大用无不明矣。此谓物格，此谓知之至也。

"致知在格物"，"物格而后知至"，大致相当于说要获得真知必须从客观事物出发，通过认识客观事物才能获得真知。本章要讨论"求真务实"的问题，包括什么是真知，为什么是这样，以及我们应该怎么做。《大学》原文中并没有这部分内容，朱熹认为是遗失了并根据程颢、程颐的意思进行补充。朱熹明确指出，《大学》这本书，要紧只在"格物"两字，本领全只在这两字上[①]。一方面，"所谓致知在格物者，言欲致吾之知，在即物而穷其理也"，"即物而穷其理"就是从客观事物出发探求真理，体现了唯物主义的科学方法。另一方面，"盖人心之灵莫不有知，而天下之物莫不有理，惟于理有未穷，故其知有不尽也"，"人心之灵莫不有知"就是肯定人的主观能动性，表明了人类可以认识和掌握真理的辩证法。"是以大学始教，必使学者即凡天下之物，莫不因其已知之理而益穷之，以求至乎其极"，就是强调大学教育既要训练从"天下之物"出发的唯物主义方法，又要训练"因其已知之理而益穷之"的辩证法，这两方面构成"以求至乎其极"的方法。也就是说，"致知在格物"，"物格

---

① （宋）黎靖德，编．王星贤，点校．朱子语类[B]．北京：中华书局，2020：271．

而后知至",就是一切从客观实际出发,在已知科学理论的指导下,不断深入探究真理。但是,中国古人并不认同"为真理而真理","至于用力之久,而一旦豁然贯通焉,则众物之表里精粗无不到,而吾心之全体大用无不明矣",就是强调对客观世界的认识与人类自由解放的统一。"格物"除了认识"众物之表里精粗"以外,还能使"吾心之全体大用无不明",也就是说在"格物"的过程中不仅逐步认识了"世界规律",也将逐步认识人类自身的"无限潜力"。综合起来说,就是人类可以通过社会实践不断认识世界发展的客观规律,从而不断推进人类自身的自由发展。

一、"即物而穷其理"

"所谓致知在格物者,言欲致吾之知,在即物而穷其理也","致知在格物"是说想要使自己获得真知灼见,就需要对事物进行调查分析以搞清楚其内在道理。冯友兰曾解释说,对于实际事物的分析是"格物",由分析实际事物而知实际,而知实际,是"致知";欲致知必先格物,这就是"致知在格物"[①]。显然,朱熹和冯友兰的解释基本意思是一致的,都体现了"一切从实际"出发的唯物主义思想方法。

(一)"格物"

朱熹对"格物"有很多解释,但总体来说包含三层意思:一是"格物"是为了"体验得一个是非",也就是说,"格物"是为了获得真知;二是,"遇事接物之间,各须一一去理会始得","但随事遇物,皆一一去穷极,自然分明",这类似于我们今天说的"实践出真知";三是,"世间之物,无不有理,皆须格过","须是逐一验过","一一须要穷过,自然浃洽贯通",类似于我们今天说的"实践是检验真理的唯一标准"。概而言之,"格物"的目的是"求真",作为认识事物的方法,"格物"大致相当于"实践","致知在格物"相当于"实践出真知","物格而后知至"相当于"实践是检验真理的唯一标准"。

"格,尽也,须是穷尽事物之理",格的意思是尽,格物就是为了穷尽事物内在

---

① 冯友兰. 贞元六书(上)[B]. 北京: 中华书局, 2014: 221.

的道理。"物,谓事物也",物的意思是事物,"须穷极事物之理到尽处,便有一个是,一个非,是底便行,非底便不行",完全认识了事物的内在道理就能得出是非判断,是的就要去行,非的就不能去行。"凡自家身心上,皆须体验得一个是非",我们自己的身心都应体验到是非。"体验"二字值得特别去体验,"体"是人的"体悟","验"是现实的"检验","体验"意味着要把意识和存在、思想理论和客观现实统一起来,才能真正认识是非善恶,也就是获得真知或真理。

> 格物者,格,尽也,须是穷尽事物之理。
> 格物。格,犹至也,如舜格于文祖之"格",是至于文祖处。
> 格物者,如言性,则当推其如何谓之性;如言心,则当推其如何谓之心,只此便是格物。
> 穷理格物,如读经看史,应接事物,理会个是处,皆是格物。
> 格物,须是从切己处理会去。待自家者已定叠,然后渐渐推去,这便是能格物。
> "格物"二字最好。物,谓事物也。须穷极事物之理到尽处,便有一个是,一个非,是底便行,非底便不行。凡自家身心上,皆须体验得一个是非。
> 格物,是穷得这事当如此,那事当如彼。如为人君,便当止于仁;为人臣,便当止于敬。又更上一著,便要穷究得为人君,如何要止于仁;为人臣,如何要止于敬,乃是。
> 格物者,格其孝,当考论语中许多论孝;格其忠,必"将顺其美,匡救其恶",不幸而仗节死义。古人爱物,而伐木亦有时,无一些子不到处,无一物不被其泽。盖缘是格物得尽,所以如此。
> 格物,须真见得决定是如此。为子岂不知是要孝?为臣岂不知是要忠?人皆知得是如此。然须当真见得子决定是合当孝,臣决定是合当忠,决定如此做,始得。[1]

---

[1] (宋)黎靖德,编.王星贤,点校.朱子语类[B].北京:中华书局,2020:302—304.

"大学之道,在明明德,在亲民,在止于至善",是非的判断就是"明道"和"明明德",也就是对"事物之理"和"人之所以为人"的判断,是"物理"和"伦理"或科学与人文的统一。"格物"之所以重要,就是因为"格"是人去"格",而"格"的对象是"物","格物"自始至终使人和物紧密联系在一起,只有"格物"才能把物理和人伦统一起来,因此朱熹说"格物"二字最好——至少比他自己创造的"穷理"要好。"穷理"可能一味地在"道理"或"理论"上做研究思考,"格物"却不能脱离身体力行的"格"和客观存在的"事物"。"事事物物上各有个是,有个非,是底自家心里定道是,非底自家心里定道非",从客观事物本身来判断是非,自己心里的是非判断就应当和它一致。当然,"就事物上看,是底定是是,非底定是非。到得所以是之,所以非之,却只在自家",就事物本身看,是就是是、非就是非,至于为什么是、为什么非,还是需要人去思考。儒家或至少朱熹不赞同绝对的"客观",是非判断终究是离不开人的"主观"能动性。只不过,朱熹认为"主观"意愿也不是完全不可理喻的,它"人人有之,同得于天者",是所谓的"人同此心,心同此理"。

> 子渊说:"格物,先从身上格去。如仁义礼智,发而为恻隐、羞恶、辞逊、是非,须从身上体察,常常守得在这里,始得。"
> 曰:"人之所以为人,只是这四件,须自认取意思是如何。所谓恻隐者,是甚么意思?且如赤子入井,一井如彼深峻,入者必死,而赤子将入焉!自家见之,此心还是如何?有一事不善,在自家身上做出,这里定是可羞;在别人做出,这里定是恶他。利之所不当得,或虽当得,而吾心有所未安,便要谦逊辞避,不敢当之。以至等闲礼数,人之施于己者,或过其分,便要辞将去,逊与别人,定是如此。事事物物上各有个是,有个非,是底自家心里定道是,非底自家心里定道非。就事物上看,是底定是是,非底定是非。到得所以是之,所以非之,却只在自家。此四者,人人有之,同得于天者,不待问别人假借。尧舜之所以为尧舜,也只是这四个,桀纣本来亦有这四个。如今若认得这四个分晓,方可以理会别道理。只是孝有多少样,有如此为孝,如此而为不孝;忠固是忠,有如此为忠,又有如此而不唤做忠,一一都著斟酌理会过。"①

---

① (宋)黎靖德,编.王星贤,点校.朱子语类[B].北京:中华书局,2020:304—305.

首先,"格物"不是一劳永逸的事情,而是一个不断深入发展的过程,也就是强调"只管理会,须有极尽时",只要勇于实践终究能够搞清道理。当然,这也不意味着盲目乱干,而是先要有一个"大纲"或"大坯模",然后再落实做细。就像砍树伐木,先砍倒再去皮锯木。按照大纲,层层深入,循序渐进。从做事的角度说,做成一件又一件;从理论的角度说,理会了一层又一层。"博学之,审问之,慎思之,明辨之",这四个层次就是人的认识发展的过程。

问:"格物最难。日用间应事处,平直者却易见。如交错疑似处,要如此则彼碍,要如彼则此碍,不审何以穷之?"

曰:"如何一顿便要格得恁地!且要见得大纲,且看个大坯模是恁地,方就里面旋旋做细。如树,初间且先斫倒在这里,逐旋去皮,方始出细。若难晓易晓底,一齐都要理会得,也不解恁地。但不失了大纲,理会一重了,里面又见一重;一重了,又见一重。以事之详略言,理会一件又一件;以理之浅深言,理会一重又一重。只管理会,须有极尽时。'博学之,审问之,慎思之,明辨之,'成四节次第,恁地方是。"[1]

其次,"格物"不能"就吾心之发见理会",而要"就事物上格去",也就是反对从主观意志出发,要求从客观事物出发。有学生问是否可以就内心感悟来格物,朱熹提出还是要有所安排,从事物本身去发现。比如读书,要从文字上去理解;听人说话,要从话语中领悟;使用物品,要在使用中掌握。不同事物的不同属性,都需要"格"了才知道。时间长了就能融会贯通,发现不同事物同样的"理"。要在有所感触的时候用心去理解领会,比如见婴儿要掉到井里了,就会有恐惧恻隐之心,这就是有所触动了,就要去理解领会何以会有恐惧恻隐。如果等待着恐惧恻隐之心产生的道理自然出现,然后才去理解领会,那一年能理解领会多少道理?圣贤不是教人盲目地守候,大家都要打开心胸做个思想解放的人,不带偏见地观察现实生活中出现的各种事物,这就是"格物"。世间万事万物,无不有其内在的理,都需要去观

---

[1] (宋)黎靖德,编.王星贤,点校.朱子语类[B].北京:中华书局,2020:306.

察研究。

  传问:"而今格物,不知可以就吾心之发见理会得否?"

  曰:"公依旧是要安排,而今只且就事物上格去。如读书,便就文字上格;听人说话,便就说话上格;接物,便就接物上格。精粗大小,都要格它。久后会通,粗底便是精,小底便是大,这便是理之一本处。而今只管要从发见处理会。且如见赤子入井,便有怵惕、恻隐之心,这个便是发了,更如何理会。若须待它自然发了,方理会它,一年都能理会得多少!圣贤不是教人去黑淬淬里守着。而今且大着心胸,大开着门,端身正坐以观事物之来,便格它。"①

  朱熹并没有否定"心",比如"怵惕、恻隐之心",相反,他强调要从怵惕、恻隐之心"发见处理会"。也就是说,"恻隐之心,仁之端也;羞恶之心,义之端也;辞让之心,礼之端也;是非之心,智之端也",并不等于"仁、义、礼、智"四种伦"理"道德本身。"见赤子入井,便有怵惕、恻隐之心"就是"物",从怵惕、恻隐之心发见处理会到"恻隐之心,人皆有之"是"格物"。进而提出"仁者,爱人","人同此心,心同此理",这就是"致知",所以说"致知在格物"。"怵惕、恻隐之心"只是"情","仁、义、礼、智"才是"理","致知"就是从"恻隐之心,仁之端也"到认识"人同此心,心同此理"这一"仁道"或"人道"的过程。人们常常会惊异于"见赤子入井,便有怵惕、恻隐之心",于是夸大"良心发现"的主观性,以为凡事都可以靠"良心发现",只要有"良心"就可以发现"天理"。却不知道绝大多数人即便"见赤子入井,便有怵惕、恻隐之心",也是停留在"怵惕、恻隐"之中,并不会发现"仁道"或"人道"这一"天理"。

  最后,"格物"不仅要求"就事物上格去",还"要人就事物上理会"。"自一念之微,以至事事物物",不论是自己的一个念头还是现实中的万事万物,比如动静行止,日常饮食言语,都是"事物",都有个"天理"和"人欲"在里边。所有这些,"须是逐一验过",即便是独处静坐时,也要自己检验一下自己是心存敬畏还是放肆。敬

---

① (宋)黎靖德,编.王星贤,点校.朱子语类[B].北京:中华书局,2020:306.

畏就是合乎"天理",放肆就是放纵"人欲"。闲居独处时,要检验自己笃恭还是不恭天理;执掌事务之时,要检验自己敬畏天理还是不敬。有一些人只是默默领会道理,等到做事却毫无章法,终究是无所适从。又有一些人只是专心做事,却对于根本道理完全不理会。正确的方法是上下透彻,表里贯通。比如居于仁道,就自然能遵循正义;遵循正义,也就能居于仁道。用敬人来使自己内心正直就能依照正义做到方正待人,能依照正义做到方正待人就能用敬人来使自己内心正直。

> 圣人只说"格物"二字,便是要人就事物上理会。且自一念之微,以至事事物物,若静若动,凡居处饮食言语,无不是事,无不各有个天理人欲。须是逐一验过,虽在静处坐,亦须验个敬、肆。敬便是天理,肆便是人欲。如居处,便须验得恭与不恭;执事,便须验得敬与不敬。有一般人专要就寂然不动上理会,及其应事,却七颠八倒,到了,又牵动他寂然底。又有人专要理会事,却于根本上全无工夫。须是彻上彻下,表里洞彻。如居仁,便自能由义;由义,便是居仁。"敬以直内",便能"义以方外";能"义以方外",便是"敬以直内"。[①]

"格物",最终达到《中庸》说的"诚者,非自成己而已也,所以成物也。成己仁也,成物知也。性之德也,合外内之道也。""格物"最终使人不再偏执于实现自己的意志,而是懂得遵循事物发展的必然规律。想要人人实现自己的意志是仁爱,懂得遵循事物发展的客观规律是智慧。天地本性教人明晓的光明大德,应该是把自己想要实现的意愿和事物发展的规律统一起来,从而实现"物我一体""天人合一"。

(二)"格物之功"

朱熹解释"格物"的意思,但没有指明"格"的方法。王阳明觉得按照朱熹理解的"格物",做圣贤就得"格"尽天下之物,哪有这么多精力? 不知是否为了理解"瞻彼淇奥,菉竹猗猗"中的君子之道,王阳明让学生去看官衙亭前的竹子。学生尽

---

① (宋)黎靖德,编.王星贤,点校.朱子语类[B].北京:中华书局,2020:306—307.

心竭力地看了三天，结果积劳成疾。王阳明觉得可能是这个学生体弱，就自己亲自去"格物"。结果还是从早到晚都领悟不到道理，到了第七天也积劳成疾。最终师徒彼此感叹：咱们是做不了圣贤了，没有圣贤的精力来格物啊。王阳明说，后来他被贬官到贵州龙场，才领悟到天下万物本来也不用去"格"，"格物"的功夫只需要从心里去做，从此才相信圣人是人人可以做到的，于是也有了传授圣贤之学的担当。

众人只说格物要依晦翁，何曾把他的说去用？我着实曾用来。初年与钱友同论做圣贤，要格天下之物，如今安得这等大的力量？因指亭前竹子，令去格看。钱子早夜去穷格竹子的道理，竭其心思至于三日，便致劳神成疾。当初说他这是精力不足，某因自去格。早夜不得其理，到七日，亦以劳思致疾，遂相与叹圣贤是做不得的，无他大力量去格物了。及在夷中三年，颇见得此意思，乃知天下之物本无可格者。其格物之功，只在身心上做，决然以圣人为人人可到，便自有担当了。①

王阳明竟然以"格看"竹子来理解"格物"，而且居然还坚持到第七天致劳神成疾，这只能说明当时的读书人完全脱离生产劳动。樊迟请学稼，子曰："吾不如老农。"请学为圃，曰："吾不如老圃。"樊迟出。子曰："小人哉，樊须也！上好礼，则民莫敢不敬；上好义，则民莫敢不服；上好信，则民莫敢不用情。夫如是，则四方之民襁负其子而至矣，焉用稼？"（《论语·子路》）樊迟向孔子请教种庄稼和种菜，孔子坦陈自己种庄稼不如老农民，种菜则不如老菜农。大概真是"吾少也贱，故多能鄙事"（《论语·子罕》），所以还能清楚种庄稼的老农民知道种庄稼的道理，种菜的老菜农知道种菜的道理。但他们的道理绝不是盯着庄稼或者菜看三天七日知道的，而是通过经年累月种庄稼和种菜知道的，这就是朱熹说的"即物而穷其理"。王阳明想要知道关于竹子的道理，去种竹子、挖竹笋、砍竹子、编竹制品就是了，这才是"格物"。即便是观察，也至少要观察竹子从竹笋到长成的全过程，盯着竹子琢磨道理最终恐怕只能得精神病！当时王阳明的书呆子气，可以说超出了普通民众的想象！其中的原因大概和孔子骂樊迟小人有关，孟子更是明确表示"有大人之事，有

---

① （明）王阳明，撰．王晓昕，译注．传习录译注 [B]．北京：中华书局，2018：498．

小人之事","或劳心,或劳力;劳心者治人,劳力者治于人;治于人者食人,治人者食于人;天下之通义也"(《孟子·滕文公上》),结果后世的儒家学者把精力都用在礼、义、信等上面,完全忽视了教育与生产劳动相结合。当然,我们也不要过分责怪孔孟,樊迟找孔子学稼、学为圃,就像到哲学系去学农学,确实找错了对象。王阳明是立志做圣贤的人,他不可能把太多精力用于研究竹子,这并没有影响他最终堪称圣贤。不过,我们今天确实没有必要迷信王阳明,王阳明"格看"竹子只能证明"知识青年到农村去,接受贫下中农的再教育,很有必要"。"在夷中三年"的磨砺其实才是真正的"格物",正是这"知识青年到农村去,接受贫下中农的再教育"成就了他"知行合一"的思想。但是,王阳明并不认为"在夷中三年"的生活是"格物",他最终还是把"致知"归结为"顿悟"。我们今天当然可以指出他犯了"唯心主义"的错误,但是这当然也无可厚非,山民一辈子也不会从竹子中"格"出"理",最终成就"理"的确实是王阳明的"心"。所以,他认为"天下之物本无可格者","格物之功,只在身心上做"。

王阳明批评朱熹的"格物"有三大问题:一是"天下之物如何格得",天下万事万物岂能尽格而穷理?二是"且谓一草一木亦皆有理,今如何去格",格物怎么格?三是"纵格得草木来,如何反来诚得自家意",纵然能格物又如何成为自家之理?王阳明是"格"过竹子的人,他认为事物既然是格不完的,理就不得穷尽;盯着竹子看,也根本得不到什么理;即便看出了竹子的物理,也难以成为修己治人的理。

> 先儒解"格物"为"格天下之物",天下之物如何格得?且谓一草一木亦皆有理,今如何去格?纵格得草木来,如何反来诚得自家意?我解"格"作"正"字义,"物"作"事"字义。……致知在实事上格。如意在于为善,便就这件事上去为,意在于去恶,便就这件事上去不为;去恶固是格不正以归于正,为善则不善正了,亦是格不正以归于正也。如此,则吾心良知无私欲蔽了,得以致其极,而意之所发,好善、去恶,无有不诚矣。诚意工夫实下手处在格物也。若如此格物,人人便做得:人皆可以为尧、舜,正在此也。[①]

---

① (明)王阳明,撰.王晓昕,译注.传习录译注[B].北京:中华书局,2018:494—495.

"致知在格物"，"物格而后知至"，对于朱熹来说，就是要通过"格物"才能"穷理"，也就是从"事物"本身出发才能"穷尽"其中固有的"物理"，因此朱熹的学问被称作"理学"。但是，对于王阳明来说，则是通过"格物"才能"致良知"，也就是从"事物"本身出发才能"导致"人心固有的"良知"得到发现，因此王阳明的学说被称作"心学"。显然，由于对"格物"的不同理解，走上了不同的"致知"之路，可谓"道不同，不相为谋"。朱熹孜孜以求的是发现"天理"或"真理"，以解决面临的现实问题；王阳明孜孜以求的是使人能够"良知"或"良心"发现，以阻止世道人心的堕落。

（三）"穷理"

在朱熹看来，"致知在格物"，意味着"知识"是人对于"事物"的认知，"知识"不能脱离"事物"而存在；"物格而后知至"，意味着"事物"各自有其"物理"，只有"穷理"才能"致知"。

"即物而穷其理"，就是强调"即物"基础上"穷其理"，也就是只有在具体事物之中才能搞清楚道理。朱熹认为"格物"是一切"知识"的起点，所以他并不总是围绕"理"来展开自己的学说。他明确指出，"穷理"二字不若格物为切，便就事物上穷格[①]。"理"不应该是"悬空底物"，而应该是"实体"，必须能够在实践中得到检验，比如水上行舟、陆地走车，如果在陆上推舟就行不通，这就是水上行舟、陆地走车之"理"的"实体"性。从佛教容易变得空洞的"明心见性"学说吸取的教训，朱熹不愿意离开具体的"物"来讲不可捉摸的"理"，他认为"即物"才能"穷理"，"理"离不开"物"。儒家"格物"所得的"理"如果离开了具体"事物"，就会像佛教"明心"所见的"性"那样"空洞无稽"，最终于"事"上必定无所作为！

> 人多把这道理作一个悬空底物。大学不说穷理，只说个格物，便是要人就事物上理会，如此方见得实体。所谓实体，非就事物上见不得。且如作舟

---

① （宋）黎靖德，编．王星贤，点校．朱子语类[B]．北京：中华书局，2020：308.

以行水，作车以行陆。今试以众人之力共推一舟于陆，必不能行，方见得舟果不能以行陆也，此之谓实体。[1]

格物，不说穷理，却言格物。盖言理，则无可捉摸，物有时而离；言物，则理自在，自是离不得。释氏只说见性，下梢寻得一个空洞无稽底性，亦由他说，于事上更动不得。[2]

朱熹甚至试图就"物"本身来讲"物理"，比如，"古人爱物，而伐木亦有时，无一些子不到处，无一物不被其泽。盖缘是格物得尽，所以如此"[3]。"即物而穷其理"就像认识到树木的成长规律，所以知道伐木的最佳时节，所以能实现人和自然和谐共生，这就是"格物"到了"穷理"的效果。

当然，朱熹说的"物"并不限于自然界的"物质"，"物理"也不是或至少不限于今天自然科学的"物理"。在他看来，"眼前凡所应接底都是物"[4]；"物，谓事物也"[5]。所以，"即物而穷其理"就是从具体"事物"当中去发现"天理"或真理。作为儒家教人的传统，"物"虽然包括竹子、庄稼、菜等具体的物品，但更主要的还是"事"。樊迟想学的"稼"和"为圃"属于"鄙事"，都是儒家学者所不屑的事。所以，一般来说，儒者"格物"也不会去"格看"竹子，也因此，王阳明以自己践行"穷格"竹子为荣。

朱熹明确提出"致知在格物"或"格物穷理"有不同层次区分，其中第一义是教人先做"明明德"的"圣贤"，其中甚至"更无小人可用之理，更无包含小人之理"。能认识到小民也很重要，也懂得种庄稼、种菜、种竹子的道理，这些都是"致知"的第二义、第三义了。朱熹不断地强调"事事物物上理会"，但也不断强调"须是见得第一着"，这就是孔子说的"下学而上达"（《论语·宪问》），也就是学习从具体事物入手上升到思想政治的高度。

---

[1] （宋）黎靖德，编．王星贤，点校．朱子语类[B]．北京：中华书局，2020：308．
[2] （宋）黎靖德，编．王星贤，点校．朱子语类[B]．北京：中华书局，2020：309．
[3] （宋）黎靖德，编．王星贤，点校．朱子语类[B]．北京：中华书局，2020：304．
[4] （宋）黎靖德，编．王星贤，点校．朱子语类[B]．北京：中华书局，2020：301．
[5] （宋）黎靖德，编．王星贤，点校．朱子语类[B]．北京：中华书局，2020：303．

曹问："如何是第一义？"

曰："如'为人君，止于仁；为人臣，止于敬；为人子，止于孝'之类，决定着恁地，不恁地便不得。又如在朝，须着进君子，退小人，这是第一义。有功决定着赏，有罪决定着诛。更无小人可用之理，更无包含小人之理。惟见得不破，便道小人不可去，也有可用之理。这都是第二义、第三义，如何会好！若事事穷得尽道理，事事占得第一义，做甚么刚方正大！且如为学，决定是要做圣贤，这是第一义，便渐渐有进步处。若便道自家做不得，且随分依稀做些子，这是见不破。所以说道：'不以舜之所以事尧事君，贼其君者也；不以尧之所以治民，贼其民者也。'谓吾身不能者，自贼者也。"

卓录云："曹兄问格物穷理，须是事事物物上理会？"

曰："也须是如此，但穷理上须是见得十分彻底，穷到极处，须是见得第一着，方是，不可只到第三第四着便休了。若穷不得，只道我未穷得到底，只得如此，这是自恕之言，亦非善穷理也。且如事君，便须是'进思尽忠，退思补过'，道合则从，不合则去。也有义不可得而去者，不可不知。"

又云："如'不以舜之所以事尧事君，贼其君者也；不以尧之所以治民，贼其民者也'，这皆是极处。"[1]

王阳明在"穷格竹子"后认定，"知天下之物本无可格者。其格物之功，只在身心上做"。为此，他也重新解释了"格物"和"穷理"："'格物'如孟子'大人格君心'之'格'。是去其心之不正，以全其本体之正。但意念所在，即要去其不正，以全其正。即无时无处不是存天理。即是穷理。天理即是明德。穷理即是明明德"[2]。因此，王阳明认为"格物"就是"格心"或"正心"，去除了心中的"人欲"，自然也就只有"天理"留存下来。所以，"格物"就是"正心"，"正心"就是"穷理"，"心即理也"。

爱问："至善只求诸心，恐于天下事理，有不能尽。"

先生曰："心即理也。天下又有心外之事，心外之理乎？"

---

[1] （宋）黎靖德，编．王星贤，点校．朱子语类[B]．北京：中华书局，2020：301—302．
[2] （明）王阳明，撰．王晓昕，译注．传习录译注[B]．北京：中华书局，2018：29．

爱曰:"如事父之孝,事君之忠,交友之信,治民之仁,其间有许多理在,恐亦不可不察。"

先生叹曰:"此说之蔽久矣,岂一语所能悟。今姑就所问者言之。且如事父,不成去父上求个孝的理;事君,不成去君上求个忠的理;交友、治民,不成去友上、民上求个信与仁的理。都只在此心。心即理也。此心无私欲之蔽,即是天理,不须外面添一分。以此纯乎天理之心,发之事父便是孝,发之事君便是忠,发之交友、治民便是信与仁。只在此心去人欲、存天理上用功便是。"

爱曰:"闻先生如此说,爱已觉有省悟处。但旧说缠于胸中,尚有未脱然者。如事父一事,其间温清定省之类,有许多节目,不亦须讲求否?"

先生曰:"如何不讲求?只是有个头脑。只是就此心去人欲、存天理上讲求。就如讲求冬温,也只是要尽此心之孝,恐怕有一毫人欲间杂。只是讲求得此心。此心若无人欲,纯是天理,是个诚于孝亲的心,冬时自然思量父母的寒,便自要求去个温的道理;夏时自然思量父母的热,便自要去求个清的道理,这都是那诚孝的心发出来的条件。却是须有这诚孝的心,然后有这条件发出来。譬之树木,这诚孝的心便是根,许多条件便是枝叶。须先有根,然后有枝叶。不是先寻了枝叶,然后去种根。《礼记》言'孝子之有深爱者,必有和气。有和气者,必有愉色。有愉色者,必有婉容。'须有是个深爱做根,便自然如此。"

王阳明提出"心即理",首先是指"就此心去人欲、存天理"的"穷理"方法,也就是说,心中没有"人欲"就是"天理"。这是就"天下之物如何格得""如何去格"提出的解决方案,其实就是强调"心便是根",人心坏了一切都坏了,所以解决一切问题要从"心"着手。说到这里,有些人的"唯物主义"四个字可能都憋不住了。但我们作为唯物主义者不也强调"全心全意为人民服务"吗?不也强调"不忘初心,牢记使命"吗?为了人民币而为人民服务,为了野心而为人民服务,终究是要损害人民利益的。王阳明无非就是强调"事父之孝,事君之忠,交友之信,治民之仁"都要"就此心去人欲、存天理"。对于王阳明的"心即理也",切勿首先给他戴一顶"唯心主义"的帽子,那样就什么也学不到了。其实只要认真读他的《传习录》就会发现,很多你有的质疑或者答案,都已经在他的师徒对话中提出和回答了。拍脑袋就觉得自己比王阳明更高明的人，一定是最愚蠢狂妄的人。即便是今天难道我们不觉得对外物欲望过多而失去了内心安宁吗？王阳明之所以会形成热潮，并不完全是因为他能解答问题，而是他触及了问题的关键所在。王阳明提出"心即理也"，就是因为他认为朱熹"即物穷理"的方法把"心"与"理"一分为二，由此导致了"务外遗内，博而寡要"，他要"合心与理而为一"。

> 朱子所谓"格物"云者，在即物而穷其理也。即物穷理，是就事事物物上求其所谓定理者也。是以吾心而求理于事事物物之中，析"心"与"理"为二矣。夫求理于事事物物者，如求孝之理于其亲之谓也。求孝之理于其亲，则孝之理其果在于吾之心邪？抑果在于亲之身邪？假而果在于亲之身，则亲没之后，吾心遂无孝之理欤？见孺子之入井，必有恻隐之理，是恻隐之理果在于孺子之身欤？抑在于吾心之良知欤？其或不可以从之于井欤？其或可以手而援之欤？是皆所谓理也。是果在于孺子之身欤？抑果出于吾心之良知欤？以是例之，万事万物之理莫不皆然。是可以知析心与理为二之非矣。夫析心与理而为二，此告子"义外"之说，孟子之所深辟也。务外遗内，博而寡要，吾子既已知之矣，是果何谓而然哉？谓之玩物丧志，尚犹以为不可欤？若鄙人所谓致知格物者，致吾心之良知于事事物物也。吾心之良知，即所谓天理也。致吾心良知之天理于事事物物，则事事物物皆得其理矣。致吾心之良知者，致知也。事事物物皆得其理者，格物也。是合心与理而为一者也。合心与理而为一，则凡区区前之所云，与朱子晚年之论，皆可以不言而喻矣。①

王阳明认为自己"合心与理而为一"的观点"朱子晚年之论"是一致，为此还专门著有《朱子晚年定论》。后来被证明很多其实是朱子早年的观点，为此王阳明被很多人贬斥为通过造假提高自己的学术影响力。但是，上面第一部分最后朱熹说的"敬以直内"便能"义以方外"，能"义以方外"便是"敬以直内"，确实与"合心与理而为一"的内涵完全一样，都是"合外内之道"（《中庸》）的意思，而这也就是

---

① （明）王阳明，撰．王晓昕，译注．传习录译注[B]．北京：中华书局，2018：205—206．

孔子"一以贯之"的"道"。

王阳明和朱熹在"合外内之道"这点上是一致的,这是儒家"一以贯之"的教育理想,因此也成为他们共同的"致知"目标。但是,这并不意味着他们之间没有区别,只不过其区别是"殊途同归"而已。朱熹的"格物"是"即物而穷其理",要从事物当中寻求"事理""物理",是"理学";王阳明的"格物"是"去其心之不正",要从心中革除"物欲""人欲",是"心学"。朱熹教人,着重于"存天理"的"穷理"功夫;王阳明教人,着重于"灭人欲"的"正心"功夫。在朱熹那里,"物"正是"物理"之所在;在王阳明那里,"物"则是需要革除的"物欲"。至于他们之间的是非高下,我们最好不要轻率地做出判断,因为绝大多数人不会比朱熹和王阳明更高明。

二、"因其已知之理而益穷之"

"盖人心之灵莫不有知,而天下之物莫不有理,惟于理有未穷,故其知有不尽也。"这句话其实指出了"知"并非完全来自于"格物",在"格物"之前人的心灵中已经"有知"。由于同时,"理"也并非完全是人心获得的"知",它是"物"内在的东西——也就是属于"物"。也就是说,人是有意识地去认识事物发展变化的客观规律,对客观规律认识的不断深入,就是不断接近真理的过程。强调人在认识事物中的主观能动性是辩证法的基本内涵,但是,如果走向极端就会背离"致知在格物"的唯物主义,王阳明就是从"人心之灵莫不有知"走向"致良知"的主观唯心主义。

(一)"人心之灵莫不有知"

"人心之灵莫不有知",是说人心本有灵性,人是有意识的动物。《尚书·泰誓上》说:"惟天地万物父母,惟人万物之灵。"天地是造化万物的父母,而人是万物之灵长,是灵性或意识使人和其他动物区分开来。

《红楼梦》开篇讲贾宝玉的前世今生,说是女娲氏炼石补天用剩的一块石头,"自经锻炼之后,灵性已通,因见众石俱得补天,独自己无材不堪入选,遂自怨自叹,日夜悲号惭愧";后听一僧一道说到红尘中荣华富贵,"此石听了,不觉打动凡心,也想要到人间去享一享这荣华富贵"①。讲林黛玉又说"只因西方灵河岸上三生石畔,有绛珠草一株,时有赤瑕宫神瑛侍者,日以甘露灌溉,这绛珠草始得久延岁月。后来既受天地精华,复得雨露滋养,遂得脱却草胎木质,得换人形,仅修成个女身";"只因尚未酬报灌溉之德","他既下世为人,我也去下世为人,但把我一生所有的眼泪还他,也偿还得过他了"②。《西游记》第一回"灵根育孕源流出,心性修持大道生"讲孙悟空出世,就说"山正当顶上,有一块仙石","盖自开辟以来,每受天真地秀,日精月华,感之既久,遂有灵通之意。内育仙胞,一日迸裂,产一石卵,似圆球样大。因见风,化作一个石猴。五官俱备,四肢皆全。便就学爬学走,拜了四方"③。以后又访道学仙,又陪唐三藏西天取经,最终修得了佛身。木石成人是中国古人关于人类的起源的浪漫主义想象,其中"人"和"物"的区别就在于人有"灵性"。"人心之灵"其实不是自己"修心"所得,乃是"受天地精华,复得雨露滋养",尽管可能像绛珠草"仅修成个女身",而孙悟空"仅修成个石猴身"。但是,"修身"是一个过程,孙悟空就从石猴身最终修成了佛身,八戒从猪身修成了使者。不论修成佛还是使者,都是获得了真知或真如。也就是知道世间一切都是因缘际会的结果,因此一切随因缘变化而归于空;知道天地万物都是天地造化的结果,因此天下众生一样平等;知道了万物也都是自我修炼的结果,因此一是皆以修身为本。对于佛教的修行,中国禅宗神秀和尚曾有"身是菩提树,心如明镜台;时时勤拂拭,莫使有尘埃"的偈语,大概就是告诫修行者要像唐僧师徒一样身体力行。

  朱熹年轻时深受佛教影响,他也认为,"致知乃本心之知。如一面镜子,本全体通明,只被昏翳了,而今逐旋磨去,使四边皆照见,其明无所不到";"致知工夫,亦只是且据所已知者,玩索推广将去。具于心者,本无不足也。格物者,格,尽也,须是穷尽事物之理"④。意思是说,人不是任由外物图画书写的白纸,人在从外界获得知识之前已经有了知识,"致知"其实就是人有意识地去认识事物。就像一面镜子本来就是明亮的,只是被黑暗所遮蔽了,如今慢慢地旋转擦亮,使四边的光线都能照到,镜子也就没有什么照不见的。"格物"就像人在已有"知识"(包括光学、美学

---

① 曹雪芹.红楼梦(上)[I].北京:人民文学出版社,2008:2—3.
② 曹雪芹.红楼梦(上)[I].北京:人民文学出版社,2008:8.
③ 吴承恩.西游记(上)[I].北京:人民文学出版社,2010:3.
④ (宋)黎靖德,编.王星贤,点校.朱子语类[B].北京:中华书局,2020:302.

等知识）的指引下选择"事物"（包括光线、物体、人）去拍照，最终形成的影像其实是人在已有知识指引下进行的建构，"致知"并非外物在相机中的反映而已，它是"据所已知者，玩索推广将去"。"物格而后知至"，不过像无数知识的源流不断汇入而已。从人自身所具有的心智来说，本来就没有什么是不可能的，只要发挥自身的全部聪明才智，就能逐步认识万事万物的道理。

> 物莫不有理，人莫不有知。如孩提之童，知爱其亲；及其长也，知敬其兄；以至于饥则知求食，渴则知求饮，是莫不有知也。但所知者止于大略，而不能推致其知以至于极耳。致之为义，如以手推送去之义。凡经传中云致者，其义皆如此。
>
> "孩提之童，莫不知爱其亲；及其长也，莫不知敬其兄。"人皆有是知，而不能极尽其知者，人欲害之也。故学者必须先克人欲以致其知，则无不明矣。"致"字，如推开去。譬如暗室中见些子明处，便寻从此明处去。忽然出到外面，见得大小大明。人之致知，亦如此也。
>
> "致"字有推出之意，前辈用"致"字多如此。人谁无知？为子知孝，为父知慈。只是知不尽，须是要知得透底。且如一穴之光，也唤做光，然逐旋开划得大，则其光愈大。物皆有理，人亦知其理，如当慈孝之类，只是格不尽。但物格于彼，则知尽于此矣。
>
> 所以下"格"字、"致"字者，皆是为自家元有是物，但为他物所蔽耳。而今便要从那知处推开去，是因其所已知而推之，以至于无所不知也。
>
> 人个个有知，不成都无知，但不能推而致之耳。
>
> 知者，吾自有此知。此心虚明广大，无所不知，要当极其至耳。今学者岂无一斑半点，只是为利欲所昏，不曾致其知。孟子所谓四端，此四者在人心，发见于外。[①]

"致之为义，如以手推送去之义"，"'致'字有推出之意"，就是强调"致知"是把人心中本有的知识推而广之，越推越广直到无所不知。人心"如一面镜子，本全

[①] （宋）黎靖德，编．王星贤，点校．朱子语类[B]．北京：中华书局，2020：311—313．

体通明",很像佛学的说法,但是,朱熹后来是反对佛学的,他说的"如一面镜子,本全体通明"和佛教讲的意思并不一样。体现在"孟子所谓四端,此四者在人心,发见于外"这句话中,意思是说孟子讲的"恻隐之心,仁之端也;羞恶之心,义之端也;辞让之心,礼之端也;是非之心,智之端也",这四条就是"人心之灵莫不有知",但这人心之"有知"不过是"端倪"而已,而且还需要"发见于外"。换句话说,朱熹认为只有"格物"才能"致知",即便是"四端"也还需要"发见于外",而不是"明心"就能"见性"。所以,为了说镜子的"开明",朱熹用了"旋磨"二字来,这就是像铜镜需要研磨,否则根本不能"明照"。神秀用的是"拂拭",意味着镜子本来就是明照万物的,只需要擦拭上面落满的灰尘就能重新明照万物。由此可以推定,朱熹说的"本全体通明"只是一种潜能,就像铜本来就具有"通明"的属性,不像石头木头再怎么研磨也不能当镜子照。神秀只对"心如明镜台"提出了"时时勤拂拭,莫使有尘埃"修养要求,但对于"身是菩提树"没有进一步发挥。其中掩藏的玄机是佛学比较注重"修心",而比较不注重"修身",这就是佛教和儒家的最大区别。"赵州八十犹行脚,只为心头未悄然;及至归来无一事,始知空费草鞋钱。"赵州和尚虽然做了一辈子行脚僧才得心悄然,但他最后却认为空费草鞋钱。按儒家的意思,心悄然正是因为八十犹行脚,草鞋钱一点也不白费,倒要教人不要怕费草鞋钱——佛教应该也是这么教的。"手把青秧插满田,低头便见水中天;心地清净方为道,退步原来是向前。"布袋和尚也是通过插秧才"心地清净"。所谓"人挪活树挪死""树欲静而风不止",一味地强调静坐并不足以修身。"身不由己"的事,不论树还是人都在所难免,动静皆宜才是修身之道。台上明镜只能映照镜前之物,只有心怀天下才能明照一切,一味地强调"静心"也不足以"明心"。不论"修身"还是"修心"都只在"格物"之"行"中,由此也可略微领悟得慧能的"菩提本无树,明镜亦非台;本来无一物,何处惹尘埃"。

"人心之灵莫不有知",这"有知"其实只是"潜质"而已,尚需"物格"而后才能"知至",就如铜在研磨之后才能成为明镜。所以,儒家并不说"身是菩提树,心如明镜台;时时勤拂拭,莫使有尘埃",而说"有匪君子,如切如磋,如琢如磨",切磋琢磨就是"格物致知"。他强调"知在我,理在物";"格物,以理言也;致知,以心言也";"知得此理尽,则此个意便实。若有知未透处,这里面便黑了"[1]。冯友兰

---

[1] (宋)黎靖德,编.王星贤,点校.朱子语类[B].北京:中华书局,2020:311—312.

曾就王阳明"穷格"竹子做过点评，他认同王阳明关于朱熹的"格物"是错解的观点，但认为其错"不在于以理为不在心，而正在其以理为亦在心。照我们的看法，事物之理，完全不在我们心中。我们依逻辑可知每一类事物必有其理，但其内容若何，须另有学问以研究之，并不是专靠'思'所能知者。我们可知竹必有竹所以为竹者，即必有竹之理，但其内容如何，则非专靠'思'所能知。王阳明于此见朱子之错误，但未见其所以错误"①。也就是说，王阳明认为朱熹的错误是认为"理"在"物"中，而冯友兰则认为朱熹的错误并不在于认为"理"在"物"中，恰恰是朱熹认为"理"在"心"中。按照冯友兰的观点，"理"只在"物"中，"完全不在我们心中"。这是冯友兰对朱熹"人心之灵莫不有知"的误读，实际上，冯友兰本人的观点和王阳明的观点是完全对立的。王阳明认为"心即理也。天下又有心外之事，心外之理乎"？冯友兰认为"事物之理，完全不在我们心中"。朱熹的观点是"物莫不有理，人莫不有知"，"人心之灵莫不有知，而天下之物莫不有理"，两句话始终连为一体。王阳明认为靠"只在此心去人欲、存天理上用功便是"，冯友兰认为"理"不是专靠"思"所能知，朱熹则认为"即凡天下之物"都可以"因其已知之理而益穷之"。

"人心之灵莫不有知"的"有知"并非"尽知"，如"孟子所谓四端"只是个"端倪"而已。而且，即便只是"端倪"，也仍然需要"发见于外"。没有"外物"的作用，如"见孺子将入于井"，连"恻隐之心，人皆有之；羞恶之心，人皆有之；恭敬之心，人皆有之；是非之心，人皆有之"也不能被"发现"。所谓"致知在格物，物格而后知至"，就是说"有知"完全是"外物"作用的结果，所以"物格"之后才有"知至"。

（二）"天下之物莫不有理"

"天下之物莫不有理"，就是"有物便有理"，"事事物物，各自有个事物底道理"，"有一物便有一理"②。朱熹特别反对脱离"格物"讲"穷理"，反对脱离"物格而后知至"讲"大本"，他认为："事事物物上便有大本。不知大本，是不曾穷得也。若

---

① 冯友兰.贞元六书（上）[B].北京：中华书局，2014：223.
② （宋）黎靖德，编.王星贤，点校.朱子语类[B].北京：中华书局，2020：308—309.

只说大本，便是释老之学。"①由此可见，朱熹讲"致知在格物"有针对佛教和道家的意思，或者说他推崇《大学》本身也出于反对佛老的需要——他认为佛老不能治国。

> 问："格物则恐有外驰之病？"
> 曰："若合做，则虽治国平天下之事，亦是己事。'周公思兼三王，以施四事。其有不合者，仰而思之，夜以继日，幸而得之，坐以待旦。'不成也说道外驰！"
> 又问："若如此，则恐有身在此而心不在此，'视而不见，听而不闻，食而不知其味'，有此等患。"
> 曰："合用他处，也着用。"
> 又问："如此，则不当论内外，但当论合为与不合为。"先生颔之。
> 若格物，则虽不能尽知，而事至物来，大者增些子，小者减些子，虽不中，不远矣。②

有学生担心强调"格物"导致"外驰之病"，或者"身在此而心不在此"，也就是我们今天说的"机械唯物主义"。"格物"是否会使知识成为像外物在相机中的影像，人没有了"主观能动性"呢？朱熹的回答是要看是否"合做"或"合为"，也就是适合于做事或适合于行为，只要有利于做好事情或能够行得通，那就不会有过分强调外物而忽视内心的问题。重要的不在于内外，而在于是否切实可行。"物格而后知至"虽然可能没有达到"尽知"，但只要能应对事情、处理物件，那么就能使一般性的知识增加一些，对具体方面的知识则可以少一些，如此虽然不能说完全掌握了普遍规律，但也不会偏离得太远了。朱熹对"不当论内外，但当论合为与不合为"的肯定，表明他已经有了非常明确的"实践"观念，只是还没有使用"实践"这个词，只用了"合做"和"合为"。

朱熹非常反对所谓的"胸中有见，然后于理无不见"，只要自己内心有了主见，对于事理就无所不见。朱熹反问道，胸中怎么就会有主见的呢？这东西就像婴儿学

---

① （宋）黎靖德，编．王星贤，点校．朱子语类[B]．北京：中华书局，2020：310．
② （宋）黎靖德，编．王星贤，点校．朱子语类[B]．北京：中华书局，2020：307．

走路，今天迈步走，明天迈步走，经过长时间积累熟习，最后才能会走路。天地万物无不有其内在的理，手有手的理，足有足的理，不举手投足，怎么可能尽知其中道理？"格物"，就是想要探究事物内在的道理，而且要把其中的道理全部搞清楚，这样我对它也就知无不尽了。从具体事物中获得的"物理"就是为人处世的"道理"，天下本来也没有两种道理。

  蒋端夫问："'致知在格物。'胸中有见，然后于理无不见。"
  曰："胸中如何便有所见？譬如婴儿学行，今日学步，明日又步，积习既久，方能行。天地万物莫不有理。手有手之理，足有足之理，手足若不举行，安能尽其理！格物者，欲究极其物之理，使无不尽，然后我之知无所不至。物理即道理，天下初无二理。"[1]

"天下之物莫不有理"，"物理即道理"，所以"物格而后知至"，这是唯物主义的基本观点。"胸中有见，然后于理无不见"，这是唯心主义的典型观点，"胸中如何便有所见"则是对唯心主义最严厉的质疑。不去研究竹子就不可能认识竹子，这就是朱熹说的"物理即道理"。不学走路却能会走路，只有实践才能出"真知"，放弃了"穷格"竹子却反倒能"胸有成竹"，这绝对不可能是科学意义上的"真知"。王阳明无疑对于竹子有"所见"，其他人也有不同的"所见"，这些"所见"完全因人而异，完全是"主观臆断"而已，用于"修心养性"自然是可以的，但要用于种养竹子则不行。当然，王阳明本来的目的也不是要当研究竹子的农学家，所以放弃"穷格"竹子让他得到彻底的解脱，这就是"顿悟"。"顿悟"后的"所见"其实不过是"放弃"后的"视而不见"，它是回避问题的办法而不是解决问题的办法。这就像中国在芯片上被美国卡脖子，对芯片的设计制造原理百思不得其解，突然觉得为什么一定要芯片呢？为什么一定要用手机呢？不用手机，不用需要芯片的工业品，不就没有问题了吗？就像被敌国攻打了，实在没有办法，突然想到人都有一死，死就死吧，打死我，你晚上也要做噩梦，你也不得安生，甚至不得好死，"顿悟"获得的"所见"很可能就是这样。正如老子说，"夫唯不争，故天下莫能与之争"，放弃了竞争就没

---

[1] （宋）黎靖德，编．王星贤，点校．朱子语类[B]．北京：中华书局，2020：314．

人能与他竞争了，对于"躺平"的人来说确实没有办法和他竞赛"跑步"。"胸中有见，然后于理无不见"，这种"无所不见"的"高见"其实不过是"视而不见"，心里确实清净了，但不解决问题啊！

《诗经·大雅·烝民》说："天生烝民，有物有则。民之秉彝，好是懿德。""天生烝民，有物有则"的意思就是"天下之物莫不有理"，包括民众在内的天下万物无不有自身生存发展的道理和准则；"民之秉彝，好是懿德"的意思就是"物理即道理"，民众的不变秉性就是遵循万物自身生存发展的天理明德。"天理"不是由某个人"顿悟"出来的，完全脱离了"物理"的"天理"只是狂妄的"人欲"。脱离"物理"的人伦"道理"，终究成为违背"天理"的"歪理"邪说。

（三）"惟于理有未穷，故其知有不尽"

朱熹认为"格物，是逐物格将去；致知，则是推得渐广"；"格物，是物物上穷其至理；致知，是吾心无所不知。格物，是零细说；致知，是全体说"[①]。"致知在格物，物格而后知至"，是一个逐步了解事物和扩大知识面的过程，最终将实现从对事物的零碎认识到全体认识，也就是从认识事物发展的具体规律到一般规律。

> 致知分数多。如博学、审问、慎思、明辨，四者皆致知，只力行一件是行。言致，言格，是要见得到尽处。若理有未格处，是于知之之体尚有未尽。格物不独是仁孝慈敬信五者，此只是大约说耳。且如说父子，须更有母在，更有夫妇在。凡万物万事之理皆要穷。但穷到底，无复馀蕴，方是格物。[②]

"惟于理有未穷，故其知有不尽"，直接的意思是因为道理或理论上不彻底，所以，认识就不深刻。"致知"所以很重要，博学、审问、慎思、明辨都是属于"致知"，只有"笃行"属于"行"。所谓的"致"，所谓的"格"，就是要对事物认识彻底。如果道理或理论上还不彻底，那就是对认识事物的本体还有不彻底。"格物"不

---

① （宋）黎靖德，编．王星贤，点校．朱子语类[B]．北京：中华书局，2020：311．
② （宋）黎靖德，编．王星贤，点校．朱子语类[B]．北京：中华书局，2020：313—314．

只是为了认识仁、孝、慈、敬、信这五种美德,这些都是一个大概的说法。就如父子之间,必然还有母亲在,还有夫妇关系在。凡万事万物的理论都要穷尽,穷究到底就成了普遍真理,这才是"格物"。对于这段话,朱熹从"致知"开始说,中间说的是"穷理",最后归结为"格物"。这意味着,"格物"才能"穷理","穷理"才能"致知"。"惟于理有未穷,故其知有不尽",解决的办法唯有尽力于"格物"。这时候所谓的"格物",就像已经知道仁、孝、慈、敬、信这五种美德,更进一步地去深入去理解。比如,父子之间的"孝",必然会牵涉母亲,也必然与夫妻关系脱离不了干系。所谓"穷理"就是把父子、父母、夫妻等相关的关系一并考察,对"孝"做进一步的理论思考,直到"孝"的理论穷尽了一切相关社会关系,这就是"格物",也是"穷理",当然也是"致知"。很显然,"致知在格物,物格而后知至",在朱熹看来是一个由特殊规律到一般规律的认识发展过程。

当学生问他是否"致知",是想要对"事理"无所不知,"格物"是弄清"事理"的所以然,朱熹认为不应该这么说。因为这个说法是"从理论到理论",朱熹认为"就那事物上理会",也就是要到具体事物当中去认识其中之理。他明确指出,"致知",是就我的认识而言;"格物",是就事物的道理而言。如果不考察具体事物本身,就无从认识事物的内在道理。如今就有一些人一心想把道理搞明白,但却只是漫无边际地苦思冥想,就是不对具体事物进行深入研究。这种办法,终究是不能搞清楚其中的道理。当学生问这是否意味着想要获得真知必须从调查研究客观事物着手,朱熹毫不犹豫地做了肯定的回答。而且补充说,只有像这样,运用已知知识去深入推究事物,然后我们才能获得新知。

问:"致知,是欲于事理无所不知;格物,是格其所以然之故。此意通否?"

曰:"不须如此说。只是推极我所知,须要就那事物上理会。致知,是自我而言;格物,是就物而言。若不格物,何缘得知。而今人也有推极其知者,却只泛泛然竭其心思,都不就事物上穷究。如此,则终无所止。"

义刚曰:"只是说所以致知,必在格物。"

曰:"正是如此。若是极其所知去推究那事物,则我方能有所知。"[1]

---

[1] (宋)黎靖德,编.王星贤,点校.朱子语类[B].北京:中华书局,2020:312.

"推极我所知,须要就那事物上理会"和"极其所知去推究那事物,则我方能有所知",这两句话合在一起其实就是"唯物辩证法"。一方面,要获得真知灼见,必须从客观事物出发;另一方面,把握获得知识用来推究具体事物,从而获得新的知识。知识在这里成为"推陈出新"的"知识流",而使"推陈出新"的"知识流"形成的正是"格物",所以说"致知在格物,物格而后知至"。由此亦可知,"格物"未能"穷理"则"知有不尽"。

"惟于理有未穷,故其知有不尽",很容易片面强调"穷理"而忽视"格物"的误区,也就是片面强调"理论学习"的"空谈理论"误区。对此,朱熹在回答元昭的问题时给了严厉警告:

元昭问:"致知、格物,只作穷理说?"

曰:"不是只作穷理说。格物,所以穷理。"

又问:"格物是格物与人,知物与人之异,然后可作工夫。"

曰:"若作致知在格物论,只是胡说!既知人与物异后,待作甚合杀。格物,是格尽此物。如有一物,凡十瓣,已知五瓣,尚有五瓣未知,是为不尽。如一镜焉,一半明,一半暗,是一半不尽。格尽物理,则知尽。如元昭所云,物格、知至当如何说?"[①]

元昭以为"致知"和"格物",只是"穷理"的其他说法而已。朱熹明确表示不是这样的,只有"格物"才能"穷理"。也就是说,"格物"是"穷理"的手段。元昭又觉得,既然"格物"的对象包括"物"和"人",应该把"物"和"人"区别开来对待,这样才能做好"格物"的功夫。朱熹严厉警告说,如果这么解读"致知在格物",那是胡说八道!既然都已经知道"人"和"物"的区别,那"格物"哪里用得着一并包含"人"和"物"呢?言下之意是,如果知道"人"和"物"的区别,那"人"也就不需要"物"了,他离开"物"靠自己就能"致知"了。这是批评元昭误以为"人"有"自知之明",可以不需要"物"就能认识自己,只有认识"物"才需要"格物"。这是一个非常重要的观点!很多人都犯有这种错误,以为人有"自

---

① (宋)黎靖德,编.王星贤,点校.朱子语类[B].北京:中华书局,2020: 315.

知之明"就是可以通过"冥想"而"明心见性",而不知道不通过对客观世界的认识人根本也就不可能认识自己!朱熹是"理学家",但是他并不总是讲"穷理",他更愿意强调"格物"。"格尽物理,则知尽",只有全面深入认识客观事物,才能认识事物发展的普遍规律。

总之,"为学之始,须在致知。不致其知,如何知得!欲致其知,须是格物。格物云者,要穷到九分九厘以上,方是格"①。"致知在格物","物格而后知至",要获得真知就必须从认识客观事物着手,彻底认识了客观事物才能认识世界发展的客观规律。

三、"求至乎其极"

"是以大学始教,必使学者即凡天下之物,莫不因其已知之理而益穷之,以求至乎其极。至于用力之久,而一旦豁然贯通焉,则众物之表里精粗无不到,而吾心之全体大用无不明矣。此谓物格,此谓知之至也。"因此,大学教育首先要使学习者对于天下万事万物,无不根据已经掌握的理论进一步深入研究实际,以求达到彻底搞清楚其客观发展规律。如果能够做到持之以恒地去探究,一旦达到思想与实际豁然贯通,那么对于事物的表里精粗也无不清楚,对于自身所能发挥的作用也完全明了。这就是对事物的完全认识,这就是对知识的完全掌握。这段话既强调了"必使学者即凡天下之物",也就是一切从客观实际出发;又强调了"因其已知之理而益穷之",也就是人的主观能动性;而且,强调最终要使二者"豁然贯通",从而实现"众物之表里精粗无不到,而吾心之全体大用无不明"的"人心与物同体"。理学家认为物理的充分认识也就能实现人心的自由解放,这就是人类认识世界的最高境界,这种认识事物的思想方法显然符合唯物辩证法。

(一)"大学始教"

《大学》原文的"八目"从"欲明明德于天下"的前提条件开始追溯,最后得出的结论是"致知在格物",也就是说"明明德"要从"格物"开始;从"物格而后知至"

---

① (宋)黎靖德,编.王星贤,点校.朱子语类[B].北京:中华书局,2020:315.

开始推断其后续影响,最终结果是"国治而后天下平",也就是说"格物"能带来"天下平"的结果。"物有本末,事有终始,知所先后,则近道矣",文字本身的逻辑清楚地表明,"格物"是"本","明明德"是"末";"物格"是"始","天下平"就是"终"。"是以大学始教,必使学者即凡天下之物,莫不因其已知之理而益穷之,以求至乎其极",所以,大学教育从一开始,就使学习者对于天下万事万物,无不在已知理论指导下做进一步探究,以此求得"明明德""亲民""止于至善";求得"知至""意诚""心正""身修""家齐""国治""天下平"。概而言之,"大学始教","格物"而已。

如果"大学始教"是"格物",那么对于《大学》这本书中讲的"大学次序",也就是"大学之道,在明明德,在亲民,在止于至善";"古之欲明明德于天下者,先治其国;欲治其国者,先齐其家;欲齐其家者,先修其身;欲修其身者,先正其心;欲正其心者,先诚其意;欲诚其意者,先致其知;致知在格物。物格而后知至,知至而后意诚,意诚而后心正,心正而后身修,身修而后家齐,家齐而后国治,国治而后天下平",这些圣人说过的话,是当下就能照着去做呢,还是也从"致知在格物"做起呢?《大学》讲的义理一清二楚,如果直接照着好像就容易了。这是学生提出的疑问,"致知在格物"是不是意味着不要相信一切圣人的话?这种把"尽信书,不如无书"(《孟子·尽心下》)理解为不要读书的误解,朱熹的回答是按照《大学》讲的学着做。圣人所教当下就可身体力行,义理理解清楚之后,只要稍微地进行一番勘验。圣人所教从大体和根本上说是完全正确的,这些道理不用再从头开始学习研究,只要注意一些无关基本理论的具体细节的变化。虽然就像《中庸》中说的,"说到极至,即便是圣人也有所不知,有所不能",很多人以为"至"指的是道理最为精妙之处。如果道理最精妙的地方都有所不知有所不能,那就与庸人无异了,那又何谈圣人!这里的"至",只是指道的"穷尽"之处,所不知所不能的,则是无关宏旨的具体细节。《大学》的根本道理是没有错的,只是古今所遇事不同,礼乐制度有变,这些当然都必须现学。

  陈问:"大学次序,在圣人言之,合下便都能如此,还亦须从致知格物做起?但他义理昭明,做得来恐易。"

  曰:"也如此学。只是圣人合下体段已具,义理都晓得,略略恁地勘验一过。其实大本处都尽了,不用学,只是学那没紧要底。如中庸言:'及其至也,虽圣人有所不知不能焉。'人多以至为道之精妙处。若是道之精妙处有所不知不能，便与庸人无异，何足以为圣人！这至，只是道之尽处，所不知不能，是没紧要底事。他大本大根元无欠阙，只是古今事变，礼乐制度，便也须学。"①

"致知在格物，物格而后知至"，并不意味着怀疑一切理论，那就是抛弃人类文明的所有成果，一切从头开始再来了。朱熹是重视理论学习的，把理论学习看作和实践一样重要。"格物"之"物"本身也包含着"书本"和"理论"，"上而无极、太极，下而至于一草、一木、一昆虫之微，亦各有理。一书不读，则阙了一书道理；一事不穷，则阙了一事道理；一物不格，则阙了一物道理。须著逐一件与他理会过"；"物格是要得外面无不尽，里面亦清彻无不尽，方是不走作"。②当然，朱熹说的"格物"重点不在"一草、一木、一昆虫之微"，因此不论如何强调"格物"也很难长出现代自然科学意义上的"物理"。作为一个思想家或哲学家，他的工作重点是书本理论尤其是"四书五经"，他的成就也体现在"无极、太极"意义上的"道理"。

何炳棣也指出，格物致知涉及孔子的认识论，但是，他认为孔子的认识论观点集中体现在"生而知之者上也；学而知之者次也；困而学之，又其次也；困而不学，民斯为下矣"（《论语·季氏》），通过引用《史记》中关于黄帝"生而神灵，弱而能言"、帝喾"生而神灵，自言其名"、帝尧"其仁如天，其知如神"、舜"致异物，凤皇来翔"等记载，他提出"'生而知之者'既能知物、名物、致物，而致和'格'古义相通，所以最后构成《大学》中最重要的语句之一'致知在格物'，以格字代致，完全是由于修辞方面需要避免在一句中重复两个'致'字。所以20世纪三代新儒家认为程朱等理学家'格物致知'含有科学精神的说法，是与'格物致知'最初的意义恰恰相反的"③。也就是说"格物"就是"致物"，等同于"知物、名物"，而且是"生而知之"，所以根本不存在从客观事物出发认识物理的科学精神。但是，这样的解释即便能解释"生而知之者"的"知"是直接"知物、名物、致物"，也不能解释"学而知之者"的"致知"需要"学"。而且，"格物"如果直接等同于"知物、名物、致物"，"致知在格物"与"物格而后知至"两句话都成了废话。实际上，正如何炳

---

① （宋）黎靖德，编．王星贤，点校．朱子语类[B]．北京：中华书局，2020：315.
② （宋）黎靖德，编．王星贤，点校．朱子语类[B]．北京：中华书局，2020：315—316.
③ 何炳棣著．何炳棣思想制度史论[B]．北京：中华书局，2017：38.

棣接下来说的，孔子接受"生而知之"的说法与他对整个传统文化的尊敬是一致的，并不代表他自己的认识论的重心。孔子认识论的精华正在"学而知之"这方面。只要承认"学而知之"，就有一个从"学"到"知"的过程，这个过程就是"格物致知"的过程。

由于近代以来是科学发达的时代，所以人们从科学的思维或愿望出发，希望朱熹讲的"物理"就是自然科学的物理。其实即便到了清朝，中国人也还没有现代科学观念。所谓的"物"都是指"事物"，"物理"也是笼而统之的万事万物的"道理"。曾国藩就曾说过，物者何？即所谓本末之物也。身、心、意、知、家、国、天下，皆物也；天地万物，皆物也；日用常行之事，皆物也。格者，即物而穷其理也。如事亲定省，物也；就其所以当定省之理，即格物也。事兄随行，物也；究其所以当随行之理，即格物也。吾心，物也；究其存心之理，即格物也。吾身，物也；究其敬身之理，又博究其立齐坐尸以敬身之理，即格物也。每日所看之书，句句皆物也；切己体察，穷究其理，即格物也。[①]不过，也不必为此太过悲伤，这种融通万事万物的"物理"，还真是当今时代所需要的呢。

"致知在格物，物格而后知至"，只是强调"大学始教"是"格物"。"大学之道"要通向"明德""亲民""至善"，要教人"修身""齐家""治国""平天下"。以《大学》教人的次序看，停留在"格物"的教育是"有始无终"的教育。

（二）"豁然贯通"

"至于用力之久，而一旦豁然贯通焉，则众物之表里精粗无不到，而吾心之全体大用无不明矣"，说的是"因其已知之理"，长久地致力于"即事即物"而"益穷之"，也就是在理论指导下深入探究事物，最终实现了理论和实际的贯通，因此也就达到了对事物的完全认识，也就发挥了自身全部主观能动性。

> 叔文问："格物莫须用合内外否？"
> 曰："不须恁地说。物格后，他内外自然合。盖天下之事，皆谓之物，

---

① 曾国藩，著．李瀚章，编撰．李鸿章，校勘．曾文正公家书（上）[K].北京：线装书局，2015：39.

而物之所在，莫不有理。且如草木禽兽，虽是至微至贱，亦皆有理。如所谓'仲夏斩阳木，仲冬斩阴木'，自家知得这个道理，处之而各得其当便是。且如鸟兽之情，莫不好生而恶杀，自家知得是恁地，便须'见其生不忍见其死，闻其声不忍食其肉'方是。要之，今且自近以及远，由粗以至精。"

问："格物须合内外始得？"

曰："他内外未尝不合。自家知得物之理如此，则因其理之自然而应之，便见合内外之理。目前事事物物，皆有至理。如一草一木，一禽一兽，皆有理。草木春生秋杀，好生恶死。'仲夏斩阳木，仲冬斩阴木'，皆是顺阴阳道理。砥录作'皆是自然底道理'。自家知得万物均气同体，'见生不忍见死，闻声不忍食肉'，非其时不伐一木，不杀一兽，'不杀胎，不殀夭，不覆巢'，此便是合内外之理。"

"用力之久"四个字是需要特别强调的重点，因为它强调了人类认识世界是一个长期努力的过程，人类的自由发展也是一个长期积累的过程。"豁然贯通"只能看作人类探索未知世界的光明未来，只能看作是人类历史长河奔涌向前的发展趋势。冯友兰对朱熹"豁然贯通"的看法可能就失之简单化：

照朱子的系统，一切事物之理皆在我们的心中，所以虽只知一部分事物之理，而于其余之理，亦可"豁然贯通"。譬如我们久住北平者乘一飞机，被迫降落于北平，但初不知其为北平，经过数街市，即可恍然大悟曰："这不是北平么？"于此悟后，即我们此时所未到之街市之状况，亦可知之。其所以能知者，因全北平街市之状况，本在我们的知识中也。照朱子的系统，因我们心中，既已具有一切事物之理，所以于豁然贯通之后，我们可知一切事物之"表里精粗"。所以我们于此时亦无所不知，无所不能，此即心之"全体大用"。但照我们的系统，我们的心只能知众理而并非有众理，所以所谓心之全体大用，亦是没有底。

说朱熹认为"一切事物之理皆在我们的心中"毫无根据，这其实恰恰是朱熹最反对的观点。"我们的心只能知众理而并非有众理"其实也是朱熹的观点，所谓"穷理"就是穷究"事物的道理"，而不是心中"有众理"。朱熹说的"天理在人，终有明处",意思也只是"天理"对于人来说,总有认识清楚的一天;"人合下便有此明德"是就"大学之道,在明明德"说的,相当于说如果把"道理"搞清楚了,"性本善"也就"明"了。所谓"为物欲掩蔽",就是"物理"不明,"然这些明底道理未尝泯绝"也不是说"道理"在人心中始终是"明底",而是说不管人明不明晓,道理本身是客观存在的。人类未曾发明"万有引力定律"时,"万有引力定律"也是"明底道理"。朱熹认为"明处渐渐推将去",最终"吾心亦自有准则",相当于从苹果落地逐步认识到万有引力定律。这个过程也就像庖丁解牛,从缝隙处找到切入口,最后豁然解开。仁义礼智也是有头绪可循的,从人心的发端处出发,就能穷尽仁义礼智的道理。"格物穷理"就是从一物一理开始,最后待人接物都自有道理。如果没有达到"内化于心",那就是人格分裂为两人。外边看起来是个善人,内心里却是个恶人。所以说格物穷理,最后要在内心里对当然之理感到亲切。可能刚认清道理的时候,对于不对的事只是"不敢为",待认识更深刻后就"不肯为",最后道理内化于心了自然就"不为之",一切旧的恶习也全都忘了,这就是"吾心之全体大用无不明矣"。

  所谓穷理者,事事物物,各自有个事物底道理,穷之须要周尽。若见得一边,不见一边,便不该通。穷之未得,更须款曲推明。盖天理在人,终有明处。"大学之道,在明明德",谓人合下便有此明德。虽为物欲掩蔽,然这些明底道理未尝泯绝。须从明处渐渐推将去,穷到是处,吾心亦自有准则。穷理之初,如攻坚物,必寻其罅隙可入之处,乃从而击之,则用力为不难矣。孟子论四端,便各自有个柄靶,仁义礼智皆有头绪可循。即其所发之端,而求其可见之体,莫非可穷之理也。
  格物穷理,有一物便有一理。穷得到后,遇事触物皆撞著这道理:事君便遇忠,事亲便遇孝,居处便恭,执事便敬,与人便忠,以至参前倚衡,无往而不见这个道理。若穷不至,则所见不真,外面虽为善,而内实为恶,是两个人做事了!外面为善是一个人,里面又有一个人说道:"我不好。"如今须胜得那一个不好底人去方是。岂有学圣人之书,为市井之行,这个穷得个甚道理!而今说格物穷理,须是见得个道理亲切了,未解便能脱然去其旧习。其始且见得个道理如此,那事不是,亦不敢为;其次,见得分晓,则不肯为;又其次,见得亲切,则不为之,而旧习都忘之矣。

由上可知,"道"和"理"是对"物"说的,"德"和"欲"是对"人"说,朱熹绝对没有"我们心中,既已具有一切事物之理"的意思,这是后人为了显示自己的高明任意曲解不能再说话的先人。所谓的"豁然贯通"并非"灵光乍现",而是逐步认识事物内在规律的过程,就像庖丁解牛"依乎天理,批大郤,导大窾,因其固然",最后达到"恢恢乎其于游刃必有余地矣"。如此便能"动刀甚微,謋然已解,如土委地。提刀而立,为之四顾,为之踌躇满志",此乃"众物之表里精粗无不到,而吾心之全体大用无不明"。

当然,本末精粗虽有先后次序,但不要把它们分裂开来,而要把它们统一起来。比如"致知在格物,物格而后知至,知至而后意诚",并不是说物格还没有做到,知也还没有至,就不要诚意,等物格而后知至再去用诚意。岂有此理!圣人只是说了个大纲,自然演变的次序是如此。抓住了要义,必须逐一循序渐进都去做才能有所得。圣人的学说,本末精粗无不备,切不可轻本而重末。现在的人闲坐错过了很多时间,凡事就是不肯踏踏实实去做。比如仪礼这方面,自己出身朝廷都不晓得礼,真正做事又会有多少失误!

> 本末精粗,虽有先后,然一齐用做去。且如致知、格物而后诚意,不成说自家物未格,知未至,且未要诚意,须待格了,知了,却去诚意。安有此理!圣人亦只说大纲自然底次序是如此。拈著底,须是逐一旋旋做将去始得。……盖圣人之学,本末精粗,无一不备,但不可轻本而重末也。今人闲坐过了多少日子,凡事都不肯去理会。且如仪礼一节,自家立朝不晓得礼,临事有多少利害!

冉求曰:"非不说子之道,力不足也。"子曰:"力不足者,中道而废,今汝画。"(《论语·雍也》)冉求说自己不是不喜欢孔子的学说,而是能力不够。孔子批评他,如果真的是能力不够,走到半道可能就走不动了,现在你是自己画地为牢。朱熹告诫人,只要"用力之久,而一旦豁然贯通"就能达到"众物之表里精粗无不到,而吾心之全体大用无不明矣",切不可闲坐空谈而没有行动。当然,"众物之表里精粗无不到,而吾心之全体大用无不明"也是"用力之久,而一旦豁然贯通"的结果,切不可做"一步登天"的妄想,以为只需"顿悟"就能"立地成佛"。

（三）"知之至也"

"此谓物格，此谓知之至也"，意思是说"格物"真正"格"到了"物格"，那就是"致知"已经"推致"了"极至"。这意味着，"格物"是一个不断发展的过程，到了"穷理"就是"物格"；"致知"也是一个不断发展的过程，到了"尽知"就是"知至"。朱熹说："知至，谓天下事物之理知无不到之谓。若知一而不知二，知大而不知细，知高远而不知幽深，皆非知之至也。要须四至八到，无所不知，乃谓至耳"，"亦如灯烛在此，而光照一室之内，未尝有一些不到也"；"知至，谓如亲其所亲，长其所长，而不能推之天下，则是不能尽之于外；欲亲其所亲，欲长其所长，而自家里面有所不到，则是不能尽之于内。须是其外无不周，内无不具，方是知至"。用我们今天的话说，"知至"就是不仅能认识具体事物发展的内在规律，而且还能推而广之认识世界发展的一般规律，最终实现了主观意愿和客观规律的完全统一。

"知至"，简单地说就是认知的极致，上章讲"止于至善"和"知止，知其所止"也讲到"知之至也"。那么，"知止，知其所止"的"知止"与"致知在格物，物格而后知至"的"知至"是什么关系呢？朱熹认为"知止"是从做事情的角度讲的，也就是知道做事情的当行之道；"知至"是从内心修养角度讲的，也就是内心对事物有了完整的认识。"致知在格物，物格而后知至"这句话，"致知"的"致"就是"推致"，这是认知的开始；"知至"的"至"是"已至"，已经到达极致。"格物"，就是调查研究具体事物；"知至"就是心里有了透彻的认知。"格物"，是认识事物的下手处；"知至"，就是在认知上有所得。"致知"如果还没有达到"极至"，就像一块贴片，也可以切割东西，只是不像磨过的刀刃那么锋利，一捅就破。如果认识透彻，面对万事万物，都能迎刃而解。"致知"没有达到"极至"，就像捕捉龙蛇虎豹，险象环生；"致知"一旦达到"极至"，做一切事情都看似稀松平常，其实是在有条不紊地推进。到后来就能凡事都能遵道而行，即便只是做自己私人的事情，也能兴起淳朴实在的民风。而且还能够以天下人的心审查自己的心，以自己的心推及天下人的心，从而实现上下四方成为一视同仁的整体。所以，"知至"，就像《易经》中说的"极深"，因为极其深厚广博，所以能够贯通天下众人心志。

子升问："知止便是知至否？"

曰："知止就事上说，知至就心上说。知止，知事之所当止；知至，则心之知识无不尽。"

问:"'致知'之'致','知至'之'至',有何分别?"

曰:"上一'致'字,是推致,方为也。下一'至'字,是已至。"

格物,只是就事上理会;知至,便是此心透彻。

格物,便是下手处;知至,是知得也。

致知未至,譬如一个铁片,亦割得物事,只是不如磨得芒刃十分利了,一锸便破。若知得切了,事事物物至面前,莫不迎刃而解。

未知得至时,一似捕龙蛇,捉虎豹相似。到知得至了,却恁地平平做将去,然节次自有许多工夫。到后来絜矩,虽是自家所为,皆足以兴起斯民。又须是以天下之心审自家之心,以自家之心审天下之心,使之上下四面都平均齐一而后可。

知至,如易所谓极深,"惟深也,故能通天下之志",这一句略相似。[1]

"致知在格物,物格而后知至","知至"之后是"能通天下之志",也就是前文说的"君子贤其贤而亲其亲,小人乐其乐而利其利",也就是实现人人各尽所能、各得其所。或者更准确地说,实现《中庸》所说的"致中和,天地位焉,万物育焉"。

致知,不是知那人不知底道理,只是人面前底。且如义利两件,昨日虽看义当为然,而却又说未做也无害;见得利不可做,却又说做也无害;这便是物未格,知未至。今日见得义当为,决为之;利不可做,决定是不做,心下自肯自信得及,这便是物格,便是知得至了。此等说话,为无恁地言语,册子上写不得。似恁地说出,却较见分晓。[2]

"致知"不是说知道那些别人不知道的道理,而是知道如何面对眼前的事情。比如面对义和利,昨天虽然看得义是应该做到的,但却又说做不到也无妨;知道自私自利不行,却又说那也见得有害;这就是没有真正达到"物格","知"也还没有"至"。今天知道了坚持正义是理所当然的,就毅然决然地去坚持;知道了自私自利

---

[1] (宋)黎靖德,编.王星贤,点校.朱子语类[B].北京:中华书局,2020:317—318.
[2] (宋)黎靖德,编.王星贤,点校.朱子语类[B].北京:中华书局,2020:318.

是不行的，就能毅然决然地不做；心里有了自觉自信，这就是"物格"，于是"知"也得以真"至"。像这样理解的话，"物格而后知至"就不是语言上说说而已，光在书本上写写是不行的。像那样去理解，是否达到"物格而后知至"是立见分晓。

当然，把"物格而后知至"的"至"理解为"极至"，很可能会让不少人感到意外。因为通常的理解应该是"到来"，也就是"物格而知便至"。但这恰恰就是朱熹过人的地方，他以发展的眼光来看"格物"和"致知"，所以，"格物"和"致知"是一个不断地在实践中积累知识的过程，"知至"也因此是一个源源不断的"知识流"。"物格"不凡是一事一物一理，但到了"知至"则万事万物也只有一个"知"。也就是说，"物格"可能就像具体一事一物获得的川流，万事万物就成为百川万川；"知至"就像百川归海，成为"放之四海而皆准"的"普遍真理"。朱熹认为"大学"之"大"也正在于此，它是从一个一个利己的"凡夫"到万夫万世景仰的"圣人"的学问。"大学"讲的"物格而后知至"，就是凡夫变为圣人的关口。"物"没有"尽格"，"知"未到"极至"，无论如何也是凡夫俗子。必须是"物格而后知至"，才能螺旋式地上升，进入圣贤的境界，纵然有敏钝迟速之不同，发展的势头总是向上的。但是如果"物"没有"尽格"，"知"未到"极至"，即便一心想要当圣贤，也始终是停步不前的。这就像门太小，终究不能过得去。到得"物格而后知至"的境地，即便仍有未善之处，也不过像白布的黑点；"物"没有"尽格"而"知"未到"极至"，纵使有值得称赞的地方，也不过是黑布上的白点。

或问："'物格而后知至'一句，或谓物格而知便至。如此，则与下文'而后'之例不同。"

曰："看他文势，只合与下文一般说。但且谓之物格，则不害其为一事一物在。到知，则虽万物亦只是一个知。故必理无不穷，然后知方可尽。今或问中却少了他这意思。"

"大学物格、知至处，便是凡圣之关。物未格，知未至，如何杀也是凡人。须是物格、知至，方能循循不已，而入于圣贤之域，纵有敏钝迟速之不同，头势也都自向那边去了。今物未格，知未至，虽是要过那边去，头势只在这边。如门之有限，犹未过得在。"

问："伊川云'非乐不足以语君子'，便是物未格，知未至，未过得关否？"

曰："然。某尝谓，物格、知至后，虽有不善，亦是白地上黑点；物未格，知未至，纵有善，也只是黑地上白点。"①

"大学物格、知至处，便是凡圣之关"，这句话清楚地表明，在朱熹看来，"物格而后知至"的"知之至也"是"入于圣贤之域"，也就是说知识的最高境界是进入到圣贤的境界。对此，胡适不无遗憾地说：宋、明哲学家也有一点是一致的，朱熹和王阳明都同意把"物"作"事"解释，这一个字的人文主义的解释，决定了近代中国哲学的全部性质与范围。它把哲学限定于人的"事务"和关系的领域。王阳明主张"格物"只能在身心上做。即使宋学探求事物之理，也只是研究"诚意"以"正心"。他们对自然客体的研究提不出科学的方法，也把自己局限于伦理与政治哲学的问题之中。因此，近代中国哲学的这两个伟大时期，都没有对科学的发展做出任何贡献。可能还有许多其他原因足以说明中国之所以缺乏科学研究，但可以毫无夸张地说，哲学方法的性质是其中最重要的原因之一②。也就是说，正是因为宋、明理学把"格物"的"物"作"事"解释，"致知"也成为伦理与政治哲学方面的知，所以中国没有对科学的发展做出任何贡献。

"格物"的"物"不限于现代科学技术研究的"物"固然是毫无疑问的，作为哲学家如果认为"物"只能是"物质"或"器物"就太浅薄了！学过马克思主义哲学的学生都知道，"物"只是表示"客观存在"的概念，当然包括"事"。朱熹把"致知在格物，物格而后知至"理解为"欲致吾之知，在即物而穷其理"，明确了朱熹理解的儒家认识论，那就是人对事物的认知必须从客观事物本身出发，认识事物发展的内在规律才能知道应对事物的发展变化。显然，朱熹算得上是一个朴素的唯物主义者，也确实具备了基本的科学精神。以为只有现代人才懂得唯物主义，才具备科学精神，这是现代人对祖先的傲慢与偏见。胡适本人理所当然是掌握了西方科学的"哲学方法"的，尤其是美国哲学家杜威发展完善的"实验主义"方法，但为何对近代中国科学发展没有大的贡献呢？"实验主义"的门徒都对实验没有贡献，怎么能苛求宋明时代的理学家呢？其实，不是中国哲学方法阻碍了中国科学技术发展，恰恰

---

① （宋）黎靖德，编．王星贤，点校．朱子语类[B].北京：中华书局，2020：318—319.
② 胡适．先秦名学史[B].合肥：安徽教育出版社，1999：10.

是中国当时"伦理与政治哲学的问题"阻碍了中国科学技术发展。中国的现代大学是为了学习"西学"而建立的，现代大学的主要任务是推广现代科学技术教育在内的"西学"。事实上在新中国成立之前，科学技术教育仍然不是中国大学教育的重点，学术界执牛耳的一直是像胡适一样的人文学者。胡适本人最初在康奈尔大学学习农学，后来转到哥伦比亚大学学习哲学。最重要的是，陈独秀、李大钊、胡适等人文学者，确实比同时代的科学家更有力地推进了中国的发展。新中国成立解决了"伦理与政治哲学的问题"，中国科学技术就飞速发展，我们完全可以设想中国科学技术赶超西方的一天！

胡适认为《大学》的整个精神以及其他儒家著作都是纯理性的和伦理的，所以，近代中国哲学与科学的发展曾极大地受害于没有适当的逻辑方法[1]。哲学的发展是决定于逻辑方法的发展的，欧亚大陆和英格兰的近代哲学就是以《方法论》和《新工具》提出的科学方法开始的，因而使欧洲率先开创了现代科学[2]。胡适这一观点实际上算得上是对"李约瑟之谜"的一种回答：中国之所以缺乏科学是因为缺乏科学方法。胡适也承认，程氏兄弟及朱熹给"格物"一语的解释十分接近归纳方法，即从寻求事物的理开始，旨在借着综合而得最后的启迪，但没有对程序做出详细规定。王阳明企图穷究竹子之理的故事就极好地证明，缺乏必要的归纳程序的归纳方法终归无效。这种虚空无效迫使王阳明转向良知的理论，该理论把心看作与天理同样广大，从而避免了吃力不讨好地穷究天下事物之理[3]。他认为"近代中国哲学中缺乏的方法论，似乎可以用西方自亚里士多德直到今天已经发展了的哲学的和科学的方法来填补"，只不过，需要"找到可以有机地联系现代欧美思想体系的合适的基础，使我们能在新旧文化内在调和的新的基础上建立我们自己的科学和哲学"[4]，"非儒学派的恢复是绝对需要的，因为在这些学派中可望找到移植西方哲学和科学最佳成果的合适土壤"[5]。胡适说的"非儒学派"主要指的是墨学，他认为墨子的思想中包含较多科学技术思想，这是很有见地的观点。但是，认为"《大学》的整个精神以及其他儒

---

[1] 胡适.先秦名学史[B].合肥：安徽教育出版社，1999：11.
[2] 胡适.先秦名学史[B].合肥：安徽教育出版社，1999：17.
[3] 胡适.先秦名学史[B].合肥：安徽教育出版社，1999：10.
[4] 胡适.先秦名学史[B].合肥：安徽教育出版社，1999：12.
[5] 胡适.先秦名学史[B].合肥：安徽教育出版社，1999：13.

家著作都是纯理性的和伦理的"就有失偏颇,至少对"大学始教"和"大学之道"、"下学"和"上达"没有足够的关注。

"仲尼祖述尧舜,宪章文武,上律天时,下袭水土",儒家对自然也是非常关注的,至少是热心学习道家、墨家、阴阳家在自然界和技术方面的知识。完全可以倒过来说,儒家"纯理性的和伦理的"学说都是以自然规律为依据立论的,这实际上就是"科学精神"了——"科学精神"当然不等于"科学技术"。此外,即便是自然和技术方面的知识,儒家也还要"上达"到道德和伦理的高度,否则就是"有始无终"的教育,就违背了"大学之道,在明明德,在亲民,在止于至善"。说到底,儒家追求的"知之至也"是理性和伦理、知识和道德的统一,也就是通常所谓的"天人合一"。或许,今天的教育最需要的就是纠正科学技术的傲慢与偏见,以保证科学技术真正能够造福人类而不是随时可能毁灭人类。

第四章 善

> 所谓诚其意者,毋自欺也,如恶恶臭,如好好色,此之谓自谦,故君子必慎其独也!小人闲居为不善,无所不至,见君子而后厌然,掩其不善,而著其善。人之视己,如见其肺肝然,则何益矣。此谓诚于中,形于外,故君子必慎其独也。曾子曰:"十目所视,十手所指,其严乎!"富润屋,德润身,心广体胖,故君子必诚其意。

上章讲了"致知在格物","物格而后知至"。但是,有些"知"却是不符合自己心意的。比如,贪恋权力的官员发现大权旁落,因为不甘心也会铤而走险,做一些明知不能做的事情。明知自己当了汉奸,却自欺欺人说是"曲线救国"。很显然,人一旦心术不正,知识也没有意义了。如果说上章是关于"真"的教育,本章就是关于"善"的教育。"所谓诚其意者,毋自欺也","欲诚其意者,先致其知","知至而后意诚"。本章讲"诚意"和"正心",就是告诫我们"情感教育"和"知识教育"、"情商"和"智商"、"心"和"智"一样重要,高智商的人可能做出伤天害理的恶行。"欲正其心者,先诚其意","意诚而后心正",是说"正心"需要通过"诚意"来实现,"诚意"的目的就是"正心"。"诚其意者,毋自欺也","诚意"最主要的就是不要自欺欺人,真诚地检视自己的真实意念。"如恶恶臭,如好好色",就像人都厌恶恶臭和喜好美色。"此之谓自谦",这就叫作自我检讨。"故君子必慎其独也",品德高尚的人总是审慎地自我检讨自己的意念。与之相反,"小人闲居为不善,无所不至,见君子而后厌然,掩其不善,而著其善",小人在悠闲自得的时候就"饱暖思淫欲",没有什么坏事不敢做,见到品德高尚的人很会伪装,把不良恶习隐藏起来,刻意彰显自身闪光的一面。其实,"人之视己,如见其肺肝然,则何益矣",别人看自己,总能够透过表面看到真实的内心,伪装终究没有用。"诚于中,形于外",内心真实的意念总会不自觉地体现出来,所以品德高尚的君子总是注意在独处时修养内心。要知道,"十目所视,十手所指,其严乎",群众的眼睛是雪亮的,没有人能逃得过群众的检视。"富润屋,德润身,心广体胖,故君子必诚其意",财富只能装饰居所,品德却能滋养身心,让人心胸宽广、身体舒坦,所以品德高尚的人总是注意真诚地检视自己的意念。

一、"毋自欺也"

"所谓诚其意者,毋自欺也,如恶恶臭,如好好色,此之谓自谦,故君子必慎其独也!"朱熹在《大学章句》中说:"诚其意者,自修之首也。毋者,禁止之辞。自欺云者,知为善以去恶,而心之所发有未实也。谦,快也,足也。独者,人所不知而己所独知之地也。言欲自修者知为善以去其恶,则当实用其力,而禁止其自欺。使其恶恶则如恶恶臭,好善则如好好色,皆务决去,而求必得之,以自快足于己,不可徒苟且以殉外而为人也。然其实与不实,盖有他人所不及知而己独知之者,故必谨之于此以审其几焉。"①意思是说,诚实心意是自修的首要事项,诚实心意最重要的是不要自我欺骗。自我欺骗是心里知道要为善才能去恶,但是心意动起来却不能落实。所以,自修就是在知道是非善恶之后,就要实实在在尽心竭力地落实,不要装模作样自我欺骗。如果心中厌恶恶的东西就像厌恶恶臭,喜好善的东西就像喜好美色,那么对恶的意念就务必去除,善的意念就一定要保留,这样就能获得心满意足的快乐,完全没有必要为博得他人赞赏而勉强为善了。但是,心意是否诚实,经常是别人说不知道而自己所独知的,所以要谨慎对待"一念之间",时时省察善恶意念的萌发。

(一)"诚意"

朱熹认为,"诚其意","只是实其意";"大纲要紧只是前面三两章。君子小人

---

① (宋)朱熹,集注.四书章句集注[B].北京:中华书局,2016:7.

之分，却在'诚其意'处。诚于为善，便是君子，不诚底便是小人，更无别说"；"物既格，知既至，到这里方可著手下工夫。不是物格、知至了，下面许多一齐扫了"。①"诚其意"的意思就是实其意，也就是要让心意诚实。"诚意"和前面两章"格物"和"致知"，是"八目"中最重要的三章。君子和小人的区分，则正在"诚意"这点上。诚心诚意为善就是君子，不诚的就是小人，不用说别的了。但是，"八目"说"欲诚其意者，先致其知"，"知至而后意诚"，所以"诚意"的功夫也必须是在"物格而后知至"之后下手。不在"致知在格物"上下功夫，"诚意"以下的一切都无从谈起。

本章讲"诚意"的第一句"所谓诚其意者"，与后文讲"正心""修身""齐家""平天下"的句式不同。从"所谓修身在正其心者""所谓齐其家在修其身者""所谓平天下在治其国者"的句式来看，本章开头应该是"所谓诚其意在致其知"或"所谓诚意在致知者"。这或许可以证明前文并不存在"所谓致知在格物者"，"所谓诚其意者"就是原文的开头。果真如此，"所谓致知在格物者"，就只能算是程朱"窃附己意"，而算不得"补其缺略"。按照王阳明的理解，"格物"就是"穷格物欲"，那么"八目"中的"致知在格物，物格而后知至"全是"诚意"功夫，直接讲"所谓诚其意者"还真是说得通。朱熹挪到前面去的所谓"错简"也完全没有必要，虽然内容比较长，但却是为了解释包含"格物"和"致知"的"诚意"。

王阳明明确强调，"若'诚意'之说，自是圣门教人用功第一义。但近世学者乃作第二义看"，"《大学》之要，诚意而已矣也"②。意思是说，"诚意"正是儒家教人的第一要义，朱熹从"格物"开始讲，就把"诚意"放在第二义了。实际上，中间还有"致知"，"诚意"是第三义了。或许因为王阳明自己把"正心"放在第一要义吧，这是否也意味着王阳明即便反对朱熹以"即物穷理"解释"格物"，但也不能不先强调"正心"才能谈得上"诚意"。不先说"心"，"意"就不知道是什么了。所以，王阳明其实是把"格物""致知""诚意""正心"倒了过来，变成了"正心""诚意""致知""格物"。

---

① （宋）黎靖德，编．王星贤，点校．朱子语类[B]．北京：中华书局，2020：348．
② （明）王阳明，撰．王晓昕，译注．传习录译注[B]．北京：中华书局，2018：193—194．

> 身之主宰便是心，心之所发便是意，意之本体便是知，意之所在便是物。如意在于事亲，即事亲便是一物；意在于事君，即事君便是一物；意在于仁民爱物，即仁民爱物便是一物；意在于视听言动，即视听言动便是一物。所以某说无心外之理，无心外之物。《中庸》言"不诚无物"，《大学》"明明德"之功，只是个诚意。诚意之功只是个格物。[①]

在王阳明看来，身体的主宰是心，心动就是意，意的本体是知，意之所向就是物。意在侍奉父母，侍奉父母就是一物；意在侍奉君主，侍奉君主就是一物，意在仁爱民众珍惜物品，仁爱民众珍惜物品就是一物；意在察看、听闻、言说、行动，察看、听闻、言说、行动就是一物。所以说没有在心意之外的理，也没有在心意之外的物。这就像《中庸》说的"不是心诚求之的东西，就像不存在一样"，《大学》所谓"明明德"就是教人在这方面用功，也就是要诚心诚意去追求。"诚意"的功夫，说到底就是"格物"，也就是诚心诚意地去做事。但是，他明确说过，"格物，如《孟子》'大人格君心'之'格'，是去其心之不正，以全其本体之正"[②]。所以，王阳明从"身之主宰便是心"开始，到最后得出的结论其实是"正心"而非"诚意"才是第一义，所以他的学问被称作"心学"。这就意味着，"《大学》之要，诚意而已矣也"的说法，即便能使古本无误在结构上得到论证，却在内容上并不能逻辑自洽。

当然，王阳明的"正心"和"诚意"几乎是等同的，意思大致相当于说，"全心全意为人民服务"是最重要的。如果"心正"了，"意诚"了，"为人民服务"就错不了。不仅如此，在他看来，"心"的本体是"知"，也就是说"心"自然就能有"知"，见到父亲自然知道孝顺，见到兄长自然知道敬爱，见到幼儿掉到井里自然知道同情，这些就是内心自有的"良知"，都不需要向外界寻求。如果"良知"兴发后，再也没有私心阻碍，就是所谓的"把同情心充实了，仁爱之心就用不完了"。然而常人往往不免受到私心阻碍，所以需要通过"致知"和"格物"来战胜私心恢复天理，使心中的"良知"不再受到阻碍，得以充满内心，且人人都这样，这就是所谓的"致其知"，"知至"就能"意诚"。

---

① （明）王阳明，撰．王晓昕，译注．传习录译注[B]．北京：中华书局，2018：25.
② （明）王阳明，撰．王晓昕，译注．传习录译注[B]．北京：中华书局，2018：29.

知是心之本体，心自然会知，见父自然知孝，见兄自然知弟，见孺子入井自然知恻隐，此便是良知，不假外求。若良知之发，更无私意障碍，即所谓'充其恻隐之心，而仁不可胜用矣'。然在常人不能无私意障碍，所以须用致知格物之功胜私复理。即心之良知更无障碍，得以充塞流行，便是致其知。知至则意诚。①

很显然，王阳明的"格物""致知"的功夫，全部都是用在"心"上。"格物"就是革除心中的"物欲"，"致知"就是推知心中原有的"良知"，"诚意"在他这里其实也就是"正心"。正是从这个意义上说，他的学问叫作"心学"。也正是因此，他认为《大学》古本之复，以人之为学但求之于内，而程、朱格物之说不免求之于外，遂去朱子之分章而削其所补之传"②。当时有人问他："如必以学不资于外求，但当反观内省以为务，则'正心诚意'四字何不尽之有？何必于入门之际，便困以格物一段工夫也？"③他做了如下回答：

格物者，格其心之物也，格其意之物也，格其知之物也；正心者，正其物之心也；诚意者，诚其物之意也；致知者，致其物之知也；此岂有内外彼此之分哉！理一而已。以其理之凝聚而言，则谓之性；以其凝聚之主宰而言，则谓之心；以其主宰之发动而言，则谓之意；以其发动之明觉而言，则谓之知；以其明觉之感应而言，则谓之物。故就物而言谓之格，就知而言谓之致，就意而言谓之诚，就心而言谓之正。正者，正此也；诚者，诚此也；致者，致此也；格者，格此也，皆所谓穷理以尽性也。天下无性外之理，无性外之物。学之不明，皆由世之儒者认理为外，认物为外，而不知义外之说，孟子盖尝辟之，乃至袭陷其内而不觉，岂非亦有似是而难明者欤？不可以不察也。④

王阳明说的格物就是革除心中的物欲，革除意念中的物欲，革除知识中的物欲。

---

① （明）王阳明，撰．王晓昕，译注．传习录译注[B]．北京：中华书局，2018：31．
② （明）王阳明，撰．王晓昕，译注．传习录译注[B]．北京：中华书局，2018：314．
③ （明）王阳明，撰．王晓昕，译注．传习录译注[B]．北京：中华书局，2018：315．
④ （明）王阳明，撰．王晓昕，译注．传习录译注[B]．北京：中华书局，2018：316．

正心就是改正物欲之心；诚意就是诚正对物的意念；致知就是认识到自己的物欲。他认为这里并没有内外之分，"灭人欲"和"存天理"不过是一体两面而已。从不同的角度有不同的说法，归根到底就是"穷理尽性"，也就是完全去除人欲而只保留天理，从而使万物都能尽其本性之所能。天下没有天性之外的理，也没有天性之外的物。当世的儒家学者认为理是身外的，认为物也是身外的，却忘了仁义礼智是外在，这是孟子曾经批评的观点，而且深陷其中没有察觉，这些人不就是似是而非吗？

朱熹认为"诚意"主要不是在"心"上下功夫，它是"格物""致知"之后的效果。所以说"诚意"的源头在"致知"，"物格而后知至"，如此就像上游已经放水下来，已形成湍急的滚滚洪流，到来时只需要略略地拔除障碍，不让水流拥塞阻滞而已。诚意并非意念动摇，想方设法制止它。这种堵塞的办法是不行的，必须先"格物""致知"，才能"水到渠成"。人心本来就有认知能力（就像水本来就有流动性），只是经常不能得到充分发挥而已。所谓发挥人的认知能力，从人自身来说，就是要人尽其才；从外物来说，就是要达到物尽其用，这样才是真正得了"道"，如此心意也就能够真诚了。追本溯源还是要从"格物""致知"开始，如此看来，"物格而后知至"，"知至"而后自然"心正"，甚至不要"诚意"两个字都可以。但是，没有"诚意"其实不行，这就像过河一样，没有桥就过不去。所以，心意如果不真诚，也还是需要尽心竭力的，不应该说"知"已到"极至"，无须用力就能自然而然"诚意"。通常来说，"知"若已到"极至"，心意就没有不诚的。如果"知"真的已到"极至"，心里想要隐藏些杂念也是留不住的，东南西北中都觉得放不下。但是，总有不诚实的人，积习难改，总要留点尾巴。

吴仁甫问："诚意在致知、格物后，如何？"

曰："源头只在致知。知至之后，如从上面放水来，已自迅流湍决，只是临时又要略略拨别，莫令壅滞尔。"

问："诚意莫只是意之所发，制之于初否？"

曰："若说制，便不得。须是先致知、格物，方始得。人莫不有知，但不能致其知耳。致其知者，自里面看出，推到无穷尽处；自外面看入来，推到无去处；方始得了，意方可诚。致知、格物是源头上工夫。看来知至便自心正，不用'诚意'两字也得。然无此又不得，譬如过水相似，无桥则过不得。意有未诚，也须着力。不应道知已至，不用力。"

知若至，则意无不诚。若知之至，欲着此物亦留不住，东西南北中央皆着不得。若是不诚之人，亦不肯尽去，亦要留些子在。

"知至而后意诚"，须是真知了，方能诚意。知苟未至，虽欲诚意，固不得其门而入矣。惟其胸中了然，知得路径如此，知善之当好，恶之当恶，然后自然意不得不诚，心不得不正。[①]

"物格而后知至，知至而后意诚"，所以"诚意"归根到底还在于"格物"，也就是上章说的"即物穷理"，就"诚意"来说就是"灭人欲，存天理"。"天理"是"客观"的，它就像照妖镜一样能识别私欲，是用来检验"人心"的标准。"天理"要成为"实然"，只有靠"格物精熟"，也就是只有彻底认识事物客观规律，才能真正认识到"天理"是"天命不可违"。因此，若有人"知其如此，而行又不如此"，只能说他并没有真正彻底认识事物客观规律。比如说真正认识到了触碰了剧毒药物就难免一死，谁还敢去触碰呢？比如知道砍头必死，谁会说试试也无妨？在朱熹看来，认识必然规律是最重要的，在不可能中毒中知道毒药的可怕，也不能在砍头中知道砍头会死。这固然是极端的例子，但仁义礼智也是一样的道理。你不仁就别怪他人不义，这是"硬道理"。所以，朱熹认为学问要"就格物、穷理上做工夫"，也就是要从具体事物当中去认识必然规律，由此才有真正的善恶是非观，从而心甘情愿地不去作恶，这才是真正的"诚意"。只要还有一丝一毫的质疑，就是"知"没有达到"极至"，"意"也就不能"真诚"，不对的事，不久之后就仍然还会去做。所以，做学问，一切功夫都只在"物格而后知至"。

须是格物精熟，方到此。居常无事，天理实然，有纤毫私欲，便能识破他，自来点检惯了。譬有贼来，便识得，便捉得他。不曾用工底，与贼同眠同食也不知！

且去就格物、穷理上做工夫。穷来穷去，末后自家真个见得此理是善与是恶，自心甘意肯不去做，此方是意诚。若犹有一毫疑贰底心，便是知未至，意未诚，久后依旧去做。然学者未能便得会恁地，须且致其知，工夫积

---

① （宋）黎靖德，编．王星贤，点校．朱子语类[B]．北京：中华书局，2020：321—322．

累，方会知至。①

《大学》的"八目"原文讲"欲诚其意者，先致其知；致知在格物。物格而后知至，知至而后意诚"，"诚意"的直接功夫是"致知"，归结要落在"格物"。《大学》作为培养儒家学者的书，强调"格物"是"致知""诚意""正心""修身"的基础，目标就是培养能胜任"齐家""治国""平天下"的人。

（二）"自欺"

"所谓诚其意者，毋自欺也"，朱熹认为"此继于物格、知至之后，故特言所谓'诚其意者，毋自欺也'。若知之已至，则意无不实。惟是知之有毫末未尽，必至于自欺。"②也就是说要做到诚实心意不自欺，主要的功夫还在于"物格而后知至"，只要还有未知之处就难免自欺。

我们常说"自欺欺人"，好像是自己明知故犯，而且还能成功地骗过别人。朱熹认为这就不叫"自欺"（这就是"欺人"），"自欺"是个半知不知。知道善是应当行的，却又不全心地为善；知道恶不可作，却作恶惯了戒不了，这就是"自欺"。自己完全不知不叫"自欺"，自己很清楚只是骗了别人也不叫"自欺"，只有半知不知自以为知才是"自欺"。"自欺"用《红楼梦》里的话说就是"机关算尽太聪明，反误了卿卿性命"，这是"聪明累""聪明反被聪明误""自己把自己给骗了"。

> 自欺是个半知半不知底人。知道善我所当为，却又不十分去为善；知道恶不可作，却又是自家所爱，舍他不得，这便是自欺。不知不识，只唤欺，不知不识却不唤作"自欺"。
>
> 譬如一块物，外面是银，里面是铁，便是自欺。须是表里如一，便是不自欺。然所以不自欺，须是见得分晓。譬如今人见乌喙之不可食，知水火之

---

① （宋）黎靖德，编．王星贤，点校．朱子语类[B]．北京：中华书局，2020：322.
② （宋）黎靖德，编．王星贤，点校．朱子语类[B]．北京：中华书局，2020：349.

不可蹈，则自不食不蹈。如寒之欲衣，饥之欲食，则自是不能已。今人果见得分晓，如乌喙之不可食，水火之不可蹈，见善如饥之欲食，寒之欲衣，则此意自实矣。①

"自欺"是因为"意"不"诚"，由此造成了想象与真相不一致。"银样蜡枪头"，"金玉其外，败絮其中"，这种表里不一就是对"自欺"的生动描写，而且这种人往往还像枪和柑子一样不自知，所以才叫作"自欺"。因此，救治"自欺"的只有让他有"自知之明"，知道自己根本就不是金子而是"金玉其外，败絮其中"，是不顶事的"银样蜡枪头"。"物格而后知至"，"是骡子是马，拉出来遛遛就知道"，只要在实践中就必能看清真相。看清了真相，"意"自然也就"诚"了，自然也就不再"自欺"了。

当然，有没有明明知道自己"金玉其外，败絮其中"，但是仍然继续"自欺"以获得"高价销售"的呢？毫无疑问啊！这样的人太多了！这种人根本谈不上厌恶恶行"如恶恶臭"、好善"如好好色"，是专事"欺世盗名"的"大奸大恶"之人，堪称"不诚"的"尤物"。还有一种人虽然应该厌恶恶行"如恶恶臭"、好善"如好好色"，但是，经常在微妙之际为自己找借口，比如"食色，性也"，"哪个猫儿不偷腥"。再有一种人是真不懂或一知半解，比如认为"食色，性也"就是说贪婪好色是人的本性，比如以为"所谓诚其意者，毋自欺也，如恶恶臭，如好好色，此之谓自谦"就是说诚意就是不要欺骗自己，对自己讨厌的人就公开讨厌，对自己喜欢的美女就想办法搞到手，不要让自己受委屈留遗憾。现实生活中，误解"诚意"有这三种情况，其实这就是"自欺"三种深浅不一的情况。

> 国秀问："大学诚意，看来有三样：一则内全无好善恶恶之实，而专事掩覆于外者，此不诚之尤也；一则虽知好善恶恶之为是，而隐微之际，又苟且以自瞒底；一则知有未至，随意应事，而自不觉陷於自欺底。"
>
> 曰："这个不用恁地分，只是一路，都是自欺，但有深浅之不同耳。"②

---

① （宋）黎靖德，编．王星贤，点校．朱子语类[B]．北京：中华书局，2020：345—350．
② （宋）黎靖德，编．王星贤，点校．朱子语类[B]．北京：中华书局，2020：351．

由此可见，"自欺"只是"一知半解"导致的"自作聪明"，"自欺"的人知道"欺世盗名"但不知道"骗得了一时，骗不了一世"，他知道自己卖的柑子"金玉其外，败絮其中"，但不知道买者终究也会知道，"一知半解"终究行不通，更不要说"误解"。所以，"自欺"自己并非实际知道却有意容许一些错误，而是对于是非善恶没有达到"物格而后知至"，就像金子没有达到足金。因此，"自欺"的人是不自知（要能"自知"就不是"自欺"而是"欺人"了），所以不能不"自欺"。就像荀子说的，晚上睡觉时心偷偷地溜走了，要控制它则需要想办法。"自欺"也像做梦时不由己，就像弗洛伊德对梦的解析。想要梦见周公，则要专门用心才行，否则就会有违背伦理道德的性爱的梦。这种用心甚至也不是醒着时要控制就行的，必须靠"格物、致知而后意诚"。也就是像孔子一样对周公之道孜孜以求，才有可能梦见周公。所谓"日有所思，夜有所梦"，不知道把心用在正道上的人就一定会不自觉地"自欺"。比如，有些人以为"周公之梦"就是春梦呢，孔子作为圣人也难免做春梦，这样正是"骗得了自己，骗不了别人"的"自欺"。"格物、致知而后意诚"，就是对事物发展规律有了彻底的认识，"心里明镜似的"，它就像瓜熟蒂落、水到渠成。"无自欺"不是把"自欺"的念头按住，那就像洪水滚滚而来，硬着头皮用泥去堵塞，哪里堵塞得住呢？

  敬子问："'所谓诚其意者，毋自欺也。'注云：'外为善，而中实未能免于不善之杂。'某意欲改作'外为善，而中实容其不善之杂'，如何？盖所谓不善之杂，非是不知，是知得了，又容著在这里，此之谓自欺。"

  曰："不是知得了容著在这里，是不奈他何了，不能不自欺。公合下认错了，只管说个'容'字，不是如此。'容'字又是第二节，缘不奈他何，所以容在这里。此一段文意，公不曾识得它源头在，只要硬去捺他，所以错了。大概以为有纤毫不善之杂，便是自欺。自欺，只是自欠了分数，恰如淡底金，不可不谓之金，只是欠了分数。如为善，有八分欲为，有两分不为，此便是自欺，是自欠了这分数。"

  或云："如此，则自欺却是自欠。"

  曰："公且去看。荀子曰：'心卧则梦，偷则自行，使之则谋。'某自十六七读时，便晓得此意。盖偷心是不知不觉自走去底，不由自家使底，倒要自家去捉它。'使之则谋'，这却是好底心，由自家使底。"

李云："某每常多是去捉他，如在此坐，心忽散乱，又用去捉它。"

曰："公又说错了。公心粗，都看这说话不出。所以说格物、致知而后意诚，里面也要知得透彻，外面也要知得透彻，便自是无那个物事。譬如果子烂熟后，皮核自脱落离去，不用人去咬得了。如公之说，这里面一重不曾透彻在。只是认得个容著，硬遏捺将去，不知得源头工夫在。'所谓诚其意者，毋自欺也'，此是圣人言语之最精处，如个尖锐底物事。如公所说，只似个椿头子，都粗了。公只是硬要去强捺，如水恁地滚出来，却硬要将泥去塞它，如何塞得住！"①

"所谓诚其意者，毋自欺也"，这是圣人语言的最精妙之处，像一个很尖锐的批判利器。有些人以为"无自欺"就是"不要骗子"，这话也对，但太不够力度了。圣人的意思是教人"真心真意过一生"，而不是每天"自欺欺人"地过日子。朱熹认为："人固有终身为善而自欺者。不特外面有，心中欲为善，而常有个不肯底意思，便是自欺也。"②也就是说，"无自欺"，说到底就是达到思想和行动上"自觉"，亦即"道"的"内化于心，外化于行"。

（三）"自谦"

"如恶恶臭，如好好色，此之谓自谦。"朱熹的解释："谦者，无不足也。如有心为善，更别有一分心在主张他事，即是横渠所谓'有外之心，不可以合天心'也。"③也就是说能够做到厌恶恶如厌恶恶臭，喜好善如喜好美色，这样就能心满意足；倘若虽然有心为善却仍生恶意，那就是心有旁骛而不能合乎天地之道。朱熹还说："字有同一义而二用者。'谦'字训足也，'吾何谦乎哉'，谓心中不以彼之富贵而怀不足也；'行有不谦于心'，谓义须充足于中，不然则馁也。如'忍'之一字，自容忍而为善者言之，则为忍去忿欲之气；自残忍而为恶者言之，则为忍了恻隐之心。"④"谦"

---

① （宋）黎靖德，编．王星贤，点校．朱子语类[B]．北京：中华书局，2020：360—361．
② （宋）黎靖德，编．王星贤，点校．朱子语类[B]．北京：中华书局，2020：351．
③ （宋）黎靖德，编．王星贤，点校．朱子语类[B]．北京：中华书局，2020：351．
④ （宋）黎靖德，编．王星贤，点校．朱子语类[B]．北京：中华书局，2020：352．

一语两义，既有"自我满足"的意思，又有"追求满足"的意思。我做事满足于什么呢？满足于做到厌恶恶行，如厌恶恶臭，喜好善行，如喜好美色，有了这种满足丝毫不会因为别人的富贵而心怀不足。我做事为什么总不满足呢？因为追求厌恶恶行如厌恶恶臭，喜好善行如喜好美色，要没有这种不知足则气馁了。就像"忍"字，有主动的"忍让"和被动的"容忍"两层意思，从忍辱负重做善事的角度说，就是对别人的愤恨和要求做忍让；从生残忍之心，想做恶事方面说，就是保持了容忍他人的恻隐之心。

"如恶恶臭，如好好色"是对"所谓诚其意者，毋自欺也"的类比解释，不是鼓励人当"尖酸刻薄"的"好色之徒"，更不是让人表面上"道貌岸然"而实际上"男盗女娼"。《中庸》说："诚者，天之道也；诚之者，人之道。诚者不勉而中，不思而得，从容中道，圣人也。诚之者，择善而固执之者也。""诚"是纯粹的自然规律，"诚之"是人诚心诚意遵循自然规律。真正达到"诚"的人，不需要勉力而为就能够中正，不需要思虑就能够懂得，从容不迫地遵道而行，这样的人是圣人。努力"诚意"的人，就是选择了善道就能够坚定不移地遵行的人。《中庸》对于"诚意"的意见："博学之，审问之，慎思之，明辨之，笃行之。有弗学，学之弗能，弗措也；有弗问，问之弗知，弗措也；有弗思，思之弗得，弗措也；有弗辨，辨之弗明，弗措也；有弗行，行之弗笃，弗措也。人一能之己百之，人十能之己千之。果能此道矣。虽愚必明，虽柔必强。"诚意要从"博学"开始，包括"博学于文"，也包括"三人行，必有我师"，也就是包括"言传身教"；进而要"审问"，审查所学东西包含的道理是什么，并且质问为什么是这样；进而还要"明辨"，也就是通过实践检验，明辨是非善恶；最后，对于已经被检验和明辨为正确的道理，就要坚定不移地去实行。"博学"一定要学到真本领，"审问"一定要问得真知识，"慎思"一定要得到实效，"明辨"一定要辨明善恶，"笃行"一定要笃定目标，总之是要止于至善。果真能够遵循此道，虽是愚钝也必将聪明，虽然柔弱也必将坚强。

"自谦"是"得一善，则拳拳服膺而弗失之矣"；"遁世不见知而不悔"。（《中庸》）"自谦"体现的"上善若水"得自足自强，但不是我们今天说的"佛系躺平"。"如恶恶臭，如好好色，此之谓自谦"，意味着只要做到了恶恶"如恶恶臭"、好善"如好好色"，就必然能够心满意足。是非善恶一旦在心中明朗了，立刻就会获得心满意足的释怀，并不需要做更多善事才能解脱。一个贪官想通了准备向组织交代罪行，会感到放松，常人应该都在生活中经历过这种心态变化，这或许就是佛家说的"顿悟成佛""明心见性"吧。"自谦"与"自欺"正相反,出了"自欺"就立刻进入"自谦"。一个有罪的人每天安慰自己不会有事的,但每天睡觉都不踏实也很难受。"诚意"就是为了摆脱"自欺"的虚幻,做到了"诚意"才能真正摆脱"自欺"的窘迫。摆脱了"自欺"的窘迫就能"自谦",这是自己获快意释怀的愿望,并不是为了满足他人。做人诚实还是不诚实,快意自足还是自我欺骗,都在一念之间。

> "此之谓自谦",谓"如好好色,恶恶臭",只此便是自谦。是合下好恶时便是要自谦了,非是做得善了,方能自谦也。自慊正与自欺相对,不差毫发。所谓'诚其意',便是要'毋自欺',非至诚其意了,方能不自欺也。所谓不自欺而谦者,只是要自快足我之志愿,不是要为他人也。诚与不诚,自谦与自欺,只争这些子毫发之间耳。①

"如恶恶臭,如好好色,此之谓自谦",就是朱熹说的"好善'如好好色',恶恶'如恶恶臭',他彻底只是这一个心,所以谓之自谦"②。也就是说"如恶恶臭,如好好色",就是"择善而固执之者也";"自谦"是因为"笃信好学,守死善道"(《论语·泰伯》),所以能"发愤忘食,乐以忘忧,不知老之将至"(《论语·述而》)。很显然,这是个人内在的道德修养,是否真正"笃信好学,守死善道",外人并不容易看出来。所以,"故君子必慎其独也"。

二、"必慎其独"

"故君子必慎其独也"这句话出现了两次,朱熹认为上一句是要人"自谦",下一句是防止"自欺"。前一句"如恶恶臭,如好好色,此之谓自谦",故君子必慎其独",是要人体察好恶的"一念之差",使自己在好恶的意念萌发之际,做到喜好善就像喜好美色,厌恶恶就像厌恶恶臭,唯有如此才能心无愧怍而快意自足。下文先说"小人闲居为不善",接着说"诚于中,形于外,故君子必慎其独",这是要人省

---

① (宋)黎靖德,编.王星贤,点校.朱子语类[B].北京:中华书局,2020:353—354.
② (宋)黎靖德,编.王星贤,点校.朱子语类[B].北京:中华书局,2020:361.

察善恶也只在"一念之差",让自己在意念萌发之际,做到从里到外,表里如一,完全诚实无丝毫遮掩。

"诚意"章上云"必慎其独"者,欲其自谦也;下云"必慎其独"者,防其自欺也。盖上言"如恶恶臭,如好好色,此之谓自谦,故君子必慎其独"者,欲其察於隐微之间,必吾所发之意,好善必"如好好色",恶恶必"如恶恶臭",皆以实而无不自谦也。下言"小人闲居为不善",而继以"诚于中,形于外,故君子必慎其独"者,欲其察于隐微之间,必吾所发之意,由中及外,表里如一,皆以实而无少自欺也。[①]

(一)"自欺"与"自谦"

朱熹认为,"'诚意'章皆在两个'自'字上用功"[②],"譬如做蒸饼,一以极白好面自里包出,内外更无少异,所谓'自谦'也;一以不好面作心,却以白面作皮,务要欺人。然外之白面虽好而易穷,内之不好者终不可掩,则乃所谓'自欺'也"[③];"自谦则一,自欺则二。自谦者,外面如此,中心也是如此,表里一般。自欺者,外面如此做,中心其实有些子不愿,外面且要人道好。只此便是二心,诚伪之所由分也"[④]。也就是说,"诚意"这章内容就在"自欺"与"自谦"上做文章,如果用蒸饼做个类比,里外都是用极好的白面做成的就是"自谦",以不好的面作心却以白面作皮用来欺骗人,但是外皮的白面一下子就吃完了,里面的面不好也就掩藏不住了,这就是"自欺"。"自谦"是一心一意,"自欺"是半心半意。"自谦"的人表现和内心没有差别,是表里如一;"自欺"的人表现得挺好,但内心其实还有些不愿意,好好表现只是希望获得他人称道。表里不一就是有二心,诚实和虚伪就这么区分出来了。

"诚意",最重要的不在于"说",甚至也不在于"做",最重要的是"自谦",

---

① (宋)黎靖德,编.王星贤,点校.朱子语类[B].北京:中华书局,2020:355.
② (宋)黎靖德,编.王星贤,点校.朱子语类[B].北京:中华书局,2020:352.
③ (宋)黎靖德,编.王星贤,点校.朱子语类[B].北京:中华书局,2020:353.
④ (宋)黎靖德,编.王星贤,点校.朱子语类[B].北京:中华书局,2020:354.

也就是"自足快意"。"说"和"做"都有可能是违心的,违心的就是"自欺"。"诚意"的表现就像"君子无终食之间违仁,造次必于是,颠沛必于是"(《论语·里仁》),就像"言顾行,行顾言,君子胡不慥慥尔"(《中庸》),尤其像孔子"发愤忘食,乐以忘忧,不知老之将至"(《论语·述而》)。"诚其意"就是要做到表里如一、自觉自愿,就像人饿了想吃饭、渴了想喝水,都是为了自我满足而非为别人。也像一盆水清澈透亮,没有污浊的泥沙。这样,喜好善是发自内心地喜好,厌恶恶也是发自内心地厌恶,完全没有讨好他人或从众的意思夹杂其中。"自谦",就是这样的自我满足,完全不需要外在要求。所以君子"慎独",不仅是在大是大非的问题上,看似微不足道、人所不知的地方也要经常注意。小处大处、明处暗处,都要慎重看待。表里精粗、内外明暗,无有不慎,才能说是"诚其意"。当然,"诚其意"也不是要人无时无刻"战战兢兢,如临深渊,如履薄冰",而是在"物格而后知至"之际检验一下"知至"是否掺杂了"私欲"。比如孟子说人如果能充实不想害人的心,仁爱就永远用不完。要没事之时,谁也不会想去害人,闲适之时谁都有恻隐之心,但是一碰到和自己有利害关系的事,仁爱恻隐之心就不见了。比如有一堆金银财宝,有人说先抢到先得,自己心里就恨不得把所有人都推开,一定要抢到才满意。再比如打洞穿墙偷鸡摸狗的事,稍有见识的人都知道不能干也不愿意干。但是,人要是一心只求大富大贵而恬不知耻,为得高官厚禄而不讲正义,遇到利害关系就难免要昏头干出蠢事。"诚意"的意思就是说在这些涉及利害关系的时候,必须做到明暗表里都完全一致,不能表面和明处看到的和心里、暗处想的不一样。比如孟子说的见小孩要掉到井里了,心里油然而生恐惧恻隐,这不是因为厌恶孩子恐惧的声音,也不是和孩子家有私交或获得好名声。这时候如果心中产生了与孩子家建立交往或者获得好名声的意念,却向人说:"我真的特别同情他,没有救得了孩子我很羞愧。"这就是真实的恶隐藏在微妙之中,虚假的善体现在明显之处,这就是所谓的自欺欺人。

所谓"诚其意"者,表里内外,彻底皆如此,无纤毫丝发苟且为人之弊。如饥之必欲食,渴之必欲饮,皆自以求饱足于己而已,非为他人而食饮也。又如一盆水,彻底皆清莹,无一毫砂石之杂。如此,则其好善也必诚好之,恶恶也必诚恶之,而无一毫强勉自欺之杂。所以说自谦,但自满足而已,岂有待于外哉!是故君子慎其独,非特显明之处是如此,虽至微至隐,人所不知之地，亦常慎之。小处如此，大处亦如此；显明处如此，隐微处亦如此。表里内外，精粗隐显，无不慎之，方谓之"诚其意"。

孟子曰："人能充无欲害人之心，而仁不可胜用也。"夫无欲害人之心，人皆有之。闲时皆知恻隐，及到临事有利害时，此心便不见了。且如一堆金宝，有人曰："先争得者与之。"自家此心便欲争夺推倒那人，定要得了方休。又如人皆知穿窬之不可为，虽稍有识者，亦不肯为。及至颠冥于富贵而不知耻，或无义而受万钟之禄，便是到利时有时而昏。所谓诚意者，须是隐微显明，小大表里，都一致方得。孟子所谓："见孺子入井时，怵惕恻隐，非恶其声而然，非为内交要誉而然。"然却心中有内交要誉之心，却向人说："我实是恻隐、羞恶。"所谓为恶于隐微之中，而诈善于显明之地，是所谓自欺以欺人也。[①]

很显然，"自欺"是因为"人欲"和"天理"不一致，所以心中明知"天理"而掺杂了"私欲"。"诚意"就是要让自己"一心一意"，而不是"精神分裂"。心中厌恶的不能不接受，心中喜好的偏偏得不到，这就是"精神分裂"。但是，"一心一意"绝不是"一心一意"作恶，而是"一心一意"为善。心之所发都是真心实意，厌恶喜好都合情合理，这才是真正的"诚意"。"诚意"说到底就是"心"和"理"的完全合一，因此才能"自谦"。"如恶恶臭，如好好色"，指的就是"心"和"理"完全合一，"厌恶"的是谁都厌恶的"恶臭"，"喜好"的是谁都喜好的"好色"，这样当然就能坦坦荡荡，也就是"自谦"。小人自己的住所都搞得像猪圈似的臭气熏天，而且饱暖思淫欲，生出许多龌龊的念头。但是，出门时却衣冠楚楚，全身喷上香水。这就不是一心一意、合情合理的"诚意"生活，而是三心二意、精神分裂的"自欺"生活。"自欺"之所以产生是因为"心"与"理"分别为二："理"是"真"的事物，"恶臭"就是让人"厌恶"，"好色"就是让人"喜好"；但是"心"却把"假"放进去了，"恶臭"好像并不令人"厌恶"（为巴结人给人"捧臭脚"），"好色"并不让人"喜好"（一颗红心的人让有歪心的人害怕）。臭豆腐虽然闻着臭其实香，它的"真"就是香，所以也有人真喜欢，这仍然是"如恶恶臭，如好好色"。关键是事物之"理"的"真"，

---

① （宋）黎靖德，编．王星贤，点校．朱子语类 [B]．北京：中华书局，2020：358—359．

就像一杯茶，它本身具有的一种味道，便是"真"。如果掺杂了其他味道，就不是茶本来的"真"味道了，便是有两种味道了。茉莉花茶、奶茶虽然有两种味道，但茶、茉莉花、奶的"真"味都不是恶臭，所以喜欢茉莉花茶也仍然是"如恶恶臭，如好好色"。"意诚"之后，那些违背事物本来面目的私心杂念都被荡涤干净了，心中就只剩下纯粹的"义理"。"意诚"，就像那蒸饼，里外都是白的；"意不诚"，就像蒸饼外面虽白，里面却掺杂了粗面。这就像有些人嘴上喊"全心全意为人民服务"，内心里却忘不了捞"人民币"，"意不诚"就是这样。

> 诚意，方能保护得那心之全体。
>
> 问"实其心之所发，欲其一于理而无所杂"。
>
> 曰："只为一，便诚；二，便杂。'如恶恶臭，如好好色'，一故也。'小人闲居为不善，止著其善'，二故也。只要看这些便分晓。二者，为是真底物事，却著些假揽放里，便成诈伪。如这一盏茶，一味是茶，便是真。才有些别底滋味，便是有物夹杂了，便是二。"
>
> 意诚后，推荡得渣滓灵利，心尽是义理。
>
> 意诚，如蒸饼，外面是白面，透里是白面。意不诚，如蒸饼外面虽白，里面却只是粗面一般。[①]

"如恶恶臭，如好好色"的"诚意"，说到底就是"厌恶"和"喜好"都符合事物"真实"的"道理"，厌恶的是理所当然应该厌恶的东西，喜好的是理所当然应该喜好的东西；而不是从个人主观喜好出发说的"厌恶"，也不是淫魔色鬼违背伦理道德放纵淫欲的"好色"。朱熹强调从"物"自身出发，依靠"格物"和"致知"的"穷理"功夫，才能真正做到"诚意"。如果只是从"心"出发，"如恶恶臭，如好好色"很可能变成放纵自我，使人变得尖酸刻薄，好色贪淫。梁启超就指出，"阳明这边的末流，也放纵得不成话，如何心隐、李卓吾等辈，简直变成一个'花和尚'！他们提倡的'酒色财气不碍菩提路'，把个人道德、社会道德一切藩篱都冲破了"[②]。

---

① （宋）黎靖德，编．王星贤，点校．朱子语类[B]．北京：中华书局，2020：324—325．
② 梁启超．中国近三百年学术史（新校本）[B]．北京：商务印书馆，2016：4．

人心虽然本来也有对事物内在客观真理的认识能力，但也有凭个人喜好评判事物的主观情感，如果不从事物本身出发来增强认识能力，"诚意"就变成了完全依凭个人喜好评判事物的自我放纵。王阳明本人思想上还能坚持"穷理"基础上的"尽性"，所以其为人堪称豁达大度；但是，他的很多门徒一心在"心体"，最终没有了"穷理"，只剩下"尽性"，竟成了刻薄好色贪淫的放荡之徒。也有人在个人生活方面造谣朱熹，但强调"诚意"功夫在"物格而后知至"，从根本和源头下手最终自能瓜熟蒂落和水到渠成，这是毫无疑义的真理。

（二）"掩其不善"与"著其善"

"自欺"和"自谦"是"一意孤行"和"快意自足"的区别，"意"之发在每个人的内心，"诚"与否独有自己知道，"故君子必慎其独也"，所以君子一定要谨慎地看待自己独知的"意"。我们常说"一念之间"，就是强调"意念"决定心的走向。"如好好色"，看到美色谁都会产生喜好的心，这时候是放纵"淫欲"还是节制"淫欲"就是"一念之差"，就是这"一念之差"区分了"诚意"与"虚伪""自欺"与"自慊"。

《中庸》说"喜怒哀乐之未发，谓之中；发而皆中节，谓之和"，没有见到美色不会凭空起贪好美色之心，这就是"中"；见了美色就起了贪好美色的心，如果能够节制就是"和"。所以说"诚者，天之道也；诚之者，人之道也"；"中"就是"诚"，"和"就是"诚之"。"好色"是人之常情，但"君子好色而不淫"，让自己的"好色"符合"君子好色而不淫"的"道理"，这就是"诚意"。像西门庆和潘金莲一见面就彼此喜欢，这并不是"诚"而是"淫"；这也不是"无自欺"而恰恰是"自欺"。之所以说他们是"淫"是因为它不符合伦理道德，之所以说他们是"自欺"是因为他们假装符合伦理道德。还是《中庸》说的，"道者，不可须臾离也，可离非道也"，真理大道是一个也离不开的，离得开就不叫真理大道了。西门庆和潘金莲离开了真理大道就是走向死路，先是害死了武大郎，后来是被武松杀死。这类悲剧的发生从哪一刻开始呢？就是从动了"好好色"之后没有"中节"那一刻开始的，如果那一刻他们知道"中节"，结果就是"和"。"爱财""爱权"与"好色"都是人之常情，但看爱财用权的"意念"是否符合"道"，合道就能为人民谋幸福和为国家谋富强，不合道就会导致民不聊生和政治革命。

孟子说："恻隐之心，人皆有之；羞恶之心，人皆有之；恭敬之心，人皆有之；

是非之心，人皆有之。"（《孟子·告子上》）"如恶恶臭，如好好色"这句话则告诉我们，"好色之心，人皆有之"。这是否证明了孟子"性善论"是不对的？不是的，"好色"本身就是"性善"的表现，反倒是"好丑"是后文将讲到的"好人之所恶，恶人之所好，是谓拂人之性，菑必逮夫身"。《孟子·梁惠王下》记载：王曰："寡人有疾，寡人好色。"对曰："昔者，太王好色，爱厥妃，诗云：古公亶父，来朝走马，率西水浒，至于岐下。爱及姜女，聿来胥宇。当是时也，内无怨女，外无旷夫。王如好色，与百姓同之，于王何有。"周太王古公亶父也好色，而且把婚礼搞得非常隆重，这倒把天下女子都吸引到周地来了。结果是家庭中再也没有哀怨的妇女，社会上再也没有找不到妻子的男子。国王好色很好啊，让天下有情人终成眷属，对于国王来说也很好。也就是说，喜怒哀乐是人之常情，君子小人的区分不是人之常情的有无，而是喜怒哀乐的善与不善。

"小人闲居为不善，无所不至，见君子而后厌然，掩其不善，而著其善。"小人在闲居独处的时候容易放纵自己，不该想的也会去想，不该做的也会去做，见到君子后就收敛了，掩盖不好的一面，彰显好的一面。由此亦可见，小人并非本性就是恶的，"人性之善也，犹水之就下也。人无有不善，水无有不下。"（《孟子·告子上》）小人也不是不知道应该从善如流，"见君子而后厌然，掩其不善，而著其善"正说明小人也是从善如流。所以可以肯定地说"君子之德风，小人之德草，草上之风必偃"（《论语·颜渊》），君子美德可以带动小人从善。但是，小人从善有可能是一时的、表面的、虚假的，并非真心真意、诚心诚意、始终如一的，因此"诚意"就成为"善恶关"。只有真心真意、诚心诚意、始终如一的善才是真善，一时的、表面的、虚假的善终究还是恶。

"掩其不善，而著其善"就是"自欺"，"自欺"的人知道恶是不好的，所以不敢公然作恶，也并非不想为善去恶。但是，他"善念"一发就有"恶念"出现，就像《红楼梦》里的贾瑞赶不走心头的王熙凤，所以即便努力装得"心如止水"也做不到"一心向善"，这种自己无法控制的表里不一就是"自欺"。贾瑞显然知道勾引王熙凤是恶行，否则他也不会被贾蓉、贾蔷讹诈银子。这时候直接让贾瑞在心里头"诚意"有什么用呢？好色的贾瑞就像鬼迷心窍，他控制不了自己心中的"恶念"。

> 所谓自欺者，非为此人本不欲为善去恶。但此意随发，常有一念在内阻

隔住，不放教表里如一，便是自欺。但当致知。分别善恶了，然后致其慎独之功，而力割去物欲之杂，而后意可得诚也。①

按照朱熹的意见，对于陷入"自欺"的人来说，唯一的办法是"物格而后知至"，也就是认识到自己的行为是"恶臭"，认识到王熙凤的"好色"只是表面的。道士说得清清楚楚："你这病非药可医"，"风月宝鉴"乃"出自太虚幻境空灵殿上，警幻仙子所制，专治邪思妄动之症，有济世保生之功"，但"千万不可照正面，只照他的背面"，其实就是叫人不要"以假为真"②。"风月宝鉴"就是想告诉贾瑞，正面照见的美女王熙凤是"假相"，背面照见丑陋的骷髅才是她的真相，她可能要你命。但是，能够进入太虚幻境与王熙凤云雨相会，贾瑞就是死了也甘心，他也果然死了。事实说明，道家想让人自己认识真相是失败了。真正可行的是让贾瑞这个"知识青年上山下乡，接受贫下中农再教育"，而不是躺在床上继续胡思乱想王熙凤。"物格而后知至"，让他远离王熙凤去接触其他异性，让他离开大观园去接触新的环境，甚至只为他说一门亲事冲冲喜，他很可能就知道了王熙凤也不是那么好。唯有当他爱上了别的女人，"如好好色"的对象就变了，而且他也绝不愿意别的男子勾引自己喜好的"好色"。谁要勾引他心爱的美色，他也会像王熙凤一样让丫头用恶臭的屎尿去浇，这也就能恶恶"如恶恶臭"。知道好善"如好好色"，恶恶"如恶恶臭"，就是"物格而后知至"。

"物格而后知至"是能够区分善恶，"知至而后意诚"，就是说能区分善恶之后还要致力于闲居独处时的"诚意"功夫，不要闲居独处时又"饱暖思淫欲"——须知贾瑞病得快死了还忍不住呢，一旦心中出现了这种"恶念"就立即像割杂草一样割掉这种淫欲，这样才能达到"意诚"的境界。有些人以为"所谓诚其意者，毋自欺也，如恶恶臭，如好好色，此之谓自谦"就是教人"坦坦荡荡"做好色的人，曹雪芹以贾瑞之死给了这种把"自欺"当"自谦"的人一个耳光："你作死呢！"读懂了曹雪芹的意思也是"物格而后知至"啊！

---

① （宋）黎靖德，编．王星贤，点校．朱子语类[B]．北京：中华书局，2020：350.
② 曹雪芹．红楼梦（上）[I]．北京：人民文学出版社，2008：166—167.

（三）"诚于中"与"形于外"

"人之视己，如见其肺肝然，则何益矣。此谓诚于中，形于外，故君子必慎其独也。"别人看自己，仿佛一眼能看到肺、看到肝，装作正人君子有什么用呢？这就是告诫我们，内心的真诚与否必然会有外在表现，因此君子一定要在闲居独处时也慎重啊。很显然，这段话紧接前文警告人们不要做"闲居为不善"的小人，"见君子而后厌然，掩其不善，而著其善"，只能"自欺"而已。

"人之视己，如见其肺肝然，则何益矣"，意味着是非善恶不能只是自我感觉，它是社会公共的道德评价，光自我感觉良好有什么用呢？正所谓"以铜为鉴，可正衣冠；以古为鉴，可知兴替；以人为鉴，可明得失"，有些人总是自以为是地认为自己"心里明镜似的"，"千秋功过任由后人评说"，但别人可能觉得他正是"以其昏昏使人昭昭"的妄人。"人之视己，如见其肺肝然"，就是教人"以人为鉴，可明得失"的道理，也就是只有通过别人才能知道自己是非善恶。朱熹曾质问过："今有二人：一人知得这是善，这是恶；又有一人真知得这是善当为，恶不可为。然后一人心中，如何见得他是真知处？"其实人人都有是非善恶的观念，问题是单凭一个人心中所想，怎么知道那就是真正的是非善恶呢？所以，朱熹还是强调"物格而后知至，知至而后意诚"，"诚意"只能是"知至"以后的事。想"直指人心""明心见性"，那是不现实的空想。换句话说，"善恶"和"是非"一样，首先也是对世界发展客观规律的认识。即便"物格而后知至"，也还要万分谨慎，而不要狂妄自大。圣人一起妄念就成狂人，狂人克制了妄念也能成圣人。一己之念才放下去，人心就失去了正念。自古没有放任自心的圣贤，然而微妙的意念正是需要谨慎对待的，一说"知至"之后就不用"诚意"，就不是正念了。人心很容易陷入危险境地而不自知，而"道"是否在心则微妙难明，毫厘之差，不可以不仔细考察。如果对"物格而后知至"太快下定论，就是忽视了"知至而后意诚"的功夫。

或问："知至以后，善恶既判，何由意有未诚处？"

曰："克己之功，乃是知至以后事。'惟圣罔念作狂，惟狂克念作圣'。一念才放下，便是失其正。自古无放心底圣贤，然一念之微，所当深谨，才说知至后不用诚意，便不是。'人心惟危，道心惟微'，毫厘间不可不仔细理会。才说太快，便失却此项工夫也。"

"人之视己，如见其肺肝然"，就是叫人不要自以为"真理往往掌握在少数人手中"，就是掌握在自己手中，如此很容易陷入狂妄自大"自欺欺人"而不自知，那就是"人心惟危"。"自欺欺人"的人通常都是自以为是、狂妄自大的人，他们觉得自己不仅智慧高人一等，而且在道德上也是无可挑剔的救世主。儒家一再告诫学者"人心惟危"，所以通常不会赞同"直指人心"；又一再警告"道心惟微"，所以也不太相信"明心见性"。

问"'知至而后意诚'，故天下之理，反求诸身，实有于此。似从外去讨得来"。

曰："仁义礼智，非由外铄我也，我固有之也，弗思耳矣！"厉声言"弗思"二字。

又笑曰："某常说，人有两个儿子，一个在家，一个在外去干家事。其父却说道在家底是自家儿子，在外底不是！"

"此谓诚于中，形于外，故君子必慎其独也。"这就是心中的一切念想，诚与不诚，一定会在现实当中现出原形，所以君子还是在闲居独处的时候谨慎对待自己的"一念之微"。儒家始终强调"物格而后知至，知至而后意诚"，先搞清楚天下之理，再求证一下自己的是非善恶，这就是"诚意"的功夫。这种功夫容易让人觉得好像"诚意"是向外去找，而不是在心里"诚实意念"。这也是王阳明后来一再批评的，每次还都引用了孟子批评的"义外"。但是，朱熹其实很清楚孟子说的"仁义礼智，非由外铄我也，我固有之也"，但他强调"弗思耳矣"的意思要正确理解。对朱熹来说，"思"不只是在心里思考，而是要思考"人之视己"。只在心里思考的人，就像一个父亲有两个儿子，一个天天在家啃老，一个在外为家里打拼，父亲却说在家里的是自家儿子，在外的为家里打拼的不是自家儿子！"佛学"强调管好自己的"心"，"身是菩提树，心如明镜台，时时勤拂拭，莫使有尘埃"，就是对"诚于中，形于外，故君子必慎其独也"的很好解释。但是，"欲诚其意者，先致其知；致知在格物"，"此谓诚于中，形于外，故君子必慎其独也"这句话也可以解释为，要使自己心中意念诚实，就要让外在现实生活来检验，所以君子要经常自觉审查自己的意念。不到现实生活中去就不可能"物格而后知至"，没有"物格而后知至"就不可能"知至而后意诚"。

对于"慎独",朱熹曾解释说:"诚意者,好善'如好好色',恶恶'如恶恶臭',皆是真情。既是真情,则发见于外者,亦皆可见。如种麻则生麻,种谷则生谷,此谓'诚于中,形于外'。又恐于独之时有不到处,故必慎独。"[①]儒家"诚意"功夫的重点是好善"如好好色",恶恶"如恶恶臭",而不是"色即空"。相反,"格物""致知""诚意"的功夫都应该在具体事物,曾国藩就曾说:"吾友吴竹如,格物功夫颇深,一事一物皆求其理。倭艮峰先生则诚意功夫极严,每日有日课册,一日之中一念之差,一事之失,一言一默,皆笔之于书。书皆楷字,三月订一本。盖其慎独之严,虽妄念偶动,必即时克治,而著之于书,故所读之书,句句切身之要药……"[②]这种甚至把"一念之差""妄念偶动"都"著之于书"的做法,美国人富兰克林也有类似的做法,与禅宗和王阳明希望逐步丢掉书本文字的思路截然相反。

好恶是不可避免的人之常情,但要分得清是非善恶,一切好恶都符合是非善恶。这样,所好者是人人应当喜好的美好事物,所恶者是人人应当厌恶的丑恶事物,就实现了"成己,仁也;成物,智也;性之德也,合内外之道也,故时措之宜也"(《中庸》),也就是实现了人尽其才、物尽其用,物我一体、天人合一,这就是随时随地、永永远远都是适宜的"至善"呀。

三、"必诚其意"

朱熹说:"看'诚意'章有三节:两'必慎其独',一'必诚其意'。'十目所视,十手所指',言'小人闲居为不善',其不善形于外者不可揜如此。'德润身,心广体胖',言君子慎独之至,其善之形于外者证验如此。"[③]本书在本章中也是分为三节,不过第一节用的标题为"毋自欺也",不仅因为'诚意'章开头讲"所谓诚其意者,毋自欺也",而且"毋自欺也"点名"入德之门"。"入德之门"实为"物格而后知至","毋自欺也"正是"物格而后知至"的首要功夫。"毋自欺也",是在事实已经清清楚楚的情况下,敢不敢面对、愿不愿意接受的问题。如果为了回避清清楚楚的事实,

---

① (宋)黎靖德,编.王星贤,点校.朱子语类[B].北京:中华书局,2020:355—356.
② 曾国藩,著.李瀚章,编撰.李鸿章,校勘.曾文正公家书(上)[K].北京:线装书局,2015:39—40.
③ (宋)黎靖德,编.王星贤,点校.朱子语类[B].北京:中华书局,2020:363.

用似是而非的"事实"来掩饰既成事实，为自己找借口、求安慰，这就是"自欺"。在这种情况下，"所谓诚其意者"就不再可能了。"毋自欺也"主要是就客观事实而言，"必慎其独"则是在"既成事实"和"不是真的"之间纠结。所以，"必慎其独"的功夫，主要还是培养在"既成事实"和"不是真的"之间能做到"毋自欺也"。能做到"毋自欺也"并在"必慎其独"中加以巩固，最终就能达到"心广体胖"的效果，"故君子必诚其意"。从"所谓诚其意者"到"必诚其意"，这就是本章的基本逻辑关系。

（一）"十目所视，十手所指"

曾子曰："十目所视，十手所指，其严乎！"这句话是接着上文"人之视己，如见其肺肝然，则何益矣"说的，意思是你可以欺骗一个人但不能欺骗一群人，你可以骗得一时但不能骗得一世。所谓"群众的眼睛是雪亮的"，一双眼睛看不出来的假象，逃不出十双眼睛中的"火眼金睛"；所谓"天网恢恢，疏而不漏"，两只手抓不住的恶人，逃不出"老鼠过街人人喊打"，岂不严乎？子曰："视其所以，观其所由，察其所安。人焉廋哉？人焉廋哉？"（《论语·为政》）看一个人的所作所为，考察他处事的动机，了解他心安于什么事情。那么，这个人的内心怎能掩盖得了呢？这个人的内心怎能掩盖得了呢？"何益矣""其严乎""人焉廋哉"，谆谆教导人不要心存侥幸，要心存敬畏。"十目所视，十手所指，其严乎！"是要人知道我们的一言一行有"十目所视，十手所指"，"其严"如此故不可掉以轻心。这是用"外在"的监督来告诫人，其实还是"物格而后知至，知至而后意诚"的思路。它也意味着对"自我监督"的不完全信任，强调"外在监督"的重要性，这也是朱熹和王阳明的一大分歧。

"知至"才能真正"意诚"，"知"没有到"极至"，就是想要"诚意"也找不到门路。只有"知"至了然于胸"极至"，也就是既知道为善去恶的途径就是这样，又知道人人应当为善去恶，然后"意"就自然而然地"诚"了，"心"也必然能"正"了。事实上，很少有人自己觉得自己"意"不"诚"或"心"不"正"的，完全从自己的立场出发去看的"意诚"和"心正"很可能是"自欺"而已！就像一盏灯的"灯下黑"，自己的心看起来是明亮的，但其实恰恰照不见自己。"十目所视，十手所指"，就是告诫人不要以自我为中心，不要自以为是、自欺欺人；要照见自我之

外的他人，要接受别人的检验。唯有如此，"致知"才能成为"知至"，"诚意"才能"意诚"。

"知至而后意诚"，须是真知了，方能诚意。知苟未至，虽欲诚意，固不得其门而入矣。惟其胸中了然，知得路径如此，知善之当好，恶之当恶，然后自然意不得不诚，心不得不正。如点一条蜡烛在中间，光明洞达，无处不照，虽欲将不好物事来，亦没安顿处，自然著它不得。若是知未至，譬如一盏灯，用罩子盖住，则光之所及者固可见，光之所不及处则皆黑暗无所见，虽有不好物事安顿在后面，固不得而知也。知既至，则意可诚。如灯在中间，才照不及处，便有贼潜藏在彼，不可知。若四方八面都光明了，他便无著身处。[①]

"物格而后知至，知至而后意诚"，不是自己下定决心"诚意"就能"意诚"的，没有"物格而后知至"就不会有"知至而后意诚"。儒学把"格物"看作是最重要的修养，这是儒家区别于佛老的根本所在。佛老学说虽也有长处，但偏于一端别无所及。对于它们各自关注的方面，大概指的是"修心"和"养生"，其修养路径明晰可行，挑不出毛病；但对于它们学说所不关注的方面，大概指的是齐家和治国，却颠倒错乱一无是处，这都是因为没有强调"格物"的功夫。也就是说，佛老学说拿来作为个人修心养生是很好的，但是一旦要用在管理家族和治理国家上就完全行不通。佛学中的禅宗特别强调直指人心，从"明心见性""立地成佛"。儒家则特别强调循序渐进，最后"瓜熟蒂落""水到渠成"。当然，这也并不意味"物格而后知至"之前就不要讲"知至而后意诚"，它们是"过程"和"目的"之间的关系，没有"格物"岂能忘掉"诚意"的目的？儒家的重点是强调"过程"，而不是直指"目的"。没有"渠"，"水"如何到得来？"渠"未成，"水"到了又能干啥？朱熹说佛老之学"知所不及处，则皆颠倒错乱，无有是处，缘无格物工夫"，就是指它或者让人从"明心见性""立地成佛"，即便"明心见性""立地成佛"也是"躺平"，而不能治国平天下。儒家是以治国平天下为宗旨的学问，所以它特别强调大学之"道"，也就是找到治国

---

① （宋）黎靖德，编．王星贤，点校．朱子语类[B]．北京：中华书局，2020：322—323．

平天下的道路。朱熹很清楚，佛学也是要"普度众生"，也是要"平天下"的，但大概他觉得佛老之学对于"治国"完全行不通。

> 所以贵格物，如佛、老之学，它非无长处，但它只知得一路。其知之所及者，则路径甚明，无有差错；其知所不及处，则皆颠倒错乱，无有是处，缘无格物功夫也。
>
> 问："物未格时，意亦当诚。"
>
> 曰："固然。岂可说物未能格，意便不用诚！自始至终，意常要诚。如人适楚，当南其辕。岂可谓吾未能到楚，且北其辕！但知未至时，虽欲诚意，其道无由。如人夜行，虽知路从此去，但黑暗，行不得。所以要得致知。知至则道理坦然明白，安而行之。今人知未至者，也知道善之当好，恶之当恶。然临事不如此者，只是实未曾见得。若实见得，自然行处无差。"
>
> 欲知知之真不真，意之诚不诚，只看做不做如何。真个如此做底，便是知至、意诚。[1]

"十目所视，十手所指，其严乎！"就是从"行"的角度来检验"物格而后知至，知至而后意诚"。只是自己觉得"心里明镜似的"是不够的，"群众的眼睛是雪亮的"，还必须经受得起群众的检验，这是"最严格"的检验。想要知道是否真的"心里明镜似的"，想要知道是否真的"全心全意为人民服务"，归根到底要看做得怎么样。"千秋功过，自有后人评说"，"千夫所指，其倾覆可立而期"（章炳麟《联省自治虚置政府议》）。当然，"天视自我民视，天听自我民听"，若能"俯首甘为孺子牛"，自可"横眉冷对千夫指"。

"十目所视，十手所指"，"所视""所指"显然并非人之"内心所想"，而只能是人之所"行"。"其严乎"其实也是强调"天视自我民视，天听自我民听"，不要"自绝于天，结怨于民"（《尚书·泰誓》）。也就是人们常说的"人在做，天在看"，"抬头三尺有神明"。"其严乎"，也就是孔子说的"获罪于天，无所祷也"（《论语·八佾》）。"十目所视，十手所指"，除了包含"人之视己，如见其肺肝然"的告诫以外，

---

[1]（宋）黎靖德，编．王星贤，点校．朱子语类[B]．北京：中华书局，2020：323．

更重要的是强调"天视自我民视,天听自我民听",也就是要站在人民群众的立场上去看问题,而不是一意孤行、自以为是。

"天视自我民视,天听自我民听。"要坚持把实现好、维护好、发展好最广大人民根本利益作为一切工作的出发点和落脚点,我们的重大工作和重大决策必须识民情、接地气。要以人民群众利益为重、以人民群众期盼为念,真诚倾听群众呼声,真实反映群众愿望,真情关心群众疾苦。要坚持工作重心下移,深入实际、深入基层、深入群众,做到知民情、解民忧、纾民怨、暖民心,多干让人民满意的好事实事,充分调动人民群众的积极性、主动性、创造性。①

曾子曰:"十目所视,十手所指,其严乎!"对于今天的中国共产党人来说,就是坚持全心全意为人民服务的根本宗旨,实现好、维护好、发展好最广大人民根本利益,把人民拥护不拥护、赞成不赞成、高兴不高兴、答应不答应作为衡量一切工作得失的根本标准,使我们党始终拥有不竭的力量源泉②。

(二)"富润屋,德润身"

"富润屋,德润身,心广体胖",直接的意思是说就像财富可以装饰房屋,美德却可以滋养身心,让人心胸广阔身体舒坦。朱熹《大学章句》解释说:"胖,安舒也。言富则能润屋矣,德则能润身矣,故心无愧怍,则广大宽平,而体常舒泰,德之润身者然也。盖善之实于中而形于外者如此。"③"心广"是"广大宽平",也就是没有今天我们常说的"心塞""伤心""心碎""愤愤不平"等感受,更没有心理"压力山大"带来的随时要人命的心梗脑梗;"体胖"是"体常舒泰",虽然可能也难免发胖,但浑身舒坦自如,没有今天我们常有的"颈椎肩椎病""腰间盘突出""关节炎",更

---

① 习近平.在庆祝中国人民政治协商会议成立六十五周年大会上的讲话(2014年9月21日),《十八大以来重要文献选编》(中)[B].北京:中央文献出版社,2016:76—77.
② 习近平.在庆祝中国共产党成立九十五周年大会上的讲话(2016年7月1日)[B].北京:人民出版社,2016:18.
③ (宋)朱熹,集注.四书章句集注[B].北京:中华书局,2016:8.

没有缺乏运动带来的失眠多梦、头晕目眩、脸色发黑等"亚健康",甚至各种恶性肿瘤。"子之燕居,申申如也,夭夭如也"(《论语·述而》),孔子在家闲居的时候,如此舒适自如、恬淡平和就是"心广体胖",也就是"自谦"。对"申申如也,夭夭如也",程子解释:"此弟子善形容圣人处也,为申申字说不尽,故更著夭夭字。今人燕居之时,不怠惰放肆,必太严厉。严厉时著此四字不得,怠惰放肆时亦著此四字不得,惟圣人便自有中和之气。"[①]孔子闲居时不会正襟危坐、声色俱厉,但也不会怠慢懒散、放荡不羁,必定是放松而不放纵、尽性而不任性,所以能够恬淡自得、中庸平和。之所以能够"心广体胖"也正是如此,一方面,无"自欺",没有"小人闲居为不善",所以完全不用担心"人之视己,如见其肺肝然""十目所视,十手所指";另一方面,"如恶恶臭,如好好色,此之谓自谦",让自己恶心的丑事一点没有,有的都是自己喜欢的美好事物,自然心满意足。这种感觉大概就像自由自在地和心心相印的人在一起吧,那真是"止于至善"了!

"富润屋,德润身,心广体胖",并没有否定"富"的意思,也没有刻意强调"德"的意思,反倒是强调了"富润屋,德润身"共同使人"心广体胖"。处于饥寒交迫中的人不可能"心广体胖",这是显而易见的道理。子曰:"贤哉回也,一箪食,一瓢饮,在陋巷,人不堪其忧,回也不改其乐。贤哉回也。"(《论语·雍也》)颜回的品质是多么高尚啊!一箪饭,一瓢水,住在简陋的小屋里,别人都忍受不了这种穷困清苦,颜回却仍然能够安贫乐道,颜回的品质是多么高尚啊!但并非没有遗憾的,子曰:"回也其庶乎,屡空。赐不受命而货殖焉,亿则屡中。"(《论语·先进》)孔子认为颜回的道德修养已经差不多了,可惜他常常很贫困。端木赐不听天由命,而去做生意,猜测市场行情往往很准,这大概是表示肯定吧。颜渊死,颜路请子之车以为之椁。子曰:"才不才,亦各言其子也。鲤也死,有棺而无椁,吾不徒行以为之椁。以吾从大夫之后,不可徒行也。"(《论语·先进》)颜渊死后,他的父亲颜路请求孔子把车卖了给颜渊买一个棺材的外椁。孔子没有同意他的要求,理由是说自己的儿子孔鲤死了也只有棺而没有椁。不管有才能还是没才能,说来也都是各自的儿子,自己不能卖掉车子步行来给颜回置办椁。更主要的是因为自己曾经做过大夫,按礼节是不可以徒步出行的。换句话说,颜回穷困潦倒过早死去,最后还让老师窘

---

① (宋)朱熹,集注.四书章句集注[B].北京:中华书局,2016:94.

迫了。贫穷是会带来生活窘迫的，甚至可能窘迫到"人穷志短"，比如大家都想好好安葬颜回，但是没有钱啊。子曰："富而可求也，虽执鞭之士，吾亦为之。如不可求，从吾所好。"（《论语·述而》）孔子自己的态度是，财富如果可以求得的话，即使是做手拿鞭子的差役，我也愿意去做。如果不能求得，我还是做自己所爱好的事。当然，孔子的实际情况是没有能力赚大钱，所以还是老老实实地从事清贫的教育事业，以美德来滋养人们的身心。

"富润屋，德润身，心广体胖"，在肯定了"富"了可以把屋子装修得漂漂亮亮的基础上，也告诫人们如果为了"富"而违背了"德"就会身心不安，只有"君子爱财，取之有道"才能"心广体胖"。子曰："富与贵，是人之所欲也；不以其道得之，不处也。贫与贱，是人之所恶也；不以其道得之，不去也。君子去仁，恶乎成名？君子无终食之间违仁，造次必于是，颠沛必于是。"（《论语·里仁》）财富和地位，是每个人都想要的，但是不以合乎道德的手段得到它们，就不能心安理得地享有。贫穷和卑贱，是每个人都厌恶的，但是，不以合乎道德的手段摆脱它们，终究是摆脱不去的。君子背离了仁的准则，就该厌恶成名了吧？君子不会在享用美食时背离仁德，在匆忙紧迫的情况下也能遵守仁德，在颠沛流离的时候也同样遵守仁德。正是"遵道而行"让自己能够"心广体胖"，也就是常人说的"不做亏心事，不怕鬼敲门"。人的心胸本来都是坦坦荡荡的，只因为做了亏心事就变得狭隘不安了，亏心事让人心里堵得慌。只求"人欲"的满足而不顾及"天理"，所以身体就不能常保舒泰。没有亏心事，就是"天理"没有被人的"物欲"所遮蔽，所以心胸也像天地一样广阔。就像黑夜中屋里点的一盏灯，被一片物遮蔽了一半，屋子的一半就看不见了；如果再遮蔽另一半，整个房屋都看不见了，如何还能看到广大的房子呢？人的心里本也有人欲和天理，把天理遮蔽了心也就黑了，心黑了人也就坠入黑暗深渊！

> "心广体胖"，心本是阔大的物事，只是因愧怍了，便卑狭，便被他隔碍了。只见得一边，所以体不能常舒泰。无愧怍，是无物欲之蔽，所以能广大。且如此灯，后面被一片物遮了，便不见一半了；更从此一边用物遮了，便全不见此屋了，如何得广大！①

---

① （宋）黎靖德，编．王星贤，点校．朱子语类[B].北京：中华书局，2020：362.

"富润屋,德润身,心广体胖",是"诚于中,形于外"的"自谦"。刻意表示自己"视钱财如粪土"的人和认为"有钱能使鬼推磨"的人,都因为没有做到"诚于中",所以"形于外"就必然是仇富和缺德。仇富和缺德难免担心报仇和报应,所以都不可能"心广体胖"。他们装得好像品德高尚或者无所不能,但是他们心中其实各自黑了一半。在闲居独处无人之时,他们自然会担心报仇或报应的到来,品德高尚或者无所不能只是"自欺"。

子曰:"饭疏食,饮水,曲肱而枕之,乐亦在其中矣。不义而富且贵,于我如浮云。"(《论语·述而》)吃粗粮,喝白水,弯着胳膊当枕头,快乐也能在其中的。用不正当的方法得到财富和尊贵,对我来说就像是天上的浮云。"圣人之心,浑然天理,虽处困极,而乐亦无不在"[1],孔子即便在极端困苦之中也能遵循天理,所以能"无入而不自得"(《中庸》),这就是"德润身,心广体胖"。子夏曰:"商闻之矣:死生有命,富贵在天。君子敬而无失,与人恭而有礼,四海之内,皆兄弟也。君子何患乎无兄弟也?"(《论语·颜渊》)就像死生都是自然界的客观规律,富贵也不是完全由人主宰的。我们能做的是尊重客观规律,与人交往恭敬有礼,这样到处都是我们的兄弟。孟子曰:"求则得之,舍则失之;是求有益于得也,求在我者也。求之有道,得之有命;是求无益于得也,求在外者也。"(《孟子·尽心上》)寻求就可能得到它,舍弃就会错失它;这么说寻求有益于得到,因为求不求全在于我本身。寻求它有方法,得到它靠命运;这么说寻求好像又无益于得到,这是因为所寻求的东西在我之外。君子就是这样"乐天知命",把富贵看作"可遇不可求"的"浮云"。

"富润屋,德润身,心广体胖,故君子必慎其独也",就如孟子曰:"万物皆备于我矣。反身而诚,乐莫大焉。强恕而行,求仁莫近焉。"(《孟子·尽心上》)天地万物都是为我准备的,都可以供我尽情地享用。闲居独处时反问自身,如果"仰不愧于天,俯不怍于人",这样的"诚意"带来的就是"心广体胖"的最大快乐。努力按推己及人的恕道去做事吧,追求仁爱美德的道路没有比这更近的了。

(三)"君子必诚其意"

---

[1] (宋)朱熹,集注.四书章句集注[B].北京:中华书局,2016:97.

"君子必诚其意",是因为"君子小人之分,却在'诚其意'处。诚于为善,便是君子,不诚底便是小人,更无别说"①;"自知至处便到诚意,两头截定个界分在这里,此便是个君子小人分路头处"②;"到得诚意,便是过得个大关,方始照管得个身心。若意不诚,便自欺,便是小人;过得这个关,便是君子"③。也就是说,"格物""致知"属于"知"的范畴,"诚意"则是"知"和"行"之间的转折点。如果只有"物格而后知至"而没有"知至而后意诚",那大学培养的可能就是"精致利己主义者",知识水平很高但只谋求个人私利的"真小人",而且是道貌岸然地谋取个人私利的"伪君子"。

"君子必诚其意",是说"君子"必定是一个努力诚实心意的人;言下之意"小人"就是"伪君子",他只是外表诚实。仲尼曰:"君子中庸,小人反中庸。君子之中庸也,君子而时中;小人之中庸也,小人而无忌惮也。"(《中庸》)这里说"君子中庸"和"小人之中庸",很多人认为应该把"小人之中庸"改为"小人之反中庸"。从逻辑上说当然应该改,但是,"小人之中庸"其实就是道出了"小人"是"伪君子",小人言行也是遵循"中庸"的呢,只是他内心深处的本意不是如此。"小人"之所以是小人,通常并不是他"诚意"要做一个"小人",而是他"致知在格物"的功夫还没有达到"知至"。"小人"也知道要做"君子"的,或者说也知道应该"中庸",但他以为自己那么做就是"中庸",所以也觉得是"君子"。几乎没有人诚心诚意要做"小人",也没有人自觉自己事实上做了"小人",几乎所有"小人"都觉得自己是"真君子"。"小人"是用来说别人的,"小人"也总说别人是"小人"。正是自以为自己做到了"中庸",但事实上恰恰是"反中庸",让一个人成为"小人",也就是成为"伪君子"。由此可见,"小人"也可以说是"自以为是"的人。

"欲诚其意者,先致其知;致知在格物","格物"是明辨是非的关键,达到"物格而后知至"就是有了是非,达不到"物格而后知至"就是始终在是非不分的迷梦中。"物格而后知至,知至而后意诚","诚意"则是区分善恶的关键,能做到"知至而后意诚"就是善,不能做到"知至而后意诚"就是恶。过了"格物"和"诚意"这两个关键节点,《大学》所说"八目"一节比一节容易了。到了"平天下"这个节

---

① (宋)黎靖德,编.王星贤,点校.朱子语类[B].北京:中华书局,2020:348.
② (宋)黎靖德,编.王星贤,点校.朱子语类[B].北京:中华书局,2020:363.
③ (宋)黎靖德,编.王星贤,点校.朱子语类[B].北京:中华书局,2020:364.

点，仍然还有些功夫要下。只是因为天下更为广阔，"平天下"更须"格物"和"诚意"来落实。"诚意"是个转折点，也可以说是区分人鬼的关键点，"知至而后意诚"就是人，否则就是鬼！确实地说，"物格而后知至"和"知至而后意诚"是学者要抓住的两个关键点，因为它们是区分是非善恶的关键。"知至而后意诚"之前的"物格而后知至"，是相对比较省心省力的下手处，"知至而后意诚"则是最费心力的，由此抓住了这两点逐步展开，到"治国""平天下"就是天地广阔了。"物格而后知至"是所谓"夫妇之愚，可以与知焉"，"夫妇之不肖，可以能行焉"；"知至而后意诚"是所谓"及其至也，虽圣人亦有所不知焉"，"虽圣人亦有所不能焉"（《中庸》）。人人都可以参与社会实践并获得一些对事物的认识，但是，要完全认识事物的内在规律，并在实践中完全遵行客观规律，这连圣人都不可能完全做到。所以说，"物格而后知至"和"知至而后意诚"，也可以说是凡夫和圣人的分界关隘。不能做到"知至而后意诚"，即便在小节上能表现出善，也不过是黑暗中的小亮点。能做到"知至而后意诚"，即便在小节上有一些过错，也不过是明德中的小污点。

> 格物是梦觉关。格得来是觉，格不得只是梦。诚意是善恶关。诚得来是善，诚不得只是恶。过得此二关，上面工夫却一节易如一节了。到得平天下处，尚有些工夫。只为天下阔，须著如此点检。诚意是转关处。诚意是人鬼关！诚得来是人，诚不得是鬼。
>
> 致知、诚意，是学者两个关。致知乃梦与觉之关，诚意乃恶与善之关。透得致知之关则觉，不然则梦；透得诚意之关则善，不然则恶。致知、诚意以上工夫较省，逐旋开去，至于治国、平天下地步愈阔，却须要照顾得到。
>
> 知至、意诚，是凡圣界分关隘。未过此关，虽有小善，犹是黑中之白；已过此关，虽有小过，亦是白中之黑。过得此关，正好著力进步也。[①]

《大学》讲"知至而后意诚"，就是强调必须先达到"知至"，然后才能"意诚"。他批评现在的学者一味地说讲操守、存心，却不知道要讲明道义天理，对事物发展客观规律没有正确的认识，操守什么呢？心存何处呢？"诚意"这一节，要讲明的是

---

① （宋）黎靖德，编．王星贤，点校．朱子语类[B]．北京：中华书局，2020：326．

"诚者，天之道也；诚之者，人之道也。诚者不勉而中，不思而得，从容中道，圣人也。诚之者，择善而固执之者也"，能否"知至而后意诚"是凡夫和圣人区分的关隘卡口。能够做到"诚意"就过了关卡，过了关卡就是向着"诚者不勉而中，不思而得，从容中道"走去的君子。如若不然，则面临崎岖坎坷之时，终归不免沦落为小人。"意诚"意味着"得一善，则拳拳服膺而弗失之矣"，是心甘情愿的"从善如流""上善若水"。如果不是情愿如此，靠强迫就没有用。"意诚而后心正"，过得"意诚"关，"物格而后知至"的"义理"才能稳定，否则即便知道了正义天理也仍然是七分小人。所以，学者一定要如曾子曰："吾日三省吾身，为人谋而不忠乎？与朋友交而不信乎？传不习乎？"（《论语·学而》）每天多次反省：替人家谋虑有没有不忠诚？和朋友交往有没有不诚信？传授的知识是否去实践了？如果发现心中存有不诚实的意念就应该痛加铲除，让自己诚心诚意地做人做事。

> 大学所谓"知至、意诚"者，必须知至，然后能诚其意也。今之学者只说操存，而不知讲明义理，则此心愦愦，何事于操存也！某尝谓诚意一节，正是圣凡分别关隘去处。若能诚意，则是透得此关；透此关后，滔滔然自在去为君子。不然，则崎岖反侧，不免为小人之归也。
>
> 意诚只是要情愿做工夫，若非情愿，亦强不得。意诚、心正，过得此关，义理方稳。不然，七分是小人在。深自省察以致其知，痛加剪落以诚其意。①

值得注意的是，朱熹虽然也把"诚意"看作是"《大学》一篇之枢要"②，认为"诚意"是决定是非善恶、君子小人、凡夫圣人的关键，但是朱熹始终强调"物格而后知至，知至而后意诚"。他认为做不到"意诚"或"毋自欺"，"其病源只是欠了格物工夫"③。也就是要在现实生活和社会实践中，通过认识事物发展的客观规律，才能真正做到"意诚"。操守首先要知道操守什么，存心首先要知道存于何处，空讲道德操守和明心见性是没有用的，这仿佛是对后世的王阳明提前进行了批评。

---

① （宋）黎靖德，编．王星贤，点校．朱子语类[B]．北京：中华书局，2020：319—320．
② （宋）黎靖德，编．王星贤，点校．朱子语类[B]．北京：中华书局，2020：363．
③ （宋）黎靖德，编．王星贤，点校．朱子语类[B]．北京：中华书局，2020：349．

"诚者，天之道也；诚之者，人之道也。诚者不勉而中，不思而得，从容中道，圣人也。诚之者，择善而固执之者也。""诚意"，作为修心养性的功夫就是要"择善而固执之"；"意诚"作为修心养性的效果就是要"不勉而中，不思而得，从容中道"。致力于"上达"至"诚者，天之道也"，就能"自谦"。"毋自欺"，就是时时刻刻警醒自己"诚之者，人之道也"，"诚之者，择善而固执之者也"。"故君子必慎其独也"，也就是时时刻刻要告诫自己"诚意"而不要"纵欲"，"毋自欺"才能"自谦"。

第五章
美

> 所谓修身在正其心者，身有所忿懥，则不得其正；有所恐惧，则不得其正；有所好乐，则不得其正；有所忧患，则不得其正。心不在焉，视而不见，听而不闻，食而不知其味。此谓修身在正其心。

"所谓修身在正其心者"，"欲修其身者，先正其心"，"心正而后身修"，想要为人处世行为端正，先要端正内心思想品德，内心思想品德端正之后才能做到为人处世行为端正。"人之初，性本善"，人生之初，本性善良。"身有所忿懥，则不得其正；有所恐惧，则不得其正；有所好乐，则不得其正；有所忧患，则不得其正"，人心之所以"不得其正"是因为"忿懥""恐惧""好乐""忧患"的影响。受个人感情支配的人就像"心不在"了，结果只能是"视而不见，听而不闻，食而不知其味"。我们都见过受了刺激的人，样子痴痴呆呆，看东西就像没看见，听话也像听不到，吃东西也不知道味道。这都是因为心还在其他地方，身体和心思是分离的，身体就像行尸走肉。"修身在正其心"，就是说修养道德品行的重点是提高思想认识，使人的主观情感与客观情况相符。《中庸》有言："喜怒哀乐之未发，谓之中；发而皆中节，谓之和。中也者，天下之大本也；和也者，天下之达道也。致中和，天地位焉，万物育焉。"在人的喜怒哀乐没有产生的时候，可以说人心是中正的；所以喜怒哀乐产生后就要懂得自觉节制，这样才能心里中正平和。不受喜怒哀乐影响的状态，是天下的本来面貌；节制喜怒哀乐，天下万物就能实现和合共生。人如果能致力于节制喜怒哀乐，就能让天地万物都获得发育成长的机会。如果说"格物"是为了"致知"，也就是获得理性的知识，那么"正心"其实就是"致中和"，也就是获得内心的平和。在此基础上,"修身"的效果实现"天地位焉,万物育焉",也就"赞天地之化育",协助天地促进万物的生长发育。这可以说是中国古代的"美育",格物致知是关于"真"的教育,诚意正心是关于"善"的教育,正心修身则是关于"美"的教育。一个"修"字,一个"正"字,已经表明了"美"是一个不断"修正"的过程。它的理想不只实现"独立的人格,自主的精神"亦即"成己",也是实现"天地位焉,万物育焉"的"成物"。"知行合一""成己成物""内圣外王",如此则"尽善尽美"。

一、"修身在正其心"

本章第一句话"所谓修身在正其心者",与下文"所谓齐其家在修其身者""所谓治国必先齐其家者"体例一致,大概就是据此朱熹补充"所谓致知在格物者"一章。但是,这并没有使前后体例一致,反倒使前后体例更加不一致。如果要前后体例一致,至少还得补充"所谓诚意在致知者""所谓正心在诚意者"两章,如此前后各三章才能形成与"经"对应的"环环相扣"。由此也再次支持了王阳明的观点:流传已久的古本《大学》并无编排错误。但是,文本谁对谁错其实不是最重要的,我们今天不如把精力用于搞清楚朱熹的用意何在,王阳明又有何居心,他们对《大学》的阐释于世道人心发挥了什么作用。这本身就是《大学》教人的"格物""致知""诚意""正心"的功夫,否则读了大学也不过是在文字上下功夫,或者顶多在程朱理学和陆王心学之间打口水仗,而于"修身""齐家""治国""平天下"毫无助益。大致来说,朱熹"所谓致知在格物者"一章,是因为朱熹认为《大学》所教,"工夫全在致知、格物上"。王阳明则认为"只要解心。心明白,书自然融会。若心上不通,只要书上文义通,却自生意见"[①]。换句话说,朱熹认为《大学》教人"修身"就是能够把所学知识运用于待人接物,王阳明则认为读书要有"心得"。朱熹生活在政权岌岌可危的南宋,他希望修身能够治国平天下;王阳明生活在人心险恶的明朝,他希望读书扭转世道人心。

---

① (明)王阳明,撰.王晓昕,译注.传习录译注[B].北京:中华书局,2018:388.

（一）"工夫全在致知、格物上"

"所谓修身在正其心者"，用《大学》原文的话说就是"欲修其身者，先正其心"，"心正而后身修"。"格物""致知""诚意""正心""修身""齐家""治国""平天下"，"譬如一竿竹，虽只是一竿，然其间又自有许多节"[1]，"正心"这节不通就到不了"修身"这节。由此可见，打通所有这些关节都要从"格物"开始，"格物"功夫足够就能"势如破竹"。当然，"势如破竹"也不是"一劳永逸"，"雨后春笋节节高"，越到高处越是天地广阔，但其"势"却越小，所以也越是难处。所以想要"直指人心"，就像想要直接"平天下"一样，都是只用眼睛"穷格竹子"就想"势如破竹"的"白日做梦"。唯有一步一个台阶地攀登，才是能"止于至善"的"大学之道"，也才能"明明德于天下"，进而最终实现"平天下"。

> 康叔临问："意既诚矣，心安有不正？"
>
> 曰："诚只是实。虽是意诚，然心之所发有不中节处，依旧未是正。亦不必如此致疑，大要只在致知格物上。如物格、知至上鲁莽，虽见得似小，其病却大。自修身以往，只是如破竹然，逐节自分明去。今人见得似难，其实却易。人入德处，全在致知、格物。譬如适临安府，路头一正，着起草鞋，便会到。未须问所过州县那个在前，那个在后，那个是繁盛，那个是荒索。工夫全在致知、格物上。"[2]

"修身在正其心者"，意味着"意诚"而后不会自然而然地"心正"。就像"知至"之后还要"诚意"的功夫，"诚意"之后也还要"正心"。"势如破竹"不等于"一泻千里"，有"节"就需要下功夫去打通这些"节"。"诚"只是"实诚"，不虚假了。虽是不虚假了，但心中喜怒哀乐萌发仍然有不能"中节"处，也就是不符合"喜怒哀乐之未发，谓之中"（《中庸》）。也就是说虽然已经心诚意诚了，但是，一旦受到喜怒哀乐的影响，心其实就不中不正了。但也不要嘴上光说不要带有喜怒哀乐，最

---

[1] （宋）黎靖德，编．王星贤，点校．朱子语类[B]．北京：中华书局，2020：365．
[2] （宋）黎靖德，编．王星贤，点校．朱子语类[B]．北京：中华书局，2020：325．

重要的还是源头上的"格物"功夫,"物格而后知至,知至而后意诚,意诚而后心正","物格而后知至"功夫不够,在这方面发现的问题看起来很小,造成的毛病却可能很大。如此,"修身"往下的节目,也就"势如破竹",一节一节自能往下推进。今天的人看着后面好像越来越难,但其实前面做好了也会使后面变容易。人进入"明德"的境界,全在于做好"致知在格物"。就像一个人要去临安(南宋首都),道路一旦正确无误,穿上草鞋也能走到。没有必要事先问清所过州县哪个在先哪个在后,哪个繁荣哪个萧条。做学问的功夫全在"致知格物","物格而后知至"。朱熹这个意思,大概相当于我们要先认识马克思主义的科学性,确立崇高的共产主义理想,有了科学的思想理论的指导和坚定的理想信念,自然就能走出一条通向成功的道路。朱熹孜孜以求的就是"理"或"天理",有些人认为他夸大了"理"的作用,因此称他是"客观唯心主义"。但是,朱熹并不是从"灭人欲"入手去"存天理",而是"即物穷理",他要求从客观"事物"出发"穷究天理"。把朱熹称作"客观唯心主义"的人,或许忽视了他对"格物"自始至终的强调。尤其值得注意的是,"譬如适临安府,路头一正,著起草鞋,便会到",这句话清楚地表明朱熹的"理"不仅是从"格物"中来,而且最终还要能指导"格物"。马克思主义的唯物辩证法要求一切从客观实际出发,在实践中总结理论,理论又用来指导实践。朱熹讲的"物格而后知至"就是"即物穷理",他的"理论"也是要指导"道路"的,也是"行动的指南"。所谓"物格而后知至,知至而后意诚,意诚而后心正,心正而后身修",就是从客观事物出发才能修养自身,修养自身又是为了更好地应对客观事物。

之所以说"修身在正其心",是因为"心,言其统体;意,是就其中发处。正心,如戒惧不睹不闻;诚意,如慎独"[①]。"心"是统领身体的意识,"意"是心中萌发的意念。"正心",就像"戒慎乎其所不睹,恐惧乎其所不闻",也就是在人所不知道不听闻之际的自我警惕意识;"诚意"就如"君子必慎其独也",也就是在人所不知道不听闻之际实实在在地进行自我警惕。大概来说,"心"是一个更大的范畴,包含了更小的"意"。所谓"意乱情迷",就是像看到美色产生了淫欲,下一步就要背叛爱情了;所谓"心猿意马",就是说心本来就像猿猴一样静不下来,那意念就会像野马一样狂奔。这么说很容易让人觉得,"直指人心"不就是抓着大的吗?心定了不就也控

---

① (宋)黎靖德,编.王星贤,点校.朱子语类[B].北京:中华书局,2020:325.

制住意念了吗？怎么倒过来从小处着手呢？朱熹认为问题就在于那大的心根本抓不住啊！我们经常说人"心可真大"，甚至"没心没肺"，但是，一个人既然"心可真大""没心没肺"，那他根本就不可能觉得自己"心可真大""没心没肺"。所以只能从小的意念着手，比如见到美色动了邪念自己是知道的，至于对爱人的心变没变暂时是不知道的，就要在这个"邪念"上下手，才能保持"心正"。这就是把钻到心里的"偷心贼"赶跑了，自然也就保持了"心正"，这就是"正心"。这就像种田人把杂草除掉了，田地里才能播种长苗。只是在心里下定决心要一辈子爱一个人是没有用的，关键是见到美色不要心猿意马、意乱情迷，意诚了才能心正。所以，"诚意"是最重要的功夫，后面"正心""修身"等都是一节比一节轻巧。

问："心，本也。意，特心之所发耳。今欲正其心，先诚其意，似倒说了。"

曰："心无形影，教人如何撑拄。须是从心之所发处下手，先须去了许多恶根。如人家里有贼，先去了贼，方得家中宁。如人种田，不先去了草，如何下种。须去了自欺之意，意诚则心正。诚意最是一段中紧要工夫，下面一节轻一节。"[1]

"欲修其身者，先正其心；欲正其心者，先诚其意；欲诚其意者，先致其知；致知在格物"；"修身"最终要立足于"格物"，"格物者，知之始也；诚意者，行之始也。意诚则心正，自此去，一节易似一节"[2]。"物格而后知至，知至而后意诚，意诚而后心正，心正而后身修"，"正心"要从"诚意"入手，"人之无状污秽，皆在意之不诚。必须去此，然后能正其心。及心既正后，所谓好恶哀矜，与修身齐家中所说者，皆是合有底事"[3]。"修身"的直接入手处是"诚意"，"意诚而后心正，心正而后身修"；最终的立足点是"格物"，"物格而后知至，知至而后意诚"，这就是朱熹的"内外兼修"。

---

[1] （宋）黎靖德，编．王星贤，点校．朱子语类[B]．北京：中华书局，2020：325—326．
[2] （宋）黎靖德，编．王星贤，点校．朱子语类[B]．北京：中华书局，2020：326．
[3] （宋）黎靖德，编．王星贤，点校．朱子语类[B]．北京：中华书局，2020：328．

（二）"心自然会知"

朱熹的"修身"最终功夫"全在致知、格物上"，始于"物格而后知至"，终于"致知在格物"，不从客观事物出发就不能正确地认识事物，没有对事物的正确认识也不能正确应对事物。王阳明不反对"八目"以"格物"为"始"或"本"，他理解的"格物"和朱熹完全相反。朱熹理解的"格物"是"即物穷理"，也就是就事物本身探究其中道理。王阳明就是按这个意思去"穷格"竹子，最终得出的结论是"即物"根本不可能"穷理"。"及在夷中三年"，"乃知天下之物本无可格者。其格物之功，只在身心上做"①。这是王阳明的"心路历程"，他就是在经历了这些之后，批判朱熹的"理学"并发展出自己的"心学"。

> 爱问："昨闻先生'止至善'之教，已觉功夫有用力处。但与朱子'格物'之训，思之终不能合。"
>
> 先生曰："格物是止至善之功，既知至善，即知格物矣。"
>
> 爱曰："昨以先生之教推之格物之说，似亦见得大略。但朱子之训，其于《书》之'精一'，《论语》之'博约'，《孟子》之'尽心知性'，皆有所证据，以是未能释然。"
>
> 先生曰："子夏笃信圣人，曾子反求诸己。笃信固亦是，然不如反求之切。今既不得于心，安可狃于旧闻，不求是当？就如朱子亦尊信程子，至其不得于心处，亦何尝苟从？'精一''博约''尽心'，本自与吾说吻合，但未之思耳。朱子格物之训，未免牵合附会，非其本旨。精是一之功，博是约之功。曰仁既明知行合一之说，此可一言而喻。尽心、知性、知天，是生知安行事；存心、养性、事天，是学知利行事；夭寿不贰，修身以俟，是困知勉行事。朱子错训'格物'，只为倒看了此意，以'尽心知性'为'物格知至'，要初学便去做生知安行事。如何做得？"②

---

① （明）王阳明，撰．王晓昕，译注．传习录译注[B].北京：中华书局，2018：498.
② （明）王阳明，撰．王晓昕，译注．传习录译注[B].北京：中华书局，2018：24.

"只在身心上做",就是人先要"正心",然后才能用"良知"去"格物",亦即"格正"心中"物欲",这显然与朱熹说的路径相反。阐释《大学》的"八目"必须从"格物"开始,王阳明对朱熹的批评也是从"朱子错训'格物'"开始。王阳明认为"格物"是"止至善"的功效,也就是说人之所以能够正确应对事情是因为他心中知道善恶标准,既然知道了善恶的标准也就自然知道正确做事。这样来看,为人处世最重要的一件事,那就是牢牢把握是非善恶标准。所以对于朱熹引用《尚书》说的"惟精惟一",《论语》中的"博学于文,约之以礼",《孟子》中的"尽其心者,知其性也,知其性则知天矣",解释他的"穷理尽性",王阳明觉得都是"烦琐哲学"。《大学》据说是曾子写的,或者据朱熹考证也是曾子对孔子的言论做的发挥。王阳明认为曾子不同于子夏的地方是,子夏对圣人的话笃信不疑,而曾子知道从内心进行反思。对圣人的话笃信不疑当然也对,但不如切身反思圣人的话理解得透彻。我们心中如果已经明明感觉到不对,怎么能继续迷信旧说而不求甚解呢?就像朱熹非常尊敬二程,但他对于心中有疑问的地方,也并不盲目遵从。王阳明认为"惟精惟一""博学于文,约之以礼""尽其心者,知其性也,知其性则知天矣",其实正与他的"只在身心上做"相吻合。朱熹从"即物穷理"开始,费了九牛二虎之力历经"致知""诚意"才到得"正心",只是"窃附己意"而非《大学》的本意。理能"精纯"是心能"专一"的功劳,学能"广博"是良知"简约"的功劳。所谓"仁心",就是要知道"知行合一"的学说,这就是说可以只用"知行合一"这句话来教人。尽人心之良知、尽知万物本性、尽知天理,这是圣人天生就知真理大道且安心遵道而行的做事方式;保存心之良知;滋养人的本性之善、按照天理行事,这是常人学了才知道且在利益引导下才遵行的做事方式;不论会早死还是能长寿都没有二心,只管身体力行地做好自己该做的事,其他一切听天由命,这是人遭遇了困境后不得已才这样的做事方式。朱熹错误阐释"格物",主要就是颠倒了《大学》的本意,用"尽心知性"来解释"物格知至",这是要初学者去像圣人一样天生就知真理大道且安心遵道而行,这如何使得?

王阳明以"知行合一"取代朱熹的"即物穷理"。主要意思是只有圣人才能"即物穷理",普通人又不是"生而知之"的圣人,你让他拿什么去"即物穷理"呢?不如让他们凭着"良知"去"行事",这就是"知行合一"。换句话说,朱熹叫人做事不要从主观愿望出发,一切从客观事物出发,从中认识客观内在的规律。王阳明按他说的去做,结果师徒"穷格"竹子累得病倒了也没"穷理",得出结论是按朱熹的方法"圣贤是做不得的，无他大力量去格物了"。王阳明觉得自己的方法就很简单，每个人凭着"良知"去"行事"，有多少良知就行多少事，所以，"圣人为人人可到"。大致说来，朱熹要人从调查研究开始做事，王阳明教人凭着"良知"边干边学。朱熹认为做事不从调查研究开始就无从下手，王阳明则认为朱熹"倒做了，所以使学者无下手处"[1]，没有"知"你怎么调查研究？问题是王阳明的"良知"又从何而来呢？

> 知是心之本体。心自然会知：见父自然知孝，见兄自然知弟，见孺子入井，自然知恻隐，此便是良知，不假外求。若良知之发，更无私意障碍，即所谓'充其恻隐之心，而仁不可胜用矣'。然常人不能无私意障碍，所以须用致知格物之功，胜私复理。即心之良知更无障碍，得以充塞流行，便是致其知。知致则意诚。[2]

王阳明认为，"心不是一块血肉，凡知觉处便是心"[3]，除非是植物人或死人，哪个人能没有"知觉"呢？所以说人心自然有知，比如见到父亲自然就知道孝顺，见到兄长自然就知道尊敬，见小孩掉井里了自然知道同情，这些都是心中自由的良知，都不需要向外寻求。如果良知萌发了，而且没有私心阻碍，就是所谓的充实同情的心就会有用不完的仁爱之心。当然，常人不可能没有私心阻碍良心，所以需要用"致良知"的办法发挥"格物"功用，也就是通过唤起良知去除心中私心以恢复天理。一旦心中的良知不再有私心阻碍，能够重开阻塞畅通流行，就是所谓的"致知"，进而"知至而后意诚"。

"知行合一"和"致良知"是王阳明"心学"的两大要义，"心学"说到底就是按照良知或良心做事，并且在做事中修养良知或良心。王阳明提出的"致良知"和"知行合一"，针对的是朱熹的"即物穷理"和"穷理尽性"。朱熹认为只有"物"才是实在的，"正心"必须依照"物格而后知至"的"物理"或"天理"。王阳明认为"格物"的"物"就是"事"，"格物"应该从"心"上说，"正心"才是"格物"的"下手处"。

---

[1] （明）王阳明，撰.王晓昕，译注.传习录译注[B].北京：中华书局，2018：25.
[2] （明）王阳明，撰.王晓昕，译注.传习录译注[B].北京：中华书局，2018：314.
[3] （明）王阳明，撰.王晓昕，译注.传习录译注[B].北京：中华书局，2018：505.

（三）"内圣外王" 诚者自成也，而道自道也。诚者物之终始，不诚无物。是故君子诚之为贵。诚者非自成己而已也，所以成物也。

《庄子·天下》有言："是故内圣外王之道，暗而不明，郁而不发，天下之人，各为其所欲焉，以自为方。"大致是批评诸子百家各执一方，而道家则致力于"内圣外王"，所以能达到"天人合一"。其实，"内圣外王"在《中庸》中体现得很清楚："诚者自成也，而道自道也。诚者物之终始，不诚无物。是故君子诚之为贵。诚者非自成己而已也，所以成物也。成己，仁也；成物，知也。性之德也，合外内之道也，故时措之宜也。"李贽《四书评·大学》则说："真正学问，真正经济，内圣外王，具备此书。"《大学》几乎可以说就是阐释"内圣外王"之道的书。"内圣外王"实在是诸子百家共同的价值追求，但这并不意味着通往这个目标的"道"也会相同。同是儒家"道学"中人，王阳明和朱熹对于"道"也有重大分歧。

王阳明和朱熹的分歧是从对《大学》的不同阐释而产生的，他们都试图为《大学》进行"正名"。朱熹认为《大学》古本有错，王阳明认为并没有错，王阳明是对朱熹的"否定之否定"。这样的事在汉朝已经发生过，那就是今文经和古文经的争论，那次争论比宋明理学的争论涉及面更广。后来康有为的《新学伪经考》以及五四之后的《整理国故》《古史辨》，也是一样的路数。这是历史悠久的国家学术研究的特点，就像一代一代人不断地整理翻修长城、运河和故宫。西方学术好像创新迭出，其实也是因为他们没有历史传统，所以总是"平地起高楼"。白金汉宫、凡尔赛宫、克里姆林宫、白宫往后都不会随便推倒重建，西方的学术也不会总是推翻了另起一套。我们没有必要过分纠缠于《大学》古本到底是怎样的、本意到底如何，即便弄清了又能怎样？我们应该把重点放在朱熹和王阳明到底用意何在，以及他们的阐释有什么意义，我们今天怎么读《大学》才有时代价值。

> 来教谓某"《大学》古本之复，以人之为学但当求之于内，而程、朱'格物'之说不免求之于外，遂去朱子之分章，而削其所补之传。"非敢然也。学岂有内外乎？《大学》古本乃孔门相传旧本耳。朱子疑其有所脱误而改正补缉之。在某则谓其本无脱误，悉从其旧而已矣。失在于过信孔子则有之，非故去朱子之分章而削其传也。夫学贵得之心，求之于心而非也，虽其言之出于孔子，不敢以为是也，而况其未及孔子者乎！求之于心而是也，虽其言

之出于庸常，不敢以为非也，而况其出于孔子者乎？且旧本之传数千载矣，今读其文词，即明白而可通，论其工夫，又易简而可入，亦何所按据，而断其此段之必在于彼，彼段之必在于此，与此之如何而缺，彼之如何而补，而遂改正补缉之？无乃重于背朱而轻于叛孔已乎？①

王阳明在以上《答罗整庵少宰书》中不承认自己有"以人之为学但当求之于内"的意思，但他确实认为"程、朱'格物'之说不免求之于外"；他虽然强调"学岂有内外乎？"但也明确提出"学贵得之心"，强调"求之于心"。王阳明认为"程、朱'格物'之说不免求之于外"，但朱熹曾以类比的方法质问，谁说那出门在"外"的儿子就不是自家儿子？毫无疑问，朱熹更赞赏出门在"外"的儿子，他大概认为在家啃老的儿子是不成器的，只有"求之于外"的"格物""致知"才能达到"诚意""正心"的"内"修。朱熹强调"求之于外"的"格物致知"，王阳明强调"求之于心"的"诚意正心"，但他们绝对认可《中庸》说的"诚者非自成己而已也，所以成物也。成己，仁也；成物，知也。性之德也，合外内之道也，故时措之宜也"。也就是说，"诚意"不能只是自己心满意足而已，而是最终必须成就事物。成就自己的心意，应该是体现仁德；成就事物，应该是体现智慧。天赋秉性所具有的美德，是遵循内外合一，所以时时都要内外得宜。作为"心学"集大成者的王阳明无疑是"内圣"的典范，但也成就了令世人羡慕的"治国""平天下"之"外王"功。

夫人者，天地之心。天地万物，本吾一体者也，生民之困苦荼毒，孰非疾痛之切于吾身者乎？不知吾身之疾痛，无是非之心者也。是非之心，不虑而知，不学而能，所谓良知也。良知之在人心，无间于圣愚，天下古今之所同也。世之君子惟务致其良知，则自能公是非，同好恶，视人犹己，视国犹家，而以天地万物为一体，求天下无治，不可得矣。古之人所以能见善不啻若己出，见恶不啻若己入，视民之饥溺犹己之饥溺，而一夫不获，若己推而纳诸沟中者，非故为是而以蕲天下之信己也，务致其良知求自谦而已矣。尧、舜、三王之圣，言而民莫不信者，致其良知而言之也；行而民莫不说

---

① （明）王阳明，撰．王晓昕，译注．传习录译注 [B]．北京：中华书局，2018：314．

者，致其良知而行之也。是以其民熙熙皞皞，杀之不怨，利之不庸，施及蛮貊，而凡有血气者莫不尊亲，为其良知之同也。呜呼！圣人之治天下，何其简且易哉！

后世良知之学不明，天下之人用其私智以相比轧，是以人各有心，而偏琐僻陋之见，狡伪阴邪之术，至于不可胜说：外假仁义之名，而内以行其自私自利之实，诡辞以阿俗，矫行以干誉，损人之善而袭以为己长，讦人之私而窃以为己直。忿以相胜而犹谓之徇义，险以相倾而犹谓之疾恶。妒贤忌能，而犹自以为公是非；恣情纵欲，而犹自以为同好恶。相陵相贼，自其一家骨肉之亲，已不能无尔我胜负之意、彼此藩篱之形，而况于天下之大、民物之众，又何能一体而视之？则无怪于纷纷籍籍，而祸乱相寻于无穷矣！①

王阳明这段文字堪称"人心不古"的最生动描写，其中提出的"天地万物，本吾一体"，钱穆认为"可说是先秦《礼运篇》以下之又一种人类理想社会之提示。而且我们可以说：若无阳明良知学作依据，也断不能有《礼运》'大同世界'之出现"②，也就是说"良知"是实现"大同"的必要道德前提。确实，《礼运》说的"大同"还是"人类命运共同体"，王阳明的"天地万物，本吾一体"直接包含了自然界，比"大同"更加包罗万象。"致良知"应该还是对"致知"的发挥，"知行合一"其实已经走出《大学》的"三纲八目"了。尤其值得注意的是，王阳明讲的"知行"是"大学之道"的"本体"，"若会得时，只说一个知，已自有行在；只说一个行，已自有知在"③。王阳明的学问用他自己的话说就是："吾辈用功只求日减，不求日增。减得一分人欲，便是复得一分天理，何等轻快脱洒！何等简易！"④这句话不免让人想起老子说的"为学日益，为道日损，损之又损，以至于无为，无为而无不为"，王阳明的"天地万物，本吾一体"和"知行合一"正是所谓的"一切入一"。可以说王阳明最终使《大学》只剩下一个字——"道"。

---

① （明）王阳明，撰．王晓昕，译注．传习录译注 [B]．北京：中华书局，2018：327—330.
② 钱穆．中国思想史（新校版）[B]．北京：九州出版社，2012：234.
③ （明）王阳明，撰．王晓昕，译注．传习录译注 [B]．北京：中华书局，2018：20.
④ （明）王阳明，撰．王晓昕，译注．传习录译注 [B]．北京：中华书局，2018：135.

大学之道

道							
知				行			
内圣				外王			
真		善		美			
大学之道		在明明德		在亲民		在止于至善	
格物	致知	诚意	正心	修身	齐家	治国	平天下

朱熹的学问发展路径和王阳明的"只求日减,不求日增"相反,几乎可以说是"为学日益,为道日远"。他从"大学之道"开始后"一分为二":"格物者,知之始也;诚意者,行之始也"[①],或如曾国藩所言,"格物,致知之事;诚意,力行之事也"[②]。也就是说朱熹认为"格物"和"致知"属于"知"的范畴,"诚意"之后属于"行"的范畴,"道"因此被认为"明道"和"行道"。"大学之道"这个"体",又分为"在明明德,在亲民,在止于至善"三方面的"用"。"道"在"一生二,二生三"之后,又"三生万物"地分为"八目"。《大学》古本之所以从"所谓诚其意者"开始讲,大概来说就是因为前面讲的都是"知","诚意"之后讲的都是"行"。对此朱熹应该是非常清楚的,所以他不断地强调"致知"和"诚意"两节在《大学》全书中非常重要!就是因为《大学》全书无非就是"知道"和"行道"、"知"大学之道和"行"大学之道两件大事。但和王阳明不断收缩相反,朱熹又对"八目"进一步展开,尤其是补充了"所谓致知在格物"一章。最终,朱熹的学问功夫其实必须要落在"格物",这当然也符合"八目"本身的逻辑。朱子真是无所不用其极!

> 致知、诚意两节若打得透时,已自是个好人。其它事一节大如一节,病败一节小如一节。格物者,穷事事物物之理;致知者,知事事物物之理。无所不知,知其不善之必不可为,故意诚;意既诚,则好乐自不足以动其心,

---

① (宋)黎靖德,编.王星贤,点校.朱子语类[B].北京:中华书局,2020:348.
② 曾国藩,著.李瀚章,编撰.李鸿章,校勘.曾文正公家书(上)[K].北京:线装书局,2015:39.

故心正。格物、致知、正心、诚意，不可著纤毫私意在其中。①

大学于格物、诚意，都锻炼成了，到得正心、修身处，只是行将去，都易了。致知、诚意、正心，知与意皆从心出来。知则主于别识，意则主于营为。知近性，近体；意近情，近用。若论浅深意思，则诚意工夫较深，正心工夫较浅；若以小大看，则诚意较紧细，而正心、修身地位又较大，又较施展。诚意、正心、修身，意是指已发处看，心是指体看。意是动，心又是该动静。身对心而言，则心正是内。能如此修身，是内外都尽。若不各自做一节功夫，不成说我意已诚矣，心将自正！则恐惧、好乐、忿懥引将去，又却邪了。不成说心正矣，身不用管！则外面更不顾，而遂心迹有异矣。须是"无所不用其极"。②

从文本是否有错这点上讲，很可能王阳明是对的，并没有错。但这只能说明朱熹对《大学》进行了创造性改造！也就是说《大学》原本是纯粹的"伦理道德"意义上的"道学"之术——这点也说明王阳明在内容把握上也是完全准确的，但朱熹给它添加了科学的色彩。朱熹"格物"的解释是"即物穷理"，胡适也承认"十分接近归纳法"，只是"没有对程序作出详细规定的归纳法"③。用马克思主义的话语说，"即物穷理"完全符合"唯物辩证法"。朱熹的"理学"已经触碰到了"科学"的门槛，他甚至用了"物理"这个词，只是还没有打开这扇门。王阳明的"心学"是不可能触碰到"科学"的门槛的，因为科学首先就必须把"物"和"心"分开，让它"外在"地成为科学研究的对象。从这个意义上说，王阳明的"心学"也和现代"心理学"没有关系。但是，王阳明高度肯定了人的主动性、积极性和创造性，他可以说触碰到了"民主"的门槛的。从中我们也认识到了，民主和科学是存在冲突的，民主的核心要义是尊重民众的主观意愿，科学却是尊重事物自身发展内在规律，不会总符合人的主观意愿。人心"不得其正"就是因为人的主观意愿与事物发展内在规律有矛盾，"修身在正其心"说到底就是要解决人的主观意愿和客观规律的矛盾。

---

① （宋）黎靖德，编．王星贤，点校．朱子语类[B]．北京：中华书局，2020：326．
② （宋）黎靖德，编．王星贤，点校．朱子语类[B]．北京：中华书局，2020：326—327．
③ 胡适．先秦名学史[B]．合肥：安徽教育出版社，1999：9．

二、"不得其正"

"身有所忿懥，则不得其正；有所恐惧，则不得其正；有所好乐，则不得其正；有所忧患，则不得其正"，说的是人"心"必然"不得其正"的原因，那就是"身"体处于"忿懥""恐惧""好乐""忧患"之中。"所谓修身在正其心"，就是改变"身"体处于"忿懥""恐惧""好乐""忧患"的状态才能"心正"。

（一）"心"与"身"

"身有所忿懥"，朱熹说："程子曰：'身有之身当作心'"，"忿懥，怒也。盖是四者，皆心之用，而人所不能无者。然一有之而不能察，则欲动情胜，而其用之所行，或不能不失其正矣"[①]。意思是说这里的"身"是"心"错写，"忿懥"的意思是怒，"忿懥""恐惧""好乐""忧患"等情感，都是心发生作用的方式，而且是人难免会有的情感。但是，一旦受了这些情感的影响而没有察觉，人的欲望和情感就战胜了道德和理智，做事情如果凭着欲望和情感，就不能不有失偏颇。

"身有所忿懥"的"身"如果就是"心"的话，"身有所忿懥，则不得其正"就只在讲"正心"而没有"修身"了，从逻辑上说不符合"所谓修身在正其心"。其实这里的"身"应该也是没有错的，讲的就是"身体"的一种状态。"忿懥"并不只是"心"中的"怒"而已，而是像岳飞的"怒发冲冠凭栏处"，或民众"揭竿而起"的那种"愤愤不平"，西方民众在大街上喊着口号游行示威是当今时代最典型的"身有所忿懥"，这种状态虽然出于"正义"但其实是通常也很难做到"心正"。"忿懥"是觉得受到了不公平对待，有些人甚至每天都愤愤不平，随时都可能做出反社会的行为。"恐惧"就是生命安全受到了威胁，比如受到恐怖主义威胁的西方国家，对待阿富汗甚至整个阿拉伯世界就很难做到"心正"。"好乐"也不只是心里有所好乐，而是像商纣王那样荒淫无度，每天沉迷于酒色之中。"忧患"则类似今天的人担心下岗失业，或者精英的升迁竞争压力。子曰："鄙夫可与事君也与哉？其未得之也，患得之；既得之，患失之。苟患失之，无所不至矣。"（《论

[①]（宋）朱熹，集注．四书章句集注[B]．北京：中华书局，2016：8．

语·阳货》）在未得到职位时，总是害怕得不到；得到职位以后，又唯恐失去，如果老是担心失去职位，就会是没有什么事做不出来的，这就是鄙夫之心"不得其正"。

问："心者，身之主；意者，心之发。意发于心，则意当听命于心。今日'意诚而后心正'，则是意反为心之管束矣，何也?"

曰："心之本体何尝不正。所以不得其正者，盖由邪恶之念勃勃而兴，有以动其心也。譬之水焉，本自莹净宁息，盖因波涛汹涌，水遂为其所激而动也。更是大学次序，诚意最要。学者苟于此一节分别得善恶、取舍、是非分明，则自此以后，凡有忿懥、好乐、亲爱、畏敬等类，皆是好事。大学之道，始不可胜用矣。"[1]

"身有所忿懥，则不得其正；有所恐惧，则不得其正；有所好乐，则不得其正；有所忧患，则不得其正"，其实是在提醒我们，"心"之所以"不得其正"，是因为"身"受到了"外在刺激"。虽然"心"是"身"的主宰，但"身"也反作用于"心"。我们身体有病痛，心情就不会好，即便想好也好不了。身体的五官是知觉的器官，身体受到外界的刺激就必然会有反应，这就是"意动"。"意"是"心"的最初萌动，所以说"意诚而后心正"。按说"意"应该受"心"控制，但是，所谓"意乱情迷"，意动了心就跟着动。在不受外界刺激的时候，心本来是"正定"安静的。心之所以不再"正定"安静，是因为有邪恶的意念兴起了，使得"正定"安静的心不再"正定"安静。我们每个人都有体会，通常我们的心情平静如水、清净安宁，一旦受到外界刺激，比如女生见到帅气的男生就会春心荡漾，外向的男生见到漂亮的女生甚至内心波涛汹涌，正是"好色"的刺激使我们怦然心动。这时候就看心动得合适不合适了，结了婚见一个异性就心动，这就要控制了。所以《大学》讲的"格物""致知""诚意""正心""修身"次序，"诚意最重要"。"格物"就像见到异性，"致知"就是我们知觉到了自己被打动，"诚意"就是问问该不该心动，"正心"就是下决心行动或不动，"修身"就是真正行动或制止不动。如果能在"诚意"这一环节做出是非善

---

[1] （宋）黎靖德，编．王星贤，点校．朱子语类[B]．北京：中华书局，2020：327．

恶的取舍，自从之后忿懥、好乐、亲爱、畏敬等情感都是适得其所的好事。如此，"大学之道"就成为人生不可胜用的法宝。

"所谓诚其意者，毋自欺也，如恶恶臭，如好好色"，就是说"诚意"无非就是不要自欺，就像人人都厌恶令人作呕的臭味，人人都喜好美好的事物。先得"毋自欺"，直面人心的好恶之意，否则何以评价心的"正"或"不正"呢？"恶恶臭""好好色"，这就是人"心"之"正"；谁要是"好恶臭""恶好色"则是人"心"之"不正"。这也意味着"心正"是人的本性，人心"不正"是人性的扭曲。当然，放任个人喜好，把自己不喜欢的事物都当恶臭来厌恶，对美好的东西贪得无厌，显然也不是人心之"正"。"正心"是在对外物"纵欲"和"禁欲"中间找到一个"正"，使心不陷入外物的诱惑。"心"如果"为物欲所陷"就是"人化物"，这也就是"灭天理而穷人欲"。

> 人生而静，天之性也。感于物而动，性之欲也。物至知知，然后好恶形焉。好恶无节于内，知诱于外，不能反躬，天理灭矣。夫物之感人无穷，而人之好恶无节，则是物至而人化物也。人化物也者，灭天理而穷人欲者也。于是有悖逆诈伪之心，有淫佚作乱之事。是故强者胁弱，众者暴寡，知者诈愚，勇者苦怯，疾病不养，老幼孤独不得其所，此大乱之道也。[①]

人生来心中静定，这是人的一种天性；感知外物以后心生萌动，是人的天性本来就有的欲望。外物刺激知觉器官就产生认知，然后喜好和厌恶也就形成了。好恶之情不能在内心得到节制，人的认知就受诱惑被外物牵着走，如果不能反躬自省，天理就泯灭了。外物对人的刺激是无穷无尽的，而人的好恶如果没有节制，实际上外物的刺激就把人同化为物了。人被外物同化，就是灭绝天理地去穷尽人欲。于是狂悖、忤逆、欺诈、虚伪在心中产生，进而做出骄奢淫逸、犯上作乱的事。因此，强大的胁迫弱小的，人多的欺负人少的，聪明的欺诈愚昧的，勇敢的欺压怯懦的，疾病的得不到医养，老人、幼童、孤儿、寡母不得安生，这些必将导致天下大乱。《礼记·乐记》告诉我们圣人制定礼乐的目的，就是让人学会平衡好内心的欲望和外物的刺激、自己的欲望和他人的欲望之间的关系。在"心中"确立"正确"的"人欲"

---

① 胡平生，张萌，译注. 礼记（下）[B]. 北京：中华书局，2017：718.

和"天理"关系，就是"正心"。"正心"的目的是"修身"，也就是"修正"每个"立身行事"偏离"天理"的地方。

总的来说，"正心是就心上说，修身是就应事接物上说"；"正心"其实"只是去其害心"，"今人多是不能去致知处着力，此心多为物欲所陷了。惟圣人能提出此心，使之光明，外来底物欲皆不足以动我，内中发出底又不陷了"①。也就是说，虽然"正心"就"心"来说的，但是"正心"的功夫不能只在心上做，因为"正心"其实是要去除"物欲"。所以，"正心"的功夫还要从"物格而后知至，知至而后意诚"一路做来，"意有善恶之殊，意或不诚，则可以为恶。心有得失之异，心有不正，则为物所动，却未必为恶。然未有不能格物、致知而能诚意者，亦未有不能诚意而能正心者"②；"诚意是去除得里面许多私意，正心是去除得外面许多私意。诚意是检察于隐微之际，正心是体验于事物之间"③；"意不诚，是私意上错了；心不正，是公道上错了"④。

（二）"情"或"理"

"身有所忿懥，则不得其正；有所恐惧，则不得其正；有所好乐，则不得其正；有所忧患，则不得其正。""忿懥""恐惧""好乐""忧患"都不属于"人生而静"的"天之性"，都属于"感于物而动"的"性之欲"。人心本是正定安静的，但因受外物刺激而产生欲望，这也是人性题中应有之义，否则这心就是死了。人心受物刺激就会产生好恶的意念，"忿懥""恐惧""好乐""忧患"都是好恶满足或不满足而产生的感情。正如"恶恶臭""好好色"是人之"正心"，"忿懥""恐惧""好乐""忧患"也是人之"常情"。既然是人之"常情"，就是永远都不能完全消除的情感。所以只能让"情"合乎"理"，"合情合理"就是"正心"。

"正心"是在肯定"人情"基础上的"修正"，使得"人情"与"情理"相统一。正如《中庸》所言，"喜怒哀乐之未发，谓之中"；"发而皆中节，谓之和"。"喜怒哀

---

① （宋）黎靖德，编．王星贤，点校．朱子语类[B]．北京：中华书局，2020：327—328.
② （宋）黎靖德，编．王星贤，点校．朱子语类[B]．北京：中华书局，2020：364.
③ （宋）黎靖德，编．王星贤，点校．朱子语类[B]．北京：中华书局，2020：365.
④ （宋）黎靖德，编．王星贤，点校．朱子语类[B]．北京：中华书局，2020：366.

乐之未发"，是"人生而静"的"天之性"，这种状态就是"中"或"正"，或"中正"。但喜怒哀乐也是难免的，要求人没有喜怒哀乐完全不合"理"，只能要求人节制喜怒哀乐之"情"，以恢复本来的"中"或"正"，这样的"合情合理"就是"正心"。所以，"正心"绝不是教人"铁石心肠"或"心如止水"，不管发生什么都"无动于衷"，那样就变成"冷血动物"了。当喜则喜，当怒则怒，这就是"正心"，正常心。但如果自己有喜就要求别人必须也同喜，自己不高兴了就迁怒他人，这就不是"正心"。所以，"正心"并不是用"此心"去正"彼心"，更不是用"己心"去正"人心"，它只是恢复通常情况下的"正常心"而已。

问："忿懥、恐惧、忧患、好乐，皆不可有否？"

曰："四者岂得皆无！但要得其正耳，如中庸所谓'喜怒哀乐发而中节'者也。"

心有喜怒忧乐则不得其正，非谓全欲无此，此乃情之所不能无。但发而中节，则是；发不中节，则有偏而不得其正矣。

好、乐、忧、惧四者，人之所不能无也，但要所好所乐皆中理。合当喜，不得不喜；合当怒，不得不怒。

四者人所不能无也，但不可为所动。若顺应将去，何"不得其正"之有！如颜子"不迁怒"，可怒在物，颜子未尝为血气所动，而移于人也，则岂怒而心有不正哉！

正心，却不是将此心去正那心。但存得此心在这里，所谓忿懥、恐惧、好乐、忧患自来不得。[①]

所谓"修身在正其心"，就是说要修正过激或消极的行为，必须先克制"忿懥""恐惧""好乐""忧患"等感情，使得人的行为符合当行之道。子曰："不得中行而与之，必也狂狷乎！狂者进取，狷者有所不为也。"（《论语·子路》）找不到中道而行的人交往，就只能和狂妄不羁或者简朴清净的人交往！狂妄不拘的人奋勇进取，简朴清净的人洁身自好不做坏事。子在陈，曰："归与！归与！吾党之小子狂简，斐

---

① （宋）黎靖德，编．王星贤，点校．朱子语类[B]．北京：中华书局，2020：366—367．

然成章,不知所以裁之。"(《论语·公冶长》)孔子在陈国说要回去,家乡那帮学生或者狂妄不羁或者简朴清净,虽然文采斐然但不知道节制自己。"狷者"洁身自好,无疑值得赞赏。"孔子在陈,何思鲁之狂士?"孔子为什么思念鲁国的狂士呢?孙奭疏:"琴张、曾晳、牧皮三者皆学于孔子,进取于道而躐等者也,是谓古之狂者也。"(《孟子·尽心下》)意思是说"狂者"有志于道而且学习敢于跨越阶段的人。但"狂者"肯定不限于学习积极进取的人,也包括口出狂言、行为放荡不羁的"楚狂",最典型的"狂者"当是敢于与"不得其正"的人斗争,甚至敢于领导民众诛杀君王。据《孟子·梁惠王下》记载:

> 齐宣王问曰:"汤放桀,武王伐纣,有诸?"
> 孟子对曰:"于传有之。"
> 曰:"臣弑其君可乎?"
> 曰:"贼仁者谓之贼,贼义者谓之残,残贼之人谓之一夫。闻诛一夫纣矣,未闻弑君也。"

齐宣王问道:"商汤流放夏桀,武王讨伐商纣,有这些事吗?"孟子回答道:"文献上有这样的记载。"宣王问:"臣子可以杀他的君主吗?"孟子说:"不仁的人叫贼,不义的人叫残,不仁不义的人就是独夫民贼。我只听说杀了独夫纣罢了,没听说臣杀君啊。"朱熹说:"害仁者,凶暴淫虐,灭绝天理,故谓之贼;害义者,颠倒错乱,伤败彝伦,故谓之残。一夫,言众叛亲离,不复以为君也。《书》曰:'独夫纣。'盖四海归之,则为天子;天下叛之,则为独夫。所以深警齐王,垂戒后世也。王勉曰:'斯言也,惟在下者有汤武之仁,而在上者有桀纣之暴则可。不然,是未免于篡弑之罪也。'"[①]像夏桀、纣王这种君主因为荒淫无度、残暴贪婪、灭绝天理、败坏人伦,已经成为众叛亲离的独夫民贼,民众甚至愿意与他们同归于尽,对他们的"愆懥"是符合天理人伦的"正心"。商汤伐夏桀,武王伐商纣,就是顺乎民心、合乎民意,所以他们的"革命"行为是出于"正心"。但是,如果在上位的君主并非如桀纣一般不仁不义,而在下位反叛者也并非"救民于水火之中"(《孟子·滕文公下》),且未

---

① (宋)朱熹,集注.四书章句集注[B].北京:中华书局,2016:222.

有"民之悦之，犹解倒悬也"(《孟子·公孙丑上》)，反叛君王就不能说是出于"正心"了，因此有"篡弑之罪"。"修身在正其心"就要对"狂简"进行剪"裁"，以"中道而行"。"狂者"敢于"诛一夫"，但也有可能"滥杀无辜"；"狷者"虽不敢"诛一夫"，但也不至于"助纣为虐"。用今天的话说，"狂者"敢于发动革命，"狷者"虽然不敢革命但也不是反革命。"修身在正其心"，相当于教育革命者避免走左倾冒险主义路线，并且动员不革命的民众积极参加正义的革命。

> 四者心之所有，但不可使之有所私尔。才有所私，便不能化，梗在胸中。且如忿懥、恐惧，有当然者。若定要他无，直是至死方得，但不可先有此心耳。今人多是才忿懥，虽有可喜之事亦所不喜；才喜，虽有当怒之事亦不复怒，便是蹉过事理了，便"视而不见，听而不闻，食而不知其味"了。盖这物事才私，便不去，只管在胸中推荡，终不消释。设使此心如太虚然，则应接万务，各止其所，而我无所与，则便视而见，听而闻，食而真知其味矣。看此一段，只是要人不可先有此心耳。譬如衡之为器，本所以平物也，今若先有一物在上，则又如何称！
>
> 要之，这源头却在那致知上。知至而意诚，则"如好好色，如恶恶臭"，好者端的是好，恶者端的是恶。某常云，此处是学者一个关。过得此关，方始是实。①

"身有所忿懥，则不得其正；有所恐惧，则不得其正；有所好乐，则不得其正；有所忧患，则不得其正"，说到底因为沉迷于私人的"忿懥""恐惧""好乐""忧患"，像商纣王沉迷于妲己、唐明皇沉迷于杨贵妃就完全忘记了朝廷的事，这就是"私欲"像"心梗"一样堵塞了人心。君王喜欢美色并没有错，谁都喜欢，但是不能荒淫无度，沉迷于女色，尤其不能因"私心"堵塞了"公心"。大多数人都是不能把个人的私心和天理公道分开，愤愤不平就不能再高兴起来，高兴起来就对违背天理的事也不再愤怒，这样就没有办法认识事理了，所以，"视而不见，听而不闻，食而不知其味"。因为一事一物而堵塞了心胸，就像动脉硬化症一样顽固不化。朱熹提出了要让

---

① （宋）黎靖德，编．王星贤，点校．朱子语类[B]．北京：中华书局，2020：367.

自己的心像"太虚"一样，这样就能心胸宽广容得下万物，但每件事物都是适可而止。因为心中没有牵挂，所以看见什么就是什么，听见什么就是什么，吃什么就能品出什么味道。总之，不让心中先存着一种心思，就像称重量的天平，本来就是通过平衡来称重，如果已经先有一物还怎么称重？

朱熹认为，"心正而后身修"的源头还在"格物""致知"，也就是获得正确的认识。"身有所忿懥，则不得其正；有所恐惧，则不得其正；有所好乐，则不得其正；有所忧患，则不得其正"，最主要的后果就是阻碍人不带任何情感地去"格物"，因此也就不可能"致知"。只有"物格而后知至，知至而后意诚"，才可能"意诚而后心正，心正而后身修"。不管《大学》"八目"中的哪个环节，朱熹说来说去最终一定说到"格物"上去，从这个意义上说，朱熹真是坚持"唯物主义"。"格物"就是要从"身有所忿懥，则不得其正；有所恐惧，则不得其正；有所好乐，则不得其正；有所忧患，则不得其正"转变为"无有"个人喜怒哀乐的"唯物主义"，从而使厌恶的就是应当厌恶的，喜好的也就是应当喜好的，厌恶恶的事物"如恶恶臭"，喜好好的事物"如好好色"。

子曰："唯仁者，能爱人，能恶人。"(《论语·里仁》)。朱熹说："盖无私心，然后好恶当于理，程子所谓'得其公正'是也。游氏曰：'好善而恶恶，天下之同情，然人每失其正者，心有所系而不能自克也。惟仁者无私心，所以能好恶也。'"[①]子曰："苟志于仁矣，无恶也。"(《论语·里仁》) 一个人如果真正奉行仁道，那其实就没有自己的好恶了。"忿懥""恐惧""好乐""忧患"本身并不是坏事，"文王一怒而安天下之民"，"武王亦一怒而安天下之民"，"乐民之乐者，民亦乐其乐；忧民之忧者，民亦忧其忧。乐以天下，忧以天下，然而不王者，未之有也"。(《孟子·梁惠王下》) "身有所忿懥，则不得其正；有所恐惧，则不得其正；有所好乐，则不得其正；有所忧患，则不得其正"，说到底其实就是有"人欲"，"正心"就是如董仲舒说的"正其宜不谋其利，明其道不计其功"，也就是"存天理，灭人欲"，最终心中只有"天理昭昭"，而没有"人欲蒙蔽"。

[①] (宋)朱熹，集注.四书章句集注[B].北京：中华书局，2016：69.

（三）"有所"与"不得"

朱熹认为，"所谓'有所'，则是被他为主内，心反为它动也"①，或许正如我们常说的"有所依赖""有所指望"，指的都是"身不由己"。并不要人完全被主宰，只要人处于"忿懥""恐惧""好乐""忧患"中，"不自觉地"或"无意识地"就会产生"偏心"或"歪心"。比如，君子遇见"窈窕淑女，寤寐求之"，想要她成为"君子好逑"；比如贾瑞遇到王熙凤一样其心至死"不得其正"。"不得其正"直接表现当然是"偏心"或"歪心"，但正如朱熹说的"要之，这源头却在那致知上"，从根本上说还是"不得要义""不懂得其中的正确方法""不懂得依正道而行"。因此，"所谓修身在正其心"，也意味着修正人立身行事的错误，在于纠正他心中的错误观念，确立他心中的正确观念。

郑玄说："《关雎》，后妃之德也。风之始也，所以风天下而正夫妇也，故用之乡人焉，用之邦国焉。"②有些浅薄文人觉得郑玄太不懂"风情"，把简单纯朴的乡村男女爱情硬生生地提到政治高度。但他们没有想过"爱情"也是需要"正"的，否则就会变成"淫"。如果人类真的没有道德风化在"正心"，"关关雎鸠，在河之洲。窈窕淑女"就要被强奸了。即便是孤男寡女，也还只能"寤寐求之"，这就是道德风化"正心"的结果。爱情固然可以说起源于两性之间的生理冲动，生理学家甚至可以追溯到荷尔蒙的分泌，但是，爱情诗之所以打动人心的不是性而是情，如果诗人写一首诗给心爱的人，却让他的心爱之人产生了性冲动，这不会让他感觉受到亵渎吗？爱情诗的美妙之处正在于"风以动之，教以化之"，让人如沐春风，受到爱的教化；"故正得失，动天地，感鬼神，莫近于诗。先王以是经夫妇，成孝敬，厚人伦，美教化，移风俗"③，美丽的爱情故事、爱情诗歌，最终是让人类社会变得更美好。《关雎》中"淑女"本来就是主要从道德"贤淑"的角度讲的，但"窈窕淑女"在有些人心中产生的形象却是"轻佻女郎"，这不是"亲爱"之心而是"性感"冲动。没有道德"正心"必然沉迷于女色，如果当了皇帝就必然荒淫无度。痴迷于自己喜欢的人其实也没有错，但是，不能让性的欲望挤占了整颗心。不能以"贤贤易色"来"正

---

① （宋）黎靖德，编．王星贤，点校．朱子语类[B]．北京：中华书局，2020：367．
② （汉）毛亨，传．郑玄，笺．毛诗传笺[B]．北京：中华书局，2018：1．
③ （汉）毛亨，传．郑玄，笺．毛诗传笺[B]．北京：中华书局，2018：1．

心"的人,就是必然被"性欲"牵着走的"行尸走肉",是人"化物"而"是为禽兽也"。

"存天理,灭人欲",是王阳明和朱熹一致认同的修身目标,他们的分歧是"存天理,灭人欲"的方法。对王阳明来说很简单,用"良知"去"灭人欲",结果自然就是"存天理"。王阳明说"世之儒者认理为外,认物为外","此岂有内外彼此之分哉",意思是要"合内外之道"。他批评朱熹总要到"物"中找"理",好像"理"不在心里而在外"物"中。诚如王阳明所言,朱熹的"格物"偏重于"外",朱熹说的"理"是不受人的主观意愿左右的"天理","物"则是人不得不面对的"事物"。王阳明认为"理"就在"心"中,"心外无物,心外无理"。只不过"心"会被蒙蔽,所以需要"致良知"。"知行"就是"致良知"的方法,"良知"就在"行"中得到发现,这就是"知行合一"。

王阳明的"致良知"和"知行合一",从积极意义上说就是教人"在干中学"。人都有"良知","在干中学"就是"致良知",而且能够不断地积累和完善良知,因此能够建立起一个各尽所能、各得其所的"良知"社会。王阳明说:"良知本来自明"[1];"良知即是道,良知之在人心,不但圣贤,虽常人亦无所不如此。若无有物欲牵蔽,但循着良知发用流行将去,即无不是道"[2];"良知之外,别无知矣"[3];"心之本体即是天理""良知即是天理"[4]。这可能吗?理论上当然是可能的,一个人的心如果真的没有丝毫"私欲"当然有可能就是"天理"。但事实上这完全不可能,谁能没有"人欲"呢?谁能真正"灭人欲"呢?只有妄人才会以为自己没有"人欲",心中纯是"天理"。这种妄人也必定是最为邪恶的人,为了"天理",他敢杀尽一切人。"致良知"是王阳明后期的理论,那时候他已经不再从事具体实践工作,专心致志于做圣人和教书育人。这些道理的真实含义高深莫测,很难把握甚至根本不具有可操作性。有些人听了觉得从此可以不用读书,"诚心诚意"地专心做事,真是误人子弟!听起来非常简单又非常高深莫测,就让人无知无畏又如痴如醉。有点像"大跃进"对人的主动性、积极性和创造性的夸大其词,很多人以为不读书都可以当诗人、作

---

[1] (明)王阳明,撰.王晓昕,译注.传习录译注[B].北京:中华书局,2018:288.
[2] (明)王阳明,撰.王晓昕,译注.传习录译注[B].北京:中华书局,2018:290.
[3] (明)王阳明,撰.王晓昕,译注.传习录译注[B].北京:中华书局,2018:299.
[4] (明)王阳明,撰.王晓昕,译注.传习录译注[B].北京:中华书局,2018:301—302.

家、科学家、政治家。毫无疑问，其实民众的潜能得到了充分发挥，但是，因为科学知识的指导，伴随巨大的"正能量"的是巨大的"负能量"。

"致良知"就相当于"做好人"。你说对吗？绝对正确！但说了等于没有说。做好人怎么做啊？去做就是了。那我要做了坏人呢？我叫你做好人啊。什么是好人啊？做了就知道了。反正颠来倒去就这些话。"致良知"就是这样的，你说怎么"致良知"呢？王阳明告诉你良知就在你心里，你本自有。我怎么没有发现呢？所以要"致良知"。怎么才能"致良知"呢？致知在物格，革除你心中的物欲就剩下天理良知。我怎么知道它是物欲？你有良知自会知道。王阳明为了解释他那简简单单的"良知"，在不同场合做了无数的不同解释。实在解释不清楚的时候，就是让你自己领悟去。把整个世界归结为简单的道理，都难免掉入这种漆黑的陷阱之中。所谓的"明镜"，最终就是"枯井"。

"知行合一"变成了"知行本体"后也一样，相当于说"知"就知道是"行"，"行"就是"行"那是知道的，"知"和"行"始终"合一"。逻辑上确实严丝合缝，但这样的"知行"或"行知"其实相当于什么也没说。总必须先说"知"是知道了关于什么事物的知识，"行"是在什么样的"知"的指导下去行事，才能进行"知行合一"或"知行不一"的判断。也就是说，"知行合一"，首先就必须有"知"和"行"的区分，然后才能"合二为一"。但是，王阳明却要把它们自始至终融为一体，自始至终的"知行合一"只能是连"一"都不是的"零"。这就像为了始终如一地坚持"生男生女都一样"，以后不专门说"生男"或"生女"了而只说"生男生女"。这样倒是始终把"生男"或"生女"统一起来了，不再割裂开来和对立起来了，当然没有办法再搞性别歧视了。但是，"生男生女"只剩下"生"了，"男"和"女"区分都没有了，男女不分就是蒙昧无知！喜欢说"天人合一"的人也要注意，必须先有"开天辟地"才有"天地和合"，否则就是把"开辟鸿蒙"的"启蒙"变回"蒙昧"了。

王阳明一再批评的就是朱熹的学术太"支离"，言下之意是在他那里一切都能通过"知行"或者"致良知"得到解决，只要能知能行或能致良知得良能就都不再是难事。道理确实是这个道理，但是，这是完全没有用处的道理。这道理固然简单或者甚至还可以说很不简单，是"知无不尽，行无不能"或"全知全能"，但是，实际上它什么都包括了但什么也没有，它不能使人心中如明镜反而是关闭了心灵的智慧之光。人们常说"九九归一"，但这也是先有了"一生二，二生三，三生万物"之后，也就是先有"九九"之后才能有所谓"归一"，不能直接上来就是"归一"。王阳明是要把学问越做越简单明了,"一切"都要"合一",合到"心"中的"良知"。他自己是经历了漫长的过程才走到"致良知",但他却教人直接从"致良知"出发。身心合一、知行合一、内外合一、天人合一,这其实是中国人对美的一贯追求,也是终极追求,而王阳明把它发展到极致。但这所谓的"极至"最终不免沦为"无",也就是成了"空谈"。颜习斋所谓"无事袖手谈心性,临危一死报君王",至矣极矣[①]。钱穆曾说:"宋明理学,本来受禅宗影响极大,阳明更富禅味。儒门阳明,极似佛家六祖。但六祖只归宿到清净涅槃,阳明则要建立起理想的人类文化之最高的可能境界,这是显然相异处。"[②]问题在于佛家是要出世,它的"空"对人心的清净适得其宜。王阳明靠"良知"建立起理想的人类文化之最高的可能境界,最终只能是一个空想。钱穆说:"只有朱子,能把宋代理学家的一切说法,切实上通到先秦儒家孔孟传统。也只有朱子才能辟佛,把佛家尤其是禅宗的种种病根,都挖掘净尽了。后人都称程、朱为'理学',陆、王为'心学',其实朱子讲心学方面的话是最精彩的。"[③]其精彩之处不是就"心"而讲"心",而是从"理"来讲"心",让人的内"心"和外物之"理"。用今天的话说,就是教人学会一切从客观事物出发,尊重事物发展的客观规律,这样也就能避免"身有所忿懥,则不得其正;有所恐惧,则不得其正;有所好乐,则不得其正;有所忧患,则不得其正"。

"所谓修身在正其心",在王阳明看来就是要把心中的"物欲"都消除,这样就只剩下"天理"了,这就是"正心"。朱熹强调从客观"事物"出发才能得到"天理",对事物不可违背的道理认识清楚后就能心甘情愿地按事物的本来道理做事,这样才能"心正"。王阳明认为没有"物欲"影响后,就能依照"良心"做事。朱熹认为只有从客观事物本身出发,才能遵循"天理"把事做好。王阳明强调"全心全意",朱熹强调"按规律办事"。王阳明看起来是比较强调"红",朱熹则比较强调"专",但他们都承认应该"又红又专"。所以,他们之间的分歧不是绝对的,也不能简单地说谁对谁错。朱熹被批评为"封建卫道士"是可以理解的,因为要达到"专"很不容易;王阳明能够"红"也是可想而知的,因为"良知"人人都有。

我们今天的人应该知道,尽管"全心全意为人民服务"毫无疑问是首要的党性

---

① 梁启超. 中国近三百年学术史(新校本)[B]. 北京: 商务印书馆, 2016: 4.
② 钱穆. 中国思想史(新校版)[B]. 北京: 九州出版社, 2012: 237.
③ 钱穆. 中国思想史(新校版)[B]. 北京: 九州出版社, 2012: 215.

修养，但是光凭政治热情也可能会出现"好心办坏事"的情况；"在干中学"也值得大力推动，但先进科学技术管理创新和人文艺术创作都需要专门训练。辩证唯物主义不否定人的主观能动性，但还是要强调"物质是第一性的"，"存在决定意识，而不是意识决定存在"；还要通过专门的"大学"探索高深的"大学之道"。我们好像离"大学之道"万里了，但"所谓修身在正其心"确实回避不了"理学"和"心学"之争。

三、"心正而后身修"

"心不在焉，视而不见，听而不闻，食而不知其味。此谓修身在正其心。""心不在焉"的原因正是"心有所忿懥"等，人如果处于"忿懥""恐惧""好乐""忧患"之中，心就"不得其正"了，这样待人接物就像心不在身上一样，看了也看不见，听了也听不到，吃了也不知道味道，这就说明修身一定要先消除使心"不得其正"的客观因素。孟子曰："饥者甘食，渴者甘饮，是未得饮食之正也，饥渴害之也。岂惟口腹有饥渴之害？人心亦皆有害。"（《孟子·尽心上》）饥饿的人什么食物都觉得好吃，干渴的人任何饮料都觉得甘甜。这样是不能品尝到食品饮料的真正滋味的，因为味觉受到了饥渴干扰。人心也会受所处境况的干扰，比如人处于"忿懥""恐惧""好乐""忧患"之中，就会像处于饥渴中辨不清味道一样是非善恶判断不明。前文讲人心受"忿懥""恐惧""好乐""忧患"影响"不得其正"，主要目的是强调人"得其正"，也就是懂得其中的正道，从而自觉地"正心"以"修身"。接下来讲"心不在焉"这段，主要强调人在已经"不得其正"的情况下，需要消除外在客观因素对人心的影响。消除使人心"不得其正"以致"心不在焉"的客观因素，人心自然也就"得其正"，心正之后立身行事也就端正了，这就是所谓的"修身在正其心"。

（一）"心不在焉"

"心不在焉"就如下文孟子说的"陷溺其心"，也就是人心沉溺于某事物中。人心为什么会"陷落"或"沉溺"呢？主要是客观因素造成的长期影响，比如洪秀全在科举考试中屡试不中产生了"忿懥"，比如曾国藩对拜上帝教冲垮儒家传统的"恐惧"，比如范进对科举高中的"好乐"，比如谭嗣同对亡国灭种的"忧患"。这些强烈的感情都可能让人心焦灼于一时而忘记其他一切。洪秀全带着对满清的满腔仇恨发动农民起义，曾国藩则带着儒家卫道士的赤胆忠心大肆屠杀农民起义军，范进因为中了举人而高兴得发了疯，谭嗣同为唤醒国人而慷慨赴死。他们的"忿懥""恐惧""好乐""忧患"之情虽然不是人人都有的，但也不完全是因为某个具体人物的天生秉性不同，归根到底是当时社会生活的产物，他们只不过是那个时代的那个阶层的典型代表。"物格而后知至，知至而后意诚，意诚而后心正，心正而后身修"，就是告诉人们要从客观事物出发，才能搞清楚人的喜怒哀乐，才能真诚客观地评价是非善恶，才能堂堂正正地为人处世。

> 富岁，子弟多赖；凶岁，子弟多暴。非天之降才尔殊也，其所以陷溺其心者然也。今夫麰麦，播种而耰之，其地同，树之时又同，浡然而生，至于日至之时，皆孰矣。虽有不同，则地有肥硗，雨露之养，人事之不齐也。故凡同类者，举相似也，何独至于人而疑之？圣人与我同类者。故龙子曰："不知足而为屦，我知其不为蒉也。"屦之相似，天下之足同也。口之于味，有同耆也。易牙先得我口之所耆者也。如使口之于味也，其性与人殊，若犬马之与我不同类也，则天下何耆皆从易牙之于味也？至于味，天下期于易牙，是天下之口相似也。惟耳亦然。至于声，天下期于师旷，是天下之耳相似也。惟目亦然。至于子都，天下莫不知其姣也。不知子都之姣者，无目者也。故曰：口之于味也，有同耆焉；耳之于声也，有同听焉；目之于色也，有同美焉。至于心，独无所同然乎？心之所同然者何也？谓理也，义也。圣人先得我心之所同然耳。故理义之悦我心，犹刍豢之悦我口。①

孟子曾举例说，就像"丰年衣食饶足，故有所赖藉而为善；凶年衣食不足，故有以陷溺其心志而为暴"②，这不是天生就有人为善或有人为暴，是由于环境使人心发生了变化。人心的这种变化，就像大麦，播种到地里按时耕耘，如果土地一样，种

---

① （宋）朱熹，集注. 四书章句集注[B]. 北京：中华书局，2016：335—336.
② （宋）朱熹，集注. 四书章句集注[B]. 北京：中华书局，2016：336.

植的时间一样，便会蓬勃生长，到了夏至的时候就都成熟了。如果结果有所不同，那就是土地肥瘦、雨露多少、勤劳懒惰不一样。所以但凡同类的事物，无不大体相同，为什么一讲到这个人类便怀疑了呢？圣人也是我们的同类，龙子曾经说过："不看脚也能编草鞋，我知道草鞋不是筐子。"草鞋都是相似的，因为天下人的脚大体相同。口对于味道，有相同的嗜好，易牙是先得知我们嗜好的人。假使口对于味道，完全因人而异，就像犬马与人完全不同类，那么为什么天下人都认同易牙说的美味呢？一讲到认识美味，天下都期望做到像易牙那样，这就说明天下人的味觉大体相同。耳朵也是如此，一讲到懂得声乐，天下人都期望做到师旷那样，这说明天下人的听觉大体相同。眼睛也是如此，一讲到子都，天下无人不知道他的美。不知道子都是美男子的，那是没有眼睛的人。所以说，口对于味道，有相同的嗜好；耳朵对于声音，有相同的听觉；眼睛对于容颜，有相同的美感。谈到心，唯独它就没有相同之处吗？人心的相同之处是什么呢？是情理，是正义。圣人比我们更早懂得了我们内心相同的理义。所以遵循理义使我们内心高兴，正如吃猪狗牛羊肉让我们大饱口福。

很多人可能会说，孟子说错了，"萝卜青菜各有所爱"，美食、音乐、美色哪里有一致的"口味"呢？孟子说的不是具体对象上完全相同，而是一般意义上的规律性，就像孔子说的"富与贵是人之所欲也""贫与贱是人之所恶也"。其实就是前文说的"如恶恶臭，如好好色"，是"人同此心，心同此理"。总没有人就喜欢吃恶臭的东西吧？总没有人就喜欢丑陋的东西吧？孟子是在与告子争辩"性善论"时说的这些话，言下之意，"富与贵是人之所欲也""贫与贱是人之所恶也"；"富岁，子弟多赖；凶岁，子弟多暴"；"如恶恶臭，如好好色"，都是"人之初，性本善"的表现。厌恶卑贱和喜好富贵，就像厌恶恶臭和喜好美味、厌恶丑陋和喜好美色、厌恶噪声和喜好美声，这些都是人之本性，是善的表现，这样的"心"也是"正"的。要让人喜好卑贱、恶臭、丑陋和噪声，是违背人性的，因此也是恶的，这样的心也是不正的，如此一来整个人类和世界都乱套了。

"天命之谓性，率性之谓道，修道之谓教"（《中庸》），儒家是敬畏人的天赋本性，认为遵循人心"恶恶臭"和"好好色"的本性就是"道"，"修正"人心偏离"正道"的"不正"就是教育。"好色"本身没有错，丈夫当初看上妻子也是因为觉得妻子好看，这也是"好色"，这就是"正心"。总不能丈夫是因为妻子丑陋才结婚的吧？那心才叫扭曲呢。妻子也不会因为一个男人丑陋才嫁给他，也不是因为他贫穷卑微才嫁给他，更不会因为他满身臭味才嫁给他。所以心中渴望财富、地位、美色，这本身并无不正，只有偏离了"正道"才需要"正心"。《大学》之所以第一句话就是"大学之道"，就是要告诉人们大学教人修正自身以回归正道，也就是"修身"。已经有了妻子又对别的女人心猿意马，就是动了偏离正道的意念。因为丈夫这样如果不是偏离正道的话，妻子也可以对别的男人七思八想。所以，不论妻子还是丈夫，意乱情迷就会出现偏离原来共同想着要走的正道的意念，就需要"诚意"以"正心"了；如果直接出轨，那就是走上一条岔道了，需要"修身"了。

"如恶恶臭，如好好色"，就是"正心"，也就是"善"。但它也很容易"跑偏"，变为"不正"，变为"恶"。如果意诚心正的一方觉得对方挺恶心，一刀捅死狼心狗肺的负心贼，"好色"也立刻变为"恶臭"，"正心"也立刻变为"不正"。如果双方心中都觉得"出轨"无所谓，那就是各走各的"道"了，这是重新"正心"了。不管怎样，人立身行事要走得好，需要把心态摆正了才行，"此谓修身在正其心"。

（二）"操则存，舍则亡"

人为什么会视若无睹、充耳不闻、食而无味？是因为"心不在焉"，心不在当下这里。心不在这里又去哪里了呢？被其他人或事物吸引走了，或者还在其他事物上面。这样的事情日常生活中也经常出现，比如一个沉浸在恋爱幻想中的学生，根本听不见老师的提问，结果答非所问。比如一位男士被经过身边的一位女士吸引了，根本听不见餐桌对面的女士说的是什么，结果挨了臭骂。这时候义正词严地谴责学生或男士没良心，忘了父母的良苦用心和女士的一片爱心，能不能使他们迅速"正心"呢？可能不能。毕竟对于"心被勾走"的人来说，"此情无计可消除，才下眉头又上心头"。这并不是说谴责没有必要，也不是说本人不应该主动地去"诚意""正心"，而是说对客观事物的影响也不能"视而不见"。

"心"也是需要"养"的，就像树木需要阳光雨露的滋养，否则就会"枯死"。孟子举例解释说，牛山的树木曾经长得茂盛美观，但是由于在大都市郊外，经常遭到人们砍伐，怎么能让树木茂盛优美？树木其实日夜生长不息，雨水露珠也在滋养着，并非没有嫩芽新枝萌生，但牛羊又把它们吃了，所以山林也就变得这样光秃秃的了。人们看见它光秃秃的，便以为这里的树木不能成材，这难道是山林的本性吗？就人来说也一样，难道谁就没仁义之心吗？他们丧失良心，也像斧头砍伐树木，日复一日砍伐，树木怎能长得茂盛美观呢？良心其实也是日夜生息，在天刚亮时形成新的生机气势，其好恶与其他人也几乎没有两样，但是从早到晚的所作所为使之窒息消亡了。反复窒息的结果，便是夜晚息养之气不足以保存，夜晚息养之气不足以存在，人最终也就和禽兽差不多了。人们见到他和禽兽差不多，还以为他从来就没有才气。这难道是人的真性情吗？如果能得到滋养，万物都能生长；假如失去滋养，万物不免消亡。孔子说过："操持就存在，舍弃就衰亡；出入无定时，不知其去向。"这或许说的就是人心吧？

牛山之木尝美矣，以其郊于大国也，斧斤伐之，可以为美乎？是其日夜之所息，雨露之所润，非无萌蘖之生焉，牛羊又从而牧之，是以若彼濯濯也。人见其濯濯也，以为未尝有材焉，此岂山之性也哉？虽存乎人者，岂无仁义之心哉？其所以放其良心者，亦犹斧斤之于木也，旦旦而伐之，可以为美乎？其日夜之所息，平旦之气，其好恶与人相近也者几希，则其旦昼之所为，有梏亡之矣。梏之反复，则其夜气不足以存；夜气不足以存，则其违禽兽不远矣。人见其禽兽也，而以为未尝有才焉者，是岂人之情也哉？故苟得其养，无物不长；苟失其养，无物不消。孔子曰："操则存，舍则亡；出入无时，莫知其乡。"惟心之谓与？①

孔子说的"出入无时，莫知其乡"，点出了"人心难测"；"操则存，舍则亡"，指明了"人心思定"。朱熹说："孟子引之，以明心之神明不测，得失之易，而保守之难，不可顷刻失其养。"②其实没有人喜欢"心神不定"，"心不在焉"的结果通常是"身不由己"，"把持不住"自己并不美妙，所以人应该主动"存养"心中的"正气"以"正心"。如何存养？是不是就靠"眼不见心不烦"呢？恐怕不是。以为完全靠"养心"或"禁欲"就能做到"眼不见心不烦"，就像无视斧斤砍伐、牛羊践踏就以为能让树长好。完全在心里下功夫，也不叫"操持"，操持必须是操持事物。"操

---

① （宋）朱熹，集注. 四书章句集注 [B]. 北京：中华书局，2016：337.
② （宋）朱熹，集注. 四书章句集注 [B]. 北京：中华书局，2016：338.

持"和"存养",对于树来说就是避免斧斤砍伐,不让牛羊践踏,这样树自然就长得好了。对于人来说,同样要自觉避免外在事物的诱惑干扰,减少诱惑干扰自然就能保持"心正"。就像没有必要让"斧斤伐之"和"牛羊又从而牧之"来考验树的生命力,也没有必要让权力、金钱、美色诱惑来考验人心。所谓"常在河边走,哪有不湿鞋",成天在风月场中的人也很难把持得住自己。刘向的《后汉书》有言,"与善人居,如入芝兰之室,久而不闻其香;与恶人居,如入鲍鱼之肆,久而不闻其臭",与道德高尚的人同处,就像进入养了兰花的屋子,时间长了闻不到香味;与品德恶劣的人相处,就像进入宰杀售卖鲍鱼的作坊,时间长了就闻不到腥臭了。当然,外在环境不是人所能完全选择的,如住在河边的人就不得不"常在河边走",卖鲍鱼的人就不得不"入鲍鱼之肆"。母亲河不是滋养了人类文明吗?人类文明很可能还是从渔猎开始的呢。"正心"其实是因人"修身"的需要而异的,"常在河边走"的人就不要怕"湿鞋";"鲍鱼之肆"的商贩,就要能"闻其臭"。

子曰:"里仁为美。择不处仁,焉得知?"(《论语·里仁》)居处以有仁人为美。不知道选择与仁人相处,哪里算得明智呢?子曰:"主忠信,毋友不如己者,过,则勿惮改。"(《论语·子罕》)君子应该亲近忠诚和讲信义的人,不要和品德不如自己的人交朋友,有了过错不要害怕改正。选择道德品行良好的交往对象,减少自己周围的不良诱惑影响,这是非常重要的道德"操持",正是这些操持"存养"滋长了"正气"。孟子说,即便天下最容易生长的植物,晒它一天,又冻它十天,就没有能够生长的。我和大王相见的时候也太少了。我一离开大王,那些"冻它"的奸邪之人就来了,我萌发的善有什么用呢?又比如下棋作为六艺中的"数",只是一种小技艺;但如果不专心致志地学习,也是学不会的。弈秋是全国闻名的下棋能手,让弈秋教两个人下棋,其中一个专心致志,只听弈秋讲下棋;另一个虽然也在听,但心里面却老是觉得有天鹅要飞来,所以想要张弓搭箭去射击它,这个人虽然与专心致志的那个人一起学习,自然比不上那个人。这是因为他的智力不如那个人吗?回答很明确:当然不是。

虽有天下易生之物也,一日曝之,十日寒之,未有能生者也。吾见亦罕矣,吾退而寒之者至矣,吾如有萌焉何哉?今夫弈之为数,小数也;不专心致志,则不得也。弈秋,通国之善弈者也。使弈秋诲二人弈,其一人专心致志,惟弈秋之为听。一人虽听之,一心以为有鸿鹄将至,思援弓缴而射之,虽与之俱学，弗若之矣。为是其智弗若与？曰：非然也。[①]

儒家讲的"正心"不是让人"心如止水""无欲无求"，而是"专心致志"于自己需要做的事情，射箭就专心射箭，下棋就专心下棋。"三心二意""三天打鱼，两天晒网""一曝十寒"，那就什么事情也办不好。"心正而后身修""正心"是为了"修身"，也就是为了"行得正"。"正心"说到底是要把心用到"正道"上，让自己的"心"和"身"合一，这就是"心正而后身修"。

（三）"先正其心"

"欲修其身者，先正其心""心正而后身修""此谓修身在正其心"。一个人想要为人处世行得正先得端正自己的内心，心端正了为人处世才能行得正，所以说德行修养最重要的是端正内心。也就是说，儒家的德行修养虽然以身心合一、内外合一、知行合一为美，但是只是行事做到了"尽美"还不够，"意诚而后心正"是第一位的，只有内心已经"尽善"或说"止于至善"才是"尽美"。

"子谓《韶》，'尽美矣，又尽善也。'谓《武》，'尽美矣，未尽善也。'"（《论语·八佾》）朱熹《论语集注》说："《韶》，舜乐。《武》，武王乐。美者，声容之盛。善者，美之实也。舜绍尧致治，武王伐纣救民，其功一也，故其乐皆尽美。然舜之德，性之也，又以揖逊而有天下；武王之德，反之也，又以征诛而得天下，故其实有不同者。"[②]《韶》是赞美舜的乐曲，《武》是赞美武王的乐曲。"美"指的是音乐表现出来的宏伟壮观，"善"指的是宏伟壮观背后的实质内容。舜依靠美德继承尧禅让的王位，武王则讨伐商纣王拯救民众于水火之中，他们都有伟大的历史功绩，赞美他们的音乐都是美的。然而，舜的美德是完全地顺应天性本然，而且是依靠美德获得禅让来治理天下；武王的美德是知道不遵守天命的后果，并且通过征战诛讨违背天命的商纣王而获得天下，因此其中的实质是有不同。孔子说《武》乐没有尽善，其实就是说武王没有达到"至善"。孔子的意思很清楚，"尽善"才能"尽美"，需要杀

[①] （宋）朱熹，集注.四书章句集注[B].北京：中华书局，2016：338.
[②] （宋）朱熹，集注.四书章句集注[B].北京：中华书局，2016：68.

人才能平天下是不完美的。用老子的话说，"夫兵者，不祥之器，物或恶之，故有道者不处"；"兵者不祥之器，非君子之器，不得已而用之，恬淡为上，胜而不美，而美之者，是乐杀人"；"夫乐杀人者，则不可得志于天下矣"；"杀人之众，以悲哀莅之，战胜以丧礼处之"；"以道佐人主者，不以兵强天下，其事好还。师之所处，荆棘生焉；大军之后，必有凶年。善有果而已，不敢以取强"。后世普遍认为武王伐纣与秦灭六国不一样，没有在战争中大肆屠杀。

孟子曰："尽信《书》，则不如无《书》。吾于《武成》，取二三策而已矣。仁人无敌于天下，以至仁伐至不仁，而何其血之流杵也？"孟子认为完全相信《尚书》还不如没有《尚书》，《尚书》中的《武成》篇就只要相信一二分就可以了。仁人无敌于天下，凭武王那样最有仁德的人去讨伐纣王那种最没有仁德的人，怎么会血流得把舂米的木槌都漂起来呢？朱熹说："孟子言此则其不可信者。然《书》本意，乃谓商人自相杀，非谓武王杀之也。孟子之设是言，惧后世之惑，且长不仁之心耳。"①也就是说孟子认为《尚书》说的不可信，但是朱熹认为《尚书》的本意说的是商人倒戈互相残杀，而不是武王大肆屠杀商人。孟子这么说怕后世困惑，产生不碍仁德的心。确实，从上下文可知，孟子并不是为武王杀人辩护，更没有为武力辩护的意思。这句话的前一句是孟子曰："春秋无义战。彼善于此，则有之矣。征者，上伐下也，敌国不相征也。"孟子认为春秋时代没有符合义的战争。那一次比这一次正义一些、一点的情况，倒是确实有的。因为所谓的征伐是指天子讨伐诸侯，春秋时期诸侯国争霸谈不上正义的讨伐。而"尽信《书》"的下一句则是孟子曰：

> 有人曰："我善为陈，我善为战。"大罪也。国君好仁，天下无敌焉。南面而征北狄怨，东面而征西夷怨。曰："奚为后我？"武王之伐殷也，革车三百两，虎贲三千人。王曰："无畏！宁尔也，非敌百姓也。"若崩厥角稽首。征之为言正也，各欲正己也，焉用战？②

如果有人说"我善于布阵，我善于打仗"，这是大罪恶。国君爱好仁德，就会天

---

① （宋）朱熹，集注. 四书章句集注 [B]. 北京：中华书局，2016：373.
② （宋）朱熹，集注. 四书章句集注 [B]. 北京：中华书局，2016：373.

下无敌。商汤征伐南方，北方的民族就埋怨；征伐东方，西方的民族就埋怨。埋怨"为什么把我们放在后边？"武王讨伐殷商，有战车三百辆、勇士三千人。武王对殷商百姓说："不要害怕，我们是来安抚百姓的，不是来同百姓为敌的。"殷商的百姓感动得跪倒叩头，额角碰得好像地都要崩裂了。"征"的意思就是"正"，如果各国都能端正自己的心，哪还用得着打仗？

孔子和孟子其实都是强调"心正而后身修，身修而后家齐，家齐而后国治，国治而后天下平"，如果不是出于仁爱百姓的"正心"，即便能"平天下"也并不完美。而且，"物格而后知至，知至而后意诚，意诚而后心正"，"格物"是最终检验"正心"的唯一标准，也就是说如果武王伐纣真的杀人至"血之流杵"，那武王就不值得称赞了。所以，孟子是不相信武王伐纣真的杀人至"血之流杵"，认为《尚书》说的不可信；朱熹则认为《尚书》不是说武王杀商人，是商人自相残杀。不管怎么说，其实武王伐纣是死了很多人，所以孔子说"尽美矣，未尽善也"。儒家评价历史人物和历史事件历来以实行禅让尧、舜、禹作为最高标准，这是儒家"为政以德""礼让为国"的崇高理想，其社会效果就是"天下大同"或"太平盛世"。汤、文、武是仅次于尧、舜、禹，他们都"克明俊德""克配上帝"，其社会效果是"天下为家""小康之家"。周公"遵德性而道问学"，把尧、舜、禹、汤、文、武的历史经验总结为道德准则和学问路径。"仲尼祖述尧舜，宪章文武；上律天时，下袭水土"，继承和发扬周公"遵德性而道问学"的传统，创立了儒家思想。儒家始终把从尧、舜、禹、汤、文、武开始的长远的历史发展规律，作为道德评价和学术研究的最高标准。武王"壹戎衣而有天下"是符合历史发展趋势的，所以是"尽美矣"；但是，武王"德性"还没有达到尧、舜、禹的水平，而且，"壹戎衣而有天下"毕竟不如"禅让"，所以说"未尽善"。"尽善尽美"在武王的时代事实上是不可能的，孔子当然也很清楚这个历史规律，否则就不会有《礼运》中先有"大同"后有"小康"。但是，《大学》的最终理想是"平天下"，也就是《春秋》的"太平世"。理想自然不是当下的现实，但理想并不是不能实现——过去就曾经实现过，这就是孔子的"知其不可而为之"。

"欲修其身者，先正其心"，"心正而后身修"，就是强调"德行"是第一位的、长久的，"事功"是第二位的、暂时的，这也就是孔子把颜渊排在所有学生中第一位的原因。要说"事功"，武王其实比文王还大，但"子谓《韶》，'尽美矣，又尽善也。'谓《武》，'尽美矣，未尽善也'"，这表现的不是孔子的"迂腐"，而正是"君子之所不可及者，其唯人之所不见乎"（《中庸》）。孔子要略略贬低武王，就是为了防止太过重视事功,甚至急功近利、不择手段,以至于让人心向着暴力方向发展。

曹操《蒿里行》说:"白骨露于野,千里无鸡鸣。生民百遗一,念之断人肠。"美,首先是形式的,仗打得好也是美。但是,把人赶尽杀绝并不美,因为它违背了善。即便仗打赢了,这种结局也不美。美髯公之美不在于杀起人来很飘逸,而在于他不畏强权而坚持正义。西方文化喜欢赞美战争英雄,崇拜战神超过其他诸神。中国文化喜欢赞美道德楷模,最崇拜忠诚道德的圣人。所以中国甚至没有战神,只有避邪的门神。中国古代诸子百家,很少有人否定尧、舜、禹、汤、文、武、周公,因为他们代表了中国文化的正统,也就是以善为美的道德情操和审美情趣。

崇拜王阳明和曾国藩的人最主要就是看中他们的"事功",并不像孔子评价武王一样深究他们的"德行"。王阳明和曾国藩的"事功"恰恰就在于"武力",而且他们还不是像"武王伐纣"那样站在民众立场上反对暴君,他们几乎可以说是"助纣为虐"。王阳明在明武宗朱厚照统治期间为官,其时虽然年号为"正德",其实"真正缺德"。朱厚照即位不久便信用以刘瑾为首的宦官八人,时称之为"八虎",在刘瑾的误导下朱厚照这面本应厚照天下苍生的"明镜",成了"厚颜无耻而不知照照镜子"的"猪"。因为皇帝荒淫无度、宦官恣意妄为,致使清官受害、民不聊生,农民起义接连不断,甚至宗室安化王朱寘鐇、宁王朱宸濠先后起兵夺位。王阳明镇压农民起义和宁王叛乱,其实完全可以说是为维护昏君统治而涂炭生灵。"良知"是什么?"天理"何在? 对于王阳明来说,"无父无君,是禽兽也"就是"良知",镇压反叛农民就是"天理"。但是,对于反叛的农民来说,"贼仁者谓之贼,贼义者谓之残,残贼之人谓之一夫"才是"良知","闻诛一夫纣矣,未闻弑君也"就是天理。几乎所有人都觉得自己凭良心做事,天理很容易变成"公说公有理,婆说婆有理"。所以,《大学》根本不讲"良知"或"天理",而是讲"大学之道",讲"明明德",讲"亲民",讲"止于至善"。王阳明固然不只是镇压农民起义,他在事后也有很多值得赞赏的治国安民之举。但是为昏庸的皇帝屠杀民众,绝不是儒家称赞的"功绩",更不能因此而被崇拜为"天神"。据说后世的曾国藩非常崇拜王阳明,不论对于湖南"土匪"还是对于太平天国起义农民都没有丝毫恻隐之心,都把他们当作猪羊一样大肆屠杀,因此时人称其为"曾剃头"。蒋介石不仅崇拜王阳明,也崇拜曾国藩,他也一心要把赣南闽西的农民运动赶尽杀绝。绝不能把王阳明、曾国藩的"功绩"与武王伐纣相提并论,他们恰恰是"助纣为虐"的人,尤其是曾国藩对已经投降的农民还大肆屠杀,在这点上他真正是"乐杀人"。对王阳明和曾国藩的过度推崇，反映的是明清时代的道德堕落，最终只能加速王朝的崩溃。"人间正道是沧桑"，不论如何屠杀终究杀不绝，明王朝最终因李自成农民起义而崩溃，清王朝因太平天国农民起义走向终结，杀了这么多农民但也挽救不了昏庸的君主。

孟氏使阳肤为士师，问于曾子，曾子曰："上失其道，民散久矣。如得其情，则哀矜而勿喜。"（《论语·子张》）孟氏让阳肤担任掌管刑罚的官，阳肤向曾子求教。曾子说："在上位的人丧失了正道，民心离散已经很久了。如果审案时审出真情，就应该悲哀怜悯，而不要沾沾自喜！"王阳明为昏庸的皇帝屠杀农民，曾国藩为腐朽的王朝大肆屠杀农民，这是罪恶而不是功绩。他们在儒家学说上也完全谈不上"文成"和"文正"，腐朽王朝越高的赞赏越说明其"不诚"和"不正"。顾炎武就曾指责阳明学说"以明心见性之空言，代修己治人之实学。股肱惰而万事荒，爪牙亡而四国乱，神州荡覆，宗社丘墟"；王夫之则批判"姚江王氏阳儒阴释诬圣之邪说，其究也，刑戮之民、阉贼之党皆争附焉，而以充其'无善无恶圆通事理'之狂妄"[1]，这样的指责和批判显然不是无中生有。如果说王阳明如王夫之所言表面儒家实为佛家，曾国藩就是表面儒家实为法家或纵横家。儒家本来就是学术起家，孔子、孟子、朱熹才是真正的儒家代表。人们尽管嘲笑儒家迂腐，但是不能一边骂儒家迂腐，一边又抢了儒家的仁道。梁启超说："平心而论，阳明学派，在二千年学术史上，确有相当之价值，不能一笔抹杀。"[2]这话完全经得起历史考验。但是他在《曾文正公嘉言钞》序中称赞"曾文正者，岂惟近代，盖有史以来不一二睹之大人也已；岂惟我国，抑全世界不一二睹之大人也已"就太过夸张了。如果这么评价历史人物，武王当是远超过文王，而秦始皇则是中国历史第一大人！事实上，曾国藩也根本没有实现中兴，反倒是迟滞了推翻清王朝的事业。过度地夸大王阳明、曾国藩治国平天下的历史功绩，盲目地崇拜他们修身齐家的道德修养，完全不顾被他们杀死的无数农民，那真是老百姓说的"良心被狗吃掉"了。青年毛泽东曾说"愚于近人，独服曾文正，观其收拾洪杨一役，完满无缺"[3]，意思是说毛泽东对曾国藩其人所服只限于"近人"，

---

[1] 梁启超. 中国近三百年学术史（新校本）[B]. 北京：商务印书馆，2016：6—7.
[2] 梁启超. 中国近三百年学术史（新校本）[B]. 北京：商务印书馆，2016：7.
[3] 中共中央文献研究室、中共湖南省委《毛泽东早期文稿》编辑组. 毛泽东早期文稿[B]. 长沙：湖南人民出版，2008：73.

而且这也只是从"战役"本身来说的完满无缺。毛泽东在学生时代就同情哥老会起义领袖彭铁匠,认为他是个英雄[①];到毛泽东领导农民运动的时候,他无疑会觉得曾国藩绝非善类。

"所谓修身在正其心",从政治上讲首先就是要站在民众的立场上。"红旗卷起农奴戟,黑手高悬霸主鞭",有了共产党的领导,农民就再也不是任由屠杀的了!当然,王阳明和曾国藩的事功都不只是镇压农民起义,他们无疑是有重要影响力的历史人物,拿共产党人的道德情操来要求封建卫道士也不符合历史唯物主义。但是,忘记他们的反人民本性,盲目地推崇他们的功绩和名望,反映了社会急功近利的不良风气。《七律·忆重庆谈判》诗曰:"有田有地皆吾主,无法无天是为民。重庆有官皆墨吏,延安无土不黄金。炸桥挖路为团结,夺地争城是斗争。遍地哀鸿满城血,无非一念救苍生。"面对昏庸的皇帝和腐朽的王朝,不应该仇恨"无法无天是为民",必须有"无非一念救苍生"的诚意,这是"修身在正其心"的首要意义。诞生于韶山的毛泽东,不仅有"武王伐纣"的救民之功,又有舜如阳光雨露泽被东方之德,也不能轻言"尽美矣,又尽善"。"尽美矣,又尽善"是最高理想,旨在鞭策人"止于至善"。

实际上只有"尽善"才能"尽美",只有"至善"才是"至美"!人类一旦认定"尽善尽美"是不可能的,就会在道德上不断地退步,以至于信奉"成者为王败者寇"的"丛林法则",也就是西方进化论宣传的"物竞天择,适者生存"。那样,"德性"其实也就没有了,"问学"也不再是"问道"了,而是问"物竞"中的"生存",由此人类也就"物化"了。让我们继承周公孔子"遵德性而道问学"的传统追求"尽善尽美"吧,它就是人类文明进步的"大学之道"。

---

① [美]埃德加·斯诺,著.董乐山,译.红星照耀中国[B].北京:人民文学出版社,2016:124.

第六章 家

> 所谓齐其家在修其身者，人之其所亲爱而辟焉，之其所贱恶而辟焉，之其所畏敬而辟焉，之其所哀矜而辟焉，之其所敖惰而辟焉。故好而知其恶，恶而知其美者，天下鲜矣！故谚有之曰："人莫知其子之恶，莫知其苗之硕。"此谓身不修不可以齐其家。

想要治理好家庭就得先修养好自身，自身修养良好才会有好的家庭。个人是社会最基本的个体，家庭是社会最基本的集体。个人与家庭的关系，是探讨个体和集体关系的起点。但儒家不是从哲学上抽象地去讨论的，而是从活生生的人与人之间的关系去讨论。家庭对人最大的影响是使人有了亲情，由此就对是非善恶的判断产生了影响。"人之其所亲爱而辟焉"，对于自己所亲爱的人很容易偏心，这是偏爱之心；"之其所贱恶而辟焉"，对于自己所厌恶的人也容易偏心，这是厌恶之心。不论对人还是对事，不论偏爱还是厌恶，都是心"不得其正"，其结果必然是"视而不见，听而不闻，食而不知其味"。对于自己亲爱的人的恶视而不见，听而不闻；对于自己厌恶的人的善视而不见，听而不闻。所以说，"好而知其恶，恶而知其美者，天下鲜矣"！尤其是对于自己的子女容易溺爱，所以自古就有谚语说："人莫知其子之恶，莫知其苗之硕。""智子疑邻"是人之常情，"子不嫌母丑"则是美德。儒家是重视亲情和家庭的，但是，人应当用理智控制感情，而不能完全被感情牵着走。

一、"齐其家在修其身"

"所谓齐其家在修其身者""欲齐其家者，先修其身""身修而后家齐"。

也就是说，这里的"修身"是"齐家"的手段，这是儒家和佛老的最大区别。儒家的"修身"为"家""国""天下"而修，佛老修身也为"天下"，但通常没有儒家的"家国情怀"。本章先讲"身家性命"，后面的"治国平天下"其实也还是"修身"，与"格物""致知""诚意""正心"的"内圣"工夫合在一起统称为"内圣外王"。

（一）"家之本在身"

"所谓齐其家在修其身者"，正如孟子曰："人有恒言，皆曰：'天下国家'天下之本在国，国之本在家，家之本在身。"（《孟子·离娄上》）朱熹说："恒，常也。虽常言之，而未必知其言之有序也。故推言之，而又以家本乎身也。此亦承上章而言之,《大学》所谓'自天子至于庶人，一是皆以修身为本'，为是故也。"①大意是说人们常说"天下国家"，但却不知道这是有顺序的，也就是天下是由一个一个国形成的，国则是由千家万户组成的，而家是由一个一个人组成的。这句话也是承接上一章来说的，正如《大学》讲的"从天子到庶民百姓，都要以修身为根本"，就是这个道理。这里说的上一章是孟子曰："爱人不亲反其仁，治人不治反其智，礼人不答反其敬。行有不得者，皆反求诸己，其身正而天下归之。"对这句话朱熹也进行了详细的解释："我爱人而人不亲我，则反求诸己，恐我之仁未至也。智敬放此"；"不得，谓不得其所欲，如不亲、不治、不答是也。反求诸己，谓反其仁、反其智、反其敬也。如此，则其自治益详，而身无不正矣。天下归之，极言其效"②。意思是说如果我爱人而人家却不想亲近我，那么我就应该反过来从自己身上找原因，恐怕是我对人家的仁爱并非至诚之爱。我来治理人事却治理不好，也应该反过来从自己身上找原因，大概是我自己才智不足。我以礼待人而别人却不对我以礼相待，我也反过来从自己身上找原因，看看是不是自己对别人不够尊敬。如果行事达不到预期时，总能反过来从自己身上找原因，那么立身行事就没有不正直的了，其效果就是天下人心归顺。这就是所谓的"意诚而后心正，心正而后身修"，也就是说"修身"的功夫最重要的是"意诚而后心正"。

---

① （宋）朱熹，集注.四书章句集注[B].北京：中华书局，2016：283.
② （宋）朱熹，集注.四书章句集注[B].北京：中华书局，2016：283.

第六章 家

本章要讲的内容"所谓齐其家在修其身者",但好像全章并没有讲"齐家",甚至也没有讲"修身",反而讲了"亲爱""贱恶""畏敬""哀矜""敖惰",这与上章讲的"忿懥""恐惧""好乐""忧患"好像重复。朱熹认为《大学》最妙的地方就在这"环环相扣"处,比如"修身在正其心"和"齐其家在修其身"的"修身"。"心不得其正"就会导致"视而不见,听而不闻,食而不知其味",如果把"身"体视觉、听觉、味觉这些毛病"修"掉了,"心"也就自然"正"了。但是,对于自己心中"亲爱""贱恶""畏敬""哀矜""敖惰"的人,我们在身体力行之际却仍然容易有所偏倚,所以还要"修身"来避免这些偏差。这里说的虽然都是"修身",但前后的意思其实不一样,前者着重于"修心",后者着重于"修行"。"内"和"外"就像硬币的一体两面,虽然是相同的"一体"但也是不同的"两面"。这"环环相扣"其实还是"螺旋式上升",如果认为是"重复"就没读懂其中真意。既是"环环相扣","修身"功夫其实往前追溯则是"格物"功夫,往后推演则是最终为了"平天下"。每个环节用一个"而"来连接,是说明其中的先后次序。但是,每一节有每一节的功夫,所以不能笼而统之地说发展过程。说"万事开头难"是可以的,但若认为后面就是"自然而然",这种"一步登天"的想法是不对的。只能说前面做好了后面就会变得容易,这样的"步步登高"是有的。《大学》之所以列出了"八目",就是要人在各个环节下功夫。就像竹子是有竹节的,"势如破竹"也不是从"格物"就能直接到"平天下"。有些人虽然诚心诚意但心术不正,比如贾瑞对王熙凤就是如此,这是因为他处于性饥渴之中。也有人内心是正直的,但是行为并不合适,比如王熙凤对贾瑞,不但拒绝他而且要他的命。"齐家"以下其实也是如此的,都是教人要一节一节地省察下功夫。《大学》的"经"序论部分只是概括地说"心正"必定从"意诚"中来,"修身"必定从"正心"开始,但绝不意味着心意既然诚实了,心就不需要下功夫就自然正直了。不仅贾瑞诚心诚意爱一个人会有心术不正的问题,王熙凤真心实意地不喜欢贾瑞的心其实也是险恶的,主要不是出于美德而是因为压根就瞧不起。王熙凤真心实意地拒绝贾瑞算是"心正",但是她立身行事可是一点也不正直。就因为这其中很多微妙之处,不是笼而统之能说清楚的,所以《大学》在"三纲"说了"明明德","八目"又展开来说"古之欲明明德于天下者,先治其国",最后收于"国治而后天下平",如此形成一个教人"修身"的完整的"闭环"。

大学最是两章相接处好看,如所谓"修身在正其心"者。且如心不得其正，则"视而不见，听而不闻，食而不知其味"。若视而见，听而闻，食而知味，则心得其正矣。然于亲爱、敖惰五者有所僻焉，则身亦不可得而修矣。尝谓修身更多少事不说，却说此五者，何谓？仔细看来，身之所以不修者，无不是被这四五个坏。

"欲修其身者，先正其心；欲正其心者，先诚其意；欲诚其意者，先致其知；致知在格物。"五者，其实则相串，而以做功夫言之，则各自为一事。故"物格，而后知至；知至，而后意诚；意诚，而后心正；心正，而后身修"。著"而"字，则是先为此，而后能为彼也。盖逐一节自有一节功夫，非是笼统言知至了意便自诚，意诚了心便自正，身便自修，中间更不著功夫。然但只是上面一截功夫到了，则下面功夫亦不费力耳。

大学所以有许多节次，正欲学者逐节用工。非如一无节之竹，使人才能格物，则便到平天下也。夫人盖有意诚而心未正者，盖于忿懥、恐惧等事，诚不可不随事而排遣也。盖有心正而身未修者，故于好恶之间，诚不可不随人而节制也。至于齐家以下，皆是教人节节省察用功。故经序但言心正者必自诚意而来，修身者必自正心而来，非谓意既诚而心无事乎正，心既正而身无事乎修也。且以《大学》之首章便教人"明明德"，又为格物以下事目，皆为明明德之事也。而平天下，方且言先谨乎德等事，亦可见矣。[①]

《大学》讲的"八目"是环环相扣的，前者是手段或过程，后者是目的或结果。手段或过程与目的或结果并不是绝对的，在这个阶段是目的或结果，在下一个阶段就成为手段或过程。"格物""致知""诚意""正心"是"内圣"的修养功夫，"修身""齐家""治国""平天下"是"外王"的修养功夫，"修身"是"内外兼修"。之所以说"自天子以至于庶人，一是皆以修身为本"，一是因为"修身"是连接"内"和"外"的关键环节，而且也是"内外兼修"的主体。

与朱熹强调"逐节用工""节节省察用功"不同，王阳明特别强调"反观内省"的"精一之学"。他当然也不否认要在"格物""致知""诚意""正心""修身"这些环节下功夫，但"要而言之"，所有这些环节其实不过是一件事，也就是所谓的"惟精

---

① （宋）黎靖德，编．王星贤，点校．朱子语类[B]．北京：中华书局，2020：325．

惟一"。朱熹大概也认同这点,但朱熹的"精一"是"即物穷理",通过精细地探究客观世界获得一以贯之的"道",人就要始终遵道而行。王阳明反对"即物穷理",也反对"人心"听命于"道心"。他认为"理"没有内外,事物的本性也没有内外,学问也不能分内外。说"理"就是外在于人的"物理",那就像不承认人有正义感,这是试图用巧智愚弄人;说反观内省就是向内求"理",这就把自己的主观意愿加进去了,这很可能是自私自利,这两种情况都是不懂得事物的本质属性没有内外之别。王阳明的道理是完全说得通的,事物的本质属性就是没有内外之别。问题是人怎么认识事物的本质属性呢?他也不得不承认"格物"是《大学》的下手处,而且自初学者到圣人都必须"格物"才能"致知","八目"各个环节都得"格物"。但是,他没有意识到的是,当我们问"人怎么认识事物的本质属性"的时候,已经不可避免地把"人"和"物"分为"主体"和"客体"了。他更没有意识到的是,虽然他一再强调"合一",其实一直是"偏执一端"。他说"正心""诚意""致知""格物",都是为了"修身"而去"格物"。但是,他的"格物"是"格"心里的"物欲",其他"致知""诚意""正心"也都是"灭人欲"而已,只不过这里的"人欲"就是"物欲",人对物质的欲望。他认为自始至终也没有内外彼此之分,都是一个道理。

  来教谓:"如必以学不资于外求,但当反观内省以为务,则'正心诚意'四字亦何不尽之有?何必于入门之际,便因以格物一段工夫也?"

  诚然诚然。若语其要,则"修身"二字亦足矣,何必又言正心?"正心"二字亦足矣,何必又言诚意?"诚意"二字亦足矣,何必又言致知,又言格物?惟其工夫之详密,而要之只是一事,此所以为精一之学,此正不可不思者也。夫理无内外,性无内外,故学无内外。讲习讨论,未尝非内也;反观内省,未尝遗外也。夫谓学必资于外求,是以己性为有外也,是"义外"也,用智者也;谓反观、内省为求之于内,是以己性为有内也,是有我也,自私者也,是皆不知性之无内外也。故曰:"精义入神,以致用也;利用安身,以崇德也","性之德也,合内外之道也"。此可以知"格物"之学矣。"格物"者,《大学》之实下手处,彻首彻尾,自始学至圣人,只此工夫而已,非但入门之际有此一段也。

  夫正心诚意、致知格物,皆所以修身而格物者,其所用力,日可见之地。故格物者,格其心之物也,格其意之物也,格其知之物也;正心者,正其物之心也，诚意者，诚其物之意也；致知者，致其物之知也。此岂有内外彼此之分哉！理一而已。①

王阳明认为朱熹的"修身"把"心"和"物"、"内"和"外"对立起来了，反对"道心"作为"修身"的标准，"人心"要听命于"道心"，也就是反对人的主观意愿要遵循客观规律。他认为"心"是一个整体，没有"人欲"混杂就是"道心"，混杂了人的欲望就是"人心"。"人心"得到修正就是"道心"，"道心"偏离正道就是"人心"，从一开始就没有人心和道心的区别。他认为程子把人心等同于人欲，道心等同于天理，言语上好像是分离了但实际意思没有分别。但他认为朱熹说道心是主宰而人心要听命于道心，这就是分裂开来对立起来了。为此，他甚至说天理和人欲不能同时并存，怎么可能天理为主宰，人欲又追随并听命于天理？"天理人欲不并立"，意味着有天理就没有人欲，有人欲就没有天理，所以不存在哪个是主宰或哪个又要听命的问题，这种绝对主义就是所谓的"理一而已"或"心一也"。但是，我们显然不能"有人欲，没天理"，而只能"灭人欲，存天理"，所以王阳明说："学者学圣人，不过是去人欲而存天理"，"减得一分人欲便是复得一分天理"②。"天理人欲不并立"与"去人欲而存天理"显然存在矛盾，矛盾的产生是因为"天理人欲不并立"是批判朱熹"天理"在"外"而"人欲"在"内"的"二"，"去人欲而存天理"是用来说王阳明自己的"人欲"在"心"而"天理"也在"心"的"一"。也就是说"去人欲而存天理"其实就是从"心"到"心"的"心学"，"理一而已"或"心一也"之所以可能是因为它始终只在"心"上做文章。

爱问："'道心常为一身之主，而人心每听命'。以先生精一之训推之，此语似有弊。"

先生曰："然。心一也，未杂于人谓之道心，杂以人伪谓之人心。人心之得其正者即道心，道心之失其正者即人心，初非有二心也。程子谓人心即人欲，道心即天理，语若分析而意实得之。今曰道心为主而人心听命，是二

---

① （明）王阳明，撰．王晓昕，译注．传习录译注[B]．北京：中华书局，2018：316.
② （明）王守仁，著．赵平略，校．王文成公全书（第1册）[B]．北京：中华书局，2015：28.

心也。天理人欲不并立，安有天理为主，人欲又从而听命者？"[1]

王阳明说："若鄙人所谓致知在格物者，致吾之良知于事事物物也。吾心之良知，即所谓天理也。致吾心良知之天理于事事物物，则事事物物皆得其理矣。致吾心之良知者，致知也。事事物物皆得其理者，格物也。是合心与理为一者也。"[2]"合一"倒是合一了，但其实只是在"吾心"合了。"草木有本心，何求美人折"，王阳明尽管"致吾心良知之天理于事事物物"，但"事事物物"却自有其"本心"或"本性"和"天理"或"物理"。"天地以万物为刍狗"，所谓"事事物物皆得其理矣"其实仍然不过是"吾心良知之天理"。王阳明是受过竹子刺激的人，他估计后来再也不"穷格"竹子了。就像一个被竹叶青毒蛇咬过的人，他的"格物"不过是"格"自己内心对蛇的恐惧，他的"致知"也只是在心里让自己不要恐惧，他的"正心"是希望内心终于不再恐惧，这也就是他的"致良知"，这"良知"真是再好不过的"善知识"，有了它直接就是"平天下"了，世界还有什么可怕的东西呢？但是，对实际存在的毒蛇他其实再也没有看一眼，更不要说去研究它。他只是把"物"（还不是"物"本身，而是逃避"物"的"物欲"）从心中彻底"格"没了，"格物""致知""诚意"说到底都是"正心"。由此他其实完全可以扔掉了《大学》说的"格物""致知""诚意"，而且他也确实最终扔掉了它们，并用"致良知"代替了它们，这样他其实已经自成一家之言。只要能够"致良知"就天下无难事，"修身""齐家""治国""平天下"都不在话下。只要再进一步强调人固有"良知良能"，《大学》本身也可谓"天下本无事，庸人自扰之"。所以，后期的阳明学派不再需要"大学之道"，甚至也根本不需要读书——尤其不要读朱熹的书，单凭天理良心、良知良能立身行事。这样的学问倒确实不再"支离"了，但是，这样的学问也可能正是《大学》说的"自欺"。现实生活中，所谓的"凭良心"很多时候也不过是"自欺欺人"，这样的"天理"通常都是"公说公有理，婆说婆有理"。王阳明批评朱熹"即物穷理"是"玩物丧志"，但没有预料自己的"致良知"最终变成"自欺欺人"。"玩物丧志"可能变成一个"白专"，"自欺欺人"就要变成误国殃民的"白痴"。

---

[1] （明）王阳明，撰．王晓昕，译注．传习录译注[B]．北京：中华书局，2018：36.
[2] （明）王阳明，撰．王晓昕，译注．传习录译注[B]．北京：中华书局，2018：206.

在朱熹看来，"修身"就是要做到"道心常为一身之主，而人心每听命"。也就是说，"修身"其实就是修正自身不符合"道"的做法，最终诚心诚意地"遵道而行"。比如贾瑞不再去找王熙凤，王熙凤不再设计陷害贾瑞。当然，这要求先"正心"，也就是贾瑞不再对王熙凤有"淫心"，王熙凤不再对贾瑞有"恶心"。我们常说"世道人心"或"天地良心"，这意味着"良心"其实不是由个人自身来评判的，不是自己觉得有"良心"就有，它是由世人共同来评价的"道心"，它是天地发展规律决定的"天理"。如果光有自己来评价，贾瑞还会说王熙凤没良心害他受相思苦，也可以说她看不起自己又故意引诱自己"太没天理"。王熙凤当然更可以说贾瑞臭不要脸，该遭天打五雷轰，弄死他也不过分。从"世道人心"或"天地良心"来说，他们两个都是心术不正，都是违背天理，所以最终都没有好下场。"人心惟危，道心惟微，惟精惟一，允执厥中"，就是让人认识到"人心"其实是很危险的，"道心"是微妙难明的；自己觉得凭"天理良心"做事，其实不过是"自欺欺人"；自己觉得做事"天公地道"，其实可能都到了"天诛地灭"。人还是不要自以为是才好，一定要始终如一地遵循天地之道，唯有如此才能始终做到为人中正。中正就要顺应世界发展规律，中正就要顺应世人共同愿望，自称中正的人恰恰是不中不正。其人终身自欺而不自觉，或亦因阳明心学惑人。

王阳明说："种树者必培其根，种德者必养其心。欲树之长，必于始生时删其繁枝；欲德之盛，必于始学时去夫外好。"[①]在他看来土地自然会让树木生长，心田自然会让美德生长。种树就是修剪过于繁茂的枝叶，"立德树人"就是除去人心对外物的爱好，这就是他的"心正而后身修"。朱熹的"修身"是从"格物"做起的，首先选择树木种到合适的生长土壤中，然后要有园丁施肥浇水、除草除虫，当然也包括修剪过于繁密的枝叶。王阳明的"修身"追求"浑然天成"，朱熹的"修身"追求"巧夺天工"。"浑然天成"走向极端就成为任其自生自灭的"丛林法则"，"巧夺天工"走向极端则可能成为要求整齐划一的"专制独裁"。指责朱熹要为元、明、清的皇帝独裁负责，指责王阳明要为明朝灭亡负责，其实都是后学把他们的学问推向了极端。

---

① （明）王阳明，撰．王晓昕，译注．传习录译注 [B]．北京：中华书局，2018：157．

（二）"兼所养"

《中庸》开篇说："天命之谓性，率性之谓道，修道之谓教。""修身"其实就是"修道"，但"道"是什么呢？"率性之谓道"，遵循事物的本质属性就是当行之"道"。事物的本质属性又是什么呢？"天命之谓性"，事物天生固有的属性就是它的本质属性。人有人性，物有物性；不同的人有不同的个性，不同的物也有不同的特性。尊重人的个性和物的特性，这就是人所当行之道。教育就是探索事物的内在本质属性，"修身"就是修正偏离事物本质属性的做法。也就是朱熹说的"道心常为一身之主，而人心每听命"，"修身"就是认识并尊重事物本质属性，自觉遵循事物发展客观规律。所谓的"理一而已""心一也"，只能是在认识"理"的基础上，使"心"自觉地和"理"合一。

王阳明用种树来类比修养德行，刚好孟子也曾用树进行过类比。孟子说两手所围那么大的桐树、梓树，人如果想要让它们生长，应知道怎么去养护。而对于自己的身体，难道不知道怎么去修养吗？主要是不懂得思考。孟子认为每个人对于自己的身体，其实都是每部分都很爱护。每部分都爱护，就要每部分都保养。身上没有一寸肌肤是我们不爱的，所以也没有一寸肌肤是我们不想保养的。要想考察身体保养得好不好，不需要别的办法，只看自己更注意保养身体的哪部分。身体有重要和不那么重要的部分，也有大的整体和小的局部。我们不能因为小的局部损害了大的整体，也不能因为不重要的部分损害了重要的部分。保养身体小的局部的人就是小人，保养身体大的整体的就是大人。这就像林场管理员，舍弃珍贵的梧桐和槚树，反倒养护酸枣和荆棘，这就是糟糕的林场管理员。人如果只顾保养一个手指而损伤肩背而不自知，那就是个糊涂蛋。只顾吃喝的人被人瞧不起，就是因为他们只懂得身体基本的物质需求而忘了更大的需求。一门心思都用在吃喝上的人如果没有损失，那口腹之欲的满足为什么只能养护小小的肉身呢？

> 孟子曰："拱把之桐梓，人苟欲生之，皆知所以养之者。至于身，而不知所以养之者，岂爱身不若桐梓哉？弗思甚也。"
>
> 孟子曰："人之于身也，兼所爱。兼所爱，则兼所养也。无尺寸之肤不爱焉，则无尺寸之肤不养也。所以考其善不善者，岂有他哉？于己取之而已矣。体有贵贱，有小大。无以小害大，无以贱害贵。养其小者为小人，养其

大者为大人。今有场师，舍其梧槚，养其樲棘，则为贱场师焉。养其一指而失其肩背，而不知也，则为狼疾人也。饮食之人，则人贱之矣，为其养小以失大也。饮食之人无有失也，则口腹岂适为尺寸之肤哉？"①

"食色，性也"（《孟子·告子上》），这句话并没有错，"饮食"需求和"爱美"确实都是人天生的本性，所以注意"饮食"和"爱美"也是"修身"。孔子也是注重饮食的，"食不厌精，脍不厌细。食饐而餲，鱼馁而肉败，不食。色恶，不食。臭恶，不食。失饪，不食。不时，不食。割不正，不食。不得其酱，不食。肉虽多，不使胜食气。惟酒无量，不及乱。沽酒市脯，不食。不撤姜食。不多食"（《论语·乡党》）。"食不厌精，脍不厌细"并不是说孔子吃饭精挑细选很讲究，"食，音嗣。食，饭也。精，凿也。牛羊与鱼之腥，聂而切之为脍。食精则能养人，脍麤则能害人。不厌，言以是为善，非谓必欲如是也"②。这里的"食"不是名词而是动词，不是"食物"的"食"，而是"饮食"的"食"，孔子吃饭的"精细"是就"养人"来说的，而不是食物本身的精细。也就是说饮食最重要的是让我们身体得到滋养而没有损害，所谓的饮食讲究应该在这方面把功夫做精做细。"食饐而餲，鱼馁而肉败，不食。色恶，不食。臭恶，不食。失饪，不食。不时，不食"，是说粮食陈旧和变味了，鱼和肉腐烂了，不吃；食物的颜色变了，不吃；气味变了，不吃；烹调不当，不吃；不时新的东西，不吃，都是因为它们有损健康。现在很多人贪图便宜买陈粮腐肉、臭鱼烂虾、不新鲜的蔬菜水果、过期的粮油牛奶食物，以为捡了便宜其实伤害了身体健康。"割不正，不食。不得其酱，不食"，是说肉切得不方正，不吃；佐料放得不适当，不吃。朱熹注解说："割肉不方正者不食，造次不离于正也。汉陆续之母，切肉未尝不方，断葱以寸为度，盖其质美，与此暗合也。食肉用酱，各有所宜，不得则不食，恶其不备也。此二者，无害于人，但不以嗜味而苟食耳。"③意思是如"君子无终食之间违仁"（《论语·里仁》），在饮食之间也要提醒自己不要忘了"修身在正其心"，各种宗教普遍重视在吃饭时修养身心。人不能像猪一样吃饭就为了满足饮食，要吃出文化吃出精神吃出道德来。像酱啊辣啊葱啊蒜啊，也要适量，

---

① （宋）朱熹，集注.四书章句集注[B].北京：中华书局，2016：341.
② （宋）朱熹，集注.四书章句集注[B].北京：中华书局，2016：120.
③ （宋）朱熹，集注.四书章句集注[B].北京：中华书局，2016：120.

不能没有了就吃饭都没有胃口、没有味道，这就是太贪图美味以致嘴巴越来越刁、胃口越来越重。所以，席上的肉虽多，但吃的量不超过米面的量；只有酒没有限制，但不喝醉；从市上买来的肉干和酒，不吃；每餐必须有姜，但也不多吃。现在有些人只吃肉不吃米面，有些人喝酒不醉不休，有些人喜欢吃各种零食，有些人以为多吃葱姜蒜就能防病，这些人就是古人说的"饮食之人"，或今天说的"酒色之徒""吃货"。王安石吃饭只吃眼前的那盘，毛泽东因为同学去买肉就与人断交，就是表示自己不是贪图口腹之欲的小人。

"修身"首先要肯定人对全身上下从里到外都爱，既爱漂亮的脸也爱健美的身材，既爱内心的善良也爱外表的漂亮；气质美如兰但一身都是病的林黛玉，外表光鲜亮丽但内心阴险狡诈的王熙凤，都有所缺憾。因此，修身要内外兼修、身心皆养。看一个人懂不懂得"修身"，看"修身"修得好不好，就看他修养的价值取向。有些人只求外表看起来健美而不注意五脏六腑的健康，有些人只求外表的漂亮而不注意内心修养。身体各部分都很重要，但是其实也是有区别的。中国古人一贯注意五脏六腑的调养，而不像我们今天学习西方更喜欢健身。健身当然也很好，但肯定五脏六腑的健康更重要。心脏有毛病，身体再健壮也可能猝死；内心很丑陋，外表很健美也不值得赞美，这个道理不论在哪里都是对的，所以真正懂得"修身"的人总是修养更重要的"内心"。通过美食来美容养颜，到健身房去健身，都是"修身"的好办法。但是，如果成天只懂得吃喝玩乐，如果有点力气就喜欢打打杀杀，那最终身体也会坏掉甚至遭受极刑。

其实，用种树做类比来讲"修身"的"理"，已经是从"外物"来求"理"了，王阳明批判朱熹的"即物穷理"毫无道理。树并不像人一样有恻隐之心，但是，树不也有自己存活成长的"理"吗？王阳明说"欲树之长，必于始生时删其繁枝；欲德之盛，必于始学时去夫外好"，这真和他盯着竹子"穷格"竹子后怪朱熹"误训格物"一样荒谬！谁都知道想要树成长就得施肥浇水，而不只是修剪过于繁盛的枝叶。"欲德之盛，必于始学时去夫外好"是毫无道理的，相当于为了心灵美就必须去除追求外表美的欲望。"心学"的根本问题就是不外求"理"于"物"，王阳明即便用种树来说理也是凭自己内心需要捏造种树的"理"，其实是"强词夺理"的"蛮不讲理"。

圣人并非不在乎"外在"的东西，而是更重视"内在"的修养。也不是不在乎"一己"之"小我"，而是还懂得超越"一己"的"大我"。人之所以有"小人"和"大人"之分，根本原因是"大人"重视从"大"的方面修养，而不是局限于"小"的方面和"小我"。修眉毛、抹口红、做拉皮、涂指甲等等是从小的方面修身，跑步、健身、游泳、打球等等是从大的方面修身。同样是人为什么有些人眼光狭小，有些人却能高瞻远瞩呢？这是因为眼、鼻、耳、口、舌这些身体的器官没有思考能力，不能清楚认识事物，身体器官接触到事物就像风吹草动，往往只是被它触动而牵引着走。心才是思考的器官，用心思考才能有所得，不思考人终究不能有所得。思考的能力是天赋秉性，先确立心思考的大能力，其他感知外物的小能力也就不会丧失了，这就是大人之所以为大人。

  公都子问曰："钧是人也，或为大人，或为小人，何也？"
  孟子曰："从其大体为大人，从其小体为小人。"
  曰："钧是人也，或从其大体，或从其小体，何也？"
  曰："耳目之官不思，而蔽于物，物交物，则引之而已矣。心之官则思，思则得之，不思则不得也。此天之所与我者，先立乎其大者，则其小者弗能夺也。此为大人而已矣。"①

  孟子说的"心之官则思，思则得之，不思则不得也。此天之所与我者，先立乎其大者，则其小者弗能夺也。此为大人而已矣"，应该非常契合王阳明的"心学"，但是，马克思主义的辩证唯物主义已经完全推翻了这一逻辑。毛泽东指出："马克思主义者认为人类社会的生产活动，是一步又一步地由低级向高级发展，因此，人们的认识，不论对于自然界方面，对于社会方面，也都是一步又一步地由低级向高级发展，即由浅入深，由片面到更多方面。"②想要"先立乎其大者"其实是不可能的，"大者"凭什么立呢？"夫子之不可及也，犹天之不可阶而升也"（《论语·子张》），即便有孔圣人也不可能"一步登天"，只有"从其小体"才能"先立乎其大者"。

  你要想知道梨子的滋味，你就得变革梨子，亲口吃一吃。你要知道原子的组织同性质，你就得实行物理学和化学的实验，变革原子的情况。你要知

---

① （宋）朱熹，集注. 四书章句集注 [B]. 北京：中华书局，2016：341—342.
② 毛泽东. 毛泽东选集（第1卷）[M]. 北京：人民出版社，1991：283.

道革命的理论和方法，你就得参加革命。一切真知都是从直接经验发源的。但人不能事事直接经验，事实上多数的知识都是间接经验的东西，这就是一切古代的和外域的知识。这些知识在古人在外人是直接经验的东西，如果在古人外人直接经验时是符合于列宁所说的条件"科学的抽象"，是科学地反映了客观的事物，那么这些知识是可靠的，否则就是不可靠的。所以，一个人的知识，不外直接经验的和间接经验的两部分。而且在我为间接经验者，在人则仍为直接经验。因此，就知识的总体说来，无论何种知识都是不能离开直接经验的。任何知识的来源，在于人的肉体感官对客观外界的感觉，否认了这个感觉，否认了直接经验，否认亲自参加变革现实的实践，他就不是唯物论者。"知识里手"之所以可笑，原因就是在这个地方。中国人有一句老话："不入虎穴，焉得虎子。"这句话对于人们的实践是真理，对于认识论也是真理。离开实践的认识是不可能的。①

按照辩证唯物主义的观点，王阳明还是得去"穷格"竹子的，只不过不能光靠两只眼睛而已，但从心里是不可能认识竹子的。孟子的"大人"和"小人"也是大有问题的，"有大人之事，有小人之事"的社会分工没有问题，"或劳心，或劳力；劳心者治人，劳力者治于人；治于人者食人，治人者食于人"也符合现实，但是"天下之通义也"就不见得了。因为按孟子的原则，"大人之事"难免脱离"小人之事"，因此，"劳心者治人"必定要出错，"劳力者治于人"和"治于人者食人"也就危险了，"治人者食于人"很可能要变成"四海困穷，天禄永终"。脱离实践的所谓"直指人心"最终反倒成为"失民心"。

子曰："不怨天，不尤人。下学而上达，知我者其天乎！"（《论语·宪问》）天命不可违，所以孔子不埋怨天，也不责备人，向下学习而上达天命，了解我的只有上天吧！孔子的修身要"知天命，尽人事"的，所以向下学习小人之事才能向上通达天命之理，最终才是"我心即天理"。孟子和王阳明都有过于强调"上达"的问题，朱熹则强调只有"下学"才能"上达"，朱熹是真正知道孔门"修身"之道的人。

---

① 毛泽东.毛泽东选集（第1卷）[M].北京：人民出版社，1991：287—288.

（三）"至德要道"

"修身"不是"为修身而修身"，而是为"齐家"而"修身"。也就是说，"家"并不是让人居住的房子，而是家庭成员的身体，正是家庭成员构成了完整意义的家，在英语中有 house 和 family 两个词做区分。中文的"家"上面的"宀"意指房子，"豕"的意思是猪，从中能够"会意"到中国古人的"唯物主义"。

今天中国人往往把买房子看作是"成家"的第一件事，而且中国人特别喜欢建房子和攒钱，这也就是"齐家"最浅显的意思。"建房子和攒钱"被认为是为子孙打下的"基业"，这比一辈子吃光花光总还是要好。今天的人已经走到"月光族"，那对子孙后代来说当然只能"白手起家"。有些人说这挺好啊，郑板桥临终给儿子留下的人生箴言就是："流自己的汗，吃自己的饭，自己的事情自己干。靠天，靠地，靠祖宗，不算是好汉。"问题在于郑板桥不仅为官一方造福一方百姓，而且为人类留下了宝贵的精神财富。"月光族"只是自己吃光花光，如果不够很可能还要"啃老"。前一代人不给后一代人留下"基业"，就像后代人生在一个"一穷二白""千疮百孔"的国家，这是否真有利于后人靠自己的双手建设美好家园？更加"现代"的"新新人类"甚至直接不生孩子，这样总是没有"不负责任"了吧？这就像跑接力赛，到你这一辈你直接把棒扔了没有传下去，确实不是生而不养"不负责任"，而是叫人"断子绝孙""家破人亡"。如果社会风气普遍如此，那么将会国家败亡，人类灭绝！

中国人把"修身"和"齐家""治国""平天下"紧紧连在一块，正是这种"家国情怀"使得中华民族生生不息，造就延续五千年的辉煌文明！五千年文明不能只是精神文明，它首先就是"广土众民"，用今天的话来说就是"地大物博，人口众多"。中华文明之所以始终没有断绝，就是因为中国始终能够衰而复兴，中国人始终是世界上最多的，而不像罗马帝国和罗马人那样不存在了。当然，罗马文明还存在，也永远都会存在。但是，罗马文明已经不会延续了，它被新的欧洲文明取代了。中华文明始终存在而且不断延续，今天又迎来了再一次衰而复兴，这是因为一代又一代中华儿女的接续奋斗，使得中国这个中华文明的物质载体再次富强。

《孝经》开宗明义地指出了中国历史上代代相传的"至德要道"，也就是让华夏九州人心和顺、广土众民相处和睦、全国上下同心同德的根本之道。孔子认为这个"至德要道"就是"孝"，它也就是人生教化的生发之处。孝首先要爱惜自己的身体，身体都没有了用什么去行孝呢？所以说人的身体甚至每一根毛发和每一寸皮肤，都是父母给予的，应当谨慎爱护，不敢稍有毁伤，这是实行孝道的开始；立身行事遵行道德，好名声甚至流传后世，使得父母也沾光显耀，这是孝道的最终目标。孝道，始于侍奉双亲，中经侍奉君主，终于立身行道。《诗经·大雅》说："常常怀念祖先的恩泽，念念不忘继承和发扬他们的德行。"

先王有至德要道，以顺天下，民用和睦，上下无怨。汝知之乎？"曾子避席曰："参不敏，何足以知之？"子曰："夫孝，德之本也，教之所由生也。复坐，吾语汝。身体发肤，受之父母，不敢毁伤，孝之始也。立身行道，扬名于后世，以显父母，孝之终也。夫孝，始于事亲，中于事君，终于立身。"《大雅》云："无念尔祖，聿修厥德。"

在家侍奉父母是孝的开始，当然也是最基本的孝。但如果仅限于此，就谈不上"孝道"了，既然是"道"就必定能通向更广阔的天地。那就是在"家"侍奉父母，走出家门为"国"出力。"孝道"之所以能称作"至德要道"，就因为它就像"大学之道"，首先在于孝敬父母的美德，但还能"亲亲而仁民，仁民而爱物"，把对父母的孝敬推广到对其他民众的仁爱，进而依靠仁爱实现治国平天下的至善境界。子曰："无忧者，其惟文王乎！以王季为父，以武王为子，父作之，子述之。"（《中庸》）说到底，孝道是一代一代人"前赴后继"行走的人生之路，正是一代一代人像"接力赛"一样奔跑，让家族兴旺、国家富强、天下太平。总有人觉得孝道好像就是子女听父母的话，这么理解的"孝"几乎可以说是"愚孝"。子曰："武王、周公，其达孝矣乎！夫孝者，善继人之志，善述人之事者也。"（《中庸》）真正的孝并不只是听话而已，最重要的是继承父辈的遗志，把父辈的事业做大做强，这才是真正的孝。如果父母本来做得不好，而子女做得非常好，这就使父母也沾光获得了荣耀，"光宗耀祖"是孝的最高境界，舜就是这样的一个典型。

舜其大孝也与！德为圣人，尊为天子，富有四海之内。宗庙飨之，子孙保之。故大德必得其位，必得其禄，必得其名，必得其寿。故天之生物，必因其材而笃焉。故栽者培之，倾者覆之。《诗》曰："嘉乐君子，宪宪令德！宜民宜人，受禄于天；保佑命之，自天申之！"故大德者必受命。

舜为什么被认为是"大孝"呢？主要就在于"立身行道，扬名于后世，以显父母"。舜的父亲是个盲人，母亲是继母，他们偏爱同父异母的弟弟象，三人多次设计陷害舜，都是心不正、行不端的人。但是，舜"立身行道"，不管他们怎样都遵行孝道。当然，舜并不是把一生精力都用于家长里短的琐事，他在如此恶劣的家庭环境中还能"立身行道"而"扬名"，像后来的"举孝廉"一样被尧重用，最后继承尧的王位成为天子，所以说四海之内都是他的财富。因为舜的伟大功绩，舜的父母不仅受天下人供养，而且被感化后受到天下人尊敬，这就是"光宗耀祖"。舜终其一生说到底就是"立身行道"，对父母行"孝道"，对尧行"臣道"，对民众行"仁道"，如此"从容中道"所以被称为"圣人"。很简单的一条，对那样的父母还能孝，一般人都做不到。但一个人如果对"不是的父母"不能做到"亲亲"，又如何可能对"刁民"做到"仁民"呢？对"不是的父母"的怨恨，必然变成对"刁民"的大肆屠杀。人爱父母总是比爱普通民众多一些，所以，"不是的父母"不仅是对"孝道"的真正考验，更是对能否实施"仁政"的最有力的检验。舜的"大德"首先体现于对"不是的父母"的"孝敬"，更重要的体现是"宜民宜人"的"亲民"。有如此大德的人必定会得到高位，也必定会得到俸禄，必定会得到美名，必定会获得高寿，这是从舜身上总结出来的一般规律。所谓"遵德性而道问学"，从道德品行可以推断学问之道。天地生养万物，依据其材质而决定其命运。可栽培的就栽培，要倾覆的就倾覆。舜能立身行道就得到上天栽培，如果他以怨报怨杀害父母就全家灭亡。所以，真正快乐的君子都是因为有美德，能够促使天下人民各得其所，这样的人必定获得上天赐予的俸禄，并因受到上天的护佑而发展壮大。

"身体发肤，受之父母，不敢毁伤"，这就是"修身"的第一要义。"我的身体我做主"其实是很荒谬的，"身体"明明是从母亲身上生出来的，科学告诉我们它是父母精血造就的，也是父母几十年抚养才长大的，怎么能说只是"我的"呢？怎么敢去毁伤呢？毁伤自己的身体伤害的又岂是我呢？不都是痛在父母心头吗？"孝子不服闇，不登危，惧辱亲也。父母存，不许友以死，不有私财"（《礼记·曲礼》），孝子不能做见不得人的事，不能登临危险境地，这是惧怕给父母带来耻辱。有父母在，不对朋友以命相许，也不能专有私财，因为身死必定伤及父母，因为家需要财富支撑。所谓的"为朋友两肋插刀""殉情自杀""月光族"都是只顾自己而不顾及父母家庭的人，这样的人在人生路上还没有做到父母，或者压根就走不到做父母那一步，属于那种被上天舍弃的"倾者覆之"者。抨击孝道的人多半受到西方自由主义的影响，好像封建家长制把子女压迫得没有人样了。其实今天哪里有像舜的父母那样的父母？伤害子女身体发肤的父母很少，自我伤害的子女却越来越多。父母多半把孩子当宝贝呵护，养得"心广体胖"。又省吃俭用为子女打下基业、创造物质基础，希望他们能梦想成真、人生出彩。

"立身行道，扬名于后世，以显父母"，这就是"修身"的最终目标。"立身行道"简单地说就是"堂堂正正"地做人，始终如一地走"人间正道"，或如孟子曰："天下有道，以道殉身；天下无道，以身殉道。未闻以道殉乎人者也。"（《孟子·尽心上》）天下有道就让正道体现在自己身上，天下无道就让自身体现人间正道，始终只是"遵道而行"，而不是"舍命陪君子"。"扬名于后世"，也如孟子说的"尊德乐义，则可以嚣嚣矣。故士穷不失义，达不离道。穷不失义，故士得己焉；达不离道，故民不失望焉。古之人，得志，泽加于民；不得志，修身见于世。穷则独善其身，达则兼济天下"。立身行事始终遵守道德而乐行正义，这样就可以光明正大。即便贫穷落魄也不违背正义，飞黄腾达也不背离道德。贫穷落魄也不违背正义，自己就能问心无愧；飞黄腾达也不背离道德，民众就会寄予希望。像古人那样，人生志向能得到实行，就能使民众获得关爱；人生志向得不到实行，就修养自身展示美德。穷困就尽力完善自身，腾达就让天下共同受益。"以显父母"，如子曰："父在，观其志；父没，观其行；三年无改于父之道，可谓孝矣。"（《论语·学而》）父亲在，就要有志向，不能心无大志，躺平做"啃老族"。父亲过世了，就要靠自己去实现人生志向。能子承父业做大做强很好，否则也不要轻易就抛弃父亲开创的基业，这样也可以称作是孝了。伟大的事业都是代代相传的，通常一代人并不能完成。不管是政治、经济还是文化事业，父子相承都是正常现象。当然，改弦更张、自立门户、自成一派能开创新天地更好，"三年无改于父之道"是教人要谨慎，不要轻易就否定历史、推倒重来、另辟蹊径。总的意思是教人"继往开来"，在继承先辈基业中开创新局面。

"子在川上曰：'逝者如斯夫！不舍昼夜。'"（《论语·子罕》）父母和子女之间是血脉相连的，先人和后人就像那河中的水流，先人逝去了但后人源源不断，构成了生生不息的命运共同体。人类历史长河也一样，先人逝去了后人又来了，后人不过延续先人的步伐。这样的人生其实没有死亡，尽管人死之后好像就没有了，但子女其实就是他们血肉之躯的延续。这样的死亡其实也不可怕，因为死亡也不过是追随父母而已，列祖列宗都在前面走着呢。当然，也有"不肖子孙"偏就不愿意追随父

母,决心搞出个断子绝孙、水枯河干。一些小支流的干涸不会影响中华民族的母亲河,但如果大量的支流枯竭就会导致小河无水大河干。

  徐子曰:"仲尼亟称于水,曰:'水哉,水哉!',何取于水也?"
  孟子曰:"原泉混混,不舍昼夜,盈科而后进,放乎四海。有本者如是,是之取尔。苟为无本,七八月之间雨集,沟浍皆盈,其涸也,可立而待也。故声闻过情,君子耻之。"

孔子多次称赞水,说道:"水啊,水啊!"对于水,孔子称赞它哪一点呢?孟子认为,就像源头里的泉水滚滚涌出,日夜不停,注满洼坑后继续前进,最后奔流汇入大海。有本源的事物都是这样,孔子就取它这一点罢了。如果没有本源,像七八月间的雨水那样,下得很集中,大小沟渠都积满了水,但它们的干涸却只要很短的时间。所以,声望超过了实际情况,君子认为是可耻的。一个人的"修身"要从"物格而后知至"的源头下手,而不求一时之声名,家庭兴旺、民族复兴、国家富强也要特别注意发展的源泉。"自天子以至于庶人,一是皆以修身为本","修身"就是家庭兴旺、民族复兴、国家富强的不竭源泉。毛泽东曾说:"世间一切事物中,人是第一个可宝贵。在共产党领导下,只要有了人,什么人间奇迹也可以创造出来";"我们相信革命能改变一切,一个人口众多、物产丰盛、生活优裕、文化昌盛的新中国,不要很久就可以到来"[①]。正如毛泽东所预言,如今中华民族正阔步走在伟大复兴的新征程中,但人口和教育问题也成了决定中华民族最终命运的根本问题。

二、"辟焉"

  "心正而后身修,身修而后家齐"是立身的一般"理论",但是,在行事的具体"实践"中,"人之其所亲爱而辟焉,之其所贱恶而辟焉,之其所畏敬而辟焉,之其所哀矜而辟焉,之其所敖惰而辟焉"。朱熹说:"人谓众人。之,犹于也。辟,犹偏也。五者,在人本有当然之则;然常人之情惟其所向而不加审焉,则必陷于一偏而

---

① 毛泽东.毛泽东选集(第4卷)[M].北京:人民出版社,1991:1512.

不修矣。"①也就是说，人即便已经"知"当然之"理"，但是，"行"还是会受到"情"的影响，从而产生行为的偏差。所谓的"辟"就是"偏"，也就是"过"或"不及"，比如"亲爱"或"贱恶"、"畏敬"或"敖惰"，等等。

（一）"不得其正"与"辟"

"心正"的理想状态是"平正而不偏辟，自外来者必不能以动其中，自内出者必不至于溺于彼"②。一个人的心如果完全中正而没有偏颇，那么外来的事物不能动摇他的中正之心，用心于任何事物也不会沉溺其中形成偏爱。凡事都以平常心看待。但是，这是理想状态，实际上一个人处于"忿懥""恐惧""好乐""忧患"之中时心就"不得其正"，立身行事的时候难免对自己"亲爱""贱恶""畏敬""哀矜""敖惰"的事物有所"辟焉"。

上章说"身有所忿懥，则不得其正"，这章又讲"人之其所亲爱而辟焉"，"不得其正"与"辟"在字面意思上差不多。不过，朱熹认为"忿懥之类，心上理会；亲爱之类，事上理会。心上理会者，是见于念虑之偏；事上理会者，是见于事为之失"；"正心是就心上说，修身是就应事接物上说"；"忿懥等是心与物接时事，亲爱等是身与物接时事"。③也就是说，"不得其正"说的是"心"术不正，所以要"正心"；"辟"指的是立"身"行事不公正，所以要"修身"。因此也才有所谓"心正而后身修"，一个人心不正行事不定也不公正。当然，"身"和"心"其实是一体的，所以"忿懥""恐惧""好乐""忧患"和"亲爱""贱恶""畏敬""哀矜""敖惰"也是难解难分的，所以王阳明会说"心一也""理一而已"。但是，"一"必须是经过"一分为二"后的"合而为一"，否则"一"就是"天地玄黄，宇宙洪荒"的"鸿蒙"。

实际上，"忿懥等是心与物接时事，亲爱等是身与物接时事"只是个大致的说法，更准确地说是"身"、"物"与"心"三者连环互动，身体器官与外物接触心就会有所触动，从而使人处于"忿懥""恐惧""好乐""忧患"之类的情感之中，在这种心理状态下接触事物就会心"不得其正"，所以行事就会产生"亲爱""贱恶""畏敬""哀

---

① （宋）朱熹，集注．四书章句集注[B]．北京：中华书局，2016：8．
② （宋）黎靖德，编．王星贤，点校．朱子语类[B]．北京：中华书局，2020：373．
③ （宋）黎靖德，编．王星贤，点校．朱子语类[B]．北京：中华书局，2020：374．

矜""敖惰"的偏差。比如王阳明、曾国藩这样的朝廷官员，他们身为朝廷命官不免对农民反叛朝廷的行为产生"忿懥""恐惧""忧患"，所以对起义的农民并没有恻隐之心，这就是心"不得其正"。因为心"不得其正"，所以他们对这些起义的农民只有"贱恶"和"敖惰"，甚至都没有丝毫的"哀矜"，更不要说"畏敬"和"亲爱"，因此在行为上就会发生偏差，也就会毫不犹豫地把他们赶尽杀绝，这在曾国藩身上体现得最为充分。

"身修而后家齐"，这意味着"身有所忿懥，则不得其正；有所恐惧，则不得其正；有所好乐，则不得其正；有所忧患，则不得其正"，在家庭中也是一样的。而且，正因为心"不得其正"，所以，家庭成员中也同样会出现"之其所亲爱而辟焉，之其所贱恶而辟焉，之其所畏敬而辟焉，之其所哀矜而辟焉，之其所敖惰而辟焉"。比如贾宝玉的"好乐"就是漂亮女孩，身有所好乐心自然"不得其正"，体现在宝玉立身行事一概以漂亮为准，黛玉最符合他的"好乐"，所以成为他的"亲爱"，以至于看到宝钗的胳膊，他希望长到林黛玉身上。即便是对于一块上学的男孩，他也偏爱长得漂亮的秦钟。宝玉心里排斥"文章经济"，更无意于"功名利禄"，这是他心里不喜欢宝钗的原因，由此也使他对"甄宝玉"很失望。有些人总渴望不受物质因素影响的纯粹感情生活，可以说宝玉就差不多过的就是这种生活。宝玉不追求物质的东西，但是，他的感情可一点也不纯粹，可以说是非常的混杂。黛玉是宝玉的"最爱"但远不是"唯一"，宝玉却真真正正是黛玉的"唯一"。宝玉总叫黛玉"放心"，但黛玉始终不能"放心"，对宝钗、湘云她都要有"防范之心"，她甚至叫袭人嫂嫂。事实上她不放心完全是对的，袭人早就和宝玉有了性关系，而最终也是宝钗嫁给宝玉。林黛玉无疑是"性情中人"，可以说每天都身处"忿懥""恐惧""好乐""忧患"之中，自然她的心始终"不得其正"，由此，她与人交往言语堪称尖酸刻薄，立身行事也不讨下人喜欢。应该指责她的为人吗？要求一个每天都身处"忿懥""恐惧""好乐""忧患"之中的人"心正"太没"天理"了，这是她生命中不可承受的重！

立"身"行事有所"辟焉"，根本原因不在心"不得其正"，光在"心"上下功夫没有用。道士送来警幻仙子所制的"风月宝鉴"，就是想要警醒心存与王熙凤享风月情幻想的贾瑞，但他忘乎所以地在幻境与王熙凤云雨，直至"身死"了才"心死"。贾宝玉梦游太虚幻境并没有把"色"看"空"，反而很快和袭人做了那件事。"致知在格物，物格而后知至"。不论儒家的教育还是佛老的教育都不足以"致知"，只有从客观事物出发才能获得真知。要消除贾瑞的"淫心"，安抚黛玉的"痴心"，医治宝玉的"花心"，光在"心"上下功夫，淫的照样淫、痴的照样痴、花的照样花，贾瑞身死了心才死，贾宝玉也是林黛玉死了才死心。黛玉以"至诚"之心爱宝玉，但实际上在当时这恰恰不是"正心"，而是有了"淫荡之心"。黛玉病得要死了，贾母来看她，她气喘吁吁地只说了一句话："老太太，你白疼我了！"这其实是相当于认罪：我爱宝玉，我该死。贾母虽然当面对黛玉说的是："好孩子，你养着罢，不怕的。"但却告诉凤姐等道："我看这孩子的病，不是我咒她，只怕难好。你们也该替她预备预备，冲一冲。或者好了，岂不是大家省心。就是怎么样，也不至临时忙乱。咱们家里这两天正有事呢。"这不相当于说"死去吧"，不死还得给你冲一冲呢。给宝玉是娶妻结婚冲一冲喜，给黛玉是预备后事冲一冲死。心里纳闷说得就更清楚了："孩子们从小在一处玩，好些是有的。如今大了懂的人事，就该要分别些，成了什么人呢！我可是白疼了她了。"听了袭人的话后又说："咱们这种人家，别的事自然没有的，这心病也是断断有不得的。林丫头若不是这个病呢，我凭着花多少钱都使得。若是这个病，不但治不好，我也没心肠了。"①贾母其实不过是虚情假意地在装仁慈，林黛玉她自己也很清楚死了还要遭唾弃呢，不只是遭贾母唾弃而是遭所有人唾弃，这对自视冰清玉洁的黛玉何其残忍！心死人死的黛玉留下半句话："宝玉你好……"好什么呢？谁能回答？世道如此，唯有流不尽的眼泪，唯有道不尽的伤心。

"物格而后知至，知至而后意诚，意诚而后心正，心正而后身修，身修而后家齐"，心"不得其正"和身有所"辟焉"，最终的原因要通过"物格而后知至"。人的感情就不可能是纯粹的，凭着纯粹的感情去爱就是像宝玉一样，不管男女见一个漂亮的就爱一个。贾瑞对王熙凤的"心"还是真诚的呢，只不过是"淫心"而已。林黛玉和薛宝钗只是没有机会见别的男人，如果她们要像宝玉生活在裙钗中一样，整天和众多青年男性在一起，她们也很可能不会对宝玉那么专心了。很多人没有意识到的是，贾宝玉和林黛玉的纯真感情，恰恰是建立在他们完全不需要担心"物质"的基础上，那些丫头的无奈则恰恰是因为他们没有物质基础。黛玉刚开始得贾母的疼爱最多，除了纯粹的感情以外，可能还有家族利益考虑。要知道贾府可是国公府，享受世袭高官厚禄的，必定非常在乎门第。林如海作为科举榜眼出身的高官，作为国公乘龙快婿是合格的，这点薛宝钗的父亲即便再有钱也不可与之相提并论，更不

---

① 曹雪芹，著.无名氏，续.红楼梦（下）[I].北京：人民文学出版社，2008：1332.

要说薛家已经破败了。而且林如海没有别的继承人,如果宝玉和黛玉结婚就能继承林家家产。但林如海死得早,家产可能提前就归了贾家。黛玉没有了令人敬仰的父亲,自己身体又不好,贾母的考虑就变了,所以选择了身体好的宝钗。贾母作为国公府发家的一代,她最大的愿望肯定是希望儿孙能光宗耀祖,至少保住祖宗基业。贾赦出事后,贾母哭得最伤心的是被剥夺了封职。而且,被抄家后发现家底其实早空了,贾母却能拿出很多银子给贾赦、贾珍、王熙凤等人,这说明贾母也不是只靠"孝心"得到敬爱。不论贾母还是王夫人或是王熙凤,都要为国公留下的家业着想,薛姨妈也乐意攀国公这家亲戚,哪里容得贾宝玉和林黛玉自由恋爱?黛玉临终交代死后南归,自然是不敢把贾家当自家了,但林家却可能真的早已经归了贾家,林黛玉哪里有家可归?没妈的孩子像根草啊!没了爸则让她死无葬身之地!

人世多少令人心碎的事其实都不是"心"的事,而是天地"造物"愚弄了人。要避免心碎的悲剧,只在"心"上下功夫没有用,要在"身"上和身外之"物"找原因。黛玉和宝玉的悲剧主要不在于"痴心"或"花心",完全是因为"外物"让他们的心无所适从。试图从"心"上"正心"终究也是"不得其正",林黛玉不是死了吗?贾宝玉不是出家了吗?要"心正"首先身体得好,没有这"肉身"甚至都不能"存心"。身体力行地从事劳动或许是最好的"造化",比如让林黛玉多做点针线活。但最终只有打破封建家长制和封建礼教,才能真正解放他们的身心。宝玉最大的勇气是敢于出家当和尚,他要敢于带着黛玉出逃就能"成己"。但是,为此他们必须解决自己的生活来源,也就是"成物"。这可能是宝玉和黛玉都无能为力的事,然而林如海应该为林黛玉留下了丰厚的家产。果能"物格而后知至",林黛玉应该发现自己完全没有理由活得那么被动,他们是可以离开贾府而自己生活的!宝玉顶多是像徐志摩一样的人物,林黛玉其实完全可以像林徽因一样活出自己的精彩人生!黛玉的丫头紫鹃见了甄宝玉就痴意发作设想:"可惜林姑娘死了,若不死时,就将那甄宝玉配了他,只怕也是愿意的。"①当然,他们如果真的有了现代人的科学头脑,就会知道他们其实是根本不能恋爱结婚的近亲,又哪来要死要活的人生悲剧?

"心"毕竟要存于"身",而"身"毕竟要在客观世界"行"走,所以,"修身在正其心"不能只从"心"本身下手,还要注意"身"所处的外在因素的影响。非"物

---

① 曹雪芹,著.无名氏,续.红楼梦(下)[I].北京:人民文学出版社,2008:1534.

格而后知至",断不能解决他们心"不得其正"的问题。事实上,只有彻底地"格物",也就是改变心外的整个客观世界,才能真正为他们"正心",才能让他们堂堂正正、自由自在、彼此平等地恋爱。王阳明说的"知行合一",是认为"未有知而不行者";"知而不行,只是未知";"圣人教人知行,正是要复那本体"①。用在贾宝玉和林黛玉身上就是"知"婚姻由父母做主,就要遵"行"婚姻由父母做主,能做到"知行合一"就没有问题了。好像确实如此!自由恋爱,婚姻自主,就是"自作孽,不可活",贾母等人都是这么想的,这也就是王阳明的"致良知"。就贾宝玉来说,林黛玉之死证明了婚姻自己做主终究"行"不通,由此就应该"知"诚心诚意地接受长辈的安排,进而心中自有的"孝"的"良知"得到发现,不仅为父母尽孝而且为皇帝尽忠。大概林黛玉死前一句"宝玉,你好……",大概就是认为宝玉"致良知"了而自己则成了"淫妇",黛玉的心有多么痛啊!从中也可知,"致良知"和"知行合一"具有非常严重的消极意义,它至少没有认识到行"孝"其实不只是"良知",它也是"教化"的结果。

马克思和恩格斯在《德意志意识形态》中说:"分工起初只是性行为方面的分工,后来是由于天赋(例如体力)、需要、偶然性等等才自发地或'自然地'形成的分工";"分工使精神活动和物质活动、享受和劳动、生产和消费由不同的个人来分担";"分工包含着所有这些矛盾,而且又是以家庭中自然形成的分工和以社会分裂为单个的、互相对立的家庭这点为基础的。于这种分工同时出现的还有分配,而且是劳动及其产品的不平等的分配(无论在数量上还是质量上);因而产生所有制,它的萌芽和最初形式在家庭中已经出现,在那里妻子和儿女是丈夫的奴隶"②。"物格而后知至",只有认识物质基础才能理解发生在贾府且涉及四大家族的悲欢离合故事。

(二)"辟"与"正"

"人之其所亲爱而辟焉",在《红楼梦》中体现得最充分的就是贾母对宝玉的溺爱。宝玉可以说是老太太喜爱的一块"宝玉",最终宝玉也被老太太玩坏了。贾母对

---

① (明)王阳明,撰.王晓昕,译注.传习录译注[B].北京:中华书局,2018:19.
② 马克思,恩格斯.马克思恩格斯文集(第1卷)[B].北京:人民出版社,2009:534—536.

宝玉的溺爱是祖辈溺爱孙辈的典型，薛姨妈对薛蟠的溺爱则是父母溺爱孩子的典型，她们其实都毁了孩子。贾母对林黛玉的爱则是"之其所哀矜而辟焉"的典型，也说"哀矜"就像是"施舍"一样靠不住。王熙凤对贾瑞是"之其所贱恶而辟焉"，这种现象在贾府比比皆是，虽然主子也常关爱下人。林黛玉、妙玉待人常有"之其所敖惰而辟焉"，这是一种清高自傲的为人处世方式。贾府所有人对贾母都存在"之其所畏敬而辟焉"，在贾政对于宝玉婚姻态度上尤其体现得充分。所有这些"辟"都隐藏了以后将爆发的危机，"所谓齐其家在修其身者"就是说需要为了治理好家需要修正人们身上的这些偏僻。

　　亲爱、贱恶、畏敬、哀矜、敖惰也是人之常情，奶奶爱孙子、母亲爱儿子本身没有错，错在过分地溺爱，这才是所谓的"辟"。这东西也就像"食色，性也"，吃饭爱美是人的本性，但是一味地贪吃好色就要损害身心。即便是敬畏一个品德高尚的人，如果敬畏过头了以致作恶也看不到，就是"之其所畏敬而辟焉"。反过来，瞧不起或厌恶一个品德不好的人，连他的所有好的地方也看不到，这也就是"之其所贱恶而辟焉"。"所谓齐其家在修其身"，就"人之其所亲爱而辟焉"而言，儿子当然敬爱父亲，但如果父亲有不义之举，做儿子的要据理力争；父亲当然要慈爱儿子，但一味地慈爱，以致儿子变得不像样了，也不知道责备教导，那当然不行。就"人之其所贱恶而辟焉"来说，有些人固然可恶，比如贾瑞这样的人就是可恶，但也没有必要像王熙凤一样刻意作践他，他应该是可以被教导的，王熙凤设计陷害他就不对了。"人之其所畏敬而辟焉"，像贾政对皇帝就是毕恭毕敬，但是像孟子说的"劝导大人物就要藐视他"，意思是说不能因为他有权势就在道德上也先敬畏他。孟子说的"话糙理不糙"，古人就是这样救治大人物的恶劣品行，其他如像为帝王"陈述善行隔绝邪恶""指出和避免君主的过错"，也都不是一味地敬畏。人的感情难免会有偏颇，虽然最有亲情的人是父母，但是父母确实有需要用心谏劝的地方，哪能因为亲情就忘了用正义纠偏呢？人所最敬畏的人是父亲和君主，当需要直截了当地正面谏劝的时候，哪能一味地敬畏而不敢说话呢？有时候对有些人也难免敖惰，既然"道不同不相为谋"的人，当然没有必要虚情假意装作"与我心有戚戚哉"，爱搭不理表示对他没有兴趣。人应该有正常的喜怒哀乐之情，没有必要八面玲珑地讨好一切人，那样就成了虚情假意随波逐流的"乡愿"了。

　　亲爱、贱恶、畏敬、哀矜、敖惰各自有当然之则，只不可偏。如人饥而食，只合当食，食才过些子，便是偏；渴而饮，饮才过些子，便是偏。如爱其人之善，若爱之过，则不知其恶，便是因其所重而陷于所偏；恶恶亦然。

"人之其所亲爱而辟焉"，如父子是当主于爱，然父有不义，子不可以不争；如为人父虽是止于慈，若一向僻将去，则子有不肖，亦不知责而教焉，不可。"人之其所贱恶而辟焉"，人固自有一种可厌者，然犹未至于可贱恶处，或尚可教，若一向僻将去，便贱恶他，也不得。"人之其所畏敬而辟焉"，如事君固是畏敬，然"说大人则藐之"，又不甚畏敬。孟子此语虽稍粗，然古人正救其恶，与"陈善闭邪""责难于君"，也只管畏敬不得。

人情自有偏处，所亲爱莫如父母，至于父母有当几谏处，岂可以亲爱而忘正救！所敬畏莫如君父，至于当直言正谏，岂可专持敬畏而不敢言！所敖惰处，如见那人非其心之所喜，自懒与之言，即是忽之之意。①

很多人以为"孝"就是"孝顺"父母，而不是父母有过错也是要劝阻的，只不过一定要出于爱心，并且要注意方式方法。子曰："事父母几谏，见志不从，又敬不违，劳而不怨。"(《论语·里仁》)侍奉父母，对他们的缺点应该委婉地劝止，如果自己的意见没有被采纳，仍然要对他们保持恭敬而不是违逆他们，尽量自己操劳而不是怨恨父母。在古代，大概像贾政对待贾母安排的宝玉宝钗婚姻的事，贾政作为儿子虽然并不赞同匆匆忙忙办婚事，但最终还是尊重母亲的意见，剩下所能做的就是尽量让事情的负面影响小一点。当然，今天的人不会像贾政一样，婚姻这么大的事就这么接受了。问题是没有必要"逆反"，故意逆着父母做事，而应该用和善的语言沟通，用委婉的方式拒绝。《孝敬》也有专门一章讲"谏诤"。

曾子曰："若夫慈爱、恭敬、安亲、扬名，则闻命矣。敢问子从父之令，可谓孝乎？"

子曰："是何言与！是何言与！昔者，天子有争臣七人，虽无道，不失其天下；诸侯有争臣五人，虽无道，不失其国；大夫有争臣三人，虽无道，不失其家；士有争友，则身不离于令名；父有争子，则身不陷于不义。故当

---

① （宋）黎靖德，编．王星贤，点校．朱子语类 [B]．北京：中华书局，2020：375—376．

不义则争之。从父之令，又焉得为孝乎？"

孝道只是从日常慈爱恭敬父母做起，出门要让父亲安心而不要让他担忧子女会犯事，最好是要建功立业获得好名声以光宗耀祖。所以当曾子问为人子的一切都听从父亲的命令是不是孝的时候，孔子仿佛觉得是荒谬绝伦地连说两句"这是什么话！这是什么话！"他解释说，在古时候，天子有七位直言谏诤之臣，所以即便天子无道，也没有导致天下叛乱；诸侯有五位直言谏诤之臣，所以即便诸侯无道，也没有导致国家灭亡；卿大夫有三位直言谏诤之家臣，所以即便大夫无道，也没有导致家破人亡；士人如果有直言规劝的诤友，那么立身行事就不会没有好名声；父亲如果有敢于据理力争的儿子，父亲就不会使自己陷于不义。所以当父亲违背正义，儿子就应该据理力争。如果一味顺从，怎么能够称为孝呢？这就像父亲作奸犯科，儿子不阻止最后导致父亲死于非命，这怎么能叫作孝顺呢？

（三）"正"与"孝"

孟懿子问孝。子曰："无违。"樊迟御，子告之曰："孟孙问孝于我，我对曰'无违'。"樊迟曰："何谓也？"子曰："生，事之以礼；死，葬之以礼，祭之以礼。"（《论语·为政》）很多人以为孝顺父母就是听父母的话，其实所谓的"无违"父母之言，而是"无违"礼。具体地说，父母还活着要依照礼节尊敬侍奉，父母去世后要依照礼节安葬祭扫。

《中庸》说："道者，不可须臾离也，可离非道也。""孝"之所以称为"道"，就是因为它像天体运行的"轨道"，一旦偏离了轨道就要发生"火星撞地球"。"孝道"虽然是父母和子女共同遵守的"人伦"，但它其实就像天体运行轨道一样是"天理"，《孝经》的"三才"章专门讲了"天地人"的道理。

曾子曰："甚哉，孝之大也！"

子曰："夫孝，天之经也，地之义也，民之行也。天地之经，而民是则之。则天之明，因地之利，以顺天下。是以其教不肃而成，其政不严而治。先王见教之可以化民也，是故先之以博爱，而民莫遗其亲；陈之于德义，而民兴行。先之以敬让，而民不争；导之以礼乐，而民和睦；示之以好恶，而民知禁。《诗》云：'赫赫师尹，民具尔瞻。'"

"孝"可以说就是"效"，是"人伦"效仿"天伦"，"人道"效仿"天道"。所以曾子说孝太伟大了！孝道是多么博大高深呀！就是因为孝道犹如天上日月星辰的运行，又如地上万物的化育生长，人行孝道是天经地义的事。天地有其自然法则，民众就应效仿它。遵循上天昭示的明命，利用大地滋养万物的恩泽，这样就能顺应天下万民的需要。因此教化不用唬人就可成就功效，其政令不须严厉就能治理天下。古代君王发现用孝道教育民众可以感化他们，所以君王首先表现为博爱，人民因此没有遗弃父母双亲的；进而又向人民陈述其中的道德礼仪，人民就乐意遵行。君王率先以恭敬和谦让垂范于人民，人民就不争斗；用礼仪和音乐引导他们，人民就和睦相处；向人民明示厌恶和喜好，人民就知道禁止的事。民众的效仿正如《诗经·小雅·节南山》说的，"威严而显赫的太师尹氏，人民都仰望着你"。

"孝"的根本要求是各自"遵道而行"，就像天体各自遵循轨道运行。地球绕着太阳转，是一种"自然之道"；子女孝顺父母，不过是"道法自然"。"孝"的重点不在于子女听父母的话，就像地球绕着太阳转但太阳其实也可以说绕着地球转，子女好像听从父母的话但父母也为子女奔波劳碌。"孝"的重点也不在于子女赡养父母，子游问孝，子曰："今之孝者，是谓能养。至于犬马，皆能有养；不敬，何以别乎？"（《论语·为政》）孔子时代就有很多人认为孝就是能赡养父母，孔子说就是狗和马都能有人养，没有尊敬的赡养与养狗养马有什么区别？当然，赡养父母也是必要的，宁愿花钱养狗养马也不赡养父母，这就是把父母看得还不如宠物了。

"夫孝，天之经也，地之义也，民之行也"，孝之所以说是"天经地义"的事，就因为父母、自己和子女三代人就像天、人、地，父母是生养我们的天，子女是我们安身之地。子女非要跟父母作对，父母不慈爱子女，伤害的都是自己。父母子女关系处理好了，就是天气风调雨顺，大地万物生长，这就是通常说的"家和万事兴"。所以，孝就是天长地久生生不息的道理。"孝道"首在"生养"，孟武伯问孝。子曰："父母唯其疾之忧。"（《论语·为政》）做父母的一心为儿女的疾病担忧，孝子一定要保重自己的身体，不要让父母担忧。这就是所谓的"身体发肤，受之父母，不敢毁伤，孝之始也"。当然，这句话也有解释为子女要关心父母的健康，这也是孝道的题中应有之义。子曰："父母之年，不可不知也。一则以喜，一则以惧。"（《论语·里仁》）父母的年纪不能不知道，一方面因其长寿而高兴，一方面又因其年迈而有所担忧。"孝道"的核心要义是"和",正如《易经·系辞传下》说:"天地氤氲,万物化醇;男女构精,万物化生",正是天地和合、夫妻之合、父子之和使万物化生。子夏问孝。子曰:"色难。有事,弟子服其劳;有酒食,先生馔,曾是以为孝乎?"(《论语·为政》)对父母和颜悦色最难。有事要做,晚辈替长辈代劳;有酒有饭,让长辈先用,难道这样就是孝吗?言下之意当然是不见得,唯有心悦诚服地做才是。当然,父母年老体弱也不愿意代劳,有酒有饭都只顾自己吃,就更不能说是孝了。只不过,子曰:"巧言令色,鲜矣仁。"(《论语·学而》)花言巧语,装出和颜悦色的样子,这种人的仁心就很少了,其孝也只是形式而已。《中庸》说:"夫孝者,善继人之志,善述人之事者也";子曰:"父在,观其志;父没,观其行;三年无改于父之道,可谓孝矣。""孝道"所追求的"和",是父子齐心协力共谋事业,这也是"齐家"的基本内涵。"孝道"的"至善"境界就是"合",实现"天人合一"和"天下一家"。或谓孔子曰:"子奚不为政?"子曰:"《书》云:'孝乎惟孝,友于兄弟,施于有政。'是亦为政,奚其为为政?"(《论语·为政》)有人问孔子为什么不当官参与政治,孔子引用《尚书》的话"要孝呀!孝顺父母,友爱兄弟,并把孝悌用到政治上去",推行孝道也是参与政治,为什么一定要当官才算参与政治呢?有子曰:"其为人也孝弟,而好犯上者,鲜矣;不好犯上,而好作乱者,未之有也。君子务本,本立而道生。孝弟也者,其为仁之本与?"(《论语·学而》)一个人在家孝顺父母,敬爱兄长,在外却喜欢触犯在上位的人,这种人是很少见的;不喜欢犯上却喜欢作乱,这是不可能的。君子行事致力于根本,确立了根本之后道也就产生了。孝悌就是仁道的根本吧!就这样,孝最终把家和国统一起来了,孝就是中国人"家国情怀"的集中体现。

子曰:"武王、周公其达孝矣乎!夫孝者,善继人之志,善述人之事者也。"(《中庸》)大王、文王、武王三代人创立一统天下的周朝,也为世人创立了通达天下的孝道。唯有"善继人之志,善述人之事"的孝,才有所谓"身修而后家齐,家齐而后国治"的伟大作用,这样也就是所谓的"立身行道,扬名于后世,以显父母,孝之终也"。

三、"身修而后家齐"

故好而知其恶,恶而知其美者,天下鲜矣!故谚有之曰:"人莫知其子之恶,莫知其苗之硕。"此谓身不修不可以齐其家。朱熹说:"谚,俗语也。溺爱者不明,贪得者无厌，是则偏之为害，而家之所以不齐也。"[①]子曰："道之以政，齐之以刑，民免而无耻；道之以德，齐之以礼，有耻且格。"（《论语·为政》）"齐家"的"齐"就如"齐之以刑"或"齐之以礼"的"齐"，其实也是"有耻且格"的"格"。如果说"辟"是"出格"，"齐"是"格非"。"齐家"就是端正家风，"齐家"也可以用家法或家礼，儒家认为礼比法好。

（一）"辟"与"中"

"故好而知其恶，恶而知其美者，天下鲜矣！"对喜欢的事物也能知道美中不足，对厌恶的事物也能知道其可取之处，这样的人天下少有啊！"好而知其恶，恶而知其美"，也就是《曲礼》中说的"爱而知其恶，憎而知其善"，与"人之其所亲爱而辟焉，之其所贱恶而辟焉"正相反，就如同"乐而不淫，哀而不伤"（《论语·八佾》）、"子温而厉，威而不猛，恭而安"（《论语·述而》）、"君子泰而不骄，小人骄而不泰"（《论语·子路》），"君子周而不比，小人比而不周"（《论语·为政》）、"君子和而不同，小人同而不和"（《论语·子路》），都是表示能够做到不偏不倚、无过不及的"中"。子曰："中庸之为德也，其至矣乎！民鲜久矣。"（《论语·雍也》）子曰："中庸其至矣乎！民鲜能久矣！"（《中庸》）这两句话文字表述略有差别，但是意思是一样的，都是说中庸作为一种道德是最高的标准，民众很少能真正做到。但也不是说对它完全无知，完全没有能力做，而是说总有偏倚或不到位之处。"修身"其实就是要把"辟"变为"中"。

> 君子之道费而隐。夫妇之愚，可以与知焉，及其至也，虽圣人亦有所不知焉；夫妇之不肖，可以能行焉，及其至也，虽圣人亦有所不能焉。天地之大也，人犹有所憾。故君子语大，天下莫能载焉；语小，天下莫能破焉。《诗》云："鸢飞戾天，鱼跃于渊。"言其上下察也。君子之道，造端乎夫妇；及其至也，察乎天地。

---

① （宋）朱熹，集注. 四书章句集注[B]. 北京：中华书局，2016: 9.

君子之道普遍而微妙。普通男女即便愚昧,也可以略知一二,但说到最高境界,即便是圣人也有不清楚的地方;普通男女虽然不才,也可以身体力行,但要做到完美无缺,即便是圣人也有做不到的地方。天地是如此广大,但人们仍觉得有缺憾。所以,君子说道的"大",大得天下万物没有不能载的;要说它的"小",小得天下没有东西能再把它分开。《诗经》说:"天高任鸟飞,海阔凭鱼跃。"这是说君子之道明察天地。君子之道,肇始于普通男女,但它的最高深境界,却明察天地万物。

"好而知其恶,恶而知其美者,天下鲜矣",在贾母和贾政看待宝玉上体现得最充分。贾母其实也知道不应该溺爱,但是她很难相信宝玉身上有恶习。喜欢和女孩子一块玩,经常发脾气,贾母都不觉得是恶,反倒觉得挺可爱的。比如宝玉见了黛玉后摔玉,她反倒说要打要骂容易,何苦摔那命根子。宝玉和黛玉的古代"小学"阶段,是在贾母身边瞎玩闹度过的,到接近古代的"大学"阶段,他们都进入了青春期。情窦初开要死要活很正常,问题在于他们除了情也没有别的心思了。宝玉已经发育成为花花公子,不仅和袭人发生了性关系,还在母亲睡觉时引诱身边的丫头金钏儿,最后导致金钏儿挨打被撵出后自杀。更加糟糕的是他还喜欢男孩,而且很快就结交了秦钟和名伶蒋玉菡,导致在学堂打架斗殴和北静王府来贾府找人。事态发展到这种程度,任何一个父亲都会崩溃。面对这样的儿子,贾政心如刀绞泪流满面,不仅亲手把他打得皮开肉绽,而且想要用绳子勒死他,可真是"之其所贱恶而辟焉",一点也不觉得这样的儿子除了带来耻辱还有什么好的。可是,奈何不得贾母"人之其所亲爱而辟焉",还得跪下向母亲承认教子无方。王夫人哭着哭着想起了长子贾珠,说贾珠要活着宝玉便死一百个也不管了,其实她知道想要宝玉继承家业完全不可能。人们常说"三岁看小,七岁看老",宝玉可以说是被奶奶玩坏了的孩子。任何一个孩子像宝玉一样陪着奶奶乐呵,上学有一阵没一阵,最终必定都是不可能做成任何事情。这当然不是说孩子不能跟着奶奶长大,而是说不能成为奶奶的玩物。"人间正道是沧桑",如果贾母是像刘姥姥一样的劳动妇女,宝玉跟着奶奶也有可能成为懂事的孩子。问题就在于贾母是每天要人讨她开心的贵妇人,宝玉最大的本事也就是讨女性开心。

既要让贾母晚年过得幸福,又不能让她把宝玉毁了,这就是所谓的"中庸之为德也,其至矣乎!民鲜久矣"。这个道理说起来人尽皆知,但是到底怎么拿捏好分寸,真是圣人也说不清楚。这个道理要说做起来也没有什么难的,但是圣人也难以天长日久始终如一地做好。"中"的道理不只是运用在孝道,它是"放之四海而皆准的真理"。即便天地那么大足以生养万物，生在天地之间的人也不免有忧患，因为不论缺水干旱还是洪水泛滥都会要人的命。所谓"天高任鸟飞，海阔凭鱼跃"，其实不仅告诉人们"天高地厚"带来的自由，而且告诉我们"致中和，天地位焉，万物育焉"。自由总是有限度的，鸟儿要飞入水中就可能淹死，鱼儿要跃到岸上也会干死。其实，有鸟儿贴近水面飞被鱼吃掉的，也有鱼贴近水面游被飞鸟吃掉的。"中"的道理从家庭中夫妇父子关系开始，推而广之就能明察天地万物。

"辟"就是行为不"中"，"不偏之谓中，不易之谓庸。中者，天下之正道；庸者，天下之定理"[①]；"君子中庸，小人反中庸"[②]，君子之道就是"中庸"之道。"修身"归根到底就是"遵道而行"或学会"中行"。孟子曰："中也养不中，才也养不才，故人乐有贤父兄也。如中也弃不中，才也弃不才，则贤不肖之相去，其间不能以寸。"（《孟子·离娄下》）"修身"要靠君子的中庸之道熏陶那些偏激的人，要贤才的才干培养没有才能的人，只有这样才会人人都乐于有好的父亲和兄长。如果中庸的君子抛弃偏激的人，有才能的贤人抛弃没有才能的人，那么，贤能和庸人也就相差无几了。果能"中也养不中，才也养不才"，也就能"好而知其恶，恶而知其美"。

（二）"人"与"我"

故谚有之曰："人莫知其子之恶，莫知其苗之硕。"这句话是接着"故好而知其恶，恶而知其美者，天下鲜矣"说的，意思是主观上的好恶导致判断的混乱，以至于不知道自己家孩子品德的恶劣，也不知道自己家禾苗生长得美硕。这并不是说自家儿子必定品德恶劣，自家禾苗必定生长得美硕，而是说恶劣还是美硕完全分不清了。我们也常羡慕"别人家的孩子"优秀，吹嘘自家的庄稼长得好。"子"和"苗"与"恶"和"硕"，是可交错替换的对偶互文。

孟子曰："言近而指远者，善言也；守约而施博者，善道也。君子之言也，不下带而道存焉。君子之守，修其身而天下平。人病舍其田而芸人之田，所求于人者重，而所以自任者轻。"（《孟子·尽心下》）"人莫知其子之恶，莫知其苗之硕"真是"言

[①] （宋）朱熹，集注. 四书章句集注[B]. 北京：中华书局，2016：17.
[②] （宋）朱熹，集注. 四书章句集注[B]. 北京：中华书局，2016：19.

近而指远"的"善言",这句简约的话可以广泛地运用到很多场合,所以也包含着"善道"。君子的言论,从抬眼所见之处说出真理。君子的操守,修养自身以引领天下太平。人就怕舍弃自己的田地而去耕种别人的田地,这是因为他们总是从别人身上找原因多一些,从自己身上下功夫少一些。之所以会出现"人莫知其子之恶,莫知其苗之硕",就是因为"所求于人者重,而所以自任者轻"。因为爱自己的孩子就觉得自己的孩子怎么都好,别人的孩子一无是处,这是对别人过于苛求;一旦遇到比自己孩子优秀的孩子,就哀叹自己的孩子不如别人的孩子,这是自己下功夫少。

"君子之守,修其身而天下平",君子的操守应该是"一是皆以修身为本",如果人人都能"修身"就能天下太平。如果自己的孩子比别人的孩子优秀,那就要修正自以为是的毛病,须知别人家的孩子也有优点。如果自己的孩子不如别人的孩子,那也不要总指责自己的孩子,要多想想自己对孩子的影响,要引导孩子努力改进自己。有些人自己小时候就有很多毛病,学习也很不好,最终也没有学好且一事无成,却要求自己的孩子是个学霸,长大了能光宗耀祖。为了避免父母苛责孩子,古人甚至与别人交换教育孩子。

公孙丑曰:"君子之不教子,何也?"

孟子曰:"势不行也。教者必以正;以正不行,继之以怒;继之以怒,则反夷矣。'夫子教我以正,夫子未出于正也。'则是父子相夷也。父子相夷,则恶矣。古者易子而教之。父子之间不责善。责善则离,离则不祥莫大焉。"[1]

君子不亲自教育儿子,这是为什么呢?因为在情势上行不通。教育必定要用正确的道理,用正确的道理没有成效,接着就会发怒。一发怒,便会伤感情了。儿子会想"你老人家用正确的道理教我,可自己却不从正确的道理出发"。这样父子就会互伤感情。父子互伤感情后关系就恶化了。古时候交换儿子来教育,以避免父子互相责备对方不善,互相责备就会产生感情隔阂,产生了感情隔阂是最糟糕的。我们今天做父母的经常指责孩子不是东西,用"别人家的孩子"来"激励"自己家的

---

[1] (宋)朱熹,集注.四书章句集注[B].北京:中华书局,2016:290.

孩子。这样做其实只能让孩子逆反，他们也用别人家的父母来"刺激"自己的父母。我们或许应该吸取贾政的教训，他即便把贾宝玉打得皮开肉绽也没有丝毫改变宝玉。纵使宝玉最终考中了举人，但中举之际也是他出家之时。宝玉的心早就已经死了，他对父母已经没有感情。父母的愿望是实现了，可是孩子却没有了，这不是"不祥莫大焉"吗？

"父子之间不责善，离则不祥莫大焉"，所以，孔子也只能接受儿子孔鲤不如学生颜回。颜渊死，颜路请子之车以为之椁。子曰："才不才，亦各言其子也。鲤也死，有棺而无椁。吾不徒行以为之椁。以吾从大夫之后，不可徒行也。"（《论语·先进》）颜渊死了，他的父亲颜路请求孔子把车卖了给颜渊做一个外椁。孔子说："不管有才能还是没才能，说来也都是各自的儿子。孔鲤死了，也只有棺，没有椁。我不能卖掉车子步行来给他置办椁。因为我曾经做过大夫，是不可以徒步出行的。"孔子没有指责孔鲤不能子承父业，也没有因为颜回德才都更好而偏爱他，圣人始终保持父慈子孝的人伦常道。毛泽东曾对斯诺说："回想起来，我认为我父亲的严厉态度到头来是自招失败。我学会了恨他，我们对他建立了真正的统一战线。同时，他的严厉态度大概对我也有好处。这使我干活非常勤快，使我仔细记账，免得他有把柄来批评我。"[1]毛泽东这一番坦诚的话一方面告诫我们，"父子之间不责善，离则不祥莫大焉"，毛泽东曾在信中对毛岸英、毛岸青说："你们有你们的前程，或好或坏，决定于你们自己及你们的直接环境，我不想来干涉你们，我的意见，只当作建议，由你们自己考虑决定。"另一方面，父亲的严厉也是要的，不管不顾放任自流必然荒废人生，毛泽东明确警醒他们"长自满之气，得意忘形，有不知脚踏实地、实事求是的危险"[2]。毛泽东在事业和婚姻上都不听父亲安排，甚至完全没有为父母养老送终，能说不孝吗？恰恰相反，毛泽东"立身行道，扬名于后世，以显父母，孝之终也"，毛泽东的孝是"大孝"或"达孝"，父母在天之灵若有知必当欣慰。父亲的严厉是不慈吗？没有父亲的严厉哪能塑造一生勤劳为人民谋幸福的毛泽东？虽然父母从未享受过儿子的侍奉，也没有看到儿子创立丰功伟业；虽然儿子再也没有机会和父母说一句感谢，唯有在父母坟前深深鞠躬，但毛泽东一家为我们这个国家的牺牲

---

[1] [美]埃德加·斯诺，著.董乐山，译.红星照耀中国[B].北京：人民文学出版社，2016：121.
[2] 毛泽东.毛泽东书信集[B].北京：人民出版社，1983：166.

奉献，有良知的中国人民永远不会忘记。

"修身"最重要的"一是皆以修身为本"，也就是每个人都去身体力行，而不是指责别人"修身"不够。"孝道"也是一样，最重要的是自己要去身体力行，而不是要求儿子要"孝顺"或者"光宗耀祖"。自己从"身体发肤，受之父母，不敢毁伤，孝之始也"做起，向着"立身行道，扬名于后世，以显父母，孝之终也"的方向努力，这也就是"大学之道，在明明德，在亲民，在止于至善"。

> 事孰为大？事亲为大；守孰为大？守身为大。不失其身而能事其亲者，吾闻之矣；失其身而能事其亲者，吾未之闻也。孰不为事？事亲，事之本也；孰不为守？守身，守之本也。曾子养曾皙，必有酒肉；将彻，必请所与。问有余，必曰"有"。曾皙死，曾元养曾子，必有酒肉。将彻，必请所与。问有余，曰"亡矣"。将以复进也。此所谓养口体者也。若曾子，则可谓养志也。事亲若曾子者，可也。①

人生在世，侍奉谁最重要？侍奉父母最重要。守护什么最重要？守护自身最重要。身心健康而能侍奉父母的人，我听说过；毁伤自身还能侍奉父母的人，我没有听说过。我们要侍奉的人很多，但侍奉父母是侍奉其他人的基础；我们要守护的人也很多，但守护好自身是守护好其他人的基础。曾子侍奉曾皙，每餐必定有酒和肉，将要撤去时，必定请示要把剩余的给谁，如果曾皙询问有没有多余的，曾子必定说："有。"曾皙去世后，曾元奉养曾子，每餐必定有酒和肉，将要撤去时，不请示要把剩余的给谁，如果曾子询问有没有多余的，曾元就说："没有了。"实际上是要将剩余的下次给父母再吃，这叫作奉养父母的口舌和身体。只有像曾子那样，才可以叫作顺从了父母的意愿。侍奉父母能像曾子那样，就可以了。

"孝道"首先是要"养"，不仅要赡养父母，也要养好自己的身体，身体不好就没法尽孝。但是，"孝"绝不仅仅是"养"，如果只是"养"与养狗养马有何不同？人是有意志的，"孝"就要不仅要"养生"，还要"养志"，包括养护好自己的志向和尊重父母的意愿。"夫孝者，善继人之志，善述人之事者也"，父辈的志向也不见得

---

① （宋）朱熹，集注．四书章句集注[B]．北京：中华书局，2016：290．

都是好的，所以说要"善继人之志"；父辈想要做的事也不见得都是值得继承的，所以说要"善述人之事"。并不是说凡事都听父亲的就叫"孝"，也不是只有子承父业才叫"孝"。下面说的匡章大概就是因为志向与父亲不同，遭到了父亲的否定并被赶出家门。

公都子曰："匡章，通国皆称不孝焉。夫子与之游，又从而礼貌之，敢问何也？"

孟子曰："世俗所谓不孝者五：惰其四支，不顾父母之养，一不孝也；博弈好饮酒，不顾父母之养，二不孝也；好货财，私妻子，不顾父母之养，三不孝也；从耳目之欲，以为父母戮，四不孝也；好勇斗狠，以危父母，五不孝也。章子有一于是乎？夫章子，子父责善而不相遇也。责善，朋友之道也；父子责善，贼恩之大者。夫章子，岂不欲有夫妻子母之属哉？为得罪于父，不得近。出妻屏子，终身不养焉。其设心以为不若是，是则罪之大者，是则章子已矣。"①

匡章这个人全国都说他不孝，但孟子却同他交往，还对他很客气。因为世俗所说的不孝有五种情况：好吃懒做，不顾父母的生活，这是第一种不孝；赌博喝酒，不顾父母的生活，是第二种不孝；吝啬钱财，只管老婆孩子，不顾父母的生活，是第三种不孝；寻欢作乐，使父母蒙受人指责，是第四种不孝；好勇斗狠，危及父母，是第五种不孝。在这五种不孝中，章子哪一种也没有犯。章子是因为父子之间责求善行而不能相处。责求善行，这是交友之道，也就是"无友不如己"（《论语·学而》）；父子之间责求善行，却是严重伤害恩情的事。章子难道不想夫妻母子团聚吗？只是因为得罪了父亲，没有办法再与他亲近。他的妻子儿女也被赶出了家门，终身不要他们侍奉。他在心里再三考虑，认为如果不是像这样，结果可能罪过更大，章子就是如此而已。有这种观点认为"出妻屏子，终身不养焉"，意思是说章子把妻子儿女赶出家门，自己终身不要他们侍奉，感觉上下文逻辑不通。这里的"父子责善"也不应该是父子之间互相责善，儿子对父亲责善那绝对是不孝了，应该是像贾

---

① （宋）朱熹，集注．四书章句集注[B]．北京：中华书局，2016：304—305．

政对贾宝玉的责善。如果把这句话理解为匡章被父亲认为是"家门不幸",进而连同妻子儿女被父亲赶出家门,父亲终身不要他们侍奉,逻辑就通顺了。匡章也接受了这个结果,因为觉得不这样罪恶会更大。不如与父亲分开,还能减少一些父亲的不满。

"夫孝者,善继人之志,善述人之事者也",这在大王、文王、武王之间的孝道。但是,子承父业并非唯一的孝道,即便是继承王位也有儿子不想继承的情况,这时候父子分开就是最佳的选择。大王"长子太伯、虞仲知古公欲立季历,以传昌,乃二人亡如荆蛮,文身断发,以让季历"[1],这显然不是"不孝"而是"大孝"。今天这样的情况就更多了,能在父亲身边子承父业很好,离开父亲自己去闯出一片新天地也很好,最终应该也会得到父亲的认可。

万章问曰:"《诗》云:'娶妻如之何?必告父母。'信斯言也,宜莫如舜。舜之不告而娶,何也?"

孟子曰:"告则不得娶。男女居室,人之大伦也。如告,则废人之大伦,以怼父母,是以不告也。"

万章曰:"舜之不告而娶,则吾既得闻命矣;帝之妻舜而不告,何也?"

曰:"帝亦知告焉则不得妻也。"

虽然《诗经》说过娶妻定要事先告知父母,后世更是要求婚姻由父母做主。但是,舜却没向父母报告而娶了妻子,原因是如果舜报告了父母便娶不成。男女结婚同居一室,是肇始夫妻父子人伦关系的大端。如果舜报告了他的父母,就会废弃这一人伦关系,结果便将使父母受怨恨,所以他不报告。尧把女儿许配舜也没有向舜的父母告知,原因也是如果告知了就没有办法把女儿许配舜了。由此可见,先秦时代的孝道其实挺开明的,倒是后世变得越来越僵化,到了《红楼梦》里的婚姻,真正完全由父母做主,因此造成了许多家庭悲剧。那些丫头很容易就自杀也是这个原因,除非她们愿意像潘金莲一样接受武大郎,但最终也仍然是个悲剧。

孟子曰:"不孝有三,无后为大。舜不告而娶,为无后也。君子以为犹告也。"(《孟子·离娄上》)不孝有三种,其中以没有后代最为严重的。舜不先禀告父母就娶

---

[1] 司马迁.史记(第1册)[B].北京:中华书局,2013:149.

妻,就因为担心没有子孙,因此君子认为他没有禀告如同禀告过了一样。毛泽东那一代人打破了婚姻父母做主的封建禁锢,开始了自由恋爱和婚姻自主,新中国成立后这一人伦变革最后完成。像周恩来和邓颖超夫妇甚至没有生育孩子,但是,他们把全国人民的孩子当作自己的孩子,而且也收养了烈士的孩子。所以,"不孝有三,无后为大"的内涵也改变了,生男生女都一样,没有生育孩子也一样,只要为中国人民的子孙后代而奋斗就是大孝。

(三)"修"与"齐"

最后一句"此谓身不修不可以齐其家",是"自天子以至于庶人,一是皆以修身为本"。"所谓齐其家在修其身者",并非只是父母修正子女立身行事之偏颇,而是包括从天子到庶民的所有父母和子女。子路问君子。子曰:"修己以敬。"曰:"如斯而已乎?"曰:"修己以安人。"曰:"如斯而已乎?"曰:"修己以安百姓。修己以安百姓,尧舜其犹病诸?"(《论语·宪问》)"修身"首先是修养自己,保持对礼严肃恭敬的态度;其次是修养自己,使周围的人们安乐;最高层次是修养自己,使所有百姓都安乐。修养自己使所有百姓都安乐,尧舜恐怕也难以做到。

有些人认为古人只讲子女对父母的"孝道",没有讲父母对子女的"慈道"。这是对"孝"的误解,"孝"就是对父母和子女关系的规范。在某种意义上说,"孝"对父母的要求更多,因为"孝"需要父母率先垂范。在国家是君主率先垂范,在家庭中是父母率先垂范。对孩子来说,父母对待祖父母的"孝",就是孩子学习的"孝"。《孝经》讲行孝就是从天子一直讲到庶人。

> 爱亲者,不敢恶于人;敬亲者,不敢慢于人。爱敬尽于事亲,而德教加于百姓,刑于四海。盖天子之孝也。《甫刑》云:"一人有庆,兆民赖之。"

就天子来说,如果能够亲爱自己父母,就不会厌恶别人的父母;能够尊敬自己父母,也不会怠慢别人的父母。以亲爱恭敬侍奉自己的双亲,而将这种德行教化施之于黎民百姓,为天下百姓树立效法的榜样,这就是天子的孝道。正如《尚书·甫刑》所言:"天子本人如有善行,万方民众都有了仰赖。"这也是"为政以德"或"无为而治"的基本理念,君主率先垂范行孝道,天下百姓就能上行下效,孝敬父母而忠于国君。

>在上不骄，高而不危；制节谨度，满而不溢。高而不危，所以长守贵也。满而不溢，所以长守富也。富贵不离其身，然后能保其社稷，而和其民人。盖诸侯之孝也。《诗》云："战战兢兢，如临深渊，如履薄冰。"

就诸侯来说，身处高位而不骄傲，其职位再高也不受淫意危害；懂得节俭而行事有度，所以财富充裕也不会奢侈堕落。居高位而不受淫意危害，所以能够长久保持尊贵；财富充裕而不奢侈堕落，所以能够长久地守住财富。财富和地位都不会散失，然后才能保住江山社稷，并使黎民百姓和睦相处。这大概就是诸侯的孝道吧。正如《诗经·小雅·小旻》篇所言："战战兢兢，就像身临深水潭边，就像脚踩薄冰之上。"诸侯是周天子所分封的各国国君，包括公、侯、伯、子、男五个等级的爵位，通常可以世袭。但是，诸侯如果违背礼，"一不朝，则贬其爵；再不朝，则削其地；三不朝，则六师移之"（《孟子·告子下》），天子可以褫夺其爵位。到了春秋战国，诸侯割据纷争，国君骄奢淫逸，结果自然也是灭国。汉朝初年也曾分封诸侯王，韩信等异姓王居功自傲被刘邦剿灭，吴王刘濞等同姓王则在景帝时被剿灭。

>非先王之法服不敢服，非先王之法言不敢道，非先王之德行不敢行。是故非法不言，非道不行；口无择言，身无择行。言满天下无口过，行满天下无怨恶。三者备矣，然后能守其宗庙。盖卿、大夫之孝也。《诗》云："夙夜匪懈，以事一人。"

就卿大夫来说，不是合乎先王礼法的衣服不敢穿，不是合乎先王礼法的话不敢说，不是合乎先王德行要求的事不敢做。所以不合乎礼法的话不说，不合乎道德的事不做；开口说话自然合乎礼法，立身行事自然合乎道德。言语传遍天下而挑不出毛病，行事影响天下也不遭人怨恨。衣饰、语言、行为这三点都完全合乎礼法要求，然后才能守住祖宗的基业。这就是卿、大夫的孝道。正如《诗经·大雅·生民》所言："从早到晚勤勉不懈，专心侍奉天子。"

>资于事父以事母，而爱同；资于事父以事君，而敬同。故母取其爱，而

君取其敬，兼之者父也。故以孝事君则忠，以敬事长则顺。忠顺不失，以事其上，然后能保其禄位，而守其祭祀。盖士之孝也。《诗》云："夙兴夜寐，无忝尔所生。"

就士人来说，用对待父亲的心去对待母亲，对父亲和母亲的爱心是相同的；用对待父亲的心情去对待国君，对父亲和国君的敬意也是相同的。所以对待母亲是用爱心，对待国君是用敬意，两者兼而有之对待父亲。因此用孝道来对待国君就忠诚，用尊敬之道对待官长则顺从。能做到忠诚顺从都没有过失，然后就能保住俸禄和职位，并能守住对祖先的祭祀。这就是士人的孝道。正如《诗经·小雅·小宛》所言："早起晚睡勤操心，无愧父母生养恩。"

用天之道，分地之利，谨身节用，以养父母，此庶人之孝也。故自天子至于庶人，孝无终始，而患不及者，未之有也。

最后，利用天时的变化规律，分清土地的肥瘦利弊，谨慎行事而节省用度，以此来孝养父母，这就是普通老百姓的孝道了。所以上自天子下至普通老百姓都要行孝道，孝道不能说是对谁行也说不上从谁开始，担心孝道只为谁而不顾及谁是没有的事情。一些人觉得孝是子女对父母的义务，或者是臣民对君主的义务。就《二十四孝》讲的故事来看，确实偏向于强调子女"尽孝"的义务。像"埋儿奉母""尝粪忧心"，大概属于文学创作，而且有"愚孝"之嫌。但是，《孝经》阐释的"孝道"，其核心要义是"上行下效"，也就是"自天子以至于庶人，一是皆以修身为本"。"孝道"虽然后世被历代帝王争相利用，唐玄宗、清顺治和雍正都曾对《孝经》进行过"御注"，显然是为了维护"自天子以至于庶人"的上下等级关系。但是，人与人之间的关系本来就不可能是完全平等，等级关系是人类不得不面对的必然关系，孝道处理等级关系强调的"上行下效"还是值得充分肯定的。

"心正而后身修，身修而后家齐，家齐而后国治"的理念，集中体现于用孝道维护封建家长制和封建君主专制。但是，"孝道"也是"或生而知之，或学而知之，或困而知之，及其知之一也；或安而行之，或利而行之，或勉强而行之，及其成功一也"。通常认为舜对"孝道"是生而知之，安而行之。有没有学而知之的成分呢？有没有力而行之的成分呢？按我们今天的"以小人之心度君子之腹"，或许也有可能，毕竟当时行"孝"能成为最高统治者，舜本人就是从行孝开始获得声名，后来被推举给尧并经受考验而获得禅让。有没有困而知之的成分？甚至勉强而行之的时候？或许也有。毕竟舜的父母和弟弟实在太过分了，几次设计要谋害他的生命。其实应该承认舜也并非完全生而知之且安而行之，唯有如此才能让人感觉"人同此心"，否则会让人觉得舜是不可学的圣人。重要的是要认识"心同此理"，也就是"心正而后身修，身修而后家齐，家齐而后国治"的道理。

舜早年在历山耕种田地曾向着苍天哭诉，怨恨自己得不到父母的慈爱而万分痛苦。按说为人子之孝道，父母喜爱就兴高采烈而铭记不忘；父母厌恶就劳心竭力却不怨恨。舜是怨恨父母吗？不是的，是怨恨自己，因为真正的孝子对父母的慈爱是不可能满不在乎的。说尽力耕田，好好地尽做儿子的职责，父母不喜爱我，那是没有办法的事，这就是对父母的慈爱不在乎。帝尧让他的九个儿子两个女儿以及百官，一起带着牛羊、粮食等东西到田野中去侍奉舜。天下的士人也有很多到舜那里去，尧最终把整个天下让给了舜。舜却因为没有得到父母欢心，便好像穷人无家可归一般。天下士人的喜爱，这是谁都希望获得的，但这却不足以消除舜的忧心；美丽的女子，是谁都希望得到的，舜得到了尧的两个女儿，却不足以消除忧心；财富，是谁都希望获得的，舜最终富有天下，却不足以消除忧心；尊贵，是谁都希望获得的，舜最终尊贵为天子，却不足以消除忧心。名望、美色、财富和尊贵都不足以消除舜的忧心，只有得到父母的欢心才可以消除忧心。人在幼小的时候，就思慕父母；长大后知道美色，便思慕年轻貌美的女子；有了妻室儿女，便思慕妻室儿女；做了官，便思慕君主，不得君主欢心便心急如焚。只有最孝顺的人才终身依恋父母。到了五十岁还思慕父母，我们在伟大的舜身上看到了。

  万章问曰："舜往于田，号泣于旻天。何为其号也？"
  孟子曰："怨慕也。"
  万章曰："父母爱之，喜而不忘；父母恶之，劳而不怨。然则舜怨乎？"
  曰："长息问于公明高曰：'舜往于田，则吾既得闻命矣；号泣于旻天，于父母，则吾不知也。'公明高曰：'是非尔所之也。'夫公明高以孝子之心为不若是恝，我竭力耕田，共为子职而已矣，父母之不我爱，于我何哉！帝使其子九男二女，百官牛羊食廪备，以事舜于畎亩之中。天下之士多就之者，帝将胥天下而迁之焉。为不顺于父母，如穷人无所归。天下之士悦之，人之所欲也,而不足以解忧;好色,人之所欲,妻帝之二女,而不足以解忧;富,人之所欲,富有天下,而不足以解忧;贵,人之所欲,贵为天子,而不足以解忧。人悦之、好色、富贵,无足以解忧者,惟顺于父母,可以解忧。人少,则慕父母;知好色,则慕少艾;有妻子,则慕妻子;仕则慕君,不得于君则热中。大孝终身慕父母。五十而慕者,予于大舜见之矣。"[1]

"为不顺于父母,如穷人无所归",就是"身修而后家齐"的最简单概括。一个人即便家财万贯、位高权重、名满天下,如果父母都不喜爱,他的家又岂是齐备的呢?如果妻子儿女也不喜爱,只是喜爱家里的财富以及他的权势和名望可能带来的好处,这样的人精神上可不就是如无家可归的穷人?甚至连穷人都算不上,只是被人利用的资源或工具而已。"此谓身不修不可以齐其家",这就是所谓的身不修不可能有完美的家。

> 天下大悦而将归己,视天下悦而归己,犹草芥也,惟舜为然。不得乎亲,不可以为人;不顺乎亲,不可以为子。舜尽事亲之道而瞽瞍厎豫,瞽瞍厎豫而天下化,瞽瞍厎豫而天下之为父子者定,此之谓大孝。

天下人都心悦诚服地来归顺自己,但舜却视天下人的归顺如同草芥一般,也只有舜能做到这样。连自己父母的慈爱都不能得到,那就不能算是一个合格的人;连自己的父母都不能顺心,那就不能说是一个优秀的儿子。舜尽心尽力地行侍奉父母的孝道最终使父亲瞽瞍感到高兴,瞽瞍感到高兴则使天下人受到感化,由此瞽瞍给天下父子确定典范,这叫作大孝。所以,孝道教导我们,要做中华民族的好儿女先要做父母的好儿女,一个不能让父母感到满意的人很难让人民感到满意,一个连父母都不慈爱的人也不可能得到人民的爱戴,这就是"身修而后家齐,家齐而后国治"的道理。

---

[1] (宋)朱熹,集注.四书章句集注[B].北京:中华书局,2016:307—308.

第七章 国

> 所谓治国必先齐其家者,其家不可教而能教人者,无之。故君子不出家而成教于国:孝者,所以事君也;弟者,所以事长也;慈者,所以使众也。康诰曰"如保赤子",心诚求之,虽不中,不远矣。未有学养子而后嫁者也!
>
> 一家仁,一国兴仁;一家让,一国兴让;一人贪戾,一国作乱:其机如此。此谓一言偾事,一人定国。尧舜帅天下以仁,而民从之;桀纣帅天下以暴,而民从之;其所令反其所好,而民不从。是故君子有诸己而后求诸人,无诸己而后非诸人。所藏乎身不恕,而能喻诸人者,未之有也。故治国在齐其家。
>
> 《诗》云:"桃之夭夭,其叶蓁蓁;之子于归,宜其家人。"宜其家人,而后可以教国人。《诗》云:"宜兄宜弟。"宜兄宜弟,而后可以教国人。《诗》云:"其仪不忒,正是四国。"其为父子兄弟足法,而后民法之也。此谓治国在齐其家。

"所谓治国必先齐其家者""欲治其国者,先齐其家""家齐而后国治"。讲"治国"却把全部精力用于"齐家",这样的"政治学"当今世界已经没有了。毫无疑问,这是"家天下"时代的政治学,在政党政治或民主政治的时代已经难以理喻了。在"家天下"的时代,政治斗争最激烈的是改朝换代,那也不过是类似汉朝刘家夺了秦朝嬴家的天下。"玄武门之变"是李家父子兄弟之间的权力斗争,一如"靖难之变"是朱家叔侄之间的权力斗争。今天的政治斗争普遍表现在国际上就是民族国家之间的斗争,在一国之内是政党阶级之间的斗争,家庭或家族的事已经是与国家或政党的公事相对的私事。我们看到国家治理现代化程度高的西方国家,其国家元首已经很少有传统意义上的婚姻家庭关系。"父子笃，兄弟睦，夫妻和，家之肥也"，并不被向往；"父子有亲，君臣有义，夫妇有别，长幼有序，朋友有信"，也不受重视。"其家不可教而能教人者，无之"，当今的国家元首想要解决社会的"家庭问题"大概没有办法。国家元首自己就是多次离婚，或者始终两性关系混乱，怎么可能解决离婚率高和单亲家庭问题？"一家仁，一国兴仁；一家让，一国兴让；一人贪戾，一国作乱：其机如此"，用今天的话来说，国家元首不会为了子女牺牲爱情，也不会为了婚姻忍让对方，把实现自由看得高于一切，整个国家也就难免混乱，基本的机理就是这样。"所藏乎身不恕，而能喻诸人者，未之有也"，自身内在的精神就没有恕道，却能晓他人以恕道，这是从来没有的事。"之子于归，宜其家人"，女子嫁人要让家庭和睦。"宜其家人，而后可以教国人"，让家庭和睦就可以教育国人"内和而家理"的道理。"宜兄宜弟，而后可以教国人"，还要有利于兄弟和睦，这才能教育国人"外和而国治"的道理。夫妻内部和睦，由父母子女构成的家庭就治理好了；兄弟互相友爱，由千家万户构成的国家也就能治理好。所以，"其为父子兄弟足法，而后民法之也"，如果国家管理者自己的小家庭及其兄弟之家的关系足以让人想要效法，民众自然会去效法。"此谓治国在齐其家"，这种"上行下效"的影响就是所谓的"治国在齐其家"。当今世界如果想要改变人人以个人自由为标准的社会风气，如果"想造成一个又有集中又有民主，又有纪律又有自由，又有统一意志，又有个人心情舒畅、生动活泼，那样一种政治局面"，就只能从政治领导者"其为父子兄弟足法"开始，甚至需要从做夫妻、父子、兄弟足以让民众效法开始。曾经君主个人的集中、纪律、权威压制了民众个人的民主、自由、人权，今天民众个人的民主、自由、人权正在损害必要的政府集中、纪律、权威，只有平衡政府和个人关系的自主和自律才能实现国泰民安的善治。

一、"治国必先齐其家"

"所谓治国必先齐其家者，其家不可教而能教人者，无之"，体现了"古之王者建国君民，教学为先"（《礼记·学记》）的国家治理理念，也就是依靠君王教育引导来治理国家。这种教育并不限于专门的学校教育，更主要的是从家庭到社会的生活教育。"故君子不出家而成教于国：孝者，所以事君也；弟者，所以事长也；慈者，所以使众也"，这种贯通家庭和国家的教育主要内容有三项：以子女在家庭中尊敬父母的孝道来侍奉君主，以弟弟在家庭尊重兄长的悌道用于侍奉官长；以父母在家庭中慈爱子女的仁道来领导民众。"康诰曰：'如保赤子'，心诚求之，虽不中，不远矣。未有学养子而后嫁者也"，治理国家的主要责任还在于君主和官长，他们要像爱护初生赤条条的婴儿一样爱护民众，果真有如此诚心，即便还不能完全符合民众利益，也不会差得太远。这其实就像女子不必在娘家先学生养孩子再嫁人，只要官员有如同爱护初生婴儿的父母之心就必定有益民众！

（一）"治国"与"齐家"

"所谓治国必先齐其家者，其家不可教而能教人者，无之。"今天的人理解这句话有两点困难：一是不理解"治国"和"齐家"的关系，在今天的人看来前者是公事而后者是私事，它们应该是完全分开的；二是不理解"治国"和"齐家"与"教"的关系，在今天的人看来"治国"应该是"依法治国"，"齐家"也应该倡导"家庭民主"，至少不是"教"的问题。这是因为古今之"国"和"家"的内涵不同，因此治理和管理的方式方法自然不同。

在"国"和"家"之间，无疑是先有"家"后有"国"。《尚书·尧典》说尧："克明俊德，以亲九族。九族既睦，平章百姓。百姓昭明，协和万邦。"[1]意思是说尧能识别同族中德才兼备的人并加以重用，所以能让整个大家族成员和睦共处。既然自己家族实现了和睦共处，进而又能辨别和重用其他家族的贤才。百个百姓诸侯都清楚地知道和睦相处的美德，因此就能实现协调天下万邦和谐共处。"九族"共同构成了"家"，"百姓"共同构成了"国"，"万邦"共同构成了"天下"，"家""国""天下"其实是小大不同的"一体"。尧帝的治理之"道"已经体现了"家齐而后国治，国治而后天下平"。

"家齐而后国治，国治而后天下平"的典型代表非舜莫属，他不仅出身低微而且在家中不受父母喜爱。父亲是个盲人而且心术不正，生母早死而后母待他不诚，弟弟傲慢而不友好。但是，舜想方设法同他们和谐相处，用纯厚孝心感动他们，所以家里始终没有不可外扬的家丑。尧帝把两个女儿嫁给舜（据说还有九个儿子与他共

---

[1] 王世舜，王翠叶，译注. 尚书 [B]. 北京：中华书局，2012：5—6.

处），想从中考察舜治理家庭的德行能力。发现舜把家治理得好以后，后来又让他去处理政务。审慎地倡导父义、母慈、兄友、弟恭、子孝五常伦理，人们都能顺从。总理百官，百官都能服从。在明堂四门迎接宾客，宾客对他肃然起敬。进入大山之中，在暴风雷雨天气也不迷路。通过三年考察，尧发现舜谋事议政都能胜任，于是决定把帝位禅让给他。舜还认为自己德行不够，不肯继承帝位。

  帝曰："咨！四岳。朕在位七十载，汝能庸命巽朕位？"
  岳曰："否德忝帝位。"
  曰："明明扬侧陋。"
  师锡帝曰："有鳏在下，曰虞舜。"
  帝曰："俞，予闻，如何？"
  岳曰："瞽子，父顽，母嚚，象傲。克谐以孝，烝烝义，不格奸。"
  帝曰："我其试哉！"
  女于时，观厥刑于二女。厘降二女于妫汭，嫔于虞。
  帝曰："钦哉！"
  慎微五典，五典克从。纳于百揆，百揆时叙。宾于四门，四门穆穆。纳于大麓，烈风雷雨弗迷。
  帝曰："格！汝舜。询事考言，乃言底可绩，三载。汝陟帝位。"舜让于德，弗嗣。[①]

  舜代尧摄政二十八年，尧去世才正式继位，也继承了尧的治国之道。舜帝对十二个地方的君长说："播种粮食注意时节！怀柔远方民众并开发本国民力，敦厚美德且信任贤良，但拒绝和远离邪佞小人，这样，边远的外族都会服从。"舜帝还说："契，天下百姓彼此不相亲善，五种伦常关系也不和顺。你做司徒吧，谨慎地施行五种伦常教育，要注意宽厚。"舜帝又说："夔！任命你担任乐官，教导世胄子弟，使他们正直而温和，宽大而坚厉，刚毅而不粗暴，简约而不傲慢。诗是用来表达内心志向的，歌曲则是用来唱出人们的心声，歌唱的声调伴随着吟咏的节奏，歌曲的旋律又与歌唱的

[①] 王世舜，王翠叶，译注.尚书[B].北京：中华书局，2012：13—16.

声调相应和。八类乐器的声音互相调和，彼此不相抢夺次序，那么神和人就因此和谐了。"

咨十有二牧，曰："食哉惟时！柔远能迩。惇德允元，而难任人，蛮夷率服。"

帝曰："契，百姓不亲，五品不逊。汝作司徒，敬敷五教，在宽。"

帝曰："夔！命汝典乐，教胄子。直而温，宽而栗，刚而无虐，简而无傲。诗言志，歌永言，声依永，律和声。八音克谐，无相夺伦，神人以和。"①

禹的故事中国人普遍都熟悉，那就是"大禹治水，三过家门而不入"，说明大禹是"舍小家，为大家"的典型代表。《尚书·虞书·皋陶谟》记载了舜、禹和皋陶等人的议政。禹表示自己只想每天努力工作，因为当时洪水滔天，浩浩荡荡淹没了山丘，老百姓沉陷洪水之中。禹乘坐四种运载工具，沿着山路砍插树木作为路标，与伯益为百姓猎取新鲜兽肉。最终疏通了九州的河流，使水流都导入到四海，又疏浚田间水沟，使它们流进大河；同后稷一起教百姓播种百谷，使百姓有了粮食肉类食用，又发展贸易使货物互通有无。于是百姓安居乐业，天下万邦得到治理。

帝曰："来，禹！汝亦昌言。"

禹拜曰："都！帝，予何言？予思日孜孜。"

皋陶曰："吁！如何？"

禹曰："洪水滔天，浩浩怀山襄陵，下民昏垫。予乘四载，随山刊木，暨益奏庶鲜食。予决九川，距四海，浚畎浍距川；暨稷播，奏庶艰食鲜食。懋迁有无化居。烝民乃粒，万邦作乂。"②

尧舜禹禅让相传的时代被认为是"大道之行也，天下为公"的"大同"时代，

---

① 王世舜，王翠叶，译注.尚书[B].北京：中华书局，2012：22—28.
② 王世舜，王翠叶，译注.尚书[B].北京：中华书局，2012：40.

从禹传位于儿子启就开启了"大道既隐，天下为家"的"小康"时代，从此才真正有了"治国"和"齐家"两件事情。在此之前，其实无所谓"治国"和"齐家"，只有"平天下"而已。换句话说，从夏开启的正是"国"和"家"的时代，此前其实是原始公社或氏族社会，当时人们称其为"天下"，但还没有"国"和"家"。

> 大道之行也，天下为公。选贤与能，讲信修睦，故人不独亲其亲，不独子其子，使老有所终，壮有所用，幼有所长，矜寡孤独废疾者皆有所养。男有分，女有归。货恶其弃于地也，不必藏于己；力恶其不出于身也，不必为己。是故谋闭而不兴，盗窃乱贼而不作，故外户而不闭。是谓大同。
>
> 今大道既隐，天下为家，各亲其亲，各子其子，货力为己，大人世及以为礼。城郭沟池以为固，礼义以为纪；以正君臣，以笃父子，以睦兄弟，以和夫妇，以设制度，以立田里，以贤勇知。以功为己，故谋用是作，而兵由此起。禹、汤、文、武、成王、周公，由此其选也。此六君子者，未有不谨于礼者也。以著其义，以考其信，著有过，刑仁讲让，示民有常。如有不由此者，在埶者去，众以为殃。是谓小康。①

大道运行的时代，天下是大家共有的。因为推选贤人并任用能人当政，建立了互相信任且和睦的关系，所以人们不只把自己的父母亲当作亲人，也不只是把自己的儿子当作孩子，这样就使老人都能得到赡养，年轻力壮的都有用武之地，幼小的孩子都能得到抚养，鳏寡孤独以及身体残疾的人都能得到供养。男子都有正当职业，女人都能适时出嫁。财物受到爱护而不会随地丢弃，但也不必私藏起来；人只担心没机会出力，而不是一心只为自己。因此阴谋诡计的念头闭塞而不会兴起，偷摸盗窃为非作歹的事没人去做。所以各家各户的大门都可以不关。这样的社会就叫作大同。后来大道已经衰微不显，天下为一个家族所有，各人只亲爱自己的父母，只慈爱自己的子女，挣财出力只为自己，职位世袭成为常规。筑城挖沟巩固国家，制定礼义作为纲纪；以使君臣关系端正，父子关系加深，使兄弟关系和睦，夫妇关系和谐，使各项制度得以设立，使田地得以划分界限，使贤能、勇敢、智慧得以区分。

---

① 胡平生，张萌，译注.礼记（上）[B].北京：中华书局，2017：419—420.

因为功利都为了自己,所以阴谋诡计层出不穷,出兵作战此起彼伏。夏禹、商汤、文王、武王、周公,都是按照礼义推选的贤才。这六位君子,无不谨守礼义。通过礼义彰显仁义,考证诚信,暴露过失,让人效法仁爱讲究礼让,昭示万民日常行为规范,如果不遵循礼义,为官者要被罢免职务,因为民众把他看作祸殃。这样的社会称为小康。

"天下为公"是原始"公社"时期,"天下为家"就是天下成为"国家"。孔子说:"大道之行也,与三代之英,丘未之逮也,而有志焉",意思是说尧舜禹和夏商周时代英明君王都没有赶上,但是古书上是有记载的。言下之意,尧、舜、禹、汤、文、武、成王、周公治下的盛世,也正是孔子"求学问道"的志向。其中,禹、汤、文、武、成王、周公,"此六君子者,未有不谨于礼者也",他们都是"大人世及以为礼"时代的杰出代表。"我周公,作周礼",周是礼治完备的朝代。子曰:"周监于二代,郁郁乎文哉!吾从周。"周代借鉴夏朝和商朝治理天下国家,真是盛况空前的文明啊!我遵从周。周代是孔子生活的时代所知的"礼治"最成功的时代,这大概有点像我们今天对汉唐盛世的回望和向往。治理天下国家礼到底是什么呢?《礼记·曲礼》对礼的性质和功能做了个概述。

> 夫礼者,所以定亲疏、决嫌疑、别异同、明是非也。礼,不妄说人,不辞费。礼,不逾节,不侵侮,不好狎。修身践言,谓之善行。行修言道,礼之质也。
>
> 礼,闻取于人,不闻取人。礼,闻来学,不闻往教。
>
> 道德仁义,非礼不成;教训正俗,非礼不备;分争辨讼,非礼不决;君臣上下,父子兄弟,非礼不定;宦学事师,非礼不亲;班朝治军,莅官行法,非礼威严不行;祷祠祭祀,供给鬼神,非礼不诚不庄。是以君子恭敬、撙节、退让以明礼。
>
> 鹦鹉能言,不离飞鸟;猩猩能言,不离禽兽。今人而无礼,虽能言,不亦禽兽之心乎?夫唯禽兽无礼,故父子聚麀。是故圣人作,为礼以教人,使人以有礼,知自别于禽兽。
>
> 太上贵德,其次务施报。礼尚往来。往而不来,非礼也;来而不往,亦非礼也。人有礼则安,无礼则危,故曰:礼者不可不学也。
>
> 夫礼者,自卑而尊人。虽负贩者,必有尊者,而况富贵乎?富贵而知好

礼，则不骄不淫；贫贱而知好礼，则志不慑。[1]

礼，是用来确定亲疏、裁决嫌疑、分别异同、明辨是非的。礼不是用来尽力讨好人的，也不强费口舌要人接受。礼不能逾越分寸，不侵犯侮辱人，不戏谑轻薄人。修养身心以践行自己所说的话，就叫善行。行为有修养，说话符合道义，这就是礼的本质。礼，只听说从别人那里学来的，没听说要求别人学习的。礼，只听说人家来学的，没听说去教训人家的。推行道德仁义，没有礼就不会成功。设教以正风俗，没有礼就不能完备；发生争辩纠纷，没有礼就不能裁决；君臣上下共事，父子兄弟相处，没有礼就不能定规矩；士人求官拜师，没有礼节就不亲近了；官员朝议领军，没有礼就不能形成威严；祷告祭祀，供奉鬼神，没有礼就不能体现诚意和庄严。所以君子要通过恭敬、节制、退让等形式来彰显礼仪。鹦鹉也会说话，但仍然是飞鸟；猩猩也会说话，但仍然还是禽兽。人虽然会说话，假如没有礼节，不也只有禽兽之心智吗？禽兽没有礼节，所以不分父母子女的雌雄交配。所以圣人一旦出现，就制定礼仪用来教人，使人因而有礼可依，知道自己与禽兽有别。上古时代以大公无私为贵，其次才讲究施惠与回报。礼就是崇尚往来施报。只向别人施予而没有得到回报，这就不符合礼义礼节；只得到别人恩惠而不向别人施与回报，也是不符合礼义礼节。人们有礼可遵循就能安定，没有礼可遵循就会危乱。所以说，礼是不可不学的。礼，说到底是教人学会要求自己谦卑而尊敬别人。即便是挑担的小贩，也必定有值得尊敬的地方，更不要说那些富贵的人了，富贵的人如果还能知道并热衷于礼节，就不会骄奢淫逸；贫贱的人如果知道并热衷于礼节，就不会人穷志短。

如果说"天下为公"没有明显的社会阶层，那么"天下为家"就已出现了明显的社会分层，而礼就是为了规范不同社会阶层的交往关系。君君、臣臣、父父、子子，尊卑有序，这就是"天下为家"时代的治理。周继承了夏、商两代的治理经验，使礼最终得以完善。由于周初受封的诸侯绝大多数都是周王室的成员，所以诸侯受封建立的"国"其实都属于姬姓"家"，"天下"也只是"一家"，而所以孔子称他们为"有国有家者"。但是，春秋时期，周王室衰落，大国强国争相兼并小国弱国，并

---

[1] 胡平生，张萌，译注．礼记（上）[B]．北京：中华书局，2017：4—7．

"挟天子以令诸侯"。在诸侯国内部，又出现诸如鲁国季孙、孟孙、叔孙掌权，也就是"陪臣执国命"的现象，甚至发展到"三家分晋"，这就是"礼坏乐崩"。

> 季氏将伐颛臾。冉有、季路见于孔子曰："季氏将有事于颛臾。"
> 孔子曰："求！无乃尔是过与？夫颛臾，昔者先王以为东蒙主，且在邦域之中矣，是社稷之臣也。何以伐为？"
> 冉有曰："夫子欲之，吾二臣者皆不欲也。"
> 孔子曰："求！周任有言曰：'陈力就列，不能者止。'危而不持，颠而不扶，则将焉用彼相矣？且尔言过矣。虎兕出于柙，龟玉毁于椟中，是谁之过与？"
> 冉有曰："今夫颛臾，固而近于费。今不取，后世必为子孙忧。"
> 孔子曰："求！君子疾夫舍曰欲之，而必为之辞。丘也闻有国有家者，不患寡而患不均，不患贫而患不安。盖均无贫，和无寡，安无倾。夫如是，故远人不服，则修文德以来之。既来之，则安之。今由与求也，相夫子，远人不服而不能来也；邦分崩离析而不能守也。而谋动干戈于邦内。吾恐季孙之忧，不在颛臾，而在萧墙之内也。"[①]

《论语》中关于季孙氏将要讨伐颛臾这段，生动地再现了春秋时期"家"和"国"关系。鲁国是周天子成王册封周公旦建立的诸侯国，首任国君为周公旦之子鲁公伯禽。季氏是当时在鲁国掌权的大家族，季孙、孟孙、叔孙就是所谓的"三桓"，他们其实也是鲁国国君的宗族。孟子："为政不难，不得罪于巨室；巨室之所慕，一国慕之；一国之所慕，天下慕之。故沛然德教溢乎四海。"(《孟子·离娄上》) 因为古代没有解决好侯位继承问题，季孙、孟孙、叔孙掌权也可以说是历史的必然规律，当时孔子的学生冉有和季路就在季氏手下做官。当孔子得知季孙氏准备对颛臾采取军事行动的时候，孔子对冉有指出他们没有尽到责任。原因是颛臾是由鲁国先君指定的主管东蒙山祭祀的人，而且它地处鲁国境内，孔子认为不应该讨伐。冉有推脱说是季孙要这么干，他和季路两个做臣下的都不愿意。孔子引用周任的话反驳说："能

---

① （宋）朱熹，集注．四书章句集注[B]．北京：中华书局，2016：171—172.

施展才能就担任那职位，没有能力就不要担任那职务。"就像看到盲人遇到危险却不去护持，看到老人将要跌倒却不去搀扶，那又何必要辅佐相助呢？你的话说得不对，就像老虎和犀牛从笼子里跑出，龟甲和玉器在匣子里被毁坏，你说这是谁的过错呢？冉有只好承认实际上是因为颛臾城墙坚固而且靠近费城，担心现在不夺取以后会成为子孙们的忧虑。孔子狠狠地批判了他，说君子就厌恶那种不承认自己想去做，却偏要编造借口的人。孔子指出，受封获准建立国家的人，不必忧患财富少而应忧患分配不均，不必忧患人民贫困而该忧患他们不安定。财物分配如果公平均衡，就没有贫穷的感觉；人们彼此和睦相爱，就不必担心孤立无助；人民安居乐业，国家就没有倾覆的危险。所以远方的人不归服，就展现文明道德以感化他们归服的心；如果他们受感化而归顺，就要使他们能安居乐业。如今由与求你们俩辅佐季孙，远方国家的人不归服，不能使他们受感化归顺；国家四分五裂，不能使它保持稳定统一；反而在国境之内策划兴起战争。我恐怕季孙氏的忧虑，不在颛臾国，而是在鲁国内部。

孔子曰："天下有道，则礼乐征伐自天子出；天下无道，则礼乐征伐自诸侯出。自诸侯出，盖十世希不失矣；自大夫出，五世希不失矣；陪臣执国命，三世希不失矣。天下有道，则政不在大夫。天下有道，则庶人不议。"（《论语·季氏》）天下如果有共同遵循的道义，制作礼乐和发动征伐都由天子统一下令；天下没有了共同遵循的道义，制作礼乐和发动征伐就由诸侯擅自做主。诸侯各自为政，大概很少能延续十代而不崩溃的；大夫专权，延续五代就难以为继了；家臣把持政权，能够延续三代就很稀罕了。天下如果有共同遵循的道义，国家的政权就不应该掌握在大夫手中；天下如果有共同遵循的道义，普通庶民百姓根本就不会对政治议论纷纷。孔子最大的愿望是继承和发扬尧、舜、禹、汤、文、武、周公的传统，复兴"大道之行，天下为公"的"大同"盛世。

到孟子的时候，周王室的权威丧失殆尽，诸侯也纷纷自称为"王"，由此导致诸侯争霸更加剧烈，上下杀伐也更加惨烈，国破家亡的事随时发生。但统治者就像陷入"囚徒困境"，只能加强武力争取赢得霸权。法家、墨家、农家、纵横家等思想流派，顺应诸侯争霸的需要影响日隆，孟子则继承尧、舜、禹、汤、文、武、周公、孔子的传统，提出了仁义治天下。

孟子见梁惠王。王曰："叟不远千里而来，亦将有以利吾国乎？"

孟子对曰："王何必曰利？亦有仁义而已矣。王曰：'何以利吾国？'大夫曰：'何以利吾家？'士庶人曰：'何以利吾身？'上下交征利而国危矣。万乘之国弑其君者，必千乘之家；千乘之国弑其君者，必百乘之家。万取千焉，千取百焉，不为不多矣。苟为后义而先利，不夺不餍。未有仁而遗其亲者也，未有义而后其君者也。王亦曰仁义而已矣，何必曰利。"[1]

梁惠王与当时绝大多数诸侯王一样，希望找到有利于诸侯争霸的良方。孟子劝他不要求功利，只要有仁义就行了。如果诸侯王都想"怎样才能使我国有利"，卿大夫就想"怎样才能使我家有利"，而士人和庶民则想"怎样才能使我自己有利"，结果必定处于上位的人和处于下位的人互相争夺利益，那样整个国家就危险了。在拥有一万辆兵车的国家，杀害它的国君的人，一定是拥有一千辆兵车的诸侯；在一个拥有一千辆兵车的国家，杀害它的国君的人，一定是拥有一百辆兵车的大夫。一万辆相对于一千辆，一千辆相对于一百辆，数量优势不算不多。但把道义放在后面而把利益放在第一位，那么不夺得国君的地位就不会满足。从来没有讲仁道却抛弃父母的人，从来也没有讲正义却不顾君王的人。所以，孟子要梁惠王讲仁义就行了，没必要总问是否有利。

孟子把"千乘之家"和"千乘之国"交替使用，这意味着对于诸侯来说他所受封的"国"也是他世袭的"家"，对于天子来说天下都是他的"家"，所以叫"天下为家"。但不论治理"千乘之国"还是"千乘之家"，孟子的意见都是"王亦曰仁义而已矣，何必曰利"。很多人据此认为，孟子只讲仁义而排斥功利，这完全是误读。孟子说"苟为后义而先利"是强调"先义而后利"，"王亦曰仁义而已矣，何必曰利"的意思就如下章将讲的"国不以利为利，以义为利"。"以义为利"显然就是在"言利"，只不过强调不"与民争利"，而是要"为民谋利"而已。当然，子曰："放于利而行，多怨。"（《论语·里仁》）如果每个人都只依据利益原则去做事，就会产生很多怨恨。"仁义"不是与"功利"完全对立的，但是"仁义"也绝不只是"公利"而已。"仁者，人也，亲亲为大；义者，宜也，尊贤为大。亲亲之杀，尊贤之等，礼所生也。"（《中庸》）仁就是人情，首要的是亲爱父母亲；义就是适宜，首要的是尊重

---

[1] （宋）朱熹，集注. 四书章句集注[B]. 北京：中华书局，2016：201—202.

贤良之才。亲爱亲人难免有远近亲疏差别，尊敬贤才也不免有高低贵贱等级，礼就是因为这样的现实需要应运而生。一味地讲"仁"就会"任人唯亲"，"义"就是为了做到"任人唯贤"。治理国家需要把"仁"和"义"统一起来，因此接下来讲"家教"与"政教"。

（二）"家教"与"政教"

"其家不可教而能教人者，无之"，意思是说在家里不能教导子女的人却要教导天下人，这是不可能的事；"故君子不出家而成教于国：孝者，所以事君也；弟者，所以事长也；慈者，所以使众也"，这是说道德高尚的人在家里就能培养国家需要的三种德行：孝敬父母的美德可以用来侍奉君主，尊敬兄长的美德可以用来侍奉官长，父母慈爱子女的美德可以用来感召众人。所以，培养国家需要的美德应该从家庭教育开始，"孝、弟、慈，所以修身而教于家者也；然而国之所以事君事长使众之道不外乎此。此所以家齐于上，而教成于下也。"[①]因此，《孝经》说："夫孝，德之本也，教之所由生也"[②]，家庭中的孝道就是美德的根本，一切教育都应该由孝道开始推而广之。

《孝经》是阐释"家教"与"政教"一致性的专门书籍，它的基本理念是"孝治"。

> 子曰："昔者明王之以孝治天下也，不敢遗小国之臣，而况于公、侯、伯、子、男乎？故得万国之欢心，以事其先王。治国者，不敢侮于鳏寡，而况于士民乎？故得百姓之欢心，以事其先君。治家者，不敢失于臣妾，而况于妻子乎？故得人之欢心，以事其亲。夫然，故生则亲安之，祭则鬼享之。是以天下和平，灾害不生，祸乱不作。故明王之以孝治天下也如此。《诗》云：'有觉德行，四国顺之。'"[③]

孔子说，从前圣明的君王是以孝道治理天下的，效仿天地之道"无不覆帱，无

---

① （宋）朱熹，集注.四书章句集注[B].北京：中华书局，2016：9.
② 胡平生，译注.孝经译注[B].北京：中华书局，2009：1.
③ 胡平生，译注.孝经译注[B].北京：中华书局，2009：16.

不持载"(《中庸》),不敢遗忘小国的臣民,更不用说是公、侯、伯、子、男等大小诸侯了,所以各诸侯国都心悦诚服,主动前来协助祭祀先王。受此教化,治理封国的诸侯,也不敢侮慢鳏夫寡妇,更不用说士人臣民了,所以老百姓心中爱戴国君,乐意协助诸侯祭祀祖先。治理采邑的卿大夫,不敢对臣仆婢妾失礼,更不用说对自己的妻子儿女了,所以会得到大家的欢心,乐意侍奉其父母亲。正因为这样,父母在世时安享幸福生活,死后成为受人崇敬的鬼神得到祭祀。所以天下各国和平相处,自然灾害也不发生,也没有人犯上作乱。以上就是圣明的君王以孝道治理天下的结果。这就像《诗经·大雅·抑》篇说的,"天子教导好德行,天下各国都顺从"。

这样的"孝治"是圣明的君王效仿天地之道的治理,体现了"大学之道,在明明德",因此也被称作是"圣治"。

> 曾子曰:"敢问圣人之德,无以加于孝乎?"
>
> 子曰:"天地之性,人为贵。人之行,莫大于孝。孝莫大于严父,严父莫大于配天,则周公其人也。昔者,周公郊祀后稷以配天,宗祀文王于明堂,以配上帝。是以四海之内,各以其职来祭。夫圣人之德,又何以加于孝乎?故亲生之膝下,以养父母日严。圣人因严以教敬,因亲以教爱。圣人之教,不肃而成,其政不严而治,其所因者本也。父子之道,天性也,君臣之义也。父母生之,续莫大焉。君亲临之,厚莫重焉。故不爱其亲而爱他人者,谓之悖德;不敬其亲而敬他人者,谓之悖礼。以顺则逆,民无则焉。不在于善,而皆在于凶德,虽得之,君子不贵也。君子则不然,言思可道,行思可乐,德义可尊,作事可法,容止可观,进退可度,以临其民。是以其民畏而爱之,则而象之。故能成其德教,而行其政令。《诗》云:'淑人君子,其仪不忒。'"①

曾子问圣人的德行难道就没有比孝更重要的吗?孔子回答说:天地各种性命,以人类最为尊贵。人类各种品行中,没有比孝敬更伟大的了。认为在孝行之中,没

---

① 胡平生,译注.孝经译注[B].北京:中华书局,2009:19—20.

有比尊敬父亲更重要的了，尊敬父亲没有比将先祖父辈配祀天帝更为重要的了，这就是周公所制定的周礼。当初，周公在郊外祭天的时候，把其始祖后稷配祀天帝；在明堂召集宗族祭祀父亲文王的时候，把文王配祀天帝。因为他这样崇敬祖先，所以受封的各地诸侯，都按照职分前来祭祀。圣人的德行，又哪比配天的孝更重要的呢？亲情产生于孩提时在父母膝前脚后相依相随，对父母的依赖也养成父母平日的威严。圣人因循威严教导尊敬之心，因循亲情教导热爱之心。所以，圣人的教化不恐吓却有成效，其政令不严苛却能治理，都是因为他因循的是人的本性。父慈子孝就是人生的本性，君臣之义也应该从中而来。父母结婚生养子女，是接续天地造化的最大功德。君临天下作民父母，最能加厚这一伟大功德。所以不热爱自己的父母却热爱别人，叫作违背道德；不尊敬自己的父母而尊敬别人，叫作违背礼法。顺此而行就是违逆天理，人民就没有了法则可依。不因循人性之善而教导，最终就会完全倒向违背道德礼法，虽然好像也能治理天下国家，君子也并不觉得可贵。君子治理天下国家不是这样，说出的话可引导人，做过的事受人欢迎，遵循德义受人尊敬，行事方式可供效法，容貌举止大方得体，进退得宜符合礼法，因此成为人民的楷模。所以民众敬畏而爱戴他，以他为准则进行模仿。所以能够成就其道德教化，推行其行政法令。这就如《诗经·小雅·车辖》所言，"高山仰止，景行行止"。

孟子曰："人之所不学而能者，其良能也；所不虑而知者，其良知也。孩提之童，无不知爱其亲者；及其长也，无不知敬其兄也。亲亲，仁也；敬长，义也。无他，达之天下也。"（《孟子·尽心上》）人有不用学习就能做到的事，是因为他有良能；人不用思虑就能知道的东西，是因为他有良知。孩提时代的小儿，没有不知道爱自己的父母的；到他们长大一些，没有不知道尊敬兄长的。亲爱父母，是仁；尊敬兄长，是义。这没有什么别的道理，不过遍及天下人的天性。《中庸》说："诚者不勉而中，不思而得，从容中道，圣人也"，由此说来，如果能发挥天生的良知良能，人人都可以成为圣人，这正是王阳明"致良知"的哲学基础。遵行孝道之所以被称作圣人，就是因为孝道被认为是效仿天地化生万物之道，因此也是自天子以至于庶人通行的"天下之达道"。

> 子曰："孝子之事亲也，居则致其敬，养则致其乐，病则致其忧，丧则致其哀，祭则致其严，五者备矣，然后能事亲。事亲者，居上不骄，为下不乱，在丑不争。居上而骄则亡，为下而乱则刑，在丑而争则兵。三者不除，

虽日用三牲之养，犹为不孝也。"①

孝子侍奉父母，居家相处要对父母恭敬，衣食供养要心怀爱的快乐，父母生了病要带着忧虑去照料，父母去世要竭尽悲哀之情，祭祀父母要严肃对待，这五方面做得完备，才可称为以孝事亲。侍奉自己双亲，身居高位不能骄傲自大，身居下层不能犯上作乱，与众人相处不能争强好斗。身居高位而骄傲自大必遭灭亡，身处下层而犯上作乱必遭受刑戮，与众人相处而争强好斗必遭残杀。这骄、乱、争三项恶事不戒除，即便每天用牛羊猪肉供养父母，也还是不孝之人。很显然，孝不仅教人要在家里做一个孝敬父母的儿子，还要在国内做一个安分守己的臣子。

子曰："五刑之属三千，而罪莫大于不孝。要君者无上，非圣人者无法，非孝者无亲。此大乱之道也。"②

五刑所规定的罪行有三千条之多，而所有罪行没有比不孝更大的了。用武力胁迫君主的人心中没有君主，否定圣人的人心中没有法纪，否定孝道的人心中没有父母。这就是天下大乱的根源所在。天、地、君、师、亲，被认为是人伦之大端，否定它们是大逆不道。而"孝"则被认为是从敬亲上达君师和广达天地的"要道"。

子曰："教民亲爱，莫善于孝。教民礼顺，莫善于悌。移风易俗，莫善于乐。安上治民，莫善于礼。礼者，敬而已矣。故敬其父，则子悦；敬其兄，则弟悦；敬其君，则臣悦；敬一人，而千万人悦。所敬者寡，而悦者众。此之谓要道也。"③

教育人民互相亲近友爱，没有比倡导孝道更好的了。教育人民礼貌和顺，没有比尊重兄长更好的了。转变歪风消除恶俗，没有比音乐教化更好的了。使君主安心和人民安定，没有比遵循礼仪更好的了。所谓礼，也就是尊敬而已。如果有人尊敬他的

---

① 胡平生，译注.孝经译注[B].北京：中华书局，2009：25.
② 胡平生，译注.孝经译注[B].北京：中华书局，2009：27.
③ 胡平生，译注.孝经译注[B].北京：中华书局，2009：28.

父亲，儿子就会喜悦；如果有人尊敬他的兄长，弟弟就会愉快；如果有人尊敬他的君主，臣下就会高兴。尊敬君主一个人，却能使千万人高兴愉快。所尊敬的人虽然只是少数，为之喜悦的人却有很多。这就是所谓的人伦要道。这是讲孝的社会效果，那就是会使人倍感高兴。那不孝顺父母的子女，其父母受到尊敬无疑也会感到高兴。那和兄长不和的人，其兄长受到人尊敬也会感到光荣。国君受到其他国家尊敬，其国民通常也确实会感到自豪。孝不仅能带来社会安定，还能提高人们的幸福指数呢。

与此相反，孟子曰："吾今而后知杀人亲之重也。杀人之父，人亦杀其父；杀人之兄，人亦杀其兄。然则非自杀之也，一间耳。"（《孟子·尽心下》）杀害他人的亲人罪孽深重，因为你杀害他人父亲，他人也会杀害你的父亲；你杀害他人兄弟，他人也会杀害你的兄弟。这样的话，尽管不是自己杀害自己的父亲和兄弟，但也差不多，只是间接杀害而已。其实不要说杀人，骂人也是一样的，你骂别人的娘，别人也骂你的娘，你没有骂自己的娘但招来了别人骂，和自己骂也差不多。所以，不尊重别人父母的人，其实就是不敬自己的父母。孟子说"老吾老，以及人之老；幼吾幼，以及人之幼，天下可运于掌"（《孟子·梁惠王上》），君主如果能使人人都孝敬自己的老人，并把孝敬推广运用到其他人的老人；能使人人都慈爱自己的幼儿，并把慈爱推广运用到其他人的孩子，天下就可以运转在他手掌中了。所以，后世帝王对孝道特别重视，把它作为"至德要道"广为推崇。

> 子曰："君子之教以孝也，非家至而日见之也。教以孝，所以敬天下之为人父者也。教以悌，所以敬天下之为人兄者也。教以臣，所以敬天下之为人君者也。《诗》云：'恺悌君子，民之父母。'非至德，其孰能顺民如此其大者乎！"[①]

君子用孝道来教育人，并不限于家庭且见于日常。教人以孝道，是要使天下做父亲的人都受到尊敬。教人以悌道，是要使天下做兄长的人都受到敬重。教人以臣道，是让天下做君主的人都受到敬爱。这就像《诗经·大雅·泂酌》篇说的，"心胸坦荡的君子，亲如民众的父母"。孝道如果不是至高无上的德行，又怎么能顺应民众

---

① 胡平生，译注. 孝经译注 [B]. 北京：中华书局，2009：30.

之心似这般普遍呢!"天下一家亲"确实是人的纯朴愿望,"孝道"是家、国、天下一以贯之的道,能够做到"老吾老,以及人之老;幼吾幼,以及人之幼"的人无疑会"广扬名",甚至"万世流芳"。讲"孝道"最重要的就是实现"人不独亲其亲,不独子其子,使老有所终,壮有所用,幼有所长,矜寡孤独废疾者皆有所养,男有分,女有归"(《礼记·礼运》)。尤其是今天,在日常生活中,两代人生活在一起其实是不容易的,尤其是在大城市里同住一套公寓。这和古人住在农村住房比较宽,甚至子女与父母独门独院居住,是完全不同的概念。古人讲"凡为人子之礼:冬温而夏清,昏定而晨省"(《礼记·曲礼上》),多半像《红楼梦》里写的孝敬贾母。但贾政和贾母并不住一屋,甚至长期在外为官,宝玉与贾政也不住一屋。今天的大城市里,一套不到100平方米的公寓,住着两代人甚至三代人,抬头不见低头见,难免互相干扰。父母看电视影响孩子学习,孩子打闹影响父母休息,年轻夫妇连亲热的机会也没有,"色难"真是太难了!所以但凡物质条件许可,父母和子女还是分开住为好,最好又不太远,能随时照顾。可惜通常都是不许可,子女买房如果还是父母付的首付,而且父母还是比较严厉的,对于子女来说就更难了。所以今天讲孝道,很多年轻人都很厌烦,因为这对他们仿佛是无理要求。其实,"男有分,女有归",才是"孝道"的开始,年轻男女结不起婚,生儿育女负担沉重,"孝道"的路基就坍塌了!所谓"家齐而后国治",意味着"明君制民之产,必使仰足以事父母,俯足以畜妻子"(《孟子·梁惠王上》),进而才能"君子之事亲孝,故忠可移于君"。

> 子曰:"君子之事亲孝,故忠可移于君;事兄悌,故顺可移于长;居家理,故治可移于官。是以行成于内,而名立于后世矣。"[①]

君子对待自己的父母尽孝心,进而把对父母的孝心转变为对国君的忠心;对待兄长能尽敬意,进而能把这种敬意转变为对官长的尊敬;在家里能处理好家务,进而把治家之道转变成为官之道。因此说君子行事的成就即便只体现于家族内部治理,但其名声也会显扬于后世。这个典型代表必定是文王,子曰:"无忧者,其唯文王乎!以王季为父,以武王为子,父作之,子述之。武王缵大王、王季、文王之绪,壹戎衣而有

---

① 胡平生,译注. 孝经译注 [B]. 北京: 中华书局, 2009: 31.

天下，身不失天下之显名，尊为天子，富有四海之内，宗庙飨之，子孙保之。"（《中庸》）心无忧虑的人，想必唯有文王而已！因为他的父亲是王季，他的儿子是武王，由他父亲兴作的事业，到他儿子最终完成。武王继承大王、王季、文王的事业，通过讨伐商纣王享有天下，自身也不是没有天下人仰慕的声名，最终享有天子至尊，天下财富归其支配，死后在宗庙中享受祭奠，子孙后代能保持其江山社稷。文王在后世的名望可谓"王者无敌"，但周人真正展现王者迹象的在大王，而周朝由武王正式建立。但武王伐纣是"壹戎衣而有天下"的"武功"或"武略"，而文王形成了大王、王季、文王、武王"一以贯之"的"文德"或"文韬"，正是"行成于内，而名立于后世"。文王正如孟子所言，"君子创业垂统，为可继也。若夫成功，则天也。"（《孟子·梁惠王下》）君子要创业要创立优良传统，只有这样才能世代继承，至于自己这一代是否能成功，那是由天时决定的。文王不仅创立了周朝的文治传统，而且是经过周公、孔子、孟子的完善，形成了"家齐而后国治"的中国政治优良传统。

毫无疑问，《孝经》倡导的"孝道"或"孝行"，不仅是做个"孝子"，更要做个"顺民"，直接目的无非是强调封建统治的神圣性，它与"革命"确实是相背离的。但是，人类也不能不停地"革命"，"革命"的目的终究也是为了"治国"。我们要讲"壹戎衣而有天下"，也要讲"身修而后家齐，家齐而后国治，国治而后天下平"。用《易经》的思维来说，"革命"属于"乾德"，"孝经"属于"坤德"。《周易·文言》曰：

> 坤至柔而动也刚，至静而德方，后得主而有常，含万物而化光。坤道其顺乎，承天而时行。积善之家必有余庆，积不善之家必有余殃。臣弑其君，子弑其父，非一朝一夕之故，其所由来者渐矣，由辨之不早辨也。[1]

孝道就像大地极为柔顺，但运行却也是刚健的；它显得极为娴静，但品德又是方正的；地虽法天而行动，但与天共称天长地久；地孕育万物并接受光化育生物。地道就在于顺啊，顺承天道而依四时运行。顺天承运积累善行的人家必有无尽的喜庆；逆天行事不断作恶的人家必有无尽的灾殃。臣子弑杀他的国君，儿子弑杀他的父亲，并不在于一朝一夕的缘故，而是由来已久并逐渐发展的，只是善恶当辨识而

---

[1] 杨天才，张善文，译注. 周易 [M]. 北京：中华书局，2011：38—39.

没有及早辨识。我们今天也需要尽早辨别孝道的时代价值，如果子女对父母不再"莫大于孝"，父母对子女也不再"如保赤子"，社会又会如何呢？

（三）"赤子"与"心诚"

上面是从"君子之事亲孝，故忠可移于君"来讲"家齐而后国治"，接下来则从"如保赤子"来讲"家齐而后国治"。合在一起就是子女孝敬父母的心可用于忠于国君，而父母慈爱初生婴儿的心则可用于关爱百姓。所谓"治国在齐其家"，就这么个家国相通的理。

《康诰》曰："'如保赤子'，心诚求之，虽不中不远矣。未有学养子而后嫁者也！"是说治理国家要像父母爱护初生婴儿一样，果真用这样的诚心去关爱民众，即使还不完全符合人民利益也差不多了。就像没有必要先学习生养孩子然后才出嫁，女性天生的母爱自然就能在结婚生子后养育孩子，全心全意为人民服务自然就能让人民获益。郑玄说："养子者，推心为之，而中于赤子之嗜欲也。"[①]朱熹说："此引《书》而释之，又明立教之本不假强为，在识其端而推广之耳。"[②]都是强调为政者要把慈爱孩子的心推而广之用于关爱民众。

"如保赤子"出自《尚书·周书·康诰》，是周公对康叔的训诫之辞，其时康叔即将前往受封殷地治理殷遗民。原文：王曰："呜呼！封，有叙时，乃大明服，惟民其勅懋和。若有疾，惟民其毕弃咎。若保赤子，惟民其康乂。"意思是说，封（康叔的名字）啊，只要你的政策合乎时宜，民众就能普遍地理解服从，这样他们也就能勤劳和睦。他们身上如果有坏毛病，当然要帮助他们完全改正过来。要像爱护自己的孩子一样，才能实现国泰民安的善治。老子说："含德之厚，比于赤子"，道德修养深厚的人，就如同初生的婴儿；"常德不离，复归于婴儿"，永恒的道德不会过时，它反倒像人又回到婴儿；"众人熙熙，如享太牢，如春登台，我独泊兮其未兆，如婴儿之未孩"，众人熙熙攘攘，好像共同享受盛宴，如同登上高台赏春，而我却独自宁静淡泊而无动于衷，好像还算不得孩子的初生婴儿。

[①] （汉）郑玄，注. 王锷，点校. 礼记注（下册）[M]. 北京：中华书局，2021：788—789.
[②] （宋）朱熹，集注. 四书章句集注[B]. 北京：中华书局，2016：9.

所谓"赤子之心"就是没有自己的私心,事实上也还是没有自我意识,有点像罗尔斯假设的被"无知之幕"遮住。这种完全的"无私"和"无我"状态,其实是人的认知能力还没有发展的阶段。老子说"如婴儿之未孩",就是因为但凡有点认知能力的孩子,就会有自我意识和需求,就会要求满足自己的需要。孟子曰:"大人者,不失其赤子之心者也。"(《孟子·离娄下》)伟大的人,不过是始终不丧失初生赤子之心的人。"大人"当然就已经不是"赤子"了,但却能"不失其赤子之心"。这并不是说他"童心未泯",尤其不是贪玩爱闹,而是说他没有为个人算计的私心,为人处世总能客观公正。很显然,这是需要努力修养才能达到的最高道德境界,但又确实是返璞归真地认识人在初生婴儿状态时的本性。孟子曰:"尽其心者,知其性也。知其性,则知天矣。存其心,养其性,所以事天也。夭寿不贰,修身以俟之,所以立命也。"(《孟子·尽心上》)能够尽其心之认识能力的圣人,其实就是返璞归真认识了人天生的本性。认识了人天生的本性,也就认识了客观世界。因此保存自己初生时的本心,修养自己初生时的本性,就能顺应世界的发展变化。短命或长寿没有两样,修养自身以迎接世界的变化,这样也就掌握了自己的命运。孟子曰:"莫非命也,顺受其正。是故知命者,不立乎岩墙之下。尽其道而死者,正命也。桎梏死者,非正命也。"(《孟子·尽心上》)没有什么不是天命决定的,人要顺从接受是正常的命运。因此懂得天命的人,不会站立在危墙下面。尽自己该尽的道义而死的,就是正常的命运;犯罪受刑而死的,就不是正常的命运。孟子曰:"尧、舜,性者也;汤、武,反之也。动容周旋中礼者,盛德之至也。哭死而哀,非为生者也。经德不回,非以干禄也。言语必信,非以正行也。君子行法,以俟命而已矣。"(《孟子·尽心下》)举例来说,孟子认为尧、舜是"尽其心者,知其性也"或者"自诚明谓之性",也就是完全以天下为公而没有任何私心。汤、武王只能算"自明诚谓之教",从夏桀、商纣灭亡反思才认识到"天命之谓性,率性之谓道"。"自诚明"和"自明诚"好像是相反的,但"及其知之一也",尧、舜、禹、汤、文、武都是言行举止符合礼仪,代表了最高尚的美德。世人当知死生有命,为死者痛苦哀悼,并非为了给生者看。遵行道德从不违背,不是为了求得官职俸禄。言语忠实可信,不是为了表明自己行为端正。正人君子为人处世,都是遵从不可违背的天命安排罢了。

"赤子之心"最终竟然和"死"联系到一起了,这是"尽其心者"和"知其性也"的贯通。真正的"赤子之心",至少儒家说的"赤子之心",并非简单地回到一个没有认识能力的初生"赤子",恰恰是"尽其心",也就是极尽认知能力。"尽其心者,知其性也",极尽认知能力就是认识世界发展的客观规律性。人类无法改变的规律就是"天命",比如说人会死就是典型的"天命"。"赤子之心"对"死"也是完全不在乎的,"尽其心者"对死也要像赤子一样不在乎。但"赤子之心"是因为"无知"所以不在乎,"尽其心者"是因为知道这是客观规律所以不在乎。孔子长命也好,颜渊短命也好,这是没办法的事。老师尽了做老师教书育人之道,学生尽了学生刻苦学习之道,就是正常的死亡。只要不是自己作死,比如站在危墙底下,墙倒下来死了;或者作奸犯科,被判死刑死了,死就要看开。死都看得开,当然一切都看得开了。所以,"赤子之心"说到底就是"无我无私""遵道而行"。

孟子说:"生于其心,害于其政;发于其政,害于其事。"(《孟子·公孙丑上》)也就是说如果心有不正必然对治国理政有害,违背正义的政治最终必定损害国家事业。2016年7月1日,习近平在庆祝中国共产党成立95周年大会上的讲话中强调:"我们党已经走过了95年的历程,但我们要永远保持建党时中国共产党人的奋斗精神,永远保持对人民的赤子之心。"[1]2019年3月22日,习近平在罗马会见意大利众议长菲科时说:"我将无我,不负人民。我愿意做到一个'无我'的状态,为中国的发展奉献自己"[2]就是"赤子之心"。

"心诚求之,虽不中不远矣",就如《中庸》说:"诚者,天之道也;诚之者,人之道也。""如保赤子",说的就是"诚者,天之道也";"心诚求之,虽不中不远矣",说的就是"诚之者,人之道也"。《中庸》又说的"忠恕违道不远,施诸己而不愿,亦勿施于人",也就是说,为政者只要有推己及人的诚心或忠恕之心,做事就不会偏离中正之道和人民利益太远了。孟子又说:"我亦欲正人心、息邪说、距诐行、放淫辞,以承三圣者。"(《孟子·滕文公下》)孟子想做的事就是端正世态人心,平息异端邪说,拒止歪门邪道,弃绝惑众谣言,从而继承文武周公之道。

"未有学养子而后嫁者也",是说女性不需要先在父母家里生孩子养育孩子再出嫁,好像唯有如此嫁人后才会生儿育女。生儿育女对女性来说是"生而知之""不教而能"的事,是"良知良能"。当然,有些人可能会说女人生孩子也是要学的,过去和妈妈婆婆学,现在不仅和妈妈婆婆学,而且还和医生学习各种孕育知识。这就是

---

[1] 习近平. 在庆祝中国共产党成立95周年大会上的讲话[M]. 北京:人民出版社,2016:7-8.
[2] 新华网.《习近平:我将无我,不负人民》[2019—03—24]http://www.xinhuanet.com/world/2019—03/24/c_1124275623.htm.

《中庸》说的"君子之道，费而隐。夫妇之愚，可以与知焉，及其至也，虽圣人亦有所不知焉。夫妇之不肖，可以能行焉；及其至也，虽圣人亦有所不能焉。"古人也知道要学的，只是说"未有学养子而后嫁者也"，也就是说不需要先在父母家生儿育女才能出嫁，这总是没有错吧。

二、"其机如此"

"一家仁，一国兴仁；一家让，一国兴让；一人贪戾，一国作乱：其机如此"，这里"一家"指的是君主家，"一人"指的是"君主"，"一国"指的是全国和全国人民。这部分主要是想讲明"上行下效"的道理，也就是所谓的"其机如此"。中国古人认为治理国家最根本的是君主自身，如果他能在家庭生活中推行所谓的"孝悌也者，其为仁之本"（《论语·学而》），那么全国人民也将"入则孝，出则弟，谨而信，泛爱众，而亲仁"（《论语·学而》）。而且，这是处理上下级关系的普遍道理，因此也可以推而广之到普通家庭和社会组织，"故治国在齐其家"。为"公家"做事的管理者不能管理好"私家"，就像"上梁不正下梁歪"，国家大厦必然就要倾覆了。

（一）"仁政"与"暴政"

"一家仁，一国兴仁"，如子曰："上好仁，则下之为仁争先人。故长民者章志、贞教、尊仁，以子爱百姓，民致行己以说其上矣。《诗》云：'有梏德行，四国顺之。'"（《礼记·缁衣》）上级如果喜好行仁道，那么下级就会争先恐后行仁道。所以领导民众的人应该彰显大志、端正教化、尊重仁道，像爱孩子一样爱百姓，民众致力于做好自己以取悦于他们的上级。这就像《诗经·大雅·抑》中说的，"有仁德善行者，天下都来归顺"。

颜渊问仁，子曰："克己复礼为仁。一日克己复礼，天下归仁焉。为仁由己，而由人乎哉？"（《论语·颜渊》）颜渊问什么是仁，孔子告诉他克制自己以复归于礼就是仁。一旦自己做到了这些，整个天下仿佛都复归于仁。所以实行仁道要由自己开始，而不能只是指责别人不仁。现实生活中人们往往互相指责："你不仁，就别怪我不义。""冤冤相报何时了"，如此必定天下人人不仁不义。君主"一日克己复礼"则"天下归仁焉"；君主"一家仁"则"一国兴仁"。子曰："当仁不让于师。"（《论语·卫灵公》）当合乎仁的时候对老师也不谦让，也不要谦让君主，对任何人都不用让，人人都可以而且应该争做仁人。"自天子以至于庶人，一是皆以修身为本"，每个人从我开始"为仁"，就能"一国兴仁"。

樊迟问仁。
子曰："爱人。"
问知。
子曰："知人。"
樊迟未达。
子曰："举直错诸枉，能使枉者直。"
樊迟退，见子夏。曰："乡也吾见于夫子而问知，子曰，'举直错诸枉，能使枉者直'，何谓也？"
子夏曰："富哉言乎！舜有天下，选于众，举皋陶，不仁者远矣。汤有天下，选于众，举伊尹，不仁者远矣。"①

樊迟去问孔子"仁"的意思，孔子回答说就是"爱人"，樊迟不太明白，大概以为是"一视同仁"无差别地爱所有人，所以樊迟又问"知"的含义，孔子说就是"知人"，樊迟还是不能理解。因此孔子又说："把正直的人提拔起来领导不正直的人，就能使不正直的人也变得正直。"樊迟出来后遇见子夏，就说了自己刚刚向老师请教的事，并告诉子夏自己问什么是"知"，老师说"把正直的人提拔起来领导不正直的人，就能使不正直的人也变得正直"，不知道是什么意思啊？子夏告诉樊迟说，老师这句话的内涵太丰富了！不过就像当年舜治理天下，在众人中选举了皋陶，那些不仁的人便远离了。又像汤治理天下时，在众人中选举了伊尹，那些不仁的人亦远离了。"仁"，首先自然是"一视同仁"，对所有人都关爱；但是，"一视同仁"并非没有差别，还是要让正直的人领导不正直的人。"仁政"，是人格上的"一视同仁"和德行上的"当仁不让"的统一，既关爱所有人又选拔贤能的人。

"一家仁，一国兴仁"，最终体现为"亲亲而仁民"（《孟子·尽心上》），其最好

---

① （宋）朱熹，集注．四书章句集注[B]．北京：中华书局，2016：140．

的代表就是舜，他不仅孝敬自己父亲瞽瞍，而且为人民选择了适合的领导者舜。所以，"一家仁，一国兴仁"并非从"一家孝"到"一国行孝"而已，而是从"亲亲"到"仁民"，这是从"量变"到"质变"的飞跃。

  离娄之明，公输子之巧，不以规矩，不能成方圆；师旷之聪，不以六律，不能正五音；尧舜之道，不以仁政，不能平治天下。今有仁心仁闻而民不被其泽，不可法于后世者，不行先王之道也。故曰，徒善不足以为政，徒法不能以自行。诗云："不愆不忘，率由旧章。"遵先王之法而过者，未之有也。圣人既竭目力焉，继之以规矩准绳，以为方员平直，不可胜用也；既竭耳力焉，继之以六律，正五音，不可胜用也；既竭心思焉，继之以不忍人之政，而仁覆天下矣。故曰，为高必因丘陵，为下必因川泽。为政不因先王之道，可谓智乎？是以惟仁者宜在高位。不仁而在高位，是播其恶于众也。上无道揆也，下无法守也，朝不信道，工不信度，君子犯义，小人犯刑，国之所存者幸也。故曰：城郭不完，兵甲不多，非国之灾也；田野不辟，货财不聚，非国之害也。上无礼，下无学，贼民兴，丧无日矣。诗云："天之方蹶，无然泄泄。"泄泄，犹沓沓也。事君无义，进退无礼，言则非先王之道者，犹沓沓也。故曰：责难于君谓之恭，陈善闭邪谓之敬，吾君不能谓之贼。①

"尧舜之道"就是"仁政"。所谓"徒善不足以为政，徒法不能以自行"，就是说光有善意和法律都不足以为政，为政最关键的是"仁者宜在高位"，如"舜有天下，选于众，举皋陶，不仁者远矣"。孟子讲"先王之道"不是推崇复古主义，而是推崇"选贤与能"。"上无道揆也，下无法守也，朝不信道，工不信度，君子犯义，小人犯刑，国之所存者幸也"，在上级没有道德准绳，下级没有法律操守，在朝为官不信道义，工匠商贩不信度量，君子违背道义，小人违反刑律，如果国家还能存在真是万幸！孟子觉得政治根本的问题，就是仁、义、礼、智、信等核心价值观，所以说"上无礼，下无学，贼民兴，丧无日矣"。

2014年5月4日，习近平在北京大学师生座谈会上的讲话中指出：

---

① （宋）朱熹，集注．四书章句集注[B]．北京：中华书局，2016：280—282．

人类社会发展的历史表明，对一个民族、一个国家来说，最持久、最深层的力量是全社会共同认可的核心价值观。核心价值观，承载着一个民族、一个国家的精神追求，体现着一个社会评判是非曲直的价值标准。

古人说："大学之道，在明明德，在亲民，在止于至善。"核心价值观，其实就是一种德，既是个人的德，也是一种大德，就是国家的德、社会的德。国无德不兴，人无德不立。如果一个民族、一个国家没有共同的核心价值观，莫衷一是，行无依归，那这个民族、这个国家就无法前进。这样的情形，在我国历史上，在当今世界上，都屡见不鲜。

我国是一个有着13亿多人口、56个民族的大国，确立反映全国各族人民共同认同的价值观"最大公约数"，使全体人民同心同德、团结奋进，关乎国家前途命运，关乎人民幸福安康。

每个时代都有每个时代的精神，每个时代都有每个时代的价值观念。国有四维，礼义廉耻，"四维不张，国乃灭亡。"这是中国先人对当时核心价值观的认识。在当代中国，我们的民族、我们的国家应该坚守什么样的核心价值观？这个问题，是一个理论问题，也是一个实践问题。经过反复征求意见，综合各方面认识，我们提出要倡导富强、民主、文明、和谐，倡导自由、平等、公正、法治，倡导爱国、敬业、诚信、友善，积极培育和践行社会主义核心价值观。富强、民主、文明、和谐是国家层面的价值要求，自由、平等、公正、法治是社会层面的价值要求，爱国、敬业、诚信、友善是公民层面的价值要求。这个概括，实际上回答了我们要建设什么样的国家、建设什么样的社会、培育什么样的公民的重大问题。

中国古代历来讲格物致知、诚意正心、修身齐家、治国平天下。从某种角度看，格物致知、诚意正心、修身是个人层面的要求，齐家是社会层面的要求，治国平天下是国家层面的要求。我们提出的社会主义核心价值观，把涉及国家、社会、公民的价值要求融为一体，既体现了社会主义本质要求，继承了中华优秀传统文化，也吸收了世界文明有益成果，体现了时代精神。[①]

---

① 习近平. 习近平谈治国理政[M]. 北京：外文出版社，2014：168—169.

"一家仁，一国兴仁"，说到底就是"惟仁者，宜在高位"，这体现了儒家"人治"的理念。子曰："君子而不仁者有矣夫，未有小人而仁者也。"(《论语·宪问》)在孔子看来，君子之中也许有不仁的人吧，但小人之中却不会有仁人。所以，孔子特别强调"仁"要做到"举直错诸枉"。孟子说的"规矩"和"六律"，都是正人君子的类比，"不以规矩，不能成方圆；师旷之聪，不以六律，不能正五音"都是为了说明"政者，正也。子率以正，孰敢不正？"(《论语·子路》)。

> 规矩，方员之至也；圣人，人伦之至也。欲为君尽君道，欲为臣尽臣道，二者皆法尧舜而已矣。不以舜之所以事尧事君，不敬其君者也；不以尧之所以治民，贼其民者也。孔子曰："道二：仁与不仁而已矣。"暴其民甚，则身弑国亡；不甚，则身危国削。名之曰"幽""厉"，虽孝子慈孙，百世不能改也。诗云"殷鉴不远，在夏后之世"，此之谓也。[①]

用圆规就能画出圆，用曲尺就能画出方，圣人就像规矩画出方圆。尧、舜都是被称作圣人的人，它们是帝王和臣子的最高标准。君臣之道效法尧舜就行了，像尧一样治民就不会伤害民众，像舜一样事君就不会欺君。治国之道无非仁政和暴政两种而已。不仁者对百姓残暴，就会身死国破；即使不太残暴，也会身陷危难而国家削弱。被称为"幽王""厉王"，即使是孝顺仁慈的子孙，经百世之后也无法改变恶名。《诗经》上说"殷商的借鉴并不遥远，就在那夏桀统治的时代"，说的就是这个意思。

尧、舜、禹为后世确立了"仁政"的榜样，汤、文、武都效法尧、舜、禹而兴；桀、纣为后世确立了"暴政"的榜样，幽、厉也因同样的原因而身死国败。

> 三代之得天下也以仁，其失天下也以不仁。国之所以废兴存亡者亦然。天子不仁，不保四海；诸侯不仁，不保社稷；卿大夫不仁，不保宗庙；士庶人不仁，不保四体。今恶死亡而乐不仁，是犹恶醉而强酒。[②]

---

① （宋）朱熹，集注.四书章句集注[B].北京：中华书局，2016：282.
② （宋）朱熹，集注.四书章句集注[B].北京：中华书局，2016：282—283.

夏、商、周三代得天下是由于仁，它们失天下是由于不仁。诸侯国的兴衰存亡的道理也是如此。天子不仁不能保有天下，诸侯不仁不能保有国家，卿大夫不仁不能保有宗庙，士人和普通老百姓不仁不能保全身家性命。如今，有些人害怕死亡却乐于干不仁的事，这就好比厌恶醉酒却偏要喝酒。

不仁者可与言哉？安其危而利其菑，乐其所以亡者。不仁而可与言，则何亡国败家之有？有孺子歌曰："沧浪之水清兮，可以濯我缨；沧浪之水浊兮，可以濯我足。"孔子曰："小子听之！清斯濯缨；浊斯濯足矣，自取之也。"夫人必自侮，然后人侮之；家必自毁，而后人毁之；国必自伐，而后人伐之。太甲曰："天作孽，犹可违；自作孽，不可活。"此之谓也。[①]

不仁的人能与他说什么呢？这种人身处危险而心安，面临灾害还贪利，这是乐呵呵地走死路。不仁的人如果与他交谈有用，那怎么会有亡国败家的事呢？有个孩子唱道："清澈的沧浪水啊，能用来洗我的冠缨；浑浊的沧浪水啊，能用来洗我的双脚。"孔子说："弟子们听着！清水用来洗冠缨，浊水用来洗双脚，这都是自己选择的。"人必定自取其辱，然后才受人之辱；家族必定是自找毁灭，然后才被人毁灭；国家自讨征伐，然后才遭受讨伐。《尚书·商书·太甲》说："上天降灾还可躲避；自己作孽必死无疑。"说的就是这个意思。

"一家让，一国兴让"，如周文王的两位伯父，古公亶父长子、次子让少子，也就是文王父亲，其目的是让周昌盛。《史记·周本纪》载："古公有长子，曰太伯，次曰虞仲。太姜生少子季历，季历娶太任，皆贤妇人，生昌，有圣瑞。古公曰：'我世当有兴者，其在昌乎？'长子太伯、虞仲知古公欲立季历，以传昌，乃二亡如荆蛮，文身断发，以让季历。"当时应该还没有确立长子继承制，古公选择太姜所生的幼子季历，主要是因为姬昌展现了兴周的迹象。太伯和虞仲知道父亲要立季历为继承人，以便最终传位给姬昌也就是后来的文王，于是一起逃亡到南蛮吴地，融入当地生活而让季历继承古公之位。值得注意的是，"让"是"礼让"，比如出于孝敬"古公欲立季历"，出于"我世当有兴者，其在昌"。子曰："能以礼让为国乎，何有？不能以礼让

[①]（宋）朱熹, 集注. 四书章句集注[B]. 北京：中华书局, 2016：285.

为国，如礼何？"(《论语·里仁》)如果能够用礼让来治理国家，治理国家有什么困难呢？如果不能用礼让来治理国家，又要礼做什么呢？有子曰："礼之用，和为贵。先王之道，斯为美，小大由之。有所不行，知和而和，不以礼节之，亦不可行也。"(《论语·学而》)礼的功用本来就是以达到和睦为可贵，以前的圣明君主治理国家，就是以达到和睦为完美，小事大事都按这个原则去做。但是如遇到行不通的，仍一味地追求和睦，而不用礼去节制它，那也是行不通的。周公对管叔、蔡叔的征讨就是"以礼节之"，据《史记·周本纪》载："成王少，周初定天下，周公恐诸侯畔周，公乃摄行政当国。管叔、蔡叔群弟疑周公，与武庚作乱，畔周。周公奉成王命，伐诛武庚、管叔，放蔡叔。"对于联合武庚反叛周的管叔、蔡叔，周公进行征讨，并诛杀管叔，流放蔡叔。齐宣王问曰："汤放桀，武王伐纣，有诸？"孟子对曰："于传有之。"曰："臣弑其君，可乎？"曰："贼仁者谓之'贼'，贼义者谓之'残'。残贼之人，谓之'一夫'。闻诛一夫纣矣，未闻弑君也。"(《孟子·梁惠王下》)齐宣王问孟子是否真有商汤流放夏桀、武王讨伐纣这样的事，孟子告诉他史料中确有这种记载。齐宣王大概觉得这是臣子弑杀君主的大逆不道行为，孟子却说像桀、纣这种危害仁义的人是独夫民贼。只听人说诛杀独夫民贼，没听说那是臣弑君王。总之，"让"是"礼让"，要以"仁义"为准则。就像1945年10月17日，毛泽东从重庆回到延安所做的关于重庆谈判的报告说的，"我们的方针是保护人民的基本利益。在不损害人民基本利益的原则下，容许作一些让步，用这些让步去换得全国人民需要的和平和民主"[1]。

"一人贪戾，一国作乱"，如《史记·殷本纪》所言，"夏桀为虐政淫荒，而诸侯昆吾氏为乱。汤乃兴师率诸侯，伊尹从汤，汤自把钺以伐昆吾，遂伐桀"[2]。"贪"不仅是"贪财"，但凡过度都是"贪"，包括横征暴敛、好色淫乱等；"戾"就是"暴戾"，包括推行严刑峻法、穷兵黩武等，总之是国家政策和君主本人都违背了仁义。因此，导致诸侯昆吾叛乱，为了实现国泰民安，汤先是征伐叛乱，后讨伐夏桀。因为君主一人贪戾，导致诸侯纷纷作乱，以武王伐纣最为典型。

帝纣资辨捷疾，闻见甚敏；材力过人，手格猛兽；知足以距谏，言足以

---

[1] 毛泽东.毛泽东选集（第4卷）[M].北京：人民出版社，1991：1160.
[2] 司马迁.史记（第1册）[B].北京：中华书局，2013：124.

饰非；矜人臣以能，高天下以声，以为皆出己之下。好酒淫乐，嬖于妇人。爱妲己，妲己之言是从。于是使师涓作新淫声，北里之舞，靡靡之乐。厚赋税以实鹿台之钱，而盈钜桥之粟。益收狗马奇物，充仞宫室。益广沙丘苑台，多取野兽蜚鸟置其中。慢于鬼神。大聚乐戏于沙丘，以酒为池，悬肉为林，使男女裸相逐其间，为长夜之饮。

百姓怨望而诸侯有畔者，于是纣乃重刑辟，有炮格之法。以西伯昌、九侯、鄂侯为三公。九侯有好女，入之纣。九侯女不喜淫，纣怒，杀之，而醢九侯。鄂侯争之彊，辨之疾，并脯鄂侯。西伯昌闻之，窃叹。崇侯虎知之，以告纣，纣囚西伯羑里。西伯之臣闳夭之徒，求美女奇物善马以献纣，纣乃赦西伯。西伯出而献洛西之地，以请除炮格之刑。纣乃许之，赐弓矢斧钺，使得征伐，为西伯。而用费中为政。费中善谀，好利，殷人弗亲。纣又用恶来。恶来善毁谗，诸侯以此益疏。

西伯归，乃阴修德行善，诸侯多叛纣而往归西伯。西伯滋大，纣由是稍失权重。王子比干谏，弗听。商容贤者，百姓爱之，纣废之。及西伯伐饥国，灭之，纣之臣祖伊闻之而咎周，恐，奔告纣曰："天既讫我殷命，假人元龟，无敢知吉，非先王不相我后人，维王淫虐用自绝，故天弃我，不有安食，不虞知天性，不迪率典。今我民罔不欲丧，曰'天曷不降威，大命胡不至'？今王其奈何？"纣曰："我生不有命在天乎！"祖伊反，曰："纣不可谏矣。"西伯既卒，周武王之东伐，至盟津，诸侯叛殷会周者八百。诸侯皆曰："纣可伐矣。"武王曰："尔未知天命。"乃复归。

纣愈淫乱不止。微子数谏不听，乃与大师、少师谋，遂去。比干曰："为人臣者，不得不以死争。"乃强谏纣。纣怒曰："吾闻圣人心有七窍。"剖比干，观其心。箕子惧，乃详狂为奴，纣又囚之。殷之大师、少师乃持其祭乐器奔周。周武王于是遂率诸侯伐纣。纣亦发兵距之牧野。甲子日，纣兵败。纣走，入登鹿台，衣其宝玉衣，赴火而死。周武王遂斩纣头，县之大白旗。杀妲己。释箕子之囚，封比干之墓，表商容之闾。封纣子武庚禄父，以续殷祀，令修行盘庚之政。殷民大说。于是周武王为天子。其后世贬帝号，号为王。而封殷后为诸侯，属周。[①]

[①] 司马迁. 史记（第1册）[B]. 北京：中华书局，2013：135—139.

"其机如此",相当于说"其中的基本逻辑就是这样",也就是"上行下效"。

(二)"言"与"行"

上文"一家仁,一国兴仁;一家让,一国兴让;一人贪戾,一国作乱;其机如此"是讲"上行下效"的基本逻辑;接下来,"此谓一言偾事,一人定国"是概括出其中的关键是"君主";"尧舜帅天下以仁,而民从之;桀纣帅天下以暴,而民从之;其所令反其所好,而民不从"是举例说明,基本上与上文三句一一对应。总的意思是君主的"言传"要和"身教"相一致,为政者"言"与"行"会产生重大示范效应。君主"一言九鼎",一句话可以损害国家大事,也可以凭一己之力拨乱反正。尧、舜代表仁政,桀、纣代表暴政。仁政出仁民,暴政出暴民,虽然"劳心者治人,劳力者治于人"乃"天下之通义也"(《孟子·滕文公上》),"劳力者"亦"以其人之道还治其人之身"。

"此谓一言偾事,一人定国",这句话首先强调君主责任重大,如《尚书·周书·秦誓》所言"邦之杌陧,曰由一人;邦之荣怀,亦尚一人之庆"[1],国家动荡不安是由于君主,国家繁荣安定也仰仗君主仁爱。因此,贤明的君主能自我警戒"万方有罪,在予一人;予一人有罪,无以尔万方"(《尚书·汤诰》),或者"朕躬有罪,无以万方;万方有罪,罪在朕躬","百姓有过,在予一人"(《论语·尧曰》),意思是说天下百姓如果有罪,所有责任由我一人承担;我自己如果有罪,请上天不要连累天下无辜百姓。其次是强调君主言行的重大影响,如《周易·系辞》所言,"言行,君子之枢机","枢机之发,荣辱之主也"。

> "鸣鹤在阴,其子和之。我有好爵,吾与尔靡之。"子曰:"君子居其室,出其言善,则千里之外应之,况其迩者乎?居其室,出其言不善,则千里之外违之,况其迩者乎?言出乎身,加乎民;行发乎迩,见乎远。言行,君子之枢机。枢机之发,荣辱之主也。言行,君子之所以动天地,可不慎乎。"[2]

---

[1] 王世舜,王翠叶,译注. 尚书 [B]. 北京: 中华书局, 2012: 348.
[2] 杨天才,张善文,译注. 周易 [M]. 北京: 中华书局, 2011: 577.

君子居处自家室内，如果发出的言论是善言，即便千里之外都会响应，更何况是近处呢？居处自家室内，如果发出的是不当言论，那么千里之外也会背弃，更何况那近处呢？言论从君主身上发出，却要施加到民众身上；行为发生在近处，却显现在远处。言论和行动，对君主来说好比是门的枢纽和弩箭的机括。枢纽转动和弩箭发射，决定了结果是荣誉还是耻辱。君临天下且一言九鼎的君主，其言论和行为是用来治理天下国家的命令和典范，怎能不慎重呢？当然，普通人也要注意自己的言行，每个人的言行都会带来荣誉或耻辱，人们常说"脑袋被门弓子抽了"或"开弓没有回头箭"，说的就是"言行，君子之枢机。枢机之发，荣辱之主也"。所以，《中庸》要求"庸德之行，庸言之谨，有所不足，不敢不勉，有余不敢尽；言顾行，行顾言，君子胡不慥慥尔"，也就是恒常道德一定要遵行，平常说话一定要谨慎，有不足不敢不继续努力，做过头了不敢再继续下去；说话要关顾自己的行为，行事要关顾自己说过的话，真正的君子就得如此忠厚笃实。

"一言偾事，一人定国"，也类似《论语·子路》篇的"一言而丧邦，一言而可以兴邦"。

　　定公问："一言而可以兴邦，有诸？"

　　孔子对曰："言不可以若是其几也。人之言曰：'为君难，为臣不易。'如知为君之难也，不几乎一言而兴邦乎？"

　　曰："一言而丧邦，有诸？"

　　孔子对曰："言不可以若是其几也。人之言曰：'予无乐乎为君，唯其言而莫予违也。'如其善而莫之违也，不亦善乎？如不善而莫之违也，不几乎一言而丧邦乎？"[①]

鲁定公问孔子是否真有一句话可以使国家兴盛这样的事，孔子认为话虽然不能说得那么绝对，但也差不多。有人说"做国君难，做臣子也不容易"，如果知道了做国君责任重大，差不多就知道君主一句话能决定国家兴盛。定公又问是否真有一句话就能使国家丧亡这样的事，孔子还是认为话虽然不能说得那么绝对，但也差不

---

① （宋）朱熹，集注.四书章句集注[B].北京：中华书局，2016：146.

多。有人说"我其实并不喜欢做国君,唯一使我高兴的是没有人敢违抗我的话",如果国君说的话正确而没有人违抗,这不是很好吗?如果说的话不正确也没有人敢违抗,不是一句话就使国家丧亡吗?这里说的只是"言"而未及"行",所以朱熹特别强调"几,期也。言一言之间,未可以如此而必期其效";"因此言('为君难,为臣不易')而知为君之难,则必战战兢兢,临深履薄,而无一事之敢忽。然则此言也,岂不可以必期于兴邦乎";并转引范氏曰"言不善而莫之违,则忠言不至于耳,君日骄而臣日谄,未有不丧邦者也";又转引谢氏曰"知为君之难,则必敬谨以持之。惟其言而莫予违,则谗谄面谀之人至矣。邦未必遽兴丧也,而兴丧之源分于此。然此非识微之君子,何足以知之?"①或许这里的重点是君主"一言九鼎",对君主只是"言",但对臣民则是"行"。作为政令的"言",实在是"一言而丧邦,一言而可以兴邦"。

《礼记·缁衣》以孔子的名义指出,君王说的话哪怕只有丝那么细,传出去就变成了绶带那般粗;如果本有绶带那般粗,传出去就变成绳索那么粗。所以领导者不能讲浮夸的话:能说但不能做到的,君子就不去说;能做但不能说的,君子就不做。这样,老百姓就不会言而无信,也不会行无依归。正如《诗经》上说的,"言行举止要得体,不亢不卑合礼仪"。君子要谨言才能引导人,要慎行才能禁止人,所以说话一定要考虑它的后果,做事一定要考察它可能会带来的后果,这样老百姓也才能谨言慎行。正如《诗经》上说:"开口说话要谨慎,行为举止要可敬。"又如《诗经·大雅》上说:"威严端庄的文王啊,盛德光明而举止谨慎!"

> 王言如丝,其出如纶;王言如纶,其出如绋。故大人不倡游言:可言也不可行,君子弗言也;可行也不可言,君子弗行也;则民言不危行,而行不危言矣。《诗》云:"淑慎尔止,不愆于仪。"
>
> 君子道人以言,而禁人以行,故言必虑其所终,而行必稽其所敝,则民谨于言而慎于行。《诗》云:"慎尔出话,敬尔威仪。"《大雅》曰:"穆穆文王,于缉熙敬止!"②

---

① (宋)朱熹,集注.四书章句集注[B].北京:中华书局,2016:146.
② 胡平生,张萌,译注.礼记(下)[B].北京:中华书局,2017:1075—1076.

"尧舜帅天下以仁，而民从之；桀纣帅天下以暴，而民从之"，这里主要说的就是君主的"行"，而其基本逻辑则是"上行下效"。唐尧、虞舜以身作则率领天下人行仁道，民众就随从他们行仁道；夏桀、商纣则向天下人展示了残暴，所以民众也随之变得残暴。桀、纣是中国历史上暴君和暴政的典型代表，尧、舜、禹、汤、文、武则是明君和仁政的代表。所谓"以其人之道还治其人之身"，暴君之暴政只能"失民心者失天下"，明君的仁政则"得民心者得天下"。

> 桀、纣之失天下也，失其民也；失其民者，失其心也。得天下有道：得其民，斯得天下矣；得其民有道：得其心，斯得民矣；得其心有道：所欲与之聚之，所恶勿施尔也。民之归仁也，犹水之就下、兽之走圹也。故为渊驱鱼者，獭也；为丛驱爵者，鹯也；为汤、武驱民者，桀与纣也。今天下之君有好仁者，则诸侯皆为之驱矣。虽欲无王，不可得已。今之欲王者，犹七年之病求三年之艾也。苟为不畜，终身不得。苟不志于仁，终身忧辱，以陷于死亡。诗云"其何能淑，载胥及溺"，此之谓也。①

夏桀、殷纣最终丧失治理天下的权力，是由于失去了天下老百姓的支持；之所以失去了天下老百姓的支持，是因为民众心中所盼没有实现。获得天下政权有一定的规律或方法：得到天下老百姓的支持，就能得天下政权。得到天下老百姓的支持也有一定的规律或方法：满足人民心中的期盼，就得到了天下老百姓的支持。满足人民心中所盼也有一定的规律或方法：民众生活所需要帮他们实现并让他们有所积蓄，他们不喜欢的不要强加给他们，如此而已。民众依归仁道仁政，犹如水往低处流、野兽往旷野跑。所以，为深渊把鱼儿驱赶来的，是水獭；为丛林把鸟雀驱赶来的，是鹯鹰；为成汤、武王把老百姓驱赶来的，是夏桀和殷纣。如今天下若有实行仁政的国君，那么诸侯们都会为他把老百姓赶来。即使他不想成为天下之王，也只能身不由己地接受。但如今那些想要称王的人，犹如患了七年的病却只求得治三年病的艾草。病人如果不能积蓄足够药力，其病终身也不得医治。国君如果不以实行仁政为志向，也会一辈子忧患受辱，以致陷入死亡的境地。《诗经》说的"他们怎能

---

① （宋）朱熹，集注．四书章句集注[B]．北京：中华书局，2016：285—286．

得圆满呀，只能同归于尽罢了"，说的就是这个意思。批判桀纣暴政和赞美汤武仁政，是孟子从孔子那里继承的"政统"，儒家以此为"正统"就形成了学术和道德评价的"道统"。

"其所令反其所好，而民不从"，讲的是君主"言"和"行"不一，也就是君主对民众的要求与君主自身行为不同，民众就不会遵从政令的要求，而是效仿君主自身的行为。子曰："其身正，不令而行；其身不正，虽令不从。"（《论语·子路》）为政者如果自身行为端正，不用发布禁令，民众自然行为端正；如果本身不端正，就是发布了禁令，百姓也不会遵从。子曰："下之事上也，不从其所令，从其所行。上好是物，下必有甚者矣。故上之所好恶，不可不慎也，是民之表也。"（《礼记·缁衣》）臣下对待君上，不是听从他所下的命令，而是追随他的实际行动。君上喜欢某样东西，臣下必有过之而无不及。所以，君上对于自己的好恶，不可不格外慎重，因为这是为民众做表率。

（三）"恕"与"喻"

上文提出君主的"言传"要和"身教"相一致，接下来要说的是不一致就行不通。"是故君子有诸己而后求诸人，无诸己而后非诸人"，是总结上文得出的基本结论。"所藏乎身不恕，而能喻诸人者，未之有也"，是说"有诸己而后求诸人，无诸己而后非诸人"就是"恕"，违背"恕"就不可能使人"喻"，也就是说不能以身作则的虚假说教没有人相信，因此当然也不可能使人真正明白。"故治国在齐其家"，所以，"打铁还需自身硬"，把自家管理好了才能治理好国家。

"是故君子有诸己而后求诸人，无诸己而后非诸人"，如朱熹所言，"此意正为治国者言。大凡治国禁人为恶，而欲人为善，便求诸人，非诸人。然须是在己有善无恶，方可求人、非人也"[1]。也就是说君主要以身作则，要求别人的自己先做到，禁止别人的自己先不做。这句话类似于"己欲立而立人，己欲达而达人；己所不欲，勿施于人"。只不过，"有诸己而后求诸人，无诸己而后非诸人"着重于君主对臣民的"教导"关系，"己欲立而立人，己欲达而达人；己所不欲，勿施于人"则着重于人

---

[1] （宋）黎靖德，编.王星贤，点校.朱子语类[B].北京：中华书局，2020：381—382.

与人平等交往的关系。但是，这种区别并不是绝对的，上下左右交往的道理其实是"一以贯之"的。子贡曰："如有博施于民而能济众，何如？可谓仁乎？"子曰："何事于仁，必也圣乎！尧舜其犹病诸！夫仁者，己欲立而立人，己欲达而达人。能近取譬，可谓仁之方也已。"（《论语·雍也》）子贡以为必须博爱民众且周济他们才能称为仁，孔子说果真如此就不只是仁而是圣了，事实上即便是尧舜这样的圣人也不能完全做到。仁的要求没那么高，只要求自己想到确立的目标让别人也能确立，自己想要达成的目标让别人也能达成。能够就近从自己身上获取"人同此心，心同此理"的譬喻，可以说就知道了遵行仁道的方法。仲弓问仁。子曰："出门如见大宾，使民如承大祭。己所不欲，勿施于人。在邦无怨，在家无怨。"仲弓曰："雍虽不敏，请事斯语矣。"（《论语·颜渊》）仲弓问孔子什么是仁，孔子回答说出门做事好像去见贵宾，役使民众好像去承担重大祀典。仁人首先不敢把别人和民众看低，所以自己不希望的事，就不要施加给别人。这样在邦国做事没有人抱怨，在自己家也无人抱怨。仲弓表示自己理解了仁并决心践行"己所不欲，勿施于人"这句话。子贡问曰："有一言而可以终身行之者乎？"子曰："其'恕'乎！己所不欲，勿施于人。"（《论语·卫灵公》）子贡问孔子有没有一个可以终身奉行的字，孔子回答说那大概就是"恕"吧！也就是自己不希望的事就不要施加给别人。由此可见，"是故君子有诸己而后求诸人，无诸己而后非诸人"，说到底就是"仁"，就是"恕"。"仁者，人"（《中庸》），人就是两个人；"恕者，如心"，"人同此心"。"是故君子有诸己而后求诸人，无诸己而后非诸人"，就是"人同此心，心同此理"的仁道和恕道，因此说"所藏乎身不恕，而能喻诸人者，未之有也"。

"所藏乎身不恕，而能喻诸人者，未之有也"，意思是说隐藏在立身行事表象背后的真相不符合恕，以这种表面一套背后一套的立身行事方式，却想"行为世范"教育他人，这是根本不可能的。子曰："参乎！吾道一以贯之。"曾子曰："唯。"子出，门人问曰："何谓也？"曾子曰："夫子之道，忠恕而已矣。"（《论语·里仁》）孔子向曾参强调说自己讲的学说之道是一以贯之的，曾参表示自己知道，但其他学生不理解。曾参给他们解释说，老师的学说一以贯之的道，就是"忠恕"两字而已。"忠恕"两个字都是"心"字底，这意味着"忠恕"与否其实是"藏乎身"的真相，但是，"所藏乎身不恕"，必定是不能"喻诸人"以"忠恕"。自身其实根本没有"忠恕"，如何可能教谕人"忠恕"呢？君主其实最想要的"忠"，民众对君主的"忠"，但是，如果他不以"恕"对待民众，他就不能让民众明白何以要对君主"忠"。这个道理其实很简单，所有君主都明白，如若君主"不恕"，臣民必定"不忠"。所以，君主只敢"所藏乎身不恕"，君主以为自欺欺人可以换取民众的"忠"，但其实民众也是报之以"所藏乎身不忠"，只过把"不忠"在心里藏起来而已。民众"忠"还是"不忠"，归根到底是由物质原因造成的，归根到底也要通过物质手段才能解决；君主"恕"还是"不恕"，归根到底要从物质上去看，最终也要体现在物质上。因此，光靠王阳明喜欢的"致良知"其实不解决问题，更重要的是像朱熹一样强调"物格而后知至"。

> 问："'所藏乎身不恕'处，'恕'字还只就接物上说，如何？"
> 曰："是就接物上见得。忠，只是实心，直是真实不伪。到应接事物，也只是推这个心去。直是忠，方能恕。若不忠，便无本领了，更把甚么去及物！程子说：'"维天之命，于穆不已"，忠也，便是实理流行；"乾道变化，各正性命"，恕也，便是实理及物。'"
> 守约问："恁地说，又与'夫子之道，忠恕而已矣'之'忠恕'相似。"
> 曰："只是一个忠恕，岂有二分！圣人与常人忠恕也不甚相远。"①

"故治国在齐其家"，自然可以理解为治理国家在君主首先要治理好自己的家，但更重要的是治理国家先要让各家各户老百姓家里过得去。尤其是在物质上，君主之家自然衣食无忧，只剩下"孝悌也者，其为人之本与"。但是，老百姓家里并不是衣食无忧，对物质生活难以为继的人要求"忠孝"就是不仁！要他们"致良知"就是缺乏良知！崇拜王阳明的人往往把孟子看作"心学"的源头，喜欢功利主义的人则经常批评孟子只讲仁义否定功利。其实，孟子讲仁心首先就是强调"无恒产，因无恒心"，孟子讲的仁义正是"明君制民之产"，忠孝仁义是在此基础上的教化。

> 今王发政施仁，使天下仕者皆欲立于王之朝，耕者皆欲耕于王之野，商贾皆欲藏于王之市，行旅皆欲出于王之途，天下之欲疾其君者，皆欲赴愬于王。其若是，孰能御之？
> 无恒产而有恒心者，惟士为能。若民，则无恒产，因无恒心。苟无恒

---

① （宋）黎靖德，编．王星贤，点校．朱子语类[B]．北京：中华书局，2020：382．

心,放辟邪侈,无不为已。及陷于罪,然后从而刑之,是罔民也。焉有仁人在位,罔民而可为也?是故明君制民之产,必使仰足以事父母,俯足以畜妻子,乐岁终身饱,凶年免于死亡。然后驱而之善,故民之从之也轻。今也制民之产,仰不足以事父母,俯不足以畜妻子,乐岁终身苦,凶年不免于死亡。此惟救死而恐不赡,奚暇治礼义哉?王欲行之,则盍反其本矣。五亩之宅,树之以桑,五十者可以衣帛矣;鸡豚狗彘之畜,无失其时,七十者可以食肉矣;百亩之田,勿夺其时,八口之家可以无饥矣;谨庠序之教,申之以孝悌之义,颁白者不负戴于道路矣。老者衣帛食肉,黎民不饥不寒,然而不王者,未之有也。[1]

孟子认为国君如果发布政令施行仁政,使得天下当官的都愿到该国来做官,种田的都想到该国田野来耕作,做生意的都把资产投入到该国市场,旅行的人都行走在该国的旅途中,各国对本国有不满的人都到该国来政治避难。如果像这样,这个国家就是最强大的。没有固定的资产却有坚定的决心,只有士人能做到。至于百姓,没有固定的产业,随之就没有稳定不变的思想。如果没有稳定不变的思想,就会胡作非为,坏事没有不干的了。等到犯了罪,就用刑罚处置他们,这就像是安下罗网坑害百姓。哪有仁人做了君主可以用这种方法治理的呢?所以贤明的君主所规定的百姓的产业,一定要使他对上足够奉养父母,对下足够养活妻儿,好年成就终年能吃饱,坏年成也能免于饿死。这样之后督促他们一心向善,百姓也就乐于听从了。而现在规定的百姓的产业,上不够奉养父母,下不够养活妻儿,好年成也还是一年到头受苦,坏年成还避免不了饿死。百姓连维持生命都怕顾不上,哪有空闲去讲求礼义呢?大王想行仁政,那么何不返回到根本上来呢?五亩的宅地,(房前屋后)栽上桑树,五十岁的人就能穿上丝绵袄了。鸡、狗、猪等禽畜,不要错过它们的繁殖时机,七十岁的人就能吃上肉了。一百亩的田,不要占夺农时,八口之家可以不挨饿了。搞好学校教育,反复说明孝顺父母、敬重兄长的道理,上了年纪的人就不会用肩扛着、用头顶着东西赶路了。老年人穿上丝绵吃上肉,一般百姓不挨饿受冻,这样还不能统一天下的,是从来不会有的。

---

[1] (宋)朱熹,集注.四书章句集注[B].北京:中华书局,2016:211—212.

司马迁在《货殖列传》中表达了和孟子基本一致的观点：

老子曰："至治之极，邻国相望，鸡犬之声相闻，民各甘其食，美其服，安其俗，乐其业，至老死不相往来。"必用此为务，晚近世涂民耳目，则几无行矣。

太史公曰：夫神农以前，吾不知已。至若诗书所述虞夏以来，耳目欲极声色之好，口欲穷刍豢之味，身安逸乐，而心夸矜势能之荣使，俗之渐民久矣，虽户说以眇论，终不能化。故善者因之，其次利道之，其次教诲之，其次整齐之，最下者与之争。

夫山西饶材、竹、谷、纑、旄、玉石；山东多鱼、盐、漆、丝、声色；江南出柟、梓、姜、桂、金、锡、连、丹沙、犀、玳瑁、珠玑、齿革；龙门、碣石北多马、牛、羊、旃裘、筋角；铜、铁则千里往往山出棋置；此其大较也。皆中国人民所喜好，谣俗被服饮食奉生送死之具也。故待农而食之，虞而出之，工而成之，商而通之。此宁有政教发征期会哉？人各任其能，竭其力，以得所欲。故物贱之征贵，贵之征贱，各劝其业，乐其事，若水之趋下，日夜无休时，不召而自来，不求而民出之。岂非道之所符，而自然之验邪？

《周书》曰："农不出则乏其食，工不出则乏其事，商不出则三宝绝，虞不出则财匮少。"财匮少而山泽不辟矣。此四者，民所衣食之原也。原大则饶，原小则鲜。上则富国，下则富家。贫富之道，莫之夺予，而巧者有余，拙者不足。故太公望封于营丘，地舄卤，人民寡，于是太公劝其女功，极技巧，通鱼盐，则人物归之，繦至而辐凑。故齐冠带衣履天下，海岱之间敛袂而往朝焉。其后齐中衰，管子修之，设轻重九府，则桓公以霸，九合诸侯，一匡天下；而管氏亦有三归，位在陪臣，富于列国之君。是以齐富强至于威、宣也。

故曰："仓廪实而知礼节，衣食足而知荣辱。"礼生于有而废于无。故君子富，好行其德；小人富，以适其力。渊深而鱼生之，山深而兽往之，人富而仁义附焉。富者得势益彰，失势则客无所之，以而不乐。夷狄益甚。谚曰："千金之子，不死于市。"此非空言也。故曰："天下熙熙，皆为利来；天下攘攘，皆为利往。"夫千乘之王，万家之侯，百室之君，尚犹患贫，而况匹夫编户之民乎！[①]

司马迁首先否定了老子小国寡民的复古理想，他认为人普遍的欲求不能靠无欲无求的说教消除。为政者最高明的办法是因势利导，其次是教育规范，最愚蠢的是与民争利。全国各地丰富而不同的物产，是民众衣食住行、养生送死所必需的资源，因为有了农、虞、工、商各行各业就都能满足，而不是因为国家颁布了政令来要求才做到的。人们各自以自己的才能来行事，竭尽自己的力量满足自己的欲望。因此，物品价格低廉就流向贵卖的地方，物品价格昂贵就会从价格低廉的地方运来；人们各自勤勉而致力于他们的本业，乐于从事自己擅长的工作，如同水向低处流，日日夜夜而永无休止。人们无须征召自己就来到生产需要的地方，物品还没有提出要求就按需求生产出来，这难道不就是道所应当符合而自然本就如此的明证吗？农民不种植就要使食物匮乏，工匠不生产就会让做事情困难，商人不经营就要使粮食、器物、财富不流通，虞人不开采就会使财货匮乏。农、虞、工、商这四种行业，是人民衣食的源泉。源泉广阔，就会富饶起来；源泉窄小，就会贫穷下去。它们上可以使国家富强，下可以使家族富有。姜太公就鼓励女子纺织，极力提倡工艺技巧，把鱼、盐运到别处去销售，最终齐桓公因此能够称霸天下。仓库充实了才能懂得礼节，衣食丰富了才知道荣辱。就像潭渊深了里面就会有鱼，山林深了野兽就会到那里去，人民富了仁义也就随之而来。即使有千乘兵车的国王，有万家封地的诸侯，有百室封邑的大夫，尚且担心贫穷，何况编在他们户籍册子上的百姓呢！

"故治国在齐其家"，归根结底，治国就是让千家万户过上好日子。孟子和司马迁代表的观点是儒家"治国在齐其家"的真实内涵，也代表了儒家经世济民的基本理念，是儒家"政治经济学"的简要概述。有些人从中看到自由放任市场经济，甚至从司马迁那里看到了性恶论。其实，计划和市场、公有和私有、按劳分配和按贡献分配，只是今天的人们争论的经济学问题。孟子和司马迁都是从君主和民众关系论述治理问题，他们关注的焦点是治理中"忠"和"恕"的关系问题，我们应该从中读出以人民为中心的发展观和以民生为重点的社会建设理想。

[①] 司马迁. 史记（第 10 册）[B]. 北京：中华书局，2013：3949—3952.

三、"家齐而后国治"

"《诗》云：'桃之夭夭，其叶蓁蓁；之子于归，宜其家人。'宜其家人，而后可以教国人"，这是从婚姻开始讲"齐家"，着重于父母和子女关系的和睦。"《诗》云：'宜兄宜弟。'宜兄宜弟，而后可以教国人"，是兄弟之间关系讲"齐家"，尤其是兄弟继承王位的问题。"《诗》云：'其仪不忒，正是四国。'其为父子兄弟足法，而后民法之也"，是父子和兄弟综合起来讲都值得民众效法，民众才会心悦诚服地效法。"此谓治国在齐其家"，意味着"治国"其实就是民众效法君主"齐家"。这种"效法之治"，可说是中国儒家的"法治"。

（一）"宜其家人"

"桃之夭夭，其叶蓁蓁；之子于归，宜其家人"，出自《诗经·国风·周南·桃夭》。《毛诗传笺》说："桃夭，后妃之所致也。不妒忌，则男女以正，婚姻以时，国无鳏民也"；"夭夭，其少壮也"，"灼灼，华之盛也"，"喻时妇人皆得以年盛时行也"；"之子，嫁子也"，"于，往也"，"宜以有室家，无逾时者"，"谓男女年时俱当"；"蕡，实貌"，"非但有华色，又有妇德"；"蓁蓁，至盛貌"，"有色有德，形体至盛也"，"一家之人尽以为宜"[1]。意思是说这首诗是赞美君主后妃美德导致的社会风气，那就是不贪图妒忌美色，男男女女作风正派，女子到了年龄就能婚嫁，男子没有老而无妻的。"桃之夭夭"用以比喻年轻女子，"灼灼其华"是像盛开的桃花一样，或者说这是由盛开的桃花兴发对年轻少女的想象。"之子于归"就是这个出嫁的女子就要去夫家了，"宜其室家"是说男女结婚成家都正合时宜。"有蕡其实"是说女子不只是长得漂亮，而且有美好的品德。"其叶蓁蓁""有蕡其实""灼灼其华"相配，表示身体、面貌、品德都美。"宜其家人"，新娘让一家人都好。朱熹则说："文王之化，自家而国，男女以正，婚姻以时。故诗人因所见以起兴，而叹其女子之贤，知其必有以宜其室家也。"[2]

---

[1] （汉）毛亨，传．郑玄，笺．毛诗传笺[B]．北京：中华书局，2018：10.
[2] （宋）朱熹，集撰．诗集传[B]．北京：中华书局，2018：7.

桃 夭

桃之夭夭，灼灼其华。

之子于归，宜其室家。

桃之夭夭，有蕡其实。

之子于归，宜其家室。

桃之夭夭，其叶蓁蓁。

之子于归，宜其家人。

"桃之夭夭，其叶蓁蓁；之子于归，宜其家人"，正如子夏曰："贤贤易色。事父母，能竭其力；事君，能致其身；与朋友交，言而有信。虽曰未学，吾必谓之学矣。"（《论语·学而》）男子容易为"桃之夭夭，灼灼其华"所感动，也就是首先为女子外表的美貌打动，产生"窈窕淑女，君子好逑"的向往，这只是两个人的爱情故事。但一考虑到结婚，其实大多数人都不会那么纯粹，除了外表还是会看一些实在的东西，也就是"有蕡其实"，会就是考虑双方是否能建立幸福的家庭，也就是"宜其家室"。最后其实难免受父母的影响，也就是还要"宜其家人"。但是，家庭因素考虑太多，过分地讲究"门当户对"，又容易偏离真情实感，造成了很多婚姻悲剧。然后，如果完全只讲两个人的感情，甚至完全跟着"性感"走，结果往往是"始乱终弃"。这首诗就是首先从如"桃之夭夭，灼灼其华"的美貌出发，主要考虑"宜其室家"，也就是男女双方建立幸福美满的家庭；其次强调"有蕡其实"，也就是女子的内在品质，也要考虑"宜其家室"，也就是双方父母；最后说的"其叶蓁蓁"本是繁荣昌盛的形象，意味着进一步考虑"宜其家人"，让整个大家庭甚至大家族繁荣昌盛。

子曰："《诗》三百，一言以蔽之，曰'思无邪'。"（《论语·为政》）孔子认为《诗经》中三百多首诗，用一句话来概括，就是没有邪念。"思无邪"，原是《诗经·鲁颂·駉》中一句诗："思无邪，思马斯徂。""思"在此篇本是无意的语音词，但是如果孔子在此借用为"思想"也解释得通。孔子所谓的"思无邪"，就如《关雎》，乐而不淫，哀而不伤。"（《论语·八佾》），像《关雎》这首诗快乐而不放荡，悲哀而不悲伤，就是没有邪念，也就是感情有节制，质朴纯真。子曰："小子！何莫学夫诗？诗，可以兴，可以观，可以群，可以怨。迩之事父，远之事君。多识于鸟兽草木之名。"（《论语·阳货》）孔子要求学生们要学习《诗》，学《诗》可以兴发志愿，可以观察万象，可以懂得合群，可以表达怨情。近可以学会侍奉父母，远可以学会侍奉君主，还可以多知道一些鸟兽草木的名字。其中又特别强调《国风》中的《周南》和《召南》。子谓伯鱼曰："女为《周南》《召南》矣乎？人而不为《周南》《召南》，其犹正墙面而立也与？"（《论语·阳货》）孔子询问儿子伯鱼有没有学习《国风》中的《周南》《召南》，他认为一个人如果不学习《周南》《召南》，那就像面对墙壁而站着一样止步不前。《关雎》正是《周南》的第一首，大概意思是说不学习《周南》《召南》就做不到"乐而不淫，哀而不伤"，就是一个纯粹凭个人感情用事的小人。所以，《国风》甚至整个《诗经》最大的价值，就是体现"君子之德风，小人之德草，草上之风必偃"（《论语·颜渊》），也就是道德品质高尚的人改良整个社会的风气。郑玄在《周南·关雎诂训传》专门就"国风"的内涵做了详尽的阐释，进而也阐明了孔子"《诗》三百，一言以蔽之，曰'思无邪'"的本意。

《关雎》，后妃之德也。风之始也，所以风天下而正夫妇也，故用之乡人焉，用之邦国焉。风，风也，教也。风以动之，教以化之。诗者，志之所之也，在心为志，发言为诗。情动于中而形于言，言之不足，故嗟叹之，嗟叹之不足，故永歌之，永歌之不足，不知手之舞之、足之蹈之也。情发于声，声成文，谓之音。治世之音，安以乐，其政和。乱世之音，怨以怒，其政乖。亡国之音，哀以思，其民困。故正得失，动天地，感鬼神，莫近于诗。先王以是经夫妇，成孝敬，厚人伦，美教化，移风俗。故诗有六义焉：一曰风，二曰赋，三曰比，四曰兴，五曰雅，六曰颂。上以风化下，下以风刺上，主文而谲谏，言之者无罪，闻之者足以戒，故曰风。至于王道衰，礼义废，政教失，国异政，家殊俗，而变风、变雅作矣。国史明乎得失之迹，伤人伦之废，哀刑政之苛，吟咏情性，以风其上，达于事变，而怀其旧俗者也。故变风，发乎情，止乎礼义。发乎情，民之性也，止乎礼义，先王之泽也。是以一国之事，系一人之本，谓之风。言天下之事，形四方之风，谓之雅。雅者，正也，言王政之所由废兴也。政有小大，故有小雅焉，有大雅焉。颂者，美盛德之形容，以其成功，告于神明者也。是谓四始，《诗》之至也。然则《关雎》《麟趾》之化，王者之风，故系之周公。南，言化自北而南也。《鹊巢》《驺虞》之德，诸侯之风也，先王之所以教，故系之召公。《周南》《召南》，正始之道，王化之基。是以《关雎》乐得淑女以配君子，忧在

进贤，不淫其色。哀窈窕，思贤才，而无伤善之心焉，是《关雎》之义也。①

很多人认为《关雎》就是一首表达普通男女质朴爱情的诗，所谓的"后妃之德"以及"忧在进贤，不淫其色"简直是风马牛不相及。在他们眼里"国风"就是描写各国的民情风俗，他们也不赞同"雅"是"雅正"，"言王政之所由废兴也"。持这种观点的人大多属于对"道学"有成见甚至偏见的"骚人"，他们不愿意在文学中掺杂太多道德和政治因素，他们偏向于以文字表达个人感情的"纯文学"。"颂"是对政治人物歌功颂德，纯粹的文人通常不太喜欢。但是，《诗经》的"国风"确实是民间采风得到的民歌，但它肯定是经过了"国史"的艺术加工。其中一些也许就像陕北民谣《骑白马》经过艺术改造成了《东方红》，不仅艺术水平得到大大提高，而且成为记录历史的重要资料。正是民歌的政治化和道德化，使得《诗经》成为重要的中国古代史料。当时各国史官采用和改造民歌的目的，就是用它来教育贵族子弟，其中很重要的是正确看待爱情婚姻。中国古人非常重视爱情婚姻，这无疑是政治远见的体现。周公制定周礼，其中非常重要的就是婚礼。

《礼记·昏义》说："昏礼者，将合二姓之好，上以事宗庙，而下以继后世也，故君子重之"；"敬慎重正而后亲之，礼之大体，而所以成男女之别而立夫妇之义也。男女有别而后夫妇有义，夫妇有义而后父子有亲，父子有亲而后君臣有正。故曰：昏礼者，礼之本也"②。意思是说婚礼意味着将以男女结合实现两姓家族之好，对上要作为夫妇祭祀列祖列宗，对下要作为父母延续子孙后代，所以君子对此非常重视。先诚敬慎重地选择正人淑女而后再相亲相爱，这是男女恋爱结婚之礼义的重点，这是因为要认识男女之别才能确立夫妇之义。认识男女之别才能确立夫妇之义，知道夫妇之义才能知道父子相亲，知道父子相亲才知道君臣相处正道。今天的人往往没有很好地认识男女有别，所以，在夫妇关系问题上也处理不好，所以最终夫妇离婚家庭解散的事很多。来自西方"男女平等"被理解为是"男女有别"的否定，所以也就不再有夫道和妇道之义。这就相当于总统的夫人想要和总统一样，女王的丈夫想要和女王一样，这样的夫妻关系注定维持不了，或者顶多只能在形式上维持。普

---

① （汉）毛亨，传. 郑玄，笺. 毛诗传笺[B]. 北京：中华书局，2018：1—2.
② 胡平生，张萌，译注. 礼记（下）[B]. 北京：中华书局，2017：1182—1185.

通男女当然不是总统或女王,但妻子不接受"夫唱妇随"或"相夫教子",丈夫不愿意出去"挣钱养家糊口",因此只能天天互相指责或者双双在家躺平,最终当然是夫妻感情和家庭破裂。

> 成妇礼,明妇顺,又申之以著代,所以重责妇顺焉也。妇顺者,顺于舅姑,和于室人,而后当于夫,以成丝麻、布帛之事,以审守委积、盖藏。是故妇顺备而后内和理,内和理而后家可长久也,故圣王重之。
> 是以古者妇人先嫁三月,祖祢未毁,教于公宫,祖祢既毁,教于宗室。教以妇德、妇言、妇容、妇功。教成,祭之,牲用鱼,芼之以萍、藻,所以成妇顺也。
> 古者天子后立六宫、三夫人、九嫔、二十七世妇、八十一御妻,以听天下之内治,以明章妇顺,故天下内和而家理。天子立六官、三公、九卿、二十七大夫、八十一元士以听天下之外治,以明章天下之男教,故外和而国治。故曰:天子听男教,后听女顺;天子理阳道,后治阴德;天子听外治,后听内职。教顺成俗,外内和顺,国家理治,此之谓盛德。
> 是故男教不修,阳事不得,适见于天,日为之食;妇顺不修,阴事不得,适见于天,月为之食。是故日食则天子素服而修六官之职,荡天下之阳事;月食则后素服而修六宫之职,荡天下之阴事。故天子之与后,犹日之与月,阴之与阳,相须而后成者也。天子修男教,父道也;后修女顺,母道也。故曰:"天子之与后犹父之与母也。"故为天王服斩衰,服父之义也;为后服资衰,服母之义也。[①]

"之子于归,宜其家人"就是上面讲的"妇顺备而后内和理,内和理而后家可长久",今天的人大概最不能接受的就是"妇顺",为此也反对"教以妇德、妇言、妇容、妇功",主要是这意味着男女不平等。但其实这只是一方面,完整地说是"天子听男教,后听女顺;天子理阳道,后治阴德;天子听外治,后听内职",男女其实只是内外的分别和分工而已,"女顺"和"男教"是并行不悖的"家教"。《孟子·梁惠王下》

[①] 胡平生,张萌,译注.礼记(下)[B].北京:中华书局,2017:1186—1189.

则记载王（齐宣王）曰："寡人有疾，寡人好色。"（孟子）对曰："昔者大王好色，爱厥妃。《诗》云：'古公亶父，来朝走马，率西水浒，至于岐下。爰及姜女，聿来胥宇。'当是时也，内无怨女，外无旷夫。王如好色，与百姓同之，于王何有？"古公亶父与姜女相亲相爱并生育文王是古代帝王爱情婚姻观的典范，而商纣王爱妲己、唐明皇爱杨贵妃则是贪恋美色误国殃民的典范。不只是天子如此，庶民百姓也一样。

人们常说"每个成功的男人背后都站着一个伟大的女人"，但没有人说"每个成功的男人背后都站着一个漂亮的女人"。虽然不应该把君王"祸国殃民"完全归罪于"红颜祸水"，但是，"沉迷女色"不论对天子还是百姓总不会是好事，"贤贤易色"教人把贤惠看得比美色更重总不会错。当然，今天也可以倒过来，"每个成功的女人背后都站着一个伟大的男人"，如果女人有能力出去打拼，男人在家当贤内助又有何不好呢？最怕的是为了男女平等，不知道男女有别的道理，不知道夫妇分工的必要，最终两个都干得里外不是人，这当然就不可能"宜其家人"。

（二）"宜兄宜弟"

"之子于归，宜其家人"，主要强调的是男女结婚建立美好的家庭，尤其是要在家庭中确立"孝"。"宜兄宜弟"则是强调"悌"，也就是兄弟互敬互爱、同心同德。子女对父母的"孝"和弟弟对兄长的"悌"，"其为人之本与"。

蓼 萧

蓼彼萧斯，零露湑兮。
既见君子，我心写兮。
燕笑语兮，是以有誉处兮。
蓼彼萧斯，零露瀼瀼。
既见君子，为龙为光。
其德不爽，寿考不忘。
蓼彼萧斯，零露泥泥。
既见君子，孔燕岂弟。
宜兄宜弟，令德寿岂。
蓼彼萧斯，零露浓浓。

> 既见君子，儵革忡忡。
> 和鸾雍雍，万福攸同。

"宜兄宜弟"，出自《诗经·小雅·蓼萧》，《毛诗传笺》认为"蓼萧，泽及四海也"，"谓之四海，国在九州之外"；"萧，香物之微者，喻四海之诸侯亦国君之贱者；露者，天所以润万物，喻恩泽不为远国则不及也"；"是以有誉处兮"，"则远国之君各得其所"；"宜兄宜弟"，"为兄亦宜，为弟亦宜"[①]。如此说来，"宜兄宜弟"当是"四海之内皆兄弟"的意思。2014年11月20日，习近平同新西兰总理约翰·基举行会谈，习近平强调，中新关系具有开创性、示范性意义。中新建立了全面战略伙伴关系，为两国关系规划了宏伟蓝图。中新两国签署一系列合作协议，充分展示了两国务实合作的广度和深度。中国人说："兄弟同心，其利断金。"毛利族谚语说："你我篮子在一起，大家生活更美好。"让我们携手合作，谱写中新关系发展新篇章，更好造福两国人民。[②]

朱熹赞同《诗经·小雅·蓼萧》这首诗写的是天子会见诸侯，不过他认为"宜兄宜弟，犹曰宜其家人。盖诸侯继世而立，多疑忌其兄弟，如晋诅'无畜群公子'、秦针惧选之类。故以宜其兄弟美之，亦所以警戒之也。寿岂，寿而且乐也"[③]。也就说"宜兄宜弟"说的是警诫家中兄弟不要为了继承诸侯之位而猜忌，只有这样才能获得健康长寿和快乐生活。这个意义上的"宜兄宜弟"，在《诗经·小雅·常棣》中表现得更充分。

常 棣

> 常棣之华，鄂不韡韡。
> 凡今之人，莫如兄弟。
> 死丧之威，兄弟孔怀。
> 原隰裒矣，兄弟求矣。

---

① （汉）毛亨，传.郑玄，笺.毛诗传笺[B].北京：中华书局，2018：230.
② 习近平同新西兰总理约翰·基会谈，《人民日报》，2014年11月21日01版。http://cpc.people.com.cn/n/2014/1121/c64094—26065292.html
③ （宋）朱熹，集撰.诗集传[B].北京：中华书局，2018：174.

脊令在原，兄弟急难。
每有良朋，况有永叹。
兄弟阋于墙，外御其务。
每有良朋，烝也无戎。
丧乱既平，既安且宁。
虽有兄弟，不如友生。
傧尔笾豆，饮酒之饫。
兄弟既具，和乐且孺。
妻子好合，如鼓瑟琴。
兄弟既翕，和乐且湛。
宜尔室家，乐尔妻帑。
是究是图，亶其然乎！

《毛诗传笺》认为"常棣，燕兄弟也。闵管、蔡之失道，故作常棣焉。周公吊二叔之不咸，而使兄弟之恩疏，召公为作此诗而歌之以亲之"[①]。这首诗是写兄弟宴饮的，为管叔和蔡叔背离正道而作。据《史记·周本纪》载："成王少，周初定天下，周公恐诸侯畔周，公乃摄行政当国。管叔、蔡叔群弟疑周公，与武庚作乱，畔周。周公奉成王命，伐诛武庚、管叔，放蔡叔。"武王去世后成王还年少，周当时也是初定天下，周公担心发生诸侯叛乱，所以代成王执掌朝政。管叔、蔡叔等兄弟怀疑周公要继位，与殷人的首领武庚作乱背叛周。周公奉成王的命令，征讨诛杀了武庚、管叔，并流放蔡叔。周公哀伤管叔、蔡叔不安分，导致兄弟恩情疏远，召公作了这首诗在宴会上歌唱，希望能使周公兄弟相亲。"常棣之华，鄂不韡韡"，"兴者，喻弟以敬事兄，兄以荣覆弟，恩义之显，亦韡韡然"；"凡今之人，莫如兄弟"，"闻常棣之言，始闻常棣华鄂之说也。如此则人之恩亲，无如兄弟之最厚"；"死丧之威，兄弟孔怀"，"死丧可畏怖之事，维兄弟之亲甚相思念"；"原隰裒矣，兄弟求矣"，"原也，隰也，以相与聚居之故，故能定高下之名，犹兄弟相求，故能立荣显之名"；"脊令在原，兄弟急难"，"脊令，雍渠也，飞则鸣，行则摇，不能自舍耳。急难，言兄弟之相救于急难"，"雍渠水鸟而今在

[①] （汉）毛亨，传．郑玄，笺．毛诗传笺[B]．北京：中华书局，2018：211．

原，失其常处，则飞则鸣求其类，天性也，犹兄弟之于急难";"每有良朋，况有永叹"，"每，虽也。良，善也。当急难之时，虽有善同门来，兹对之长叹而已";"兄弟阋于墙，外御其侮"，"阋，很也。御，禁。务，侮也。兄弟虽内阋而外御侮也";"每有良朋，烝也无戎"，"烝，填。戎，相也。当急难之时虽有善同门来，久也犹无相助己者";"丧乱既平，既安且宁。虽有兄弟，不如友生"，"兄弟尚恩怡怡然。朋友以义切切然"，"安宁之时，以礼义相琢磨，则友生急";"傧尔笾豆，饮酒之饫"，"傧，陈。饫，私也。不脱履升堂谓之饫"，"私者，图非常之事，若议大疑于堂，则有饫礼焉。听朝为公";"兄弟既具，和乐且孺"，"九族会曰和。孺，属也。王与亲戚燕则尚毛"，"九族，从己上至高祖下及玄孙之亲也。属者，以昭穆相次序";"妻子好合，如鼓瑟琴"，"好合，志愿合也。合者，如鼓琴瑟之声相应和也。王与族人燕，则宗妇内宗之属，亦从后于房中";"兄弟既翕，和乐且湛"，"翕，合也";"宜尔室家，乐尔妻帑"，"帑，子也"，"族人和，则得保乐其家中之大小";"是究是图，亶其然乎"，"究，深。图，谋。亶，信也。女深谋之，信其如是"？①大意是说，兄弟就像常棣之花和萼，盛衰荣枯相与共。又像原野湿地的水鸟，急难之时求救呼叫。人都需要良朋益友，互相勉励共同进步。兄弟相亲则九族和睦，妻儿老小亦各得其乐。世人对此当深思熟虑，始能深信其中的道理。

《常棣》讲的是从"宜兄宜弟"到"宜其家人"的道理，现实生活中往往是兄弟关系不和导致了家庭矛盾。从小时候兄弟打架到长大了兄弟争家产、争王位，人类要面对的兄弟关系其实比父子、夫妻关系复杂得多。如果仔细考察皇家历史就会发现，父子关系、夫妻关系其实围绕着兄弟关系而展开。其中的根本问题是父亲想要立哪个儿子作为继承人，由此带来了父子之间的矛盾，由此带来了兄弟之间的竞争，而这又与父亲对妻妾的宠爱有关。据《史记·周本纪》载："古公有长子，曰太伯，次曰虞仲。太姜生少子季历，季历娶太任，皆贤妇人，生昌，有圣瑞。古公曰：'我世当有兴者，其在昌乎？'长子太伯、虞仲知古公欲立季历，以传昌，乃二亡如荆蛮，文身断发，以让季历";"公季卒，子昌立，是为西伯"。周文王并非长子而是少子，进而周武王也不是因为父亲是长子而继承，由此可见长子继承在周初并非定制。曹操《短歌行》说："周公吐哺，天下归心。""我周公，作周礼"最主要的是确

---

① （汉）毛亨，传．郑玄，笺．毛诗传笺[B]．北京：中华书局，2018：211—213．

立了"长子继承制",从此争夺王位成为大逆不道的罪恶。换句话说,周王由此成了国家的象征,就像今天的英国的"英王",那是由制度规定继承的,任何人不得试图竞争。管叔、蔡叔之罪不仅在于不服周公,而在于他们联合武庚反叛周,这不是兄弟相争而是叛国之罪!

《周易·系辞上》说:"二人同心,其利断金;同心之言,其臭如兰。"意思是说两人心往一处想、劲往一处使,形成的力量犹如利刃可以截断金属;两人情投意合、同心同德,彼此的说话就像兰花的幽香那样沁人心脾。2013年2月25日,习近平在北京人民大会堂会见连战时,用"兄弟齐心,其利断金"呼吁两岸同胞共同来圆"中国梦"。

> 我们始终从全民族发展的高度来把握两岸关系发展方向。大陆和台湾是休戚与共的命运共同体。近代以来,中华民族饱受列强欺凌。想起那一段屈辱的历史,每一个中国人都会心痛。实现中华民族伟大复兴,是中华民族近代以来最伟大的梦想。现在,我们比历史上任何时期都更有信心、更有能力实现这个梦想。"兄弟齐心,其利断金。"实现中华民族伟大复兴,需要两岸同胞共同努力。我们真诚希望台湾同大陆一道发展,两岸同胞共同来圆"中国梦"。携手推动两岸关系和平发展,同心实现中华民族伟大复兴,应该成为两岸关系的主旋律,成为两岸中华儿女的共同使命。

"兄弟阋于墙,外御其侮",是抗日战争时期用来动员中华儿女共同抗日的话。今天用"兄弟齐心,其利断金"来号召两岸同胞共同来圆中华民族谋复兴的中国梦,这句话如果能被接受则是"同心之言,其臭如兰"。如果不被接受呢,那只能是周公"伐诛武庚、管叔"了。"兄弟阋于墙"大概是人类永远避免不了的问题,"管叔、蔡叔群弟疑周公"并非大罪,"与武庚作乱,畔周"则是罪大恶极!就像抗日战争时期,国共之争可以理解,当汉奸则是罪大恶极!今天任何人试图分裂中国领土主权,破坏中华民族伟大复兴,都是国家的敌人、民族的罪人,不管出于什么理由都罪不容诛!

(三)"正是四国"

"诗云:'其仪不忒,正是四国。'其为父子兄弟足法,而后民法之也",这句话就是综合上面讲"父作之，子述之"以及"宜兄宜弟，令德寿岂"两方面，也就是"孝"和"悌"都做得足够成为榜样，民众才会主动积极地去效法，最终成为天下各国效法的典范。

"其仪不忒，正是四国"，这句出自《诗经·国风·鸤鸠》。《毛诗传笺》认为"鸤鸠，刺不一也。在位无君子，用心不一也"；"鸤鸠在桑，其子七兮"，"鸤鸠之养其子，朝从上下，莫从下上，平均如一"，"兴也，喻人君之德，当均一于下也"，"以刺今在位之人不如鸤鸠"；"淑人君子，其仪一兮"，"淑，善"，"仪，义也"，"善人君子，其执义当如一也"；"其仪一兮，心如结兮"，"言执义一则用心固"；"其带伊丝，其弁伊骐"，"骐，骐文"，"弁，皮弁也"，"其带伊丝，谓大带也"，"大带用素丝，有杂色饰焉"，"骐当作琪，以玉为之"，"言此带弁者，刺不称其服"；"其仪不忒，正是四国"，"忒，疑也"，"正，长也"，"执义不疑，则可为四国之长"，"言任为侯伯"；"正是国人，胡不万年"，"能长人，则人欲其寿考"①。也就是作者以鸤鸠（布谷鸟）起兴，讽刺为政者用心不公，体现在着装打扮上也是不纯正；如果他们能够始终公正如一，那就能成为四周国家的领袖，让天下百姓祝福他安康长寿。《诗集传》则说："（布谷鸟）饲子朝从上下，莫从下上，平均如一也"，"如结，如物之固结而不散也"，"诗人美君子之用心均平专一"；对于下面描写衣着，朱熹也转引陈氏曰："君子动容貌，斯远暴慢；正颜色，斯近信；出辞气，斯远鄙倍。其见于威仪动作之闲者，有常度矣，岂固为是拘拘者哉？盖和顺积中，而英华发外。是以由其威仪一于外，而其心如结于内者，从可知也"；进而"其仪不忒，正是四国"的意思也被解释为"有常度而其心一，固仪不忒。仪不忒，则足以正四国矣"②。也就是说朱熹不认为前半部分对比讽刺用心不一，反而是正面赞美用心均平专一。"其仪不忒，正是四国"的意思也从"执义不疑，则可为四国之长"变为"仪不忒，则足以正四国矣"，"仪"不再是"义"（礼仪）而就是"仪"（礼仪、仪容），"忒"也不再是"疑"而是"差忒、差错"，"正"也不再是"为长"（做领导者）而是"为正"（做校正的标准）。意思略有差别，但基本的含义都是君主要做好自己才能确立权威和获得人心。

---

① （汉）毛亨，传．郑玄，笺．毛诗传笺[B]．北京：中华书局，2018：188．
② （宋）朱熹，集撰．诗集传[B]．北京：中华书局，2018：137．

鸤 鸠

鸤鸠在桑，其子七兮。

淑人君子，其仪一兮。

其仪一兮，心如结兮。

鸤鸠在桑，其子在梅。

淑人君子，其带伊丝。

其带伊丝，其弁伊骐。

鸤鸠在桑，其子在棘。

淑人君子，其仪不忒。

其仪不忒，正是四国。

鸤鸠在桑，其子在榛。

淑人君子，正是国人。

正是国人。胡不万年？

"其为父子兄弟足法，而后民法之也"，"法"就是"效法"，就像布谷鸟爸爸妈妈对待孩子一样，早晨从上向下喂养，傍晚从下向上喂养，一视同仁、机会均等。天子对于诸侯国以及各国民众，也要一视同仁、机会均等，这样才能得到民众心悦诚服地遵从和效法。这是"无为而治"的逻辑前提，"无为而治"其实是在上位者"以身作则"的"法治"，在下位者效法在上位者的自治。这也是"为政以德"的逻辑前提，"为政以德"就是在上位者"譬如北辰，居其所"，在下位者向在上位者看齐，形成"众星拱之"。《中庸》和《孟子》各有一段阐述这种"上行下效"的"法治"。

在下位不获乎上，民不可得而治矣。获乎上有道：不信乎朋友，不获乎上矣。信乎朋友有道：不顺乎亲，不信乎朋友矣。顺乎亲有道：反诸身不诚，不顺乎亲矣。诚身有道：不明乎善，不诚乎身矣。诚者，天之道也；诚之者，人之道也。诚者不勉而中，不思而得，从容中道，圣人也。诚之者，择善而固执之者也。[1]

---

[1] （宋）朱熹，集注. 四书章句集注[B]. 北京：中华书局，2016：31.

居下位而不获于上，民不可得而治也。获于上有道：不信于友，弗获于上矣；信于友有道：事亲弗悦，弗信于友矣；悦亲有道：反身不诚，不悦于亲矣；诚身有道：不明乎善，不诚其身矣。是故诚者，天之道也；思诚者，人之道也。至诚而不动者，未之有也；不诚，未有能动者也。①

在下位的如果不能获得在上位的引导，民众就会无所适从而没法治理。让民众获得在上位者引导有办法，那就是要获得兄弟朋友的信任，兄弟朋友都不信任的人民众也不会信任。获得兄弟朋友的信任也有办法，那就是要孝顺热爱父母，不孝顺热爱父母的人朋友也不会信任。孝顺热爱父母也有办法，那就是要经常反省自身的诚意，如果没有诚意就不可能真正孝顺热爱父母。使自身诚心诚意也有办法，那就是要搞清楚是非善恶，搞不清是非善恶就不可能诚心诚意。"诚"，是天地本来的运行之道，"诚之"或"思诚"，是人想要使自己合乎天道。"诚者"，不用勉励就能符合天道，不用思虑就能得知天道，从容不迫遵道而行，这种人是圣人。"诚之者"，是搞清楚了是非善恶就牢牢坚持正道善道的人。能努力做到至诚无欺，就是完全遵行天地运行之道，那就没有不顺应天地运行之道而动的；如果自欺欺人，就是违逆天地运行之道而动，那就像让太阳西升东坠一样怎么可能呢？

"其为父子兄弟足法，而后民法之也"的根本是"诚"，而不是"在上位"按自己的主观意愿做个样子让"在下位"者效法。"诚者自成也，而道自导也"（《中庸》），"诚"说到底其实是"道法自然"。"其为父子兄弟足法，而后民法之也"，相当于老子说的"人法地，地法天，天法道，道法自然"，说到底就是人要效法自然，要遵循世界发展的客观规律。所以，当朱熹的学生问尧舜不能教化好自己的儿子，周公则上被君怀疑而下不能和睦兄弟，这是父子兄弟足法吗？朱熹明确告诉他们，"其为父子兄弟足法，而后民法之也"是圣人"论其常"，也即是通常情况下的道理；而尧舜周公都是"处其变"，也就是在特殊情况下的做法。尧舜不传位于子就是其为父子"足法"，因为唯有如此才能让天下安定，也才能让他们的儿子安宁。同样的，周公讨伐兄长管蔡与殷人的叛乱也是其为兄弟"足法"，因为若不如此就不能使周不受扰乱，这是不得已而为之。

---

① （宋）朱熹，集注.四书章句集注[B].北京：中华书局，2016：287.

问:"齐家、治国之道,断然'是父子兄弟足法,而后人法之'。然尧舜不能化其子,而周公则上见疑于君,下不能和其兄弟,是如何?"

曰:"圣人是论其常,尧舜是处其变。看他'烝烝乂,不格奸',至于'瞽瞍厎豫',便是他有以处那变处。且如他当时被那儿子恁地,他处得好,不将天下与儿子,却传与贤,便是他处得那儿子好。若尧当时把天下与丹朱,舜把天下与商均,则天下如何解安!他那儿子如何解宁贴!如周公被管蔡恁地,他若不去致辟于商,则周如何不扰乱!他后来尽死做这一著时,也是不得已著恁地。但是而今且去理会常伦。而今如何便解有个父如瞽瞍,有个兄弟如管蔡。未论到那变处。"①

最后一句"此谓治国在齐其家",就是告诉我们"其为父子兄弟足法,而后民法之也",不仅仅是日常生活中父慈子孝兄弟和睦的"孝悌"而已,而是"武王、周公,其达孝矣乎!夫孝者,善继人之志,善述人之事者也"。如果只是在自己家中做到父慈子孝兄弟和睦的"孝悌",而不能"君子上达"至"家齐而后国治",那又何谈"治国在齐其家"?子曰:"君子上达,小人下达。"(《论语·宪问》)君子要从"身修而后家齐"向上通达到"家齐而后国治,国治而后天下平";与之相反,小人向下去通达,牺牲天下国家利益满足他一家利益,牺牲父母兄弟满足其一己之欲。

尧、舜、禹、汤、文、武的故事,说到底都是"家齐而后国治,国治而后天下平"的故事。"大学之道,在明明德,在亲民,在止于至善","大学"说到底就是要探寻治国平天下之"道",并用"大学之道"来教育引导民众就是治国平天下。所以,从方式上说中国古人是"以教治国",从形式上说是"以礼治国",从内容上说则是"以德治国"。"大学之道"体现在尧的身上就是"克明俊德,以亲九族。九族既睦,平章百姓。百姓昭明,协和万邦";体现在舜身上则是"惇德允元,而难任人,蛮夷率服";体现在禹身上是"烝民乃粒,万邦作乂"。天下百姓千家万户都过上好日子了国家就治理好了,国家治理好了天下也就太平了。

---

① (宋)黎靖德,编.王星贤,点校.朱子语类[B].北京:中华书局,2020:383—384.

第八章

天　下

所谓平天下在治其国者：上老老而民兴孝，上长长而民兴弟，上恤孤而民不倍，是以君子有絜矩之道也。所恶于上，毋以使下；所恶于下，毋以事上；所恶于前，毋以先后；所恶于后，毋以从前；所恶于右，毋以交于左；所恶于左，毋以交于右：此之谓絜矩之道。

《诗》云："乐只君子，民之父母。"民之所好好之，民之所恶恶之，此之谓民之父母。《诗》云："节彼南山，维石岩岩，赫赫师尹，民具尔瞻。"有国者不可以不慎，辟则为天下僇矣。《诗》云："殷之未丧师，克配上帝；仪监于殷，峻命不易。"道得众则得国，失众则失国。是故君子先慎乎德。有德此有人，有人此有土，有土此有财，有财此有用。德者本也，财者末也，外本内末，争民施夺。是故财聚则民散，财散则民聚。是故言悖而出者，亦悖而入；货悖而入者，亦悖而出。《康诰》曰："惟命不于常！"道善则得之，不善则失之矣。《楚书》曰："楚国无以为宝，惟善以为宝。"舅犯曰："亡人无以为宝，仁亲以为宝。"《秦誓》曰："若有一个臣，断断兮无他技，其心休休焉，其如有容焉。人之有技，若己有之，人之彦圣，其心好之，不啻若自其口出，寔能容之，以能保我子孙黎民，尚亦有利哉。人之有技，媢疾以恶之，人之彦圣，而违之俾不通，寔不能容，以不能保我子孙黎民，亦曰殆哉。"唯仁人放流之，迸诸四夷，不与同中国。此谓唯仁人为能爱人，能恶人。见贤而不能举，举而不能先，命也；见不善而不能退，退而不能远，过也。好人之所恶，恶人之所好，是谓拂人之性，菑必逮夫身。是故君子有大道，必忠信以得之，骄泰以失之。

> 生财有大道，生之者众，食之者寡，为之者疾，用之者舒，则财恒足矣。仁者以财发身，不仁者以身发财。未有上好仁而下不好义者也，未有好义其事不终者也，未有府库财非其财者也。孟献子曰："畜马乘不察于鸡豚，伐冰之家不畜牛羊，百乘之家不畜聚敛之臣，与其有聚敛之臣，宁有盗臣。"此谓国不以利为利，以义为利也。长国家而务财用者，必自小人矣。彼为善之，小人之使为国家，菑害并至。虽有善者，亦无如之何矣！此谓国不以利为利，以义为利也。

"所谓平天下在治其国者"，用《大学》总论"八目"中的话说就是，"欲明明德于天下者，先治其国"，"国治而后天下平"。也就是说，所谓"平天下"就是"明明德于天下"，用今天的话说就是推广有利于世界和平相处的崇高品德。总之就是，如果想要推广"普世价值"，就得先把自己的国家治理好，把自己的国家治理好就使天下人心悦诚服地学习。《大学》就是要探究让天下人心悦诚服的"大学之道"，这个"道"从"格物"开始，历经"致知""诚意""正心""修身""齐家""治国"，最终水到渠成地通向"平天下"。所谓"上善若水"，"大学之道"就是通向"平天下"的"道"；所谓"功到自然成"，"大学"教育就是要人做遵行"大学之道"的君子。《大学》最后把"大学之道"概括为"絜矩之道"，基本内涵是"上老老而民兴孝，上长长而民兴弟，上恤孤而民不倍"，也就是在上位者赡养老者民众就会兴起孝顺之心、在上位者促幼成长民众就会兴起友爱之情、在上位者体恤孤独民众就不会产生叛逆。"絜矩之道"也可以反过来说，那就是自己所"厌恶"的不要用来"指使"他人，按照这个原则处理好上下前后左右的人际关系。"乐只君子，民之父母"，"治国"要从"君子"做起，就像"齐家"要从"父母"做起。"民之所好好之，民之所恶恶之，此之谓民之父母"，"君子"作为"民之父母"最重要的是要"顺乎民心，合乎民意"。"辟则为天下僇矣"，如果一意孤行就会遭到天下人的反抗。"道得众则得国，失众则失国"，"絜矩之道"说到底就是获得民众支持共同建设国家的道理，失去民心的必然结果是国家败亡。"是故君子先慎乎德"，因此君子首在"明明德"。"德者本也，财者末也"，德是根本，财是末节。"是故财聚则民散，财散则民聚"，财富聚敛起来了民心就散了，财富散出去民心就凝聚起来了。

"道善则得之，不善则失之矣"，遵循的"道"如果真是好的就能得民心，不好的就会散失民心。"大学之道，在明明德，在亲民，在止于至善"，"大学之道"强调"德者本也，财者末也，外本内末"，强调"乐之君子，民之父母"，致力于实现"天下一家，中国一人"的"至善"境界。这样的"道"就是"仁亲以为宝"的"仁道"，也就是把"天下"和"中国"一视同仁。"仁人"不应该只谋求一己之利、一国之利，而应该看到天下各国就像一个家庭、中国百姓就像一个人。对于那些只求一己之利、一国之利的人，"唯仁人放流之，迸诸四夷，不与同中国"，仁人要把他们流放驱逐到四周"蛮夷"之地，不让他们再把天下各国看作一个家庭、中国百姓看作一个人的"中国"生活。"唯仁人为能爱人，能恶人"，"仁人"的根本体现是"爱人"，他"恶人"就是为了"爱人"。"蛮夷"不明"天下一家，中国一人"之"明德"，因此也不能"亲民"，"迸诸四夷"就是为了维护"天下一家，中国一人"的"至善"。"国不以利为利，以义为利也"，"治国"的根本之"道"就在于不以一己之利、一国之利为利，要以"天下一家，中国一人"的大义为利。因此，"大学之道"，也正在于超越一己之利、一国之利，实现天下各国就像一个家庭、中国百姓就像一个人。

一、"平天下在治其国"

"所谓平天下在治其国者：上老老而民兴孝，上长长而民兴弟，上恤孤而民不倍，是以君子有絜矩之道也"，先概述"国治而后天下平"的"絜矩之道"，也就是国君要带头孝敬父母、友爱兄弟、体恤穷苦。这也表明这里说的"平天下"其实是指社会治理，也就是实现家庭和社会的和谐。"所恶于上，毋以使下；所恶于下，毋以事上；所恶于前，毋以先后；所恶于后，毋以从前；所恶于右，毋以交于左；所恶于左，毋以交于右。此之谓絜矩之道"，其实是"絜矩之道"的运用，包括在上下级关系、先后关系和平级关系中的运用，从而实现国泰民安的景象。

（一）"天下"与"国家"

"天下"作为与"国家"相对的概念，《史记·五帝本纪》讲："天下有不顺者，黄帝从而征之，平者去之，披山通道，未尝宁居。"在古文《尚书·大禹谟》中则有：

"都！帝德广运，乃圣乃神，乃武乃文。皇天眷命，奄有四海为天下君。"[1]意思是说尧帝的德政广泛推行，这德政既圣明又神奇，既有武略也有文韬，所以获得上天眷顾而授命，完全拥有四海而为天下共同的君主。"德惟善政，政在养民"，德政就是善政，其政在养民，养民者得天下万民。也就是说能养天下万民的君主，就会获得"天命"成为天下万国共同的君主，也就是"天子"。

《诗经·大雅·文王》说："周虽旧邦，其命惟新。"这意味着周也曾经只是四海之内一国。武王伐纣之后，取商纣王而代之，才成为"天子作民父母，以为天下王"（《尚书·周书·洪范》），因此才有"溥天之下，莫非王土；率土之滨，莫非王臣"之说。《周礼·大司马》讲"国谓王之国；邦国，谓诸侯国也"；但也有用"邦"表示"国家"的，如《尚书·五子之歌》说的"民惟邦本，本固邦宁"；也有邦国合称的，如"以佐王治邦国"（《周礼·太宰》）。由此可见，"天子"是一个统称，"邦"和"国"则没有严格的区别。《诗经·小雅·北山》这首诗被认为是"大夫刺幽王也。役使不均，己劳于从事，而不得养其父母"[2]。其中，虽说了"溥天之下，莫非王土；率土之滨，莫非王臣"，但周天子还是称"王"，"天下"也还是称"国"。

北　山

陟彼北山，言采其杞。

偕偕士子，朝夕从事。

王事靡盬，忧我父母。

溥天之下，莫非王土。

率土之滨，莫非王臣。

大夫不均，我从事独贤。

四牡彭彭，王事傍傍。

嘉我未老，鲜我方将。

旅力方刚，经营四方。

或燕燕居息，或尽瘁事国。

---

[1] 王世舜，王翠叶，译注.尚书[B].北京：中华书局，2012：354.

[2] （汉）毛亨，传.郑玄，笺.毛诗传笺[B].北京：中华书局，2018：301.

或息偃在床，或不已于行。
或不知叫号，或惨惨劬劳。
或栖迟偃仰，或王事鞅掌。
或湛乐饮酒，或惨惨畏咎。
或出入风议，或靡事不为。

"天下"是"协和万邦"，"天子"是"奄有四海为天下君"。"天子"就是"上天"的儿子，意味着奉"天命"统治"天下"。虽然不仅文王、武王称"王"，所有"天子"其实都称为"王"，"天子"甚至也用来称呼后来的"皇帝"，但"天子"并非一个无关紧要的泛称。"天命"和"天子"主要是强调"大一统"国家的"合法性"，在发生叛乱需要征伐或者在发动革命反对暴君时就会特别强调。

江 汉

江汉浮浮，武夫滔滔。
匪安匪游，淮夷来求。
既出我车，既设我旟。
匪安匪舒，淮夷来铺。
江汉汤汤，武夫洸洸。
经营四方，告成于王。
四方既平，王国庶定。
时靡有争，王心载宁。
江汉之浒，王命召虎。
式辟四方，彻我疆土。
匪疚匪棘，王国来极。
于疆于理，至于南海。
王命召虎，来旬来宣。
文武受命，召公维翰。
无曰予小子，召公是似。
肇敏戎公，用锡尔祉。
釐尔圭瓒，秬鬯一卣。

> 告于文人，锡山土田。
> 于周受命，自召祖命。
> 虎拜稽首，天子万年。
> 虎拜稽首，对扬王休。
> 作召公考，天子万寿。
> 明明天子，令闻不已。
> 矢其文德，洽此四国。

　　歌颂文王建功立业的诗，如《诗经·大雅·文王》特别强调"天命"，全诗出现"其命惟新""帝命不时""假哉天命""上帝既命""天命靡常""永言配命""峻命不易"等相关说法。《诗经·大雅·江汉》被认为是"尹吉甫美宣王也。能兴衰拨乱，命召公平淮夷"[①]，也出现"文武受命""于周受命""天子万年""明明天子"等说法。该诗主旨是"王于江汉之水上，命召公使以王法征伐，开辟四方，治我疆界于天下。非可以兵病害之也，非可以兵急躁切之也，使来于王国受政教之中正而已"；"昔文王、武王受命，召康公为之桢干之臣，以正天下"[②]。"天子"其实代表"天命"，天子对叛乱诸侯的征伐是"正天下"。但说到底，"天子"靠"克明俊德"，达到"洽此四国"，这是"为政以德"的政治理想。

　　显然，与"天命""天子"相对于的"天下"，是"溥天之下"，是由诸侯国构成的世界，可以理解为类似今天的国际社会。但是，当时周人所知的"国际社会"和今天的中国其实是基本重合的，甚至最初比今天的中国还小。所以，"天下"主要的意思不是世界各国，而是与"国家"相对的"社会"或"世道人心"。荀子《正论》篇通过桀、纣和汤、武德行的对比，专门讲了"国"与"天下"的区别。世俗之人以为汤武革命是篡夺天下，荀子认为不是这样的，因为桀、纣也只是曾经拥有治理天下的权力，但并不能亲自管理普天之下的臣民，也不能说率土之滨都是他们的土地。古代的天子有上千个官员，诸侯也有上百个官员。因此，有上千个官员的天子，其政令施行于华夏各诸侯国，就称作帝王；而那有上百个官员的诸侯，政令只在本

---

① （汉）毛亨，传.郑玄，笺.毛诗传笺[B].北京：中华书局，2018：438.
② （汉）毛亨，传.郑玄，笺.毛诗传笺[B].北京：中华书局，2018：439.

诸侯国境内施行，即便国家并不安定，但还没有被废黜灭国，就称作国君。圣明帝王的子孙，是拥有天下权力者的后代，是权势之所在，天下的宗主，如果无才无德、不中不正，王畿之内百姓嫉恨，王畿之外诸侯叛乱，就近处说天子之国不统一，从远处说各国诸侯不听天子号令，天子的政令不能施行于国境之内，甚至诸侯还侵占天子国土，攻打天子的军队，像这样，即便天子的政权虽然还没有灭亡，但我认为他已经失去了天下。圣明帝王去世后，其继承权势的子孙如果能力不足以治理天下，此时天下就是没有共同的国君，诸侯中如果有德高望重者，四海之内的臣民就无不以他为共同的国君和导师。然后那暴君统治的国家独独骄奢淫逸，理所当然应该诛杀他，只要不伤害其国无辜民众。如果真要这么做，就可以称作是能够善用天下。能善用天下就可以称之为王。所以，汤、武并非夺取天下，他们修通天下正道，遵行天下大义，实现天下人共求的利益，消除天下人共患的祸害，因此天下人心归向他们。夏桀、商纣也不是丢失了天下，他们违反大禹、商汤的美德，破坏分内礼义职责，妄行禽兽般的恶行，长年累月行凶作恶，天下人心因此背弃他们。天下归心者就是王，天下离心者必亡。所以夏桀、商纣不拥有天下而商汤、武王并没有弑君，由此得以证明。商汤、武王，就像民众的父母；夏桀、商纣，就像民众的仇敌。世俗的某些看法认为夏桀、商纣是君主而商汤、武王是弑君，这么说就是要诛杀民众的父母而认民众的仇敌为君主，没有比这更邪恶的了。如果承认以天下归心者为君，那么天下并未归心于夏桀、商纣。然而却认为商汤、武王是弑君，这并不是天下人的看法，而是少数人对商汤、武王的毁誉。所以说天子要德为圣人。天下，代表最为沉重的责任，如果不是具有最强大能力的人不能胜任；代表最广大的天地，如果不是最有辨别能力的人不能具体分析；代表最众多的民众，如果不是最为高明的人不能实现和睦相处。这三个最，除了圣人都不能穷尽，所以除非是圣人否则不能称王。圣人是道德完备而品行完美的人，是天下人言行的共同标杆。然而，夏桀、商纣，他们的谋虑却极为险恶，他们的心志也极为阴暗，他们的行为又极为淫乱；因此，亲戚疏远他们，贤才轻贱他们，民众怨恨他们，虽是大禹、商汤的后代，却没有得到一人的支持；进而，挖了比干的心，囚禁箕子为奴，最终身死国亡，成为天下人的耻辱，以至于后世说到恶人一定以他们为例，这种人必定连妻儿都容忍不了。所以说，最贤能的人能保有四海，商汤、武王就是这样的人；最无能的人不能容于妻儿，夏桀、商纣就是这样的人。现在有些世俗的看法认为，夏桀、商纣是保有天下的人，而且以商汤、武王为臣子，这岂不是错得太离谱了！做个类比来说，这种说法就像是驼背巫婆或跛足神汉的自作聪明。可能有人能夺取国家，但不可能有人能夺取天下；可能有窃国大盗，但不可能有窃天下大盗。为什么这么说呢？因为国家是治理的小工具，所以可能被小人物所占有，也可能靠小计谋得到，也可能靠小智力来维持；但是，天下是治理的大公器，不可能被小人物所拥有，也不可能靠小计谋得到，也不可能靠小智力来维持。即便是国家可以被小人所占有，但也未必不会灭亡；至于至大无外的天下，若非圣人绝不可能拥有。

世俗之为说者曰："桀、纣有天下，汤、武篡而夺之。"是不然。以桀、纣为常有天下之籍则然，亲有天下之籍则不然，天下谓在桀、纣则不然。古者天子千官，诸侯百官。以是千官也，令行于诸夏之国，谓之王；以是百官也，令行于境内，国虽不安，不至于废易遂亡，谓之君。圣王之子也，有天下之后也，势籍之所在也，天下之宗室也，然而不材不中，内则百姓疾之，外则诸侯叛之，近者境内不一，遥者诸侯不听，令不行于境内，甚者诸侯侵削之，攻伐之，若是，则虽未亡，吾谓之无天下矣。圣王没，有势籍者罢不足以县天下，天下无君，诸侯有能德明威积，海内之民莫不愿得以为君师。然而暴国独侈，安能诛之，必不伤害无罪之民，诛暴国之君若诛独夫。若是，则可谓能用天下矣。能用天下之谓王。汤、武非取天下也，修其道，行其义，兴天下之同利，除天下之同害，而天下归之也。桀、纣非去天下也，反禹、汤之德，乱礼义之分，禽兽之行，积其凶，全其恶，而天下去之也。天下归之之谓王，天下去之之谓亡。故桀、纣无天下而汤、武不弑君，由此效之也。汤、武者，民之父母也；桀、纣者，民之怨贼也。今世俗之为说者，以桀、纣为君而以汤、武为弑，然则是诛民之父母而师民之怨贼也，不祥莫大焉。以天下之合为君，则天下未尝合于桀、纣也。然则以汤、武为弑，则天下未尝有说也，直堕之耳。故天子唯其人。天下者，至重也，非至强莫之能任；至大也，非至辨莫之能分；至众也，非至明莫之能和。此三至者，非圣人莫之能尽，故非圣人莫之能王。圣人，备道全美者也，是县天下之权称也。桀、纣者，其知虑至险也，其至意至暗也，其行之为至乱也；亲者疏之，贤者贱之，生民怨之，禹、汤之后也，而不得一人之与；刳比干，囚箕子，身死国亡，为天下之大僇，后世之言恶者必稽焉，是不容妻子之数也。故至贤畴四海，汤、武是也；至罢不容妻子，桀、纣是也。今世俗之为说者，以桀、纣为有天下而臣汤、武，岂不过甚矣哉！譬之是犹伛巫、跛匡大，自以为有知也。故可以有夺人国，不可以有夺人天下；可以有窃国，不可以有窃天下也。可以夺之者可以有国，而不可以有天下；窃可以得国，而不可以得天下。是何也？曰：国，小具也，可以小人有也，可以小道得也，可以小力持也；天下者，大具也，不可以小人有也，不可以小道得也，不可以小力持也。国者，小人可以有之，然而未必不亡也；天下者，至大也，非圣人莫之能有也。①

所谓"周公吐哺，天下归心"，"天下"说到底是"民心所向"。荀子否定了夏桀、商纣通过继承自然拥有天下，强调"得民心者得天下"，具有极其重大的历史意义。顾炎武在《日知录》中说"有亡国，有亡天下"，"亡国"指的是改朝换代，"亡天下"指的是"世道人心"的败坏。二者其实密切相关，固然有顾炎武说的士人"清谈"，也就是学术风气不好，导致没有家庭责任和国家意识，但从根本上说还是所谓"君子之德风，小人之德草，草上之风必偃"（《论语·颜渊》），世风日下的根源在于政治腐败，尤其是君主没有发挥道德榜样的作用。

有亡国，有亡天下，亡国与亡天下奚辨？曰：易姓改号谓之亡国。仁义充塞，而至于率兽食人，人将相食，谓之亡天下。魏晋人之清谈，何以亡天下？是孟子所谓杨、墨之言，至于使天下无父无君，而入于禽兽者也。

青年毛泽东曾说："天下者我们的天下。国家者我们的国家。社会者我们的社会。我们不说，谁说？我们不干，谁干？"②"所谓平天下在治其国"，正如毛泽东说的"问苍茫大地，谁主沉浮"，这意味着在传入中国的近代西方民主浪潮冲击下，"天下为公"和"平天下在治其国"的思想蓬勃振兴。所不同的是，毛泽东强调"自下而上"的人民民主运动，而古代"所谓平天下在治其国"是"自上而下"的君主以身作则。我们必须指出这其中本质的区别，但也必须强调"自上而下"的以身作则在今天仍有重要意义。

---

① 方勇，李波，译注. 荀子[B]. 北京：中华书局，2015：279—280.
② 毛泽东. 毛泽东早期文稿[B]. 长沙：湖南人民出版，2008：356.

(二)"君子有絜矩之道"

"所谓平天下在治其国者：上老老而民兴孝，上长长而民兴弟，上恤孤而民不倍，是以君子有絜矩之道也。"郑玄认为："老老、长长，谓尊老敬长也。恤，忧也。民不倍，不相倍弃也。絜，犹结也，挈也。矩，法也。君子有挈法之道，谓常执而行之，动作不失之。"①朱熹解释说："老老，所谓老吾老也。兴，谓有所感发而兴起也。孤者，幼而无父之称。絜，度也。矩，所以为方也。言此三者，上行下效，捷于影响，所谓家齐而国治也。亦可以见人心之所同，而不可使有一夫之不获矣。是以君子必当因其所同，推以度物，使彼我之间各得分愿，则上下四旁均齐方正，而天下平矣。"②国君孝敬年老的人就会使民众受感动而兴起孝敬之风，国君尊敬比自己年长的人就会使民众受触动而兴起尊敬之风，国君体恤孤儿就使民众被感动而不叛逆，君主的行为就是这样像尺度规矩一样规范民众道德品行。所以，"絜矩之道"其实就是"推己及人"，其逻辑起点是"人同此心，心同此理"。君主如果能够笃信"人同此心，心同此理"，并且笃行"推己及人"的仁政，就能实现人人各尽其能、各得其所而又和谐相处的太平。

《孝经》"感应"章专门讲了孝心不仅使人人"心灵相通"，而且使神人"心灵感应"。

子曰："昔者，明王事父孝，故事天明；事母孝，故事地察；长幼顺，故上下治。天地明察，神明彰矣。故虽天子，必有尊也，言有父也；必有先也，言有兄也。宗庙致敬，不忘亲也。修身慎行，恐辱先也。宗庙致敬，鬼神著矣。孝悌之至，通于神明，光于四海，无所不通。《诗》云：'自西自东，自南自北，无思不服。'"

天子并不只是作为"民之父母"受人孝敬，他必须以身作则地孝敬自己的父母兄长。从前，像舜这样的贤明帝王侍奉父亲很孝顺，所以祭祀上天能够明白天命或天时；侍奉母亲很孝顺，所以祭祀后土能够明察地利或地理；又使得兄长和弟弟关

---

① （汉）郑玄，注．王锷，点校．礼记注（下册）[M]．北京：中华书局，2021：790．
② （宋）朱熹，集注．四书章句集注[B]．北京：中华书局，2016：10．

系和顺，所以上下级关系都能处理好。对天时地利能够明察秋毫，就会有神人以和、天人感应之迹彰显。所以虽然尊贵为天子，也必然有他应该尊敬的人，意思是他也有父亲；必然有先他出生的人，意思是他也有兄长。有些人可能会觉得天子是长子，而且父亲死了他才继位，所以没有父亲和兄长需要孝悌。但孝悌是不限有生之年的，而是终生亲近友爱。所以，天子到宗庙里祭祀致以恭敬之意，就是表示自己不敢忘记自己的父亲。修养自身道德品行，治理天下国家谨慎行事，是因为恐惧自己的过失使祖先蒙受羞辱。到宗庙向祖先致以敬意，祖先成为鬼神后会显灵。孝悌之心到了极致，就能和鬼神相沟通，就能光照四海之内，也就是无所不能通晓。这样的君主，正如《诗经·大雅·文王有声》所言，"从西到东，从南到北，没有人不是心悦诚服"。

子贡曰："如有博施于民而能济众，何如？可谓仁乎？"子曰："何事于仁，必也圣乎！尧、舜其犹病诸！夫仁者，己欲立而立人，己欲达而达人。能近取譬，可谓仁之方也已。"（《论语·雍也》）"絜矩之道"正如"能近取譬"的"仁之方"，"上老老而民兴孝，上长长而民兴弟，上恤孤而民不倍"，也正如"己欲立而立人，己欲达而达人"，也就是君主想要民众忠君爱国就得关心民生福祉，君主想要国家富强就得帮助民众致富。"絜矩之道"用孟子的话说则是"推恩"。把对自家老人的孝敬之心推而及之他人的老人，把对自家幼小的慈爱之心推而及之他人的幼小，这样治理天下就像"玩于股掌之上"。就如《诗经》说的，"以身作则爱妻儿，进而友爱对兄弟，齐家治国平天下"，言下之意不过以爱自己亲人的心理来对待他人而已。所以说能推行恩情足以保有四海万民的敬爱，不推行恩情甚至不能保证妻子儿女爱自己。古代贤人所以远超今人的地方没有别的，只是善于推行做事的爱心而已。

  老吾老，以及人之老；幼吾幼，以及人之幼。天下可运于掌。《诗》云："刑于寡妻，至于兄弟，以御于家邦。"言举斯心加诸彼而已。故推恩足以保四海，不推恩无以保妻子。古之人所以大过人者无他焉，善推其所为而已矣。[①]

当然，"老吾老"不能只是"心"而已，"老老"的第一个"老"是"养老"，第二个"老"是"老者"，"上老老"就是国君善待老人，善于使老人过老人的生活。《孟

---

① （宋）朱熹，集注. 四书章句集注[B]. 北京：中华书局，2016：209—210.

子·尽心上》讲了"西伯善养老"。

> 伯夷辟纣,居北海之滨,闻文王作兴,曰:"盍归乎来!吾闻西伯善养老者。"太公辟纣,居东海之滨,闻文王作兴,曰:"盍归乎来!吾闻西伯善养老者。"天下有善养老,则仁人以为己归矣。五亩之宅,树墙下以桑,匹妇蚕之,则老者足以衣帛矣。五母鸡,二母彘,无失其时,老者足以无失肉矣。百亩之田,匹夫耕之,八口之家足以无饥矣。所谓西伯善养老者,制其田里,教之树畜,导其妻子,使养其老。五十非帛不暖,七十非肉不饱。不暖不饱,谓之冻馁。文王之民,无冻馁之老者,此之谓也。

伯夷避开纣王,住在北海海边,听说文王兴起来了,便说:"何不归到西伯那里去呢!我听说他是善于养老的人。"姜太公避开纣王,住在东海海边,听说文王兴起来了,便说:"何不归到西伯那里去呢!我听说他是善于养老的人。"天下有善于养老的人,那仁人便把他当作自己的依靠了。五亩地的宅院,在墙下栽培桑树,妇女养蚕缫丝,老年人足以有丝绵穿了。五只母鸡,二头母猪,加以饲养,使它们繁殖,老年人足以有肉吃了。百亩的土地,男子去耕种,八口人的家庭足以吃饱了。所谓西伯善于养老,就在于他制定土地制度,教育人民栽种畜牧,引导百姓奉养他们的老人。五十岁,没有丝绵便穿不暖;七十岁,没有肉便吃不饱。穿不暖、吃不饱,叫作挨冻受饿。文王的百姓没有挨冻受饿的老人,就是这个意思。

"上老老而民兴孝,上长长而民兴弟,上恤孤而民不倍,是以君子有絜矩之道也",这个"絜矩之道"不是用来把玩的道理,而是最重要实现《礼记·礼运》说的"人不独亲其亲,不独子其子,使老有所终,壮有所用,幼有所长,矜寡孤独废疾者皆有所养,男有分,女有归。货恶其弃于地也,不必藏于己;力恶其不出于身也,不必为己。是故谋闭而不兴,盗窃乱贼而不作,故外户而不闭,是谓"大同"的"善治",这当然也就是大学"止于至善"要追求的"国治而后天下平"。

(三)"此之谓絜矩之道"

"所恶于上,毋以使下;所恶于下,毋以事上;所恶于前,毋以先后;所恶于后,毋以从前;所恶于右,毋以交于左;所恶于左,毋以交于右。此之谓絜矩之道。"朱熹认为:"此覆解上文絜矩二字之义。如不欲上之无礼于我,则必以此度下之心,而亦不敢以此无礼使之。不欲下之不忠于我,则必以此度上之心,而亦不敢以此不忠事之。至于前后左右,无不皆然,则身之所处,上下、四旁、长短、广狭,彼此如此一,而无不方矣。彼同有是心而兴起焉者,又岂有一夫之不获哉。所操者约,而所及者广,此平天下之要道也。"①

再次解释"絜矩"二字固然是对的,但其中还是有不同的。"上老老而民兴孝,上长长而民兴弟,上恤孤而民不倍,是以君子有絜矩之道也",这是从正面或积极进取的方面讲"絜矩之道";"所恶于上,毋以使下;所恶于下,毋以事上;所恶于前,毋以先后;所恶于后,毋以从前;所恶于右,毋以交于左;所恶于左,毋以交于右。此之谓絜矩之道",则是从反面或保守消极方面讲"絜矩之道",它们就是一枚硬币的正反面,把正反面结合起来才能更加准确地掌握"絜矩之道"。

"所恶于上,毋以使下;所恶于下,毋以事上;所恶于前,毋以先后;毋以从前;所恶于右,毋以交于左;所恶于左,毋以交于右",作为反面或保守消极方面讲"絜矩之道",类似于孔子说的"己所不欲,勿施于人"。仲弓问仁。子曰:"出门如见大宾,使民如承大祭。己所不欲,勿施于人。在邦无怨,在家无怨。"仲弓曰:"雍虽不敏,请事斯语矣。"(《论语·颜渊》)仲弓问孔子什么是仁,孔子回答说出门做事好像去见贵宾,役使民众好像去承担重大祀典。自己所不想要的,就不要施加给别人。在邦国做事没有抱怨,在卿大夫的封地做事也无抱怨。仲弓表示自己虽然不聪敏,但决心按照这些话去做。子贡问曰:"有一言而可以终身行之者乎?"子曰:"其'恕'乎!己所不欲,勿施于人。"(《论语·卫灵公》)子贡问孔子有没有一个可以终身奉行的字,孔子回答说那大概就是"恕"吧!也就是自己不想要的,就不要施加给别人。类似的意思《中庸》又说:"忠恕违道不远,施诸己而不愿,亦勿施于人。君子之道四,丘未能一焉:所求乎子,以事父,未能也;所求乎臣,以事君,未能也;所求乎弟,以事兄,未能也;所求乎朋友,先施之,未能也"。"毋以"与"勿"都是"不要用来","未能"是"不能做到"。在面对上下关系时,厌恶上级或长辈对自己做的,也不要用来对待下级或晚辈;厌恶下级或晚辈对自己做的,也不要用来对待上级或长辈。在面对先后顺序时,厌恶别人先对自己做的,以

---

① (宋)朱熹,集注.四书章句集注[B].北京:中华书局,2016:10.

后也不要用来对待别人；厌恶后来者可能对自己做的，也不要先用来对待别人。在面对同辈或同事时，厌恶这个人对自己做的，也不要对那一个人做；厌恶那个人对自己做的，也不要对这个人做。这三方面可以用一句话概括，那就是发生在自己身上而不乐意的事就不要对别人做，这就是"忠恕"，忠恕待人肯定不会偏离君子之道太远。孔子又专门列举了君子之道在父子、君臣、兄弟、朋友四个方面的体现，基本的意思都差不多。值得注意的是"丘未能一焉"，并不是说孔子一样都没做到，果真那样就是乱臣贼子了。这里的"一"指的是"始终如一""一以贯之"，所以《中庸》紧接着说"庸德之行，庸言之谨；有所不足，不敢不勉，有余，不敢尽；言顾行，行顾言，君子胡不慥慥尔"，始终如一、一以贯之地做到上下四旁关系都没有丝毫偏差很不容易，但真正的君子始终如一、一以贯之地努力去做。

"絜矩之道"正如《中庸》说"君子之道，费而隐。夫妇之愚，可以与知焉，及其至也，虽圣人亦有所不知焉。夫妇之不肖，可以能行焉；及其至也，虽圣人亦有所不能焉"。这里说的"老老""长长""恤孤"，以及处理上下、前后、左右关系的道理，即便是普通男女也能有所了解，也都能够身体力行。但是，这些道理虽然很普通但其实也很高深，即便是像孔子这样的圣人也不可能全知全能。"有诸己而后求诸人，无诸己而后非诸人"；"己欲立而立人，己欲达而达人"；"己所不欲，勿施于人"，从正反或积极与消极两个方面阐释了"絜矩之道"，是人人能知能行而且放之四海而皆准的"天下之达道"。

二、"辟则为天下僇矣"

上面讲"君子有絜矩之道"，接下来讲"有国者不可以不慎，辟则为天下僇矣"，也就是国君如果偏离了这一"絜矩之道"，就会成为天下人诛戮的"一夫"。具体来说，"絜矩之道"又体现为"道得众则得国，失众则失国"；"道善则得之，不善则失之矣"；"忠信以得之，骄泰以失之"三个方面，由此也表明"家齐而后国治，国治而后天下平"。

（一）"道得众则得国，失众则失国"

《诗》云："乐只君子，民之父母。"民之所好好之，民之所恶恶之，此之谓民之父母。《诗》云:"节彼南山,维石岩岩,赫赫师尹,民具尔瞻。"有国者不可以不慎,辟则为天下僇矣。《诗》云:"殷之未丧师,克配上帝;仪监于殷,峻命不易。"道得众则得国,失众则失国。这三个"诗云"从"正—反—正"说明"絜矩之道"的重要性。

"乐只君子,民之父母",出自《诗经·小雅·南山有台》。《毛诗传笺》认为该诗主旨是"乐得贤也","得贤则能为邦家立大平之基矣","人君得贤,则其德广大坚固,如南山之有基趾";"山之有草木以自覆盖成其高大,喻人君有贤臣以自尊显";"人君既得贤者置之于位,又尊敬以礼乐乐之,则能为国家之本,得寿考之福"[①]。

南山有台

南山有台,北山有莱。

乐只君子,邦家之基。

乐只君子,万寿无期。

南山有桑,北山有杨。

乐只君子,邦家之光。

乐只君子,万寿无疆。

南山有杞,北山有李。

乐只君子,民之父母。

乐只君子,德音不已。

南山有栲,北山有杻。

乐只君子,遐不眉寿。

乐只君子,德音是茂。

南山有枸,北山有楰。

乐只君子,遐不黄耇。

乐只君子,保艾尔后。

"民之所好好之,民之所恶恶之,此之谓民之父母","言治民之道无他,取于

---

① (汉)毛亨,传.郑玄,笺.毛诗传笺[B].北京:中华书局,2018:228—229.

己而已"①;"言能絜矩而以民心为己心,则是爱民如子,而民爱之如父母"②。意思是说治国安民之道没什么,不过是将心比心而已;如果能以民心为己心就是爱民如子,而民众也会爱他如父母。"民之父母"是中国政治文化对天子的合法性或道德性要求,《周易·序卦》说:"有天地然后有万物,有万物然后有男女,有男女然后有夫妇,有夫妇然后有父子,有父子然后有君臣,有君臣然后有上下,有上下然后礼义有所错。"天地和合化生万物,万物进化而成男女,男女相爱结为夫妇,夫妇生育而成父子,在家父子在朝君臣,君君臣臣上下有序,上下尊卑礼义有别。故曰:"天子之与后,犹父之与母也"(《礼记·昏义》);"天子作民父母,以为天下王"(《尚书·洪范》);"王者父天母地,为天之子也"(《孟子·告子上》)。所以说到底,天子与王后,如同父亲与母亲;天子作为万民的父母,所以称作天下之王;王者以天为父以地为母,所以叫天的儿子。"天佑下民,作之君,作之师,惟其克相上帝,宠绥四方。"(《尚书·泰誓》)上天护佑天下民众,所以为他们设立了君主,设立了师长,就是希望他们辅佐上帝,爱护和安定四方民众。很显然,"民之父母"是借着"天"的名义,要求君主要像父母爱子女一样爱护民众。孟子说:"庖有肥肉,厩有肥马,民有饥色,野有饿莩,此率兽而食人也。兽相食,且人恶之。为民父母,行政不免于率兽而食人。恶在其为民父母也?仲尼曰:'始作俑者,其无后乎。'为其象人而用之也。如之何其使斯民饥而死也。"(《孟子·梁惠王上》)厨房里有肥嫩的肉,马厩里有壮实的马,老百姓却食不果腹,野外有饿死者尸体,这如同带野兽来吃人啊。野兽自相残杀,人们尚且厌恶,而作为父母官,为政一方却不免像带野兽来吃人,这又怎能算是父母官呢?孔子说过:"最先开始以俑陪葬的人,一定会没有后代的吧!"因为俑很像人却用作陪葬,孔子实在不忍心。为政者怎么能忍心让这些百姓因饥饿而死呢?

2015年10月16日,习近平在2015减贫与发展高层论坛的主旨演讲中说:"25年前,我在中国福建省宁德地区工作,我记住了中国古人的一句话:'善为国者,遇民如父母之爱子,兄之爱弟,闻其饥寒为之哀,见其劳苦为之悲。'至今,这句话依然在我心中。"③"这句话"出自刘向《说苑·政理》,原文为武王问于太公曰:"治国之

---

① (汉)郑玄,注.王锷,点校.礼记注(下册)[M].北京:中华书局,2021:790.
② (宋)朱熹,集注.四书章句集注[B].北京:中华书局,2016:10—11.
③ 新华网:《习近平:在2015减贫与发展高层论坛上的主旨演讲》.[2015—10—16]http://www.xinhuanet.com//politics/2015—10/16/c_1116851045.htm.

道若何?"太公对曰:"治国之道,爱民而已。"曰:"爱民若何?"曰:"利之而勿害,成之勿败,生之勿杀,与之勿夺,乐之勿苦,喜之勿怒,此治国之道。……故善为国者,遇民如父母之爱子,兄之爱弟,闻其饥寒为之哀,见其劳苦为之悲。"它体现的就是"家齐而后国治,国治而后天下平"的理念。

"节彼南山,维石岩岩,赫赫师尹,民具尔瞻",出自《诗经·小雅·节南山》。与"民之父母"尽心竭力致力于民生福祉完全相反,"民具尔瞻"是骑在人民头上作威作福。其结果当然也不会是"遐不眉寿""遐不黄耇""保艾尔后",也就是获得长寿安康,而是"丧乱弘多""憯莫惩嗟""庶民弗信""降此鞠讻""降此大戾""乱靡有定""我王不宁",也就是招致人怨天怒。《毛诗传笺》认为该诗乃"家父(周大夫)刺幽王";"节彼南山,维石岩岩","兴也","节,高峻貌","岩岩,积石貌","兴者,喻三公之位,人所尊严";"赫赫师尹,民具尔瞻;忧心如惔,不敢戏谈","赫赫,显盛貌","师,大师,周之三公也","尹,尹氏为大师","具,俱","瞻,视","此言尹氏,女居三公之位,天下之民俱视女之所为,皆忧心如火灼燃之矣,又畏女之威,不敢相戏而言语","疾其贪暴,胁下以刑辟也";"国既卒斩,何用不监","卒,尽","斩,断","监,视也","天下诸侯日相侵伐,其国已尽绝灭,女何用为职,不监察之"?[①]意思是诗人从高峻的南山和累累岩石兴发感叹,尹大师声威显赫,民众都仰望畏惧。对国家忧心如焚,却又畏惧威严不敢轻言。国家已经就要灭亡了,尹大师完全没有察觉!这是讽刺官员尸位素餐。

节南山

节彼南山,维石岩岩。

赫赫师尹,民具尔瞻。

忧心如惔,不敢戏谈。

国既卒斩,何用不监!

节彼南山,有实其猗。

赫赫师尹,不平谓何。

天方荐瘥,丧乱弘多。

[①] (汉)毛亨,传.郑玄,笺.毛诗传笺[B].北京:中华书局,2018:261.

民言无嘉，惨莫惩嗟。
尹氏大师，维周之氐；
秉国之钧，四方是维。
天子是毗，俾民不迷。
不吊昊天，不宜空我师。
弗躬弗亲，庶民弗信。
弗问弗仕，勿罔君子。
式夷式已，无小人殆。
琐琐姻亚，则无膴仕。
昊天不佣，降此鞠讻。
昊天不惠，降此大戾。
君子如届，俾民心阕。
君子如夷，恶怒是违。
不吊昊天，乱靡有定。
式月斯生，俾民不宁。
忧心如酲，谁秉国成？
不自为政，卒劳百姓。
驾彼四牡，四牡项领。
我瞻四方，蹙蹙靡所骋。
方茂尔恶，相尔矛矣。
既夷既怿，如相酬矣。
昊天不平，我王不宁。
不惩其心，覆怨其正。
家父作诵，以究王讻。
式讹尔心，以畜万邦。

"有国者不可以不慎，辟则为天下僇矣。"郑玄说："言民皆视其所行而则之，可不慎其德乎？邪辟失道，则有大刑。"① 朱熹说："言在上者人所瞻仰，不可不谨。若

---

① （汉）郑玄，注．王锷，点校．礼记注（下册）[M]．北京：中华书局，2021：790—791.

不能絜矩而好恶殉于一己之偏，则身弑国亡，为天下之大戮矣。"①意思是说国君诸侯是人民仰视和追随的人，如果不能谨遵职守而一意孤行，就会遭到天下人打杀而身死国亡。"慎"就如《诗经·小雅·小旻》说的"战战兢兢，如临深渊，如履薄冰"，这是中国人对尽忠职守最生动的概括。"僇"就是"戮"，如《尚书·商书·汤誓》中商汤伐夏桀时说的"非台小子敢行称乱，有夏多罪，天命殛之"；"尔不从誓言，予则孥戮汝，罔有攸赦"。不是我这个名叫台的小子胆大妄为发动叛乱，而是夏王犯了许多罪行，上天命令我诛戮他；你们如果不听从我的誓言，我就要让你们当奴隶诛戮你们，绝不会有任何宽容赦免。"辟则为天下僇矣"，也正如孟子所说的"贼仁者谓之贼，贼义者谓之残，残贼之人，谓之一夫。闻诛一夫纣矣，未闻弑君也"（《孟子·梁惠王下》）。夏桀和商纣是中国历史上"辟则为天下僇矣"的典型，其实就是成了政治"革命"的对象。

"有国者不可以不慎，辟则为天下僇矣"，必然的逻辑就是要及时"劝谏"，这也是中国政治文化中的重要内容。《孝经》就有专门一章讲"谏诤"。

> 曾子曰："若夫慈爱、恭敬、安亲、扬名，则闻命矣。敢问子从父之令，可谓孝乎？"
>
> 子曰："是何言与，是何言与！昔者，天子有争臣七人，虽无道，不失其天下；诸侯有争臣五人，虽无道，不失其国；大夫有争臣三人，虽无道，不失其家；士有争友，则身不离于令名；父有争子，则身不陷于不义。故当不义，则子不可以不争于父；臣不可不争于君；故当不义则争之。从父之令，又焉得为孝乎？"

孝道从日常慈爱恭敬父母做起，出门要让父亲安心，而不要让他们担忧子女会犯事，最好是要建功立业，获得好名声以光宗耀祖。所以当曾子问为人子的一切都听从父亲的命令是不是孝的时候，孔子仿佛觉得是荒谬绝伦地连说两句"这是什么话！这是什么话！"他解释说，在古时候，天子有七位直言谏诤之臣，所以即便天子无道，也没有导致天下叛乱；诸侯有五位直言谏诤之臣，所以即便诸侯无道，也没

---

① （宋）朱熹，集注.四书章句集注[B].北京：中华书局，2016：11.

有导致国家灭亡；卿大夫有三位直言谏诤之家臣，所以即便大夫无道，也没有导致家破人亡；士人如果有直言规劝的诤友，那么立身行事就不会没有好名声；父亲如果有敢于据理力争的儿子，父亲就不会使自己陷于不义。所以当父亲违背正义，儿子就应该据理力争。如果一味顺从，怎么能够称为孝呢？这就像父亲作奸犯科，儿子不阻止最后导致父亲死于非命，这怎么能叫作孝顺呢？

  子曰："君子之事上也，进思尽忠，退思补过，将顺其美，匡救其恶，故上下能相亲也。《诗》云：'心乎爱矣，遐不谓矣。中心藏之，何日忘之？'"

  《孝经》专门有"事君"一章，要求君子侍奉君主，入朝为政尽忠效力，退朝居家勤思补过，顺应发扬君王美德，匡正补救君王恶行，所以君臣上下相互亲和。这正如《诗经·小雅·隰桑》篇中说的，"心中充溢着爱敬的情怀，无论多么遥远也不算远，心中深藏这片真诚的敬爱，何曾有一天能够把它忘怀"？孟子曰："人不足与也，政不足间也；唯大人为能格君心之非。君仁，莫不仁；君义，莫不义；君正，莫不正。一正君而国定矣。"（《孟子·离娄上》）当政的小人不值得去谴责，他们的政治也不值得去非议；只有大人才能够纠正君主的不正确思想。君主仁，没有人不仁；君主义，没有人不义；君主正，没有人不正。君主端正了，国家也就安定了。

  《诗》云："殷之未丧师，克配上帝；仪监于殷，峻命不易。"引用这几句诗的目的，就是为了警告为政者"道得众则得国，失众则失国"的道理。意思是说就像殷在商纣王之前未曾丧失民众支持的时候，它也是可以配得上天命的要求，所以应该借鉴殷商失去天命的历史教训，随时警告自己保持天命不容易。"殷之未丧师，克配上帝；仪监于殷，峻命不易。"郑玄说："师，众也。克，能也。峻，大也。言殷王帝乙以上，未失其民之时。德亦有能配天者，谓天享其祭祀也。及纣为恶，而民怨神怒，以失天下。监视殷时之事，天之大命，持之诚不易也。"[①] 朱熹补充说："有天下者，能存此心而不失，则所以絜矩而与民同欲者，自不能已矣。"[②] 这里的关键是"峻命不易"，保持天之大命实乃不易！也就是告诫为政者，天命是会变的。"天命"之

[①] （汉）郑玄，注．王锷，点校．礼记注（下册）[M]．北京：中华书局，2021：791．
[②] （宋）朱熹，集注．四书章句集注[B]．北京：中华书局，2016：11．

"易"就是政权的交替,如"朕在位七十载,汝能庸命巽朕位"(《尚书·尧典》);"天之历数在尔躬"(《论语·尧曰篇》);"于是帝尧老,命舜摄行天子之政,以观天命。"(《史记·五帝本纪》)尧、舜、禹之间的"天命"之"易"是"禅让",但夏桀和商汤、商纣和武王之间的"天命"之"易"却是暴力"革命",所以说"宜鉴于殷"。《诗经·大雅·荡》则说"殷鉴不远,在夏后之世",这是说借鉴商汤灭夏桀的历史经验。

文 王

文王在上,于昭于天。
周虽旧邦,其命惟新。
有周不显,帝命不时。
文王陟降,在帝左右。
亹亹文王,令闻不已。
陈锡哉周,侯文王孙子。
文王孙子,本支百世。
凡周之士,不显亦世。
世之不显,厥犹翼翼。
思皇多士,生此王国。
王国克生,维周之桢;
济济多士,文王以宁。
穆穆文王,于缉熙敬止。
假哉天命。有商孙子。
商之孙子,其丽不亿。
上帝既命,侯于周服。
侯服于周,天命靡常。
殷士肤敏。裸将于京。
厥作裸将,常服黼冔。
王之荩臣。无念尔祖。
无念尔祖,聿修厥德。
永言配命,自求多福。

殷之未丧师，克配上帝。
宜鉴于殷，骏命不易！
命之不易，无遏尔躬。
宣昭义问，有虞殷自天。
上天之载，无声无臭。
仪刑文王，万邦作孚。

汤灭夏桀、武王伐纣的历史教训，就是"道得众则得国，失众则失国"。《尚书·夏书·五子之歌》讲禹之孙、启之子太康荒淫无度，五个弟弟各作歌一首劝谏他。其一曰："皇祖有训，民可近，不可下。民惟邦本，本固邦宁。予视天下，愚夫愚妇一能胜予。一人三失，怨岂在明？不见是图。予临兆民，懔乎若朽索之驭六马，为人上者，奈何不敬？"意思是说我们伟大的皇祖禹曾有明训，人民可以亲近而不可轻视；人民是国家的根本，根本牢固国家才安宁。我看天下民众的力量大啊，愚夫愚妇随便一人都能胜我。天子一人多次失误，难道要等民怨显明吗？还未明显的时候，就应当去图谋补救。君临天下治理亿兆民，应该小心得像用坏绳索驾驭六匹马，做君主的人怎么能不对民众心怀敬畏呢？孟子曰："民为贵，社稷次之，君为轻。是故得乎丘民而为天子，得乎天子为诸侯，得乎诸侯为大夫。诸侯危社稷，则变置。牺牲既成，粢盛既洁，祭祀以时，然而旱干水溢，则变置社稷。"（《孟子·尽心下》）庶民百姓最为重要，土谷之神次之，君主相对最轻。所以得到百姓支持便做天子，得到天子封赏便做诸侯，得到诸侯赏识便做大夫。诸侯危害江山社稷，那就褫夺改立。献祭的牲畜既是肥壮的，献祭的酒菜也是清洁的，献祭的时间也没有疏忽，但还是遭受旱灾水灾，那就废弃改立土谷之神。诸侯和神主都可以剥夺令立，唯有庶民百姓只能争取支持。

（二）"道善则得之，不善则失之矣"

"是故君子先慎乎德。有德此有人，有人此有土，有土此有财，有财此有用。"因此，君子总是首先看重美德，有美德就能得到人民支持，有了人民的支持就会拥有国土，有国土自然就会有财富，有财富就能生产器用。朱熹说："先慎乎德，承上文不可不慎言。德，即所谓明德。有人，谓得众。有土，谓得国。有国则不患无财用矣。"①"先慎乎德",是接着上文"有国者不可以不慎"说的;"德"是提醒为政者要能"明明德","有人"就是"得众"的意思,或许也是"亲民"的意思;"有土"就是"得国"。显然,这句话是在劝告当时的诸侯不要争夺国土而要争夺民心。

周人在太王时居于邠地,不断地受到狄人侵略。送他们兽皮锦帛,还是免不了受侵。送他们名犬好马,同样免不了受侵。送他们珠宝美玉,依然免不了受侵。太王于是召集老人并告诉他们说:"狄人真正想要的,是我们居住的土地。我听人说:'君子不用养人类的东西去害人。'你们何必担心没君主呢?我将离开这里!"他离开邠地,翻越梁山,建城邑于岐山脚下定居下来。邠地的老百姓说:"真是位仁人啊,不能失去他。"跟随他的人像赶集一样多。

> 昔者大王居邠,狄人侵之。事之以皮币,不得免焉;事之以犬马,不得免焉;事之以珠玉,不得免焉。乃属其耆老而告之曰:"狄人之所欲者,吾土地也。吾闻之也:'君子不以其所以养人者害人。'二三子何患乎无君?我将去之。"去邠,逾梁山,邑于岐山之下居焉。邠人曰:"仁人也,不可失也。"从之者如归市。②

"君子不以其所以养人者害人",就是不因争夺养人的土地而杀人,这是太王的美德。与之相反,"梁惠王以土地之故,糜烂其民而战之,大败;将复之,恐不能胜,故驱其所爱子弟以殉之"(《孟子·尽心下》)。梁惠王为了争夺土地,让人民战死后尸体糜烂,结果还是大败;又要再战,担心不能战胜,就驱使自己的子弟去送死。春秋战国时期,各国大概都这样。所以,孟子说"春秋无义战,彼善于此,则有之矣"(《孟子·尽心下》),春秋就没有正义的战争,顶多有这个国家比那个国家好点而已。他希望诸侯国君都能像太王一样,先用自己的美德争取民众的支持,争得民众的支持就会有国土。有了人民和国土,像皮币、犬马、珠玉这些财用则自然会有的。孟子也并不是在战乱的年代却一味强调和平,对于齐宣王问他要不要伐燕的事,他回答是看燕国人民高兴不高兴。

---

① (宋)朱熹,集注. 四书章句集注 [B]. 北京:中华书局,2016: 11.
② (宋)朱熹,集注. 四书章句集注 [B]. 北京:中华书局,2016: 225—226.

取之而燕民悦，则取之。古之人有行之者，武王是也。取之而燕民不悦，则勿取。古之人有行之者，文王是也。以万乘之国伐万乘之国，箪食壶浆，以迎王师。岂有他哉？避水火也。如水益深，如火益热，亦运而已矣。①

攻打燕国如果能使燕国的老百姓高兴，那就去攻取它。古人有类似这样做的，周武王便是。如果燕国的老百姓不高兴，那就不要攻打它。古人有类似这样做的，周文王便是。以齐国这样一个拥有万辆兵车的大国去攻打燕国这样一个同样拥有万辆兵车的大国，燕国的老百姓如果用饭筐装着饭、用酒壶盛着酒浆，出来欢迎大王的军队。他们这么做难道有别的原因吗？不就是想逃避水深火热！如果水更深了，火更热了，那也只好再逃避。

"是故君子先慎乎德。有德此有人，有人此有土，有土此有财，有财此有用"，这并不是教人空谈美德，一味地反对战争，而是强调战争的正义性。正义的战争才能得到人民的支持，才能最终赢得战争和获得土地，有了人民和土地自然就会有财用，这就是"大学之道，在明明德，在亲民，在止于至善"的基本含义。

1945年8月26日，毛泽东在去重庆同蒋介石进行和平谈判的前两天，为中共中央起草了《中共中央关于同国民党进行和平谈判的通知》。其中就体现了"是故君子先慎乎德。有德此有人，有人此有土，有土此有财，有财此有用"的思想。

在谈判中，国民党必定要求我方大大缩小解放区的土地和解放军的数量，并不许发纸币，我方亦准备给以必要的不伤害人民根本利益的让步。无此让步，不能击破国民党的内战阴谋，不能取得政治上的主动地位，不能取得国际舆论和国内中间派的同情，不能换得我党的合法地位和和平局面。但是让步是有限度的，以不伤害人民根本利益为原则。在我党采取上述步骤后，如果国民党还要发动内战，它就在全国全世界面前输了理，我党就有理由采取自卫战争，击破其进攻。②

---

① （宋）朱熹，集注．四书章句集注[B]．北京：中华书局，2016：222—223．
② 毛泽东．毛泽东选集（第4卷）[M]．北京：人民出版社，1991：1153—1154．

"德者本也，财者末也，外本内末，争民施夺。是故财聚则民散，财散则民聚"，德是政治的根本，国民党的失败就是从悖德输理开始的。财富其实是末节，国民党的物质基础比共产党好得多，但是，把身外之物当根本而把美德当末节，最终只能导致国民党从上到下贪污腐败、争权夺利。国民党为战争敛了越多的财富则民心散得越快，共产党却通过减租和生产改善民众的生活，所以深得人民的支持。1945年11月7日，毛泽东为中共中央起草了《减租和生产是保卫解放区的两件大事》的党内指示，集中体现了"财聚则民散，财散则民聚"的道理。

> 国民党在美国援助下，动员一切力量进攻我解放区。全国规模的内战已经存在。我党当前任务，是动员一切力量，站在自卫立场上，粉碎国民党的进攻，保卫解放区，争取和平局面的出现。为达此目的，使解放区农民普遍取得减租利益，使工人和其他劳动人民取得酌量增加工资和改善待遇的利益；同时又使地主还能生活，使工商业资本家还有利可图；并于明年发展大规模的生产运动，增加粮食和日用必需品的生产，改善人民的生活，救济饥民、难民，供给军队的需要，成为非常迫切的任务。只有减租和生产两件大事办好了，才能克服困难，援助战争，取得胜利。
>
> 告诉党员坚决同人民一道，关心人民的经济困难，而以实行减租和发展生产两件大事作为帮助人民解决困难的重要关键，我们就会获得人民的真心拥护，任何反动派的进攻是能够战胜的。一切仍要从长期支持着想，爱惜人力、物力，事事作长期打算，我们就一定能够胜利。[1]

"德者本也，财者末也，外本内末，争民施夺。"朱熹说："人君以德为外，以财为内，则是争斗其民，而施之以劫夺之教也。"[2]也正是从这个意义上，孟子说："苟为后义而先利，不夺不餍。未有仁而遗其亲者也，未有义而后其君者也。王亦曰仁义而已矣，何必曰利。"如果人人都把道义放在后面而以利益为先，不夺得国君的地

---

[1] 毛泽东.毛泽东选集（第4卷）[M].北京：人民出版社，1991：1172—1173.

[2] （宋）朱熹，集注.四书章句集注[B].北京：中华书局，2016：11.

位就不会满足。从来没有讲仁道而遗弃父母的,也从来没有讲道义却把国君放第二位的。所以,作为君王要讲的是仁义而已,何必考虑自身私利呢?君主是公共利益的代表,应该让人明确是非善恶;他由民众共同供养,而不必谋求自身利益;他的职责是治理天下,而不是事无巨细亲力亲为。

> 故君者所明也,非明人者也;君者所养也,非养人者也;君者所事也,非事人者也。故君明人则有过,养人则不足,事人则失位。故百姓则君以自治也,养君以自安也,事君以自显也。故礼达而分定,故人皆爱其死而患其生。故用人之知,去其诈;用人之勇,去其怒;用人之仁,去其贪。故国有患,君死社稷谓之义,大夫死宗庙谓之变。故圣人耐以天下为一家,以中国为一人者,非意之也,必知其情,辟于其义,明于其利,达于其患,然后能为之。①

君主的作用就是率先垂范让人认明光明大德,而不是自以为是地要人明白光明大德;君主就是依靠天下百姓供养的人,而不是一个人就可以供养天下人;君主就是引领天下人做事的人,而不是一个人就可以为天下人做事。君主如果自以为是地要人明白明德就一定会有过错,如果想要供养天下人就一定会面临物资匮乏,如果想为天下人做事就一定会顾此失彼。良好的治理是百姓以君主为榜样实现自我治理,通过供养这样的君主实现百姓安居乐业,通过这样的君主来成就自己的伟大事业。如此礼义通达而职分明确,结果就是人人乐于牺牲奉献而耻于苟且偷生。这样,民智就能得到充分利用,而奸诈则会逐步消除;勇气就能得到充分利用,而暴怒则会得到遏制;仁爱就能得到充分发挥,贪欲则会被逐步去除。因此,国家如有患难,君主会有为江山社稷而死的大义,大夫会有为延续国族血脉而死的变计。由此可见,圣人之所以能够使普天之下如同一家,使整个中国就像一人,并不是凭着强硬的主观意志做到的,而必定是因为了解人情、坚持人义、明白人利、善解人患,唯有如此才能做到。

"大学之道,在明明德,在亲民,在止于至善",说到底就在"君者所明",在

---

① 胡平生,张萌,译注.礼记(上)[B].北京:中华书局,2017:431.

"百姓则君",在"以天下为一家,以中国为一人"。用今天的话来说,治理天下国家的根本之道,在于领导者能英明领导,能像关爱子女一样关爱民众,使天下就像一个大家庭,中国就像一个人。这就是"大同",这就是"天下太平"。

"是故言悖而出者,亦悖而入;货悖而入者,亦悖而出",是说为政者往往说一套做一套,但这种自欺欺人的政治把戏是没有用的,说出来的话如果事实上违背了道义,最终也会以违背为政者本意的方式返回来;财货违背道义被聚敛进来,最终也会违背敛财者的心意而离开。

"惟命不于常!"这句话引自《尚书·周书·康诰》,原文:王曰:"呜呼!肆汝小子封,惟命不于常,汝念哉!无我殄享,明乃服命,高乃听,用康乂民。"而今我要警告你年轻的封,天命不是永恒不变的,对此你要念念不忘啊!不要因你而断送祖宗社稷啊。明德之君都是服从天命的,可敬君子都是听从天命的,用心治理国家使人民幸福安康吧。"惟命不于常!"就是警告为政者不要违背"天命"。"天命之谓性,率性之谓道"(《中庸》),"惟命不于常"就是告诫为政者要"遵道而行",所以说"道善则得之,不善则失之矣"。

"道善则得之,不善则失之矣",就如子曰:"富与贵,是人之所欲也;不以其道得之,不处也。贫与贱,是人之所恶也;不以其道得之,不去也。君子去仁,恶乎成名?君子无终食之间违仁,造次必于是,颠沛必于是。"(《论语·里仁》)富贵是人人都想要得到的,但不是用正当的手段得到它就不会长久;贫贱是人人都厌恶的,但不是用正当的手段去摆脱它,就不会真正摆脱的。君子如果背离了仁道,怎么能叫君子呢?君子就是吃一顿饭的工夫也不能背离仁道,就是在最紧迫的时刻也必须按照仁道办事,就是在颠沛流离之际也仍然按仁道去办事的。子曰:"饭疏食饮水,曲肱而枕之,乐亦在其中矣。不义而富且贵,于我如浮云。"(《论语·述而》)吃粗粮喝凉水,弯着胳膊当枕头,其乐融融在其中。不符合道义得来的富贵,对于我就像是天上的浮云。意思是这种富贵是不可靠的,一阵风吹来就烟消云散。

2014年3月18日,习近平在河南省兰考县委常委扩大会议上的讲话中说"想发财有正路,去经商就是了",说的就是"道善则得之";"当个贪官,整天提心吊胆"就是"不善则失之矣";"钱怎么拿进去的就怎么吐出来"就是"货悖而入者,亦悖而出"。

鱼和熊掌不可兼得,我当县委书记时就讲过这个话。我一直讲,要想清楚了再参加革命。战争年代入党是要掉脑袋的事情，不得不想清楚了再参加。现在也是这样，要进入公务员队伍得想清楚再来，没想清楚就别进来，没想清楚进来很容易迷茫、很容易迷路。想当官就不要发财，想发财就不要当官。现在，想发财有正路，去经商就是了，合法经商、依法纳税，很多人不是创业成功了吗？百万富翁、千万富翁、亿万富翁不都有吗？那个是光荣发家。当个贪官，整天提心吊胆，幸福感也确实不高，而且很容易得心脏病，睡不踏实啊！稍微有点风吹草动就在那儿打颤。天网恢恢，疏而不漏。最后，钱怎么拿进去的就怎么吐出来，只是当了个保管员。①

（三）"忠信以得之，骄泰以失之"

《楚书》曰："楚国无以为宝，惟善以为宝。"楚国没有什么可宝贵的，唯有善是最为宝贵的。可以说，这是"道善则得之，不善则失之矣"的必然逻辑。郑玄说："《楚书》，楚昭王时书也。言以善人为宝，时谓观射父、昭奚恤也。"②朱熹说："《楚书》，楚语。言不宝金玉而宝善人。"③他们对"楚书"的解释有"书"和"语"不同，但都同意以"善人"为宝。也就是说这一部分从"善道"进而讲到"善人"，因此接下来讲"亡人""一个臣""仁人"。

舅犯曰："亡人无以为宝，仁亲以为宝。"意思是说逃亡在外国的王子，身上没有什么东西是宝贵的，把热爱父亲当作宝。郑玄说："舅犯，晋文公之舅狐偃也。亡人，谓文公也。时辟骊姬之谗，亡在翟，而献公薨，秦穆公使子显吊，因劝之复国，舅犯为之对此辞也。仁亲，犹言亲爱仁道也。明不因丧规利也。"④朱熹说："舅犯，晋文公舅狐偃，字子犯。亡人，文公时为公子，出亡在外也。仁，爱也。事见《檀弓》。此两节又明不外本而内末之意。"⑤说的是晋文公重耳为公子时，因为晋献公宠

---

① 新华网.《习近平：在兰考县委常委扩大会上的讲话》.[2015—09—08]http://www.xinhuanet.com/politics/2015—09/08/c_128206459.htm.
② （汉）郑玄，注.王锷，点校.礼记注（下册）[M].北京：中华书局，2021：792.
③ （宋）朱熹，集注.四书章句集注[B].北京：中华书局，2016：11.
④ （汉）郑玄，注.王锷，点校.礼记注（下册）[M].北京：中华书局，2021：792.
⑤ （宋）朱熹，集注.四书章句集注[B].北京：中华书局，2016：11—12.

爱的骊姬的谗言，只好逃亡在外以免惹杀身之祸。晋献公去世的时候，秦穆公派人去向重耳表示吊唁，并让使者转告说："我听说失去国家常在此时，得到国家也常在此时，即使你在沉痛的哀伤服丧中，但逃亡也不可能太久，而时机也不可错失。你何不趁早图谋！"其舅子犯就劝他说："你还是推辞掉吧，逃亡在外的人没有什么可宝贵的，把爱自己的父亲当作最宝贵的。父亲去世意味着什么呢？如果借此时机图谋获利，天下人谁能为你说好话？你还是辞掉吧。"重耳接受了舅犯的劝告，向使者表示父亲去世自己只有尽哀而不敢另有他图[①]。子夏为莒父宰，问政。子曰："无欲速，无见小利。欲速则不达，见小利则大事不成。"（《论语·子路》）孔子的学生子夏做了莒父的总管，问孔子怎样办理政事。孔子说："不要贪图快速，也不要贪小便宜。求快反而达不到目的，贪求小利就做不成大事。"这用在晋文公继位这件事上不也很合适吗？毫无疑问，这其中包含着政治策略，但重耳这么做就是遵守孝道，所以最后不仅顺利继位成为晋文公而且成为春秋五霸之一，所以说"道善则得之，不善则失之矣"。

《秦誓》曰："若有一个臣，断断兮无他技，其心休休焉，其如有容焉。人之有技，若己有之，人之彦圣，其心好之，不啻若自其口出，寔能容之，以能保我子孙黎民，尚亦有利哉。人之有技，媢疾以恶之，人之彦圣，而违之俾不通，寔不能容，以不能保我子孙黎民，亦曰殆哉。"《秦誓》是春秋时代秦穆公所做的誓言，据《左传·僖公三十二年、三十三年》记载，秦穆公听信了杞子的意见，派孟明视等大将三人率领军队远道偷袭郑国。出师时，大臣蹇叔竭力劝阻，但穆公利令智昏，不听从蹇叔的劝阻，结果遭到惨败。《秦誓》是战事以后，穆公自责自悔，沉痛总结失败教训之作[②]。"断断，诚一之貌。彦，美士也。圣，通明也。尚，庶几也。媢，忌也。违，拂戾也。殆，危也。"[③]整句的意思：如果有这样一位忠臣，忠实诚恳而没有别的本领，他的心地纯朴善良，为人处世宽容大度。别人有技能就好像自己有，别人贤明就发自内心地喜爱，而不像有些人口是心非，这是真正能容纳人，这样也就能够保守我的子孙后代和黎民百姓，可以说这样的人也算是利国利民。反之，如果别人有技能就因为嫉妒而对他产生厌恶，别人贤明就与他作对让他一事无成，这就是不

[①] 胡平生，张萌，译注. 礼记（上）[B]. 北京：中华书局，2017：185.
[②] 王世舜，王翠叶，译注. 尚书[B]. 北京：中华书局，2012：344.
[③] （宋）朱熹，集注. 四书章句集注[B]. 北京：中华书局，2016：12.

能容纳人，如此必定对我的子孙后代和黎民百姓不利，这种人就很危险。

问："絜矩以好恶、财用、媢疾彦圣为言，何也？"

曰："如桑弘羊聚许多财，以奉武帝之好。若是絜矩底人，必思许多财物，必是侵过着民底，满着我好，民必恶。言财用者，盖如自家在一乡之间，却专其利，便是侵过着他底，便是不絜矩。言媢疾彦圣者，盖有善人，则合当举之，使之各得其所。今则不举他，便失其所，是侵善人之分，便是不絜矩。此特言其好恶、财用之类，当絜矩。事事亦当絜矩。"[①]

朱熹认为列举这两种大臣，主要还是要说明"絜矩之道"，他举了桑弘羊作为第二种大臣的例子，意思是说他为汉武帝聚敛太多财富，而不知道由此将造成民众厌恶。虽然汉武帝确实为剿灭匈奴耗费太多财力，但是，汉武帝显然不是骄奢淫逸的昏君，而是雄才大略缔造了汉朝百年盛世，对于西域开发开放居功至伟。桑弘羊布衣出身而成一代名相，也绝非庸庸碌碌充当帝王走狗之辈，其国家专营或干预的经世济民之术，可以说对后世甚至今天政府调控经济还有启发。所以朱熹所举之例实在有失公道，反倒是宋代君臣但凡有点汉武帝、桑弘羊君臣的才略，也不至于使宋代沦为苟且偷安的朝代。其实，秦穆公担忧的第二类人，暗中迫害韩非子的李斯才是典型。据《史记》记载，秦始皇见《孤愤》《五蠹》之书，曰："嗟乎，寡人得见此人与之游，死不恨矣！"司马光在《资治通鉴》中却说："臣闻君子亲其亲以及人之亲，爱其国以及人之国，是以功大名美而享有百福也。今非为秦画谋，而首欲覆其宗国，以售其言，罪固不容于死矣，乌足愍哉！"宋代的孱弱看来是整个过分道德化的文化决定的，他们太重视"断断兮无他技，其心休休焉"的大臣了。这种人的典型应该是"萧规曹随"中的萧何，此人在封建统治者中算得上是忠厚大度的代表，而这种人确实是儒家最为欣赏的。鲁人为长府。闵子骞曰："仍旧贯，如之何？何必改作？"子曰："夫人不言，言必有中。"（《论语·先进》）鲁国的执政大臣要翻修长府。闵子骞说："老样子不好吗？何必一定要翻修呢？"孔子说："你这个人不轻易说话，但说话必定切中要害。"儒家学术的主旨是长治久安，而不是开疆拓土，所以难免带有保

[①] （宋）黎靖德，编.王星贤，点校.朱子语类[B].北京：中华书局，2020：392—393.

守性。

子路曰："桓公杀公子纠，召忽死之，管仲不死。"曰："未仁乎？"子曰："桓公九合诸侯，不以兵车，管仲之力也。如其仁！如其仁！"（《论语·宪问》）齐桓公杀了公子纠，召忽自杀以殉，但管仲却没有死。子路认为管仲是不仁，但孔子却以桓公多次召集各诸侯国盟会，弭兵停战都是管仲出的力，称赞这就体现了他的仁德。子贡曰："管仲非仁者与？桓公杀公子纠，不能死，又相之。"子曰："管仲相桓公，霸诸侯，一匡天下，民到于今受其赐。微管仲，吾其被发左衽矣。岂若匹夫匹妇之为谅也，自经于沟渎而莫之知也。"（《论语·宪问》）子贡也认为管仲不仁，理由同样是桓公杀死了公子纠，管仲不能殉难，还辅佐桓公。孔子反驳说管仲辅佐桓公称霸诸侯，匡正了天下战乱使得百姓到现在还蒙受他的恩赐。如果没有管仲的话，我大概也得披散着头发、袒露左肩做野蛮人了吧。难道非要像普通男女那样坚守私情，在沟道里自缢死了也没人知道吗？从孔子对管仲积极肯定的评价来看，孔子不是从君臣忠义而是从社会公益来评价大臣。司马迁对秦始皇和韩非子，朱熹对汉武帝和桑弘羊，所做评价都太过注重君臣之义而忽视了社会正义。不过，朱熹说的"使之各得其所"，正是儒家的最高追求，在这点上他赞同道家"无为而治"；像李斯和韩非这样的法家人才，在儒家看来太过注重"术"，而经常背离了"道"，所以"亦曰殆哉"。"各得其所"，正如《中庸》所言"致中和，天地位焉，万物育焉"，实为"国治而后天下平"的具体目标。

"唯仁人放流之，迸诸四夷，不与同中国。此谓唯仁人为能爱人，能恶人。"郑玄认为这句话是说："放去恶人媢疾之类者，独仁人能之。如舜放四罪而天下咸服。"[1]朱熹说："迸，读为屏，古字通用"，"迸，犹逐也。言有此媢疾之人，妨贤而病国，则仁人必深恶而痛绝之。以其至公无私，故能得好恶之正如此也"[2]。也就是说只有至公无私的仁人流放那些嫉妒贤能的人，把他们驱逐到蛮荒之地，不能参与共享中国文明。这也如子曰："唯仁者能好人，能恶人。"（《论语·里仁》）只有讲仁爱的人，才能够公正地喜爱人或厌恶人。

"四夷"与"中国"，代表不同自然条件形成的不同生活方式。各地居民的秉性

---

[1]（汉）郑玄，注.王锷，点校.礼记注（下册）[M].北京：中华书局，2021：793.
[2]（宋）朱熹，集注.四书章句集注[B].北京：中华书局，2016：12.

材质，必须考虑不同地区气候寒暖燥湿不同，地形广谷大川差异。生活在不同的地理条件下的民众逐步形成不同的习俗。有的性情急躁，有的性情迟缓，酸苦甘辛咸，各有偏爱，使用的工具各有不同，穿的衣服也各有所好。政府应当注重对他们进行礼仪方面的教育，不必改变其风俗；同时应当注重统一政令，不必改变其习惯。下面《礼记·王制》所言与《荀子·正论》之"诸夏之国同服同仪，蛮、夷、戎、狄之国同服不同制"①，都强调"同服"天子而"制度"不同，颇有"一国两制"的味道。

  凡居民材，必因天地寒暖燥湿，广谷大川异制。民生其间者异俗。刚柔、轻重、迟速异齐，五味异和，器械异制，衣服异宜。修其教，不易其俗；齐其政，不易其宜。

  中国戎夷五方之民，皆有性也，不可推移。东方曰"夷"，被发文皮，有不火食者矣。南方曰"蛮"，雕题交趾，有不火食者矣。西方曰"戎"，被发衣皮，有不粒食者矣。北方曰"狄"，衣羽毛穴居，有不粒食者矣。中国、夷、蛮、戎、狄，皆有安居、和味、宜服、利用、备器，五方之民，言语不通，嗜欲不同。达其志，通其欲：东方曰"寄"，南方曰"象"，西方曰"狄鞮"，北方曰"译"。

  凡居民，量地以制邑，度地以居民。地、邑、民居，必参相得也。无旷土，无游民，食节事时，民咸安其居，乐事劝功，尊君亲上，然后兴学。②

  显然，"进诸四夷，不与同中国"并不是民族歧视，恰恰是尊重各民族地区的具体情况。子欲居九夷。或曰："陋，如之何？"子曰："君子居之，何陋之有？"孔子曾想到边远蛮夷地区去居住，有人说："那地方非常鄙陋，怎么能居住呢？"孔子回答说："有君子住在那儿，怎么会鄙陋呢？"这意味着孔子是想去传播文明。孟子曾说舜出生在诸冯，后来迁居到负夏，最终死在鸣条，是东方蛮夷之人。文王生在岐周，死在毕郢，是西方蛮夷之人。他们生活的两地相隔一千多里，年代相差一千多年。他们各自都实现了在中国推行仁政的志向，彼此所作所为就像两片符节一样契

---

① 方勇，李波，译注. 荀子[B]. 北京：中华书局，2015：285.
② 胡平生，张萌，译注. 礼记（上）[B]. 北京：中华书局，2017：263—265.

合，前代圣人和后代圣人，他们的道一以贯之。

> 舜生于诸冯，迁于负夏，卒于鸣条，东夷之人也。文王生于岐周，卒于毕郢，西夷之人也。地之相去也，千有余里；世之相后也，千有余岁。得志行乎中国，若合符节，先圣后圣，其揆一也。

"见贤而不能举，举而不能先，命也；见不善而不能退，退而不能远，过也。"郑玄说："命，读为'慢'，声之误也。举贤而不能使君以先己，是轻慢于举人也。"[①] 朱熹说："命，郑氏云：'当作慢。'程子云：'当作怠。'未详孰是"；"若此者，知所爱恶矣，而未能尽爱恶之道，盖君子而未仁者也"[②]。发现了贤才却不能推举给国君，即便推荐也绝不能推到官职比自己领先，这是对国家命运的怠慢；发现了恶人却不能清退，即便清退了也不能让他们远离国君，这就是犯了大过错。这种人虽然能分清是非善恶，但没有尽到喜爱和厌恶的道，属于君子但还不算仁人。宋代苏洵的《管仲论》就是把管仲看作是这种典型。管仲原来拥护公子纠，而且还差点射杀公子小白。小白继位为齐桓公，要拜鲍叔牙为相，但鲍叔牙力荐管仲，这才使管仲被齐桓公拜为相。所以，苏洵说齐国强大源自鲍叔牙，而齐国的衰败则源自管仲。虽然管仲也劝告齐桓公说易牙"杀子以适君，非人情，不可"；开方"倍亲以适君，非人情，不可"；竖刁"自宫以适君，非人情，不可"，但"见不善而不能退，退而不能远"。齐桓公没有听管仲劝告，最终使得竖刁、易牙、开方三个小人当权，导致齐国开始出现混乱和动荡。不仅如此，管仲还对桓公说："鲍叔之为人也，好直而不能以国强。宾胥无之为人也，好善而不能以国诎。"也就是说鲍叔牙太直率不能使国家富强，反对齐桓公拜鲍叔牙为相。在管仲的推荐下，公孙隰朋被拜为相。一月后，公孙隰朋去世，齐桓公坚持让鲍叔牙称相，鲍叔牙提出必须辞去易牙、开方、竖刁三人。由此看来，管仲和鲍叔牙在举荐贤才和退不善上正好相反，管仲对齐国衰落的命运有大过错。史鳅（史鱼）"身后之谏"，据《家语》记载，"史鱼病，将卒。命其子曰：'吾仕卫不能进蘧伯玉，退弥子瑕，是吾生不能正君，死无以成礼。我死，汝

[①] （汉）郑玄，注．王锷，点校．礼记注（下册）[M]．北京：中华书局，2021：793．
[②] （宋）朱熹，集注．四书章句集注[B]．北京：中华书局，2016：12．

置尸户牖下，于我毕矣。'其子从之。灵公吊焉，怪而问之。其子以告。公愕然失容，于是命殡之客位。进蘧伯玉，而退弥子瑕。"①子曰："直哉史鱼！邦有道如矢，邦无道如矢。君子哉蘧伯玉！邦有道则仕，邦无道则可卷而怀之。"（《论语·卫灵公》）孔子对史鱼的正直大为赞叹，说他国家政治清明时像箭一样直，国家政治黑暗时也像箭一样直。孔子称赞蘧伯玉是个君子，国家政治清明就出来做官；国家政治黑暗就卷铺盖退藏起来。苏洵还赞扬了萧何推举曹参替代自己做宰相。这些被儒家赞赏的人都是"德才兼备，以德为先"的人，管仲是一个更注重"术"或"才"的人，所以他对有恩于己的鲍叔牙也不推荐。孔子肯定他的仁术，但批评他器量小。

> 管仲相威公，霸诸侯，攘夷狄，终其身齐国富强，诸侯不敢叛。管仲死，竖刁、易牙、开方用，威公薨于乱，五公子争立，其祸蔓延，讫简公，齐无宁岁。
> 夫功之成，非成于成之日，盖必有所由起；祸之作，不作于作之日，亦必有所由兆。故齐之治也，吾不曰管仲，而曰鲍叔。及其乱也，吾不曰竖刁、易牙、开方，而曰管仲。何则？竖刁、易牙、开方三子，彼固乱人国者，顾其用之者，威公也。夫有舜而后知放四凶，有仲尼而后知去少正卯。彼威公何人也？顾其使威公得用三子者，管仲也。仲之疾也，公问之相。当是时也，吾意以仲且举天下之贤者以对。而其言乃不过曰：竖刁、易牙、开方三子，非人情，不可近而已。
> 呜呼！仲以为威公果能不用三子矣乎？仲与威公处几年矣，亦知威公之为人矣乎？威公声不绝于耳，色不绝于目，而非三子者则无以遂其欲。彼其初之所以不用者，徒以有仲焉耳。一日无仲，则三子者可以弹冠而相庆矣。仲以为将死之言可以絷威公之手足耶？夫齐国不患有三子，而患无仲。有仲，则三子者，三匹夫耳。不然，天下岂少三子之徒哉？虽威公幸而听仲，诛此三人，而其余者，仲能悉数而去之耶？呜呼！仲可谓不知本者矣。因威公之问，举天下之贤者以自代，则仲虽死，而齐国未为无仲也。夫何患三子者？不言可也。

---

① （清）吴楚材，吴调侯.选注.古文观止[B].上海：上海古籍出版社，2016：420.

> 五伯莫盛于威、文，文公之才，不过威公，其臣又皆不及仲；灵公之虐，不如孝公之宽厚。文公死，诸侯不敢叛晋，晋袭文公之余威，犹得为诸侯之盟主百余年。何者？其君虽不肖，而尚有老成人焉。威公之薨也，一败涂地，无惑也，彼独恃一管仲，而仲则死矣。
>
> 夫天下未尝无贤者，盖有有臣而无君者矣。威公在焉，而曰天下不复有管仲者，吾不信也。仲之书，有记其将死论鲍叔、宾胥无之为人，且各疏其短。是其心以为数子者皆不足以托国。而又逆知其将死，则其书诞谩不足信也。吾观史䲡，以不能进蘧伯玉，而退弥子瑕，故有身后之谏。萧何且死，举曹参以自代。大臣之用心，固宜如此也。夫国以一人兴，以一人亡。贤者不悲其身之死，而忧其国之衰，故必复有贤者，而后可以死。彼管仲者，何以死哉？①

"好人之所恶，恶人之所好，是谓拂人之性，菑必逮夫身"，喜好人们通常厌恶的事物，厌恶人们通常喜好的事物，这就是所谓的违背人性，灾害必然要降临这种人身上。朱熹说："菑，古灾字"，"拂，逆也"，"好善而恶恶，人之性也；至于拂人之性，则不仁之甚者也"②。喜好善而厌恶恶，这就是人的本性；如果喜欢恶而厌恶善，那就是大奸大恶。上面说到的开方为了亲近桓公，父亲病故也不回家看一眼；易牙，为了让桓公尝尝人肉的味道竟然杀了自己的儿子；竖刁为了得到齐桓公的宠爱，又怕桓公猜忌其与后宫有染就阉割了自己。有些人觉得这种人愿意为君主付出一切，其实这些人只是为了依附权势而疯狂。有些人觉得这三个人好像也没有"菑必逮夫身"。其实，父亲死了，儿子死了，自己阉了，这还不是降临到他们身上的灾害吗？做恶人本身就是最大的灾害啊！

"是故君子有大道，必忠信以得之，骄泰以失之。"朱熹说："君子，以位言之。道，谓居其位而修己治人之术。发己自尽为忠，循物无违谓信。骄者矜高，泰者侈肆。此因引《文王》《康诰》之意而言。章内三言得失，而语益加切，盖至此而天理存亡之几决矣。"③意思是说君主修己治人，能遵循推己及人就会成功，骄傲自满就会

---

① （清）吴楚材，吴调侯.选注.古文观止[B].上海：上海古籍出版社，2016：417—419.
② （宋）朱熹，集注.四书章句集注[B].北京：中华书局，2016：12.
③ （宋）朱熹，集注.四书章句集注[B].北京：中华书局，2016：12.

失败。这句话是对《文王》《康诰》关于"天命"的意思来说的。本章三次讲"得"和"失",至此天理与存亡的关系差不多明确了。显然,这里的"得之"和"失之"的"之"还是指"道","得道者多助,失道者寡助"的"得道"和"失道"。"忠信"和"骄泰"是对待"道"的两种态度,"忠信"就是忠诚笃信"天命之谓性,率性之谓道",因此"安而行之";"骄泰"其实并不相信"天命之谓性,率性之谓道",只是"利而行之"或"勉强而行之"。用老子的话来说,"忠信"就是"上士闻道,勤而行之";"骄泰"就是"中士闻道,若存若亡;下士闻道,大笑之"。比如说"作民之父母","忠信"就是以关爱子女的心来关爱百姓,"骄泰"则只是"装作民之父母",心里面其实觉得那种想法很傻,只想"作威作福"。

"是故君子有大道,必忠信以得之,骄泰以失之。""得道者多助,失道者寡助。寡助之至,亲戚畔之;多助之至,天下顺之。以天下之所顺,攻亲戚之所畔,故君子有不战,战必胜矣。"(《孟子·公孙丑下》)君子有必须遵循的大道,但只有忠诚笃信才能真正遵道而行,骄傲自大就只会迷失正道。遵道而行的人就能得到众多人的协助,迷失正道的人很少能得到协助。少有人协助到了极致,就连亲戚也背叛他;很多人协助到了极致,天下人都顺从他。就像以天下人都顺从的一方攻打连亲戚都背叛的一方,君子要么不进行战斗,如果战斗就必胜无疑。

三、"国治而后天下平"

"君子有大道",说到底君子应该追求"大道之行也,天下为公,选贤与能,讲信修睦。故人不独亲其亲,不独子其子,使老有所终,壮有所用,幼有所长,矜寡孤独废疾者皆有所养,男有分,女有归。货恶其弃于地也,不必藏于己;力恶其不出于身也,不必为己。是故谋闭而不兴,盗窃乱贼而不作,故外户而不闭。是谓大同"(《礼记·礼运》)。梁启超在《欧游心影录》中说:

> 人生最大的目的,是要向人类全体有所贡献。为什么呢?因为人类全体才是"自我"的极量,我要发展"自我",就须向这条路努力前进。为什么要有国家?因为有个国家,才容易把这国家以内一群人的文化聚拢起来,继续起来,增长起来,好加入人类全体中助他发展。所以建设这个国家是人类全体进化的一种手段,就像市府乡村的自治结合,是国家成立的一种手段。

就此说来，一个人不把自己的国家弄到富强便了，却是要叫自己国家有功于人类全体，不然，那国家便算白设了。明白这道理，自然知道我们的国家，有个绝大责任横在前途。什么责任呢？是拿西洋的文明来扩充我的文明，又拿我的文明去补助西洋的文明，叫他化合起来成一种新文明。①

最后一部分讲"大道"，首先说的是"生财有大道"，意味着"天下平在治其国"的首要任务就是"生财"；"仁者以财发身"，意味着以人为本的财富观；"国不以利为利，以义为利"，意味着"先义后利"的国际交往准则，这三者共同构成"国治而后天下平"的内涵。

（一）"生财有大道"

"生财有大道，生之者众，食之者寡，为之者疾，用之者舒，则财恒足矣。"郑玄认为"是不务禄不肖，而勉民以农也"②，也就是不务求俸禄不啃老，而勉励民众务农以自立。朱熹引用吕氏曰"国无游民，则生者众矣；朝无幸位，则食者寡矣；不夺农时，则为之疾矣；量入为出，则用之舒矣"，并补充说"此因有土有财而言，而明足国之道在乎务本而节用，非必外本内末而后财可聚也。自此至于终篇，皆一意也"③。全国上下没有无业游民就是从事生产的人多；朝廷官员没人尸位素餐就是国家供养的人少；公共事务不侵夺农业时间就是生产及时；消费支出能够量入为出就是消耗舒缓。说到底，国家的富足在于以农业为本而且勤俭节约，而不在于不择手段地聚敛财富。

以农业作为社会之本，这是中国源远流长的历史传统。《周易·系辞下》说："古者包牺氏之王天下也"，"作结绳而为网罟，以佃以渔"；"包牺氏没，神农氏作，斫木为耜，揉木为耒，耒耨之利，以教天下"；"神农氏没，黄帝、尧、舜氏作，通其变，使民不倦，神而化之，使民宜之"。大致意思是伏羲结绳为网开创了渔猎文

---

① 陈崧编.五四前后东西文化论战文选（增订本）[B].北京：中国社会科学出版社，1989：387—388.
② （汉）郑玄，注.王锷，点校.礼记注（下册）[M].北京：中华书局，2021：793—794.
③ （宋）朱熹，集注.四书章句集注[B].北京：中华书局，2016：12—13.

明,炎帝发明耒耜开始了农耕文明,黄帝、尧、舜进一步发展了商业交往。神农就是炎帝,我们中国人常说自己是炎黄子孙,这意味着中华传统文明是农业文明。黄帝"时播百谷草木,淳化鸟兽虫蛾,旁罗日月星辰,水波土石金玉,劳勤心力耳目,节用水火材物";帝喾"取地之财而节用之,抚教万民而利诲之,历日月而迎送之,明鬼神而敬事之";尧忧"汤汤洪水滔天,浩浩怀山襄陵,下民其忧,有能使治者";"舜耕历山,渔雷泽,陶河滨,作什器于寿丘,就时于负夏";(《史记·五帝本纪》)禹曰:"洪水滔天,浩浩怀山襄陵,下民昏垫。予乘四载,随山刊木,暨益奏庶鲜食。予决九川距四海,浚畎浍距川;暨稷播,奏庶艰食鲜食。懋迁有无化居。烝民乃粒,万邦作乂。"(《尚书·虞书·皋陶谟》)稷是周人的先祖,名弃,"弃为儿时,屹如巨人之志。其游戏,好种树麻、菽、麻、菽美。及为成人,遂好耕农,相地之宜,宜谷者稼穑焉,民皆法则之。帝尧闻之,举弃为农师,天下得其利,有功。"(《史记·周本纪》)南宫适问于孔子曰:"羿善射,奡荡舟,俱不得其死然;禹、稷躬稼而有天下。"夫子不答。南宫适出,子曰:"君子哉若人!尚德哉若人!"(《论语·宪问》)南宫适问孔子,羿擅长射箭、奡善于水战,为什么都没有得到善终,而禹和稷亲自种作庄稼却得到了天下。孔子没有直接回答,等他退出去后却赞扬他这个人是君子,知道崇尚道德。"动用刀剑者,必死于刀剑之下",而亲自种作庄稼者则为天下王。天子亲耕逐步成为"礼",据《礼记》记载,春耕时节,"天子亲耒耜","帅三公、九卿、诸侯、大夫躬耕帝藉","天子三推,三公五推,卿、诸侯九推"(《礼记·月令》)。"天子亲耕于南郊以共齐盛,王后蚕于北郊以共纯服;诸侯耕于东郊以共齐盛,夫人蚕于北郊以共冕服";"天子、诸侯非莫耕也,王后、夫人非莫蚕也,身致其诚信"(《礼记·祭统》),天子诸侯及其后妃夫人亲耕亲桑,当然不是为了自己的衣食所需,而是表达祭祀的诚意。战国时期普遍重视农耕,像在秦国主持变法的商鞅就强调"夫农者寡而游食者众,故其国贫危","圣人知治国之要,故令民归心于农。归心于农,则民朴而可正也,纷纷则易使也,信可以守战也"(《商君书·农战》)。汉朝《白虎通义·桑耕》进一步指明,王者后妃这么做是带领天下人重视农耕和蚕桑。

王者所以亲耕、后亲桑何?以率天下农蚕也。天子亲耕以供郊庙之祭,后之亲桑以供祭服。《祭义》曰:"天子三推,三公五推,卿大夫七推。"耕于东郊何?东方少阳,农事始起。桑于西郊?西方少阴,女功所成。故《曾子问》曰:"天子耕东田而三反之。"《周官》曰:"后亲桑,率外内妇蚕于北郊。"《礼祭义》曰:"古者天子诸侯,必有公桑蚕室,近外水为之,筑周棘墙,而外闭之者也。"①

当然,随着生产力水平的提高,社会分工也发展了,要求为政者同时亲自耕种就没有道理了。正是为了批判"有为神农之言者许行"要求"贤者与民并耕而食,饔飧而治",孟子提出"有大人之事,有小人之事。且一人之身,而百工之所为备,如必自为而后用之,是率天下而路也。故曰,或劳心,或劳力;劳心者治人,劳力者治于人;治于人者食人,治人者食于人;天下之通义也"(《孟子·滕文公上》)。这并非否定农业的重要性,恰恰相反,劳心者首先就是要为农业生产寻找人才。

当尧之时,天下犹未平,洪水横流,泛滥于天下,草水畅茂,禽兽繁殖,五谷不登,禽兽逼人,兽蹄鸟迹之道交于中国。尧独忧之,举舜而敷治焉。舜使益掌火,益烈山泽而焚之,禽兽逃匿。禹疏九河,瀹济漯而注诸海,决汝汉,排淮泗而注之江,然后中国得而食也。当是时也,禹八年于外,三过其门而不入,虽欲耕,得乎?

后稷教民稼穑,树艺五谷;五谷熟而民人育。人之内道也,饱食、暖衣、逸居而无教,则近于禽兽。圣人有忧之,使契为司徒,教以人伦——父子有亲,君臣有义,夫妇有别,长幼有叙,朋友有信。放勋曰:"劳之来之,匡之直之,辅之翼之,使自得之,又从而振德之。"圣人之忧民如此,而暇耕乎?

尧以不得舜为己忧,舜以不得禹、皋陶为己忧。夫以百亩之不易为己忧者,农夫也。分人以财谓之惠,教人以善谓之忠,为天下得人者谓之仁。是故以天下与人易,为天下得人难。孔子曰:"大哉尧之为君!惟天为大,惟尧则之,荡荡乎民无能名焉!君哉舜也!巍巍乎有天下而不与焉!"尧舜之治天下,岂无所用其心哉?亦不用于耕耳。

在尧那个时代,天下还未太平,洪水成灾,四处泛滥;草木无限制生长,禽兽

---

① (清)陈立,撰.吴则虞,点校.白虎通义疏证(上),[B].北京:中华书局,1994:276—277.

大量繁殖，谷物没有收成，飞禽走兽危害人类，到处都是它们的踪迹。尧为此而非常担忧，选拔舜出来全面治理。舜派益负责用火烧荒，益便用烈火焚烧山野沼泽的草木，飞禽走兽于是四散而逃。大禹疏通九条河道，治理济水、漯水，引流入海；挖掘汝水、汉水，疏通淮水、泗水，引流进入长江。这样中国才可以进行农业耕种。当时，禹八年在外，三次经过自己的家门前都不进去，即便他想亲自种地，可行吗？后稷教老百姓耕种收获，栽培五谷，五谷成熟了才能够养育百姓。人之所以为人，吃饱了，穿暖了，住得安逸了，如果没有教养，那就和禽兽差不多。圣人又为此而担忧，派契做司徒，用人与人之间应有的伦常关系和启发来教育百姓——父子之间有骨肉之亲，君臣之间有礼义之道，夫妻之间有内外之别，老少之间有尊卑之序，朋友之间有诚信之德。尧说道："慰劳他们，安抚他们，开导他们，纠正他们，辅助他们，保护他们，使他们创作，再进一步提高他们的品德。"圣人为老百姓考虑得如此周到，难道还有时间来亲自耕种吗？尧把得不到舜这样的人作为自己的忧虑，舜把得不到禹和陶这样的人作为自己的忧虑。那些把耕种不好田地作为自己忧虑的，是农夫。把钱财分给别人叫作惠，把好的启发教给别人叫作忠，为天下发现人才叫作仁。所以把天下让给人容易，为天下发现人才却很难。孔子说："尧做天子真是伟大！只有天最伟大，只有尧能够效法天，他的圣德无边无际，老百姓找不到恰当的文言汉语来赞美他！舜也是了不得的天子！虽然有了这样广阔的天下，自己却并不占有它！"尧和舜治理天下，难道不用心思吗？只不过用在耕田种地上罢了。

南宋时的楼俦在任于潜令时绘制《耕织图诗》，清朝康熙见到后传命内廷供奉焦秉贞重新绘制并亲自题写了序言，称为《御制耕织图》。其序言讲自己夙兴夜寐研究探求治国理政，深觉民生之本最重要的是衣食。《诗经·国风》多有讲稼穑蚕桑之艰难，古人为这些诗歌辅以管弦奏唱，列入典礼诰命仪式中，值得为政者多加留意。西汉君主诏令最接近古意，警告世人说农业受损必遭饥荒，女红受害必挨寒冻。又说年老长者需要衣食才能寿终正寝，幼儿孤儿需要衣食才能茁壮成长。想要达成这个道理，又舍弃以农桑为本，那靠什么来供奉？我每次到各省巡察民风民情，都喜欢观察农业生产情况，对于南北方土地的属性，适宜播种的粮食作物，生长时节气候的不同，各种害虫捕捉整治的方法，一直喜欢向当地农夫咨询，我对这些知道得很清楚，听官员报告政事时经常和他们讲。我在丰泽园边上整治了几块田地，周围小溪流水环抱，田界纵横交错宛如井田旧制，水车咕噜灌溉之声不绝于耳，每年可以收获丰美谷物数十种。田垄侧旁又栽种了桑树，桑树旁边又搭建了蚕房，煮开蚕茧缫理成丝，恍如农家茅舍木屋景象。又构筑"知稼轩""秋云亭"，临近观望以感悟稼穑维艰。古人曾说：穿玉帛当思织女受寒，吃米粟当念农夫辛苦。我对此念念不忘，情真意切。因此绘制这耕织图各二十三幅，并就每幅图上作诗一首，以赞叹农家勤劳艰苦，并且亲手书写配在图上。这些图是从始至终的全过程描绘，把农夫手脚磨成老茧的耕作辛劳，织女剥茧抽丝纺线织布的疲乏，都展现得惟妙惟肖。我又命人雕版印书在全国流传，用以教育皇室贵胄臣工百姓，"一粥一饭，当思来之不易；半丝半缕，恒念物力维艰"（《朱子家训》）。《尚书·周书·酒诰》中文王诏告子孙及官员说："知地上生长的粮食最宝贵，这样心地才善良高贵。"以上就是我因耕织图而产生的一些感想和启发。我希望就此使寰球之内举世之人，都能诚恳地尊崇农业为本，吸引天下众人都勤劳地生产，都俭朴地积累，以得丰衣足食，共登安乐富足，共享健康长寿，这就是我令人作画的初心本意。

> 朕早夜勤毖，研求治理。念生民之本，以衣食为天。尝读《豳风》《无逸》诸篇，其言稼穑蚕桑，纤悉具备。昔人以此被之管弦，列于典诰，有天下国家者，洵不可不留连三复于其际也。西汉诏令，最为近古，其言曰：农事伤，则饥之本也；女红害，则寒之源也。又曰：老者以寿终，幼孤得遂长。欲臻斯理者，舍本务，其曷以奉！朕每巡省风谣，乐观农事，于南北土疆之性，黍稷播种之宜，节候早晚之殊，螟蝝捕治之法，素爱咨询，知此甚晰，听政时恒与诸臣工言之。于丰泽园之侧治田数畦，环以溪水，阡陌井然在目，桔槔之声盈耳，岁收嘉禾数十种。陇畔树桑，傍列蚕舍，浴茧缫丝，恍然如茅檐蔀屋。因构"知稼轩""秋云亭"以临观之。古人有言：衣帛当思织女之寒，食粟当念农夫之苦。朕惓惓于此，至深且切也。爰绘耕、织图各二十三幅，朕于每幅制诗一章，以吟咏其勤苦，而书之于图。自始事迄终事，农人胼手胝足之劳、蚕女茧丝机杼之瘁咸备，极其情状。复命镂板流传，用以示子孙臣庶，俾知粒食维艰，授衣匪易。《书》曰："惟土物爱，厥心臧。"庶于斯图有所感发焉。且欲令寰宇之内，皆敦崇本业，勤以徕之，俭以积之，衣食丰饶，以共跻于安和富寿之域，斯则朕嘉画元元之至意也夫①。

---

① 爱新觉罗·玄烨.御制耕织图·序[B].上海：华东师范大学出版社，2011.

"生财有大道,生之者众,食之者寡,为之者疾,用之者舒,则财恒足矣",与"敦崇本业,勤以徕之,俭以积之,衣食丰饶,以共跻于安和富寿之域",意思非常相似,它也说明中国人其实认为"农耕为本"就是"生财大道"。毫无疑问,这可能导致"重农抑商",但在中国古人看来"农"本来就应该"重","商"本来就应该"抑"。"重农抑商",并非"惟农是从"而"禁止商业",它只意味着"耕者有其田"和"国家掌握国民经济命脉",这体现在井田制的传说和汉武帝的盐铁专营政策中。"生之者众"是从事实业的"生产者"多,"食之者寡"强调从事贩卖租贷的"食利者"少,"为之者疾"是国民经济的"增长率"高,"用之者舒"是国民收入"储蓄率"高,这四条形成生产—消费—投资—储蓄的良性循环,而且是生产端如源头活水,不断创造国民消费所需,同时又不断创造资本投资,最终使得财富不断地积累。经济学今天被搞得非常复杂,但在古人看来天上不会掉馅饼,"财"终归只能靠人去"生",农耕就是那源头活水,工业是加工、商业是流通,重视农业就是重视创造财富的源泉,抑制工商业就是反对垄断促进流通。创造财富要人多而且勤劳,这样就能源泉滚滚;单纯消耗财富的人要少而且要节俭,唯有如此才能保持财富始终充足。西方经济学现在认为消费就能拉动生产,所以从各级政府到民间百姓都过度消费,生产也不愿意从事实业而专好重利盘剥,虽然现在西方发达国家仍然是"富国",但是否可以称为"财恒足矣"呢?只能说是"债务累累"啊!这样的"富国"岂无贾府(或假富)"忽喇喇似大厦倾,昏惨惨似灯将尽"之忧?

2022年4月1日出版的第7期《求是》杂志,发表习近平的重要文章《坚持把解决好"三农"问题作为全党工作重中之重,举全党全社会之力推动乡村振兴》,提出要用大历史观来看待农业、农村、农民问题,只有深刻理解了"三农"问题,才能更好理解我们这个党、这个国家、这个民族。

我国自古以农立国,创造了源远流长、灿烂辉煌的农耕文明,长期领先世界。纵览历朝历代,农业兴旺、农民安定,则国家统一、社会稳定;农业凋敝、农民不稳,则国家分裂、社会动荡。到了近代,列强入侵,内忧外患,农村荒凉,民不聊生。我们党成立以后,充分认识到中国革命的基本问题是农民问题,把为广大农民谋幸福作为重要使命,致力于使农民从政治压迫和经济剥削下解放出来。早在大革命时期,毛泽东同志就指出,"农民是中国无产阶级的最广大和最忠实的同盟军";"农民问题乃国民革命的中心问题"。1936年，他在延安会见美国作家斯诺时说道，"谁赢得了农民，谁就会赢得了中国，谁解决土地问题，谁就会赢得农民"。新民主主义革命时期，我们党带领农民打土豪、分田地，经过艰苦卓绝的武装斗争，实现了亿万农民翻身得解放。

新中国成立后，我们党组织农民重整山河、发展生产，进行了艰辛探索。改革开放以来，我们党领导农民率先拉开改革大幕，不断解放和发展农村社会生产力，推动农村全面进步，实现了由温饱不足向全面小康迈进的历史性跨越。

党的十八大以来，我们坚持把解决好"三农"问题作为全党工作的重中之重，把脱贫攻坚作为全面建成小康社会的标志性工程，组织推进人类历史上规模空前、力度最大、惠及人口最多的脱贫攻坚战，启动实施乡村振兴战略，推动农业农村取得历史性成就、发生历史性变革……

"农，天下之本，务莫大焉。""务农重本，国之大纲。"历史和现实都告诉我们，农为邦本，本固邦宁。我们要坚持用大历史观来看待农业、农村、农民问题，只有深刻理解了"三农"问题，才能更好地理解我们这个党、这个国家、这个民族。必须看到，全面建设社会主义现代化国家，实现中华民族伟大复兴，最艰巨最繁重的任务依然在农村，最广泛最深厚的基础依然在农村[①]。

习近平不仅强调"最艰巨最繁重的任务依然在农村"，还说"最广泛最深厚的基础依然在农村"，只意味着"我们要解决好工业文明带来的矛盾"，"生态文明是人类文明发展的历史趋势"[②]。如果生态文明是超越工业文明的人类文明新形态，那么人们甚至就不应该把"三农"看作"问题"了，而应该看作人类未来的"希望"。

[①] 习近平：《坚持把解决好"三农"问题作为全党工作重中之重，举全党全社会之力推动乡村振兴》，《求是》，2022年第7期。http://www.qstheory.cn/dukan/qs/2022—03/31/c_1128515304.htm.

[②] 习近平：共同构建地球生命共同体——在《生物多样性公约》第十五次缔约方大会领导人峰会上的主旨讲话[2021—10—12]http://www.gov.cn/xinwen/2021/10/12/content_5642048.htm.

(二)"仁者以财发身"

"仁者以财发身,不仁者以身发财",这句话郑玄认为是"言仁人有财,则务于施与以起身,成其令名。不仁之人有身,贪于聚敛以起财,务成富"[①];朱熹则认为是说"仁者散财以得民,不仁者亡身以殖货"[②]。大致意思是说仁人不聚敛财富,而是通过与人民分享财富来获得人民尊敬;不仁的人全身心只顾敛财,甚至"人为财死,鸟为食亡"。不过,朱熹也强调,"不是特地散财以取名,买教人来奉己。只是不私其有,则人自归之而身自尊。只是言其散财之效如此"。仁者不是收买人心博取声名,更不是收买小人供自己使用,果真如此就是野心勃勃的奸贼了。真正的仁人只是不做守财奴,愿意用自己的财富为众人做事,因此人心自然归顺他而使他获得尊敬,这也可以说是做慈善事业的好处。孟子曰:"鸡鸣而起,孳孳为善者,舜之徒也;鸡鸣而起,孳孳为利者,跖之徒也。"(《孟子·尽心上》)清晨鸡一叫就起床,孳孳以求去做善事的,就是舜那种圣人。清晨鸡一叫就起床,孳孳以求获私利的,就是盗贼跖那种人。毛泽东《贺新郎·读史》说:"五帝三皇神圣事,骗了无涯过客。有多少风流人物?盗跖庄蹻流誉后,更陈王奋起挥黄钺。歌未竟,东方白。"盗跖其实是奴隶起义的首领,大概也因此才被代表周朝封建礼仪的孟子贬低吧。不过,孟子的话的主旨也是"苟为后义而先利,不夺不餍"(《孟子·梁惠王上》),也就是如果人人都把仁义放在第二位而把私利放在第一位,那必然结果就是不夺取王位是不会罢休的。

"未有上好仁而下不好义者也,未有好义其事不终者也,未有府库财非其财者也",郑玄说:"言君行仁道,则其臣必义,以义举事无不成者,其为诚然,如己府库之财为己有也"[③];朱熹说:"上好仁以爱其下,则下好义以忠其上,所以事必有终,而府库之财无悖而出之患也。"[④]这句话正应合孟子说的"未有仁而遗其亲者也,未有义而后其君者也。王亦曰仁义而已矣,何必曰利"(《孟子·梁惠王上》)。未曾有君上喜好仁爱而臣民不喜好忠义的,未曾有臣民喜好忠义而王者之事不得善终的,如

---

① (汉)郑玄,注.王锷,点校.礼记注(下册)[M].北京:中华书局,2021:794.
② (宋)朱熹,集注.四书章句集注[B].北京:中华书局,2016:13.
③ (汉)郑玄,注.王锷,点校.礼记注(下册)[M].北京:中华书局,2021:794.
④ (宋)朱熹,集注.四书章句集注[B].北京:中华书局,2016:13.

此也就没有府库的财富不能供他使用的。仁始于对父母的孝敬，可以推而及至对君主的忠义。孟子的意思是有了仁义自然就有可供君主使用的财用，君主不用直接去谋取财用之利，诸侯卿大夫当然也一样。也正是从这个意义上孟子说："有大人之事，有小人之事"，"或劳心，或劳力；劳心者治人，劳力者治于人；治于人者食人，治人者食于人，天下之通义也"。也就是有为政者的公事，有小百姓的私事；为政者应该为百姓出谋划策，老百姓要自己出力做事；出谋划策的官员要管事，自己出力做事的百姓则需要被管理；受管理者纳税供养管理者，管理者由受管理者供养，这是天下通行的正义。也就是说管理者不应该"既当裁判又当球员"，他们不应该当官又想挣钱。

（三）"国不以利为利，以义为利"

"孟献子曰：'畜马乘不察于鸡豚，伐冰之家不畜牛羊，百乘之家不畜聚敛之臣，与其有聚敛之臣，宁有盗臣。'此谓国不以利为利，以义为利也。"郑玄注释说："孟献子，鲁大夫仲孙蔑也。畜马乘，谓以士初试为大夫者也。伐冰之家，卿大夫以上，丧祭用冰者也。百乘之家，有采地者也。鸡豚牛羊，民之所畜养以为财利者也。国家利义不利财，盗臣损财耳，聚敛之臣乃损义。"[1]朱熹采纳了郑玄对"畜马乘""伐冰之家""百乘之家"的解释，并补充说："君子宁亡己之财，而不忍伤民之力；故宁有盗臣，而不畜聚敛之臣。此谓以下，释孟献子之言也。"[2]也就是说这句话其实是为了说"国不以利为利，以义为利也"。"国不以利为利，以义为利"要求统治者不要与民争利，而要让利于民。士人一旦成为士大夫，能获得国家俸禄，就不要再斤斤计较于鸡猪之利；卿大夫以上安享高官厚禄，就不要再畜养牛羊；有采邑封地的诸侯，关注的应当是"大人之事"，也就是作为"劳心者治人"，"治人者食于人"（《孟子·滕文公上》），而不应该供养着为自己聚敛财富的家臣。季氏富于周公，而求也为之聚敛而附益之。子曰："非吾徒也，小子鸣鼓而攻之可也。"（《论语·先进》）季氏比周天子左右的卿士还富有，却供养着冉求为自己搜刮钱财而进一步聚敛财富。

---

[1] （汉）郑玄，注．王锷，点校．礼记注（下册）[M]．北京：中华书局，2021：794．
[2] （宋）朱熹，集注．四书章句集注[B]．北京：中华书局，2016：13．

孔子宣布冉求不再是自己的学生，让其他学生可以大张旗鼓地去攻击他。孔子看来不仅要把他逐出师门而且要断绝师徒关系。从中可以看出，儒家的"平天下"就是"致中和，天地位焉，万物育焉"，让不同社会阶层的人各尽其能、各得其所，都有生存和发展的机会。它也提醒今天在体制内有固定工资收入的人，买菜买肉就不要太斤斤计较，要让小商小贩赚点辛苦钱；住得起别墅的人也不要自己种菜，给农民留一条赚钱养家的机会；为官从政就不要想着经商挣钱，而要为民族谋复兴、为人民谋幸福。

"长国家而务财用者，必自小人矣。彼为善之，小人之使为国家，菑害并至。虽有善者，亦无如之何矣！此谓国不以利为利，以义为利也。"作为国家的官长却务求财物之用，必定是由于小人误导所致。务求财物之用的不断完善，就是小人主导下的治国理念，最终必定各种灾难和危害一并到来。这样，即便是有道德品行高尚的人，也没有办法改变国家的命运了！这就是所谓的国家不能直接以财物之利为利，而要以正义作为最高利益。郑玄说"务聚财为己用者，必忘义，是小人所为也"[1]，务求聚敛财物供自己使用的人，必定忘记正义，所以是小人的做事方式。其实，这样的官员历来很多，比如今天有些官员就喜欢营建楼堂馆所，购置豪华汽车、名酒名烟，名义上都是单位办公需要，实际上首先是供自己享用。很多事业单位领导不是以事业为重，比如学校学院的领导不是以办学搞科研为重，而是热衷于搞各种培训创收，名义上是为单位和集体创收，实际上是不务正业甚至还谋个人私利。凡此等等即便没有违法乱纪，也是品行低下的小人所为，其最终结果只能是误国殃民。朱熹认为，"'彼为善之'，此句上下，疑有缺文误字"，"自，由也，言由小人导之也"，"此一节，深明以利为利之害，而重言以结之，其丁宁之意切矣"[2]。应该说，前一句"此谓国不以利为利，以义为利也"是从"家齐而后国治"来讲的，这后一句是从"国治而后天下平"的角度来讲的，它们是层层递进的关系，强调"国治而后天下平"。

"长国家而务财用者"的典型代表，大概管仲算得上一个。子曰："管仲之器小哉！"或曰："管仲俭乎？"曰："管氏有三归，官事不摄，焉得俭？""然则管仲知礼乎？"曰："邦君树塞门，管氏亦树塞门；邦君为两君之好，有反坫。管氏亦有反坫，管氏

---

[1] （汉）郑玄，注. 王锷，点校. 礼记注（下册）[M]. 北京：中华书局，2021：794.
[2] （宋）朱熹，集注. 四书章句集注[B]. 北京：中华书局，2016：13.

而知礼,孰不知礼?"(《论语·八佾》)孔子认为管仲的器量太小,主要就是他是"长国家而务财用者"。管仲个人的生活不懂得节俭,有三处豪华的公馆,而且都有专人管理,完全没有节俭意识。管仲也不注意君臣之礼。国君在宫门前立了一道影壁,管仲也在自家门口立了道影壁;国君设宴招待别国君主、举行友好会见时,在堂上设有放置空酒杯的土台,管仲宴客也就有这样的土台。如果说管仲知君臣之礼,那还有谁不知礼呢?简单地说,"长国家而务财用者",就是那种贪图享乐、喜好张扬的官员,其为官的目的是"赫赫师尹,民具尔瞻",也就是为了骑在人民头上作威作福。

"长国家"并非不必"务财用",而是要为"务民之义"(《中庸》)。哀公问于有若曰:"年饥,用不足,如之何?"有若对曰:"盍彻乎?"曰:"二,吾犹不足,如之何其彻也?"对曰:"百姓足,君孰与不足?百姓不足,君孰与足?"(《论语·颜渊》)鲁哀公问有若年成不好导致国家财用不足怎么办,有若建议他实行十分抽一的税率。哀公反问道,十分抽二尚且入不敷出,怎么能实行十分抽一呢?有若回答说,如果百姓的财用充足,国君还有什么不足呢?如果百姓财用不足,国君怎么可能足呢?王曰:"寡人有疾,寡人好货。"对曰:"昔者公刘好货。《诗》云:'乃积乃仓,乃裹糇粮,于橐于囊。思戢用光。弓矢斯张,干戈戚扬,爰方启行。'故居者有积仓,行者有裹粮也,然后可以'爰方启行'。王如好货,与百姓同之,于王何有?"(《孟子·梁惠王下》)齐宣王对孟子说自己有个毛病,就是喜好财用。孟子告诉他周人先祖公刘也喜好财用,但正如《诗经》上说的,"积攒粮食堆满仓,青黄不接有干粮,出门远行装橐囊。集思广益心亮堂。强弓利箭千万张,干戈森森齐高扬,浩浩荡荡向前方",因为居留百姓有存粮,行军战士有干粮,这样才能'浩浩荡荡向前方'。王如果喜好财物,又能跟百姓共享,对您来说有什么呢?由此可见,胡适把孟子看作只讲"义","此谓国不以利为利,以义为利也。长国家而务财用者,必自小人矣。这种极端非功利派的政治论,根本只在要诚意"[1],其实并不准确。

马克思主义认为经济基础决定上层建筑,"长国家而务财用"本身没有问题,问题在于为了谁。如果直接是为了巩固统治者的"上层建筑",那就是"以利为利";如果是为了巩固基层民众的"经济基础",那就是"以义为利"。我们看,国民党历来重视掌握经济资源,不仅占据中国最富庶的江浙地区,而且掌握着银行、矿山等

---

[1] 胡适,著.中国哲学史[B].北京:朝华出版社,2017:287.

国计民生的命脉。败逃之前又把国库黄金搬到台湾，甚至连故宫文物和大学教授也抢运。但国民党的苦心经营不过像松鼠囤坚果，最终成了老鼠搬家——穷折腾。"有德此有人，有人此有土，有土此有财，有财此有用"，人心散尽，土地丢失，财用又能搬走多少？国民党里有很多受过高等教育的人才，甚至不乏一些品行高尚的人，但是，"长国家而务财用者，必自小人矣。彼为善之，小人之使为国家，菑害并至。虽有善者，亦无如之何矣"！

中国共产党人也是"务财用"的，只不过是务求广大群众的财用；也是关心"利"的，只不过是关心广大群众的切身利益。1934年1月27日，毛泽东在江西瑞金召开的第二次全国工农兵代表大会的讲话就明确提出关心群众的实际生活问题和切身利益问题。

> 我们现在的中心任务是动员广大群众参加革命战争，以革命战争打倒帝国主义和国民党，把革命发展到全国去，把帝国主义赶出中国去。谁要是看轻了这个中心任务，谁就不是一个很好的革命工作人员。我们的同志如果把这个中心任务真正看清楚了，懂得无论如何要把革命发展到全国去，那么，我们对于广大群众的切身利益问题，群众的生活问题，就一点也不能疏忽，一点也不能看轻。因为革命战争是群众的战争，只有动员群众才能进行战争，只有依靠群众才能进行战争。
>
> 如果我们单单动员人民进行战争，一点别的工作也不做，能不能达到战胜敌人的目的呢？当然不能。我们要胜利，一定还要做很多的工作。领导农民的土地斗争，分土地给农民；提高农民的劳动热情，增加农业生产；保障工人的利益；建立合作社；发展对外贸易；解决群众的穿衣问题，吃饭问题，住房问题，柴米油盐问题，疾病卫生问题，婚姻问题。总之，一切群众的实际生活问题，都是我们应当注意的问题。假如我们对这些问题注意了，解决了，满足了群众的需要，我们就真正成了群众生活的组织者，群众就会真正围绕在我们的周围，热烈地拥护我们。
>
> ……
>
> 我郑重地向大会提出，我们应该深刻地注意群众生活的问题，从土地、劳动问题，到柴米油盐问题。妇女群众要学习犁耙，找什么人去教她们呢？小孩子要求读书，小学办起了没有呢？对面的木桥太小会跌倒行人，要不要

修理一下呢？许多人生疮害病，想个什么办法呢？一切这些群众生活上的问题，都应该把它提到自己的议事日程上。应该讨论，应该决定，应该实行，应该检查。要使广大群众认识我们是代表他们的利益的，是和他们呼吸相通的。要使他们从这些事情出发，了解我们提出来的更高的任务，革命战争的任务，拥护革命，把革命推到全国去，接受我们的政治号召，为革命的胜利斗争到底。①

所谓"国不以利为利，以义为利"，并不是否定"利"，"以义为利"的本身就是在谈论"利"，只不过这个"利"的根本内涵是"义"。1941年11月6日，毛泽东在陕甘宁边区参议会的演说中，讲到"革命的三民主义"的政策"要为一切抗日的人民谋利益，而不是只为一部分人谋利益"，这就是"国不以利为利，以义为利"。

陕甘宁边区所实行的是革命的三民主义。我们对于任何一个实际问题的解决，都没有超过革命的三民主义的范围。就目前来说，革命的三民主义中的民族主义，就是要打倒日本帝国主义；其民权主义和民生主义，就是要为全国一切抗日的人民谋利益，而不是只为一部分人谋利益。全国人民都要有人身自由的权利，参与政治的权利和保护财产的权利。全国人民都要有说话的机会，都要有衣穿，有饭吃，有事做，有书读，总之是要各得其所。中国社会是一个两头小中间大的社会，无产阶级和地主大资产阶级都只占少数，最广大的人民是农民、城市小资产阶级以及其他的中间阶级。任何政党的政策如果不顾到这些阶级的利益，如果这些阶级的人们不得其所，如果这些阶级的人们没有说话的权利，要想把国事弄好是不可能的。中国共产党提出的各项政策，都是为着团结一切抗日的人民，顾及一切抗日的阶级，而特别是顾及农民、城市小资产阶级以及其他中间阶级的。共产党提出的使各界人民都有说话机会、都有事做、都有饭吃的政策，是真正的革命三民主义的政策。在土地关系上，我们一方面实行减租减息，使农民有饭吃；另一方面又实行部分的交租交息，使地主也能过活。在劳资关系上，我们一方面扶助工

---

① 毛泽东. 毛泽东选集（第1卷）[M]. 北京：人民出版社，1991：136—138.

人，使工人有工做，有饭吃；另一方面又实行发展实业的政策，使资本家也有利可图。所有这些，都是为了团结全国人民，合力抗日。这样的政策我们叫作新民主主义的政策。①

"利"本身并不局限"财用"，它包括"人身自由的权利，参与政治的权利和保护财产的权利"，说到底是"全国人民都要有说话的机会，都要有衣穿，有饭吃，有事做，有书读，总之是要各得其所"，这样的"利"也就是"义"，而团结全国人民一致抗日则是中华民族最大的"利"，也是全世界和全人类最正义的事业。"共产党是为民族、为人民谋利益的政党，它本身决无私利可图"②，但是，为民族、为人民中国共产党人甚至不反对功利主义。

唯物主义者并不一般地反对功利主义，但是反对封建阶级的、资产阶级的、小资产阶级的功利主义，反对那种口头上反对功利主义、实际上抱着最自私最短视的功利主义的伪善者。世界上没有什么超功利主义，在阶级社会里，不是这一阶级的功利主义，就是那一阶级的功利主义。我们是无产阶级的革命的功利主义者，我们是以占全人口百分之九十以上的最广大群众的目前利益和将来利益的统一为出发点的，所以我们是以最广和最远为目标的革命的功利主义者，而不是只看到局部和目前的狭隘的功利主义者。③

"国不以利为利，以义为利"，正因为中国共产党人领导的新民主主义革命是为人民谋利益的正义事业，所以最终验证了孟子说的"得天下有道，得其民，斯得天下矣"（《孟子·离娄上》）。但是，得到中国人民支持的正义事业却受到国内外反动派的极端仇视，1949年9月21日，毛泽东在中国人民政治协商会议第一届全体会议上致开幕词，充分表达了中国共产党人对"欲明明德于天下，在治其国"的深刻理解。

我们团结起来，以人民解放战争和人民大革命打倒了内外压迫者，宣布

---

① 毛泽东.毛泽东选集（第3卷）[M].北京：人民出版社，1991：808.
② 毛泽东.毛泽东选集（第3卷）[M].北京：人民出版社，1991：809.
③ 毛泽东.毛泽东选集（第3卷）[M].北京：人民出版社，1991：864.

中华人民共和国成立了。我们的民族将从此列入爱好和平自由的世界各民族的大家庭，以勇敢而勤劳的姿态工作着，创造自己的文明和幸福，同时也促进世界的和平和自由。我们的民族将再也不是一个被人侮辱的民族了，我们已经站起来了。我们的革命已经获得全世界广大人民的同情和欢呼，我们的朋友遍于全世界。

……人民民主专政和团结国际友人，将使我们的建设工作获得迅速的成功。全国规模的经济建设工作业已摆在我们面前。

……随着经济建设的高潮的到来，不可避免地将要出现一个文化建设的高潮。中国人被人认为不文明的时代已经过去了，我们将以一个具有高度文化的民族出现于世界。

我们的国防将获得巩固，不允许任何帝国主义者再来侵略我们的国土。在英勇的经过了考验的人民解放军的基础上，我们的人民武装力量必须保存和发展起来。我们将不但有一个强大的陆军，而且有一个强大的空军和一个强大的海军。

让那些内外反动派在我们面前发抖吧，让他们去说我们这也不行那也不行吧，中国人民的不屈不挠的努力必将稳步地达到自己的目的。[1]

"国治而后天下平"，帝国主义国家出于对社会主义正义事业的仇视，对新中国进行经济封锁、政治孤立甚至军事攻击，中国共产党人如果不能把新中国治理好，就不可能为世界和平做贡献。1954年9月15日，毛泽东在中华人民共和国第一届全国人民代表大会第一次会议上的开幕词中明确提出"我们的总任务是：团结全国人民，争取一切国际朋友的支援，为了建设一个伟大的社会主义国家而奋斗，为了保卫国际和平和发展人类进步事业而奋斗"；"准备在几个五年计划之内，将我们现在这样一个经济上文化上落后的国家，建设成为一个工业化的具有高度现代文化程度的伟大的国家"；并强调"我们的事业是正义的"，"正义的事业是任何敌人也攻不破的"[2]。作为世界上人口最多的国家，中国把自己发展好就是对世界最大的贡献，否则

---

[1] 毛泽东. 毛泽东选集（第5卷）[M]. 北京：人民出版社，1991：344—345.
[2] 毛泽东. 毛泽东选集（第6卷）[M]. 北京：人民出版社，1999：350.

就会成为世界的最大累赘。近代以来西方宣扬的"黄祸论",后来发起的"谁来养活中国"的争论,其实都是以世界各国担忧中国成为全世界、全人类的拖累为心理基础。所以,中国加快速度发展自己,甚至以赶超美国为目标,不仅是为中华民族谋复兴、为中国人民谋幸福的伟大事业,也是中国人民为维护世界和平做贡献的正义事业。1955年10月29日,毛泽东在资本主义工商业社会主义改造问题座谈会上的讲话中就明确提出用15个五年计划,也就是75年左右时间赶上和超过美国。他认为"我们在整个世界上应该有这个职责",因为"世界上四个人中间就有我们一个人"。

  我们的目标是要赶上美国,并且要超过美国。……究竟要几十年,看大家努力,至少是五十年吧,也许七十五年,七十五年就是十五个五年计划。哪一天赶上美国,超过美国,我们才吐一口气。现在我们不像样子嘛,要受人欺负。我们这么大一个国家,吹起来牛皮很大,历史有几千年,地大物博,人口众多,但是一年才生产二百几十万吨钢,现在才开始造汽车,产量还很少,实在不像样子。所以,全国各界,包括工商界、各民主党派在内,都要努力,把我国建设成为一个富强的国家。我们在整个世界上应该有这个职责。世界上四个人中间就有我们一个人,这么不争气,那不行,我们一定要争这一口气[①]。

1956年8月30日,毛泽东在中国共产党第八次全国代表大会预备会议第一次会议上的讲话中再次强调,"赶上世界上最强大的资本主义国家","这是一种责任",否则"我们中华民族就对不起全世界各民族","就要从地球上开除你的球籍"。

  我们这个国家建设起来,是一个伟大的社会主义国家,将完全改变过去一百多年落后的那种情况,被人家看不起的那种情况,倒霉的那种情况,而且会赶上世界上最强大的资本主义国家,就是美国。……这是一种责任。你有那么多人,你有那么一块大地方,资源那么丰富,又听说搞了社会主义,据说是有优越性,结果你搞了五六十年还不能超过美国,你像个什么样子

[①] 毛泽东.毛泽东选集(第6卷)[M].北京:人民出版社,1999:500.

呢？那就要从地球上开除你的球籍！所以，超过美国，不仅有可能，而且完全有必要，完全应该。如果不是这样，那我们中华民族就对不起全世界各民族，我们对人类的贡献就不大①。

社会主义建设使新中国发生翻天覆地的变化，也使中国成为维护世界和平的重要力量。社会主义改革开放就是要使社会主义国家治理进一步现代化，使中国为世界和平发展做出更大贡献。1979年邓小平在会见日本首相大平正芳时明确说："四个现代化是毛主席、周总理在世时确定的。所谓四个现代化，就是要改变中国贫穷落后的面貌，不但使人民生活水平逐步有所提高，也要使中国在国际事务中能够恢复符合自己情况的地位，对人类做出比较多一点的贡献。"②中国共产党领导中国特色社会主义现代化建设取得的伟大成就，向世界表明中国再也不给世界人民拖后腿了，而且成为带动世界经济发展的火车头！

"所谓平天下在治其国者"，"国治而后天下平"，强调"国不以利为利，以义为利也"，并不意味着空谈"义"就可以做到"平天下"。"国不以利为利，以义为利也"，警告世人"苟为后义而先利，不夺不餍"（《孟子·梁惠王上》），其本意是"以义为先、先义后利"。2014年7月4日，习近平在韩国国立首尔大学发表演讲中倡导合作发展理念，提出在国际关系中践行正确义利观。

"国不以利为利，以义为利也。"在国际合作中，我们要注重利，更要注重义。中华民族历来主张"君子义以为质"，强调"不义而富且贵，于我如浮云"。去年，朴槿惠总统访华期间，在中韩商务合作论坛演讲时用汉语说"先做朋友，再做生意"，生动反映了对义利关系的正确认识，深刻诠释了以义为先、先义后利的重要思想观念。

在国际关系中，要妥善处理义和利的关系。政治上，要遵守国际法和国际关系基本原则，秉持公道正义，坚持平等相待。经济上，要立足全局、放眼长远，坚持互利共赢、共同发展，既要让自己过得好，也要让别人过

---

① 毛泽东. 毛泽东选集（第7卷）[M]. 北京：人民出版社，1999：89.
② 邓小平. 邓小平文选（第2卷）[M]. 北京：人民出版社，1994：237.

得好。

当前,经济全球化、区域一体化快速发展,不同国家和地区结成了你中有我、我中有你、一荣俱荣、一损俱损的关系。这就决定了我们在处理国际关系时必须摒弃过时的零和思维,不能只追求你少我多、损人利己,更不能搞你输我赢、一家通吃。只有义利兼顾才能义利兼得,只有义利平衡才能义利共赢。①

---

① 新华网.《习近平:在韩国国立首尔大学的演讲》[2014—07—14]http://www.xinhuanet.com/politics/2014—07/04/c_1111468087.htm.

附　录

程朱重排《大学》原文分章[①]

导　论

　　《大学》之书，古之大学所以教人之法也。盖自天降生民，则既莫不与之以仁义礼智之性矣，然其气质之禀或不能齐，是以不能皆有以知其性之所有而全之也。一有聪明睿智能尽其性者出于其间，则天必命之以为亿兆之君师，使之治而教之，以复其性。此伏羲、神农、黄帝、尧、舜，所以继天立极，而司徒之职、典乐之官所由设也。三代之隆，其法寖备，然后王宫、国都以及闾巷，莫不有学。人生八岁，则自王公以下，至于庶人之子弟，皆入小学，而教之以洒扫、应对、进退之节，礼乐、射御、书数之文；及其十有五年，则自天子之元子、众子，以至公、卿、大夫、元士之適子，与凡民之俊秀，皆入大学，而教之以穷理、正心、修己、治人之道。此又学校之教、大小之节所以分也。夫以学校之设，其广如此，教之之术，其次第节目之详又如此，而其所以为教，则又皆本之人君躬行心得之余，不待求之民生日用彝伦之外，是以当世之人无不学。其学焉者，无不有以知其性分之所固有，职分之所当为，而各俛焉以尽其力。此古昔盛时所以治隆于上，俗美于下，而非后世之所能及也！

　　及周之衰，贤圣之君不作，学校之政不修，教化陵夷，风俗颓败，时则有若孔子之圣，而不得君师之位以行其政教，于是独取先王之法，诵而传之以诏后世。若

[①] 本书中《大学》的文字和标点主要依据中华书局出版的《四书章句集注》（1983繁体竖排版和2011年横排简体版），分章和段落则是本书作者按照自己理解的逻辑关系进行的"主观臆断"。

《曲礼》《少仪》《内则》《弟子职》诸篇，固小学之支流余裔，而此篇者，则因小学之成功，以着大学之明法，外有以极其规模之大，而内有以尽其节目之详者也。三千之徒，盖莫不闻其说，而曾氏之传独得其宗，于是作为传义，以发其意。及孟子没而其传泯焉，则其书虽存，而知者鲜矣！

自是以来，俗儒记诵词章之习，其功倍于小学而无用；异端虚无寂灭之教，其高过于大学而无实。其他权谋术数，一切以就功名之说，与夫百家众技之流，所以惑世诬民、充塞仁义者，又纷然杂出乎其间。使其君子不幸而不得闻大道之要，其小人不幸而不得蒙至治之泽，晦盲否塞，反覆沉痼，以及五季之衰，而坏乱极矣！

天运循环，无往不复。宋德隆盛，治教休明。于是河南程氏两夫子出，而有以接乎孟氏之传。实始尊信此篇而表章之，既又为之次其简编，发其归趣，然后古者大学教人之法、圣经贤传之指，粲然复明于世。虽以熹之不敏，亦幸私淑而与有闻焉。顾其为书犹颇放失，是以忘其固陋，采而辑之，间亦窃附己意，补其阙略，以俟后之君子。极知僭逾，无所逃罪，然于国家化民成俗之意、学者修己治人之方，则未必无小补云。

淳熙己酉二月甲子，新安朱熹序

第一章　知

大学之道，在明明德，在亲民，在止于至善。

知止而后有定，定而后能静，静而后能安，安而后能虑，虑而后能得。物有本末，事有终始，知所先后，则近道矣。

古之欲明明德于天下者，先治其国；欲治其国者，先齐其家；欲齐其家者，先修其身；欲修其身者，先正其心；欲正其心者，先诚其意；欲诚其意者，先致其知；致知在格物。物格而后知至，知至而后意诚，意诚而后心正，心正而后身修，身修而后家齐，家齐而后国治，国治而后天下平。

第二章　行

自天子以至于庶人，壹是皆以修身为本。其本乱而末治者否矣，其所厚者薄，而其所薄者厚，未之有也！

《康诰》曰："克明德。"《太甲》曰："顾諟天之明命。"《帝典》曰："克明峻德。"皆自明也。汤之《盘铭》曰："苟日新，日日新，又日新。"《康诰》曰："作新民。"《诗》曰："周虽旧邦，其命惟新。"是故君子无所不用其极。

《诗》云："邦畿千里，惟民所止。"《诗》云："缗蛮黄鸟，止于丘隅。"子曰："于止，知其所止，可以人而不如鸟乎！"《诗》云："穆穆文王，於缉熙敬止！"为人君，止于仁；为人臣，止于敬；为人子，止于孝；为人父，止于慈；与国人交，止于信。

《诗》云："瞻彼淇澳，菉竹猗猗。有斐君子，如切如磋，如琢如磨。瑟兮僩兮，赫兮喧兮。有斐君子，终不可喧兮！"如切如磋者，道学也；如琢如磨者，自修也；瑟兮僩兮者，恂慄也；赫兮喧兮者，威仪也；有斐君子，终不可喧兮者，道盛德至善，民之不能忘也。《诗》云："於戏！前王不忘！"君子贤其贤而亲其亲，小人乐其乐而利其利，此以没世不忘也。子曰："听讼，吾犹人也，必也使无讼乎！"无情者不得尽其辞。大畏民志，此谓知本。此谓知本，此谓知之至也。

第三章 真

所谓致知在格物者，言欲致吾之知，在即物而穷其理也。盖人心之灵莫不有知，而天下之物莫不有理，惟于理有未穷，故其知有不尽也。是以《大学》始教，必使学者即凡天下之物，莫不因其已知之理而益穷之，以求至乎其极。至于用力之久，而一旦豁然贯通焉，则众物之表里精粗无不到，而吾心之全体大用无不明矣。此谓物格，此谓知之至也。

第四章 善

所谓诚其意者，毋自欺也，如恶恶臭，如好好色，此之谓自谦，故君子必慎其独也！小人闲居为不善，无所不至，见君子而后厌然，掩其不善，而著其善。人之视己，如见其肺肝然，则何益矣。此谓诚于中，形于外，故君子必慎其独也。曾子曰："十目所视，十手所指，其严乎！"富润屋，德润身，心广体胖，故君子必诚其意。

第五章　美

所谓修身在正其心者，身有所忿懥，则不得其正；有所恐惧，则不得其正；有所好乐，则不得其正；有所忧患，则不得其正。心不在焉，视而不见，听而不闻，食而不知其味。此谓修身在正其心。

第六章　家

所谓齐其家在修其身者，人之其所亲爱而辟焉，之其所贱恶而辟焉，之其所畏敬而辟焉，之其所哀矜而辟焉，之其所敖惰而辟焉。故好而知其恶，恶而知其美者，天下鲜矣！故谚有之曰："人莫知其子之恶，莫知其苗之硕。"此谓身不修不可以齐其家。

第七章　国

所谓治国必先齐其家者，其家不可教而能教人者，无之。故君子不出家而成教于国：孝者，所以事君也；弟者，所以事长也；慈者，所以使众也。《康诰》曰"如保赤子"，心诚求之，虽不中，不远矣。未有学养子而后嫁者也！

一家仁，一国兴仁；一家让，一国兴让；一人贪戾，一国作乱；其机如此。此谓一言偾事，一人定国。尧舜帅天下以仁，而民从之；桀纣帅天下以暴，而民从之；其所令反其所好，而民不从。是故君子有诸己而后求诸人，无诸己而后非诸人。所藏乎身不恕，而能喻诸人者，未之有也。故治国在齐其家。

《诗》云："桃之夭夭，其叶蓁蓁；之子于归，宜其家人。"宜其家人，而后可以教国人。《诗》云："宜兄宜弟。"宜兄宜弟，而后可以教国人。《诗》云："其仪不忒，正是四国。"其为父子兄弟足法，而后民法之也。此谓治国在齐其家。

第八章　天　下

所谓平天下在治其国者：上老老而民兴孝，上长长而民兴弟，上恤孤而民不倍，是以君子有絜矩之道也。所恶于上，毋以使下；所恶于下，毋以事上；所恶于前，毋以先后；所恶于后，毋以从前；所恶于右，毋以交于左；所恶于左，毋以交于右：此之谓絜矩之道。

《诗》云："乐只君子，民之父母。"民之所好好之，民之所恶恶之，此之谓民之父母。《诗》云："节彼南山，维石岩岩，赫赫师尹，民具尔瞻。"有国者不可以不慎，辟则为天下僇矣。《诗》云："殷之未丧师，克配上帝；仪监于殷，峻命不易。"道得众则得国，失众则失国。是故君子先慎乎德。有德此有人，有人此有土，有土此有财，有财此有用。德者本也，财者末也，外本内末，争民施夺。是故财聚则民散，财散则民聚。是故言悖而出者，亦悖而入；货悖而入者，亦悖而出。《康诰》曰："惟命不于常！"道善则得之，不善则失之矣。《楚书》曰："楚国无以为宝，惟善以为宝。"舅犯曰："亡人无以为宝，仁亲以为宝。"《秦誓》曰："若有一个臣，断断兮无他技，其心休休焉，其如有容焉。人之有技，若己有之，人之彦圣，其心好之，不啻若自其口出，寔能容之，以能保我子孙黎民，尚亦有利哉。人之有技，媢疾以恶之，人之彦圣，而违之俾不通，寔不能容，以不能保我子孙黎民，亦曰殆哉。"唯仁人放流之，迸诸四夷，不与同中国。此谓唯仁人为能爱人，能恶人。见贤而不能举，举而不能先，命也；见不善而不能退，退而不能远，过也。好人之所恶，恶人之所好，是谓拂人之性，菑必逮夫身。是故君子有大道，必忠信以得之，骄泰以失之。

生财有大道，生之者众，食之者寡，为之者疾，用之者舒，则财恒足矣。仁者以财发身，不仁者以身发财。有上好仁而下不好义者也，未有好义其事不终者也，未有府库财非其财者也。孟献子曰："畜马乘不察于鸡豚，伐冰之家不畜牛羊，百乘之家不畜聚敛之臣，与其有聚敛之臣，宁有盗臣。"此谓国不以利为利，以义为利也。长国家而务财用者，必自小人矣。彼为善之，小人之使为国家，菑害并至。虽有善者，亦无如之何矣！此谓国不以利为利，以义为利也。

后 记

这是本人研究《礼记》撰写的第三本书,第一本《学以成人:〈学记〉的教育智慧》完全是因为探究思想政治教育方法的需要而写的,写完才知道"建国君民,教育为先",也就是知道了"礼教"或"礼治"。从此,我感觉思想政治理论课教师的使命,就是"为天地立心,为生民立命,为往圣继绝学,为万世开太平"。孔子、孟子、朱熹的传教,其实都是思想政治教育。他们最伟大的工作,就是编定教学用书。孔子和他的弟子们编定《诗经》《尚书》《礼记》《易经》《春秋》,它们被称作"五经"。孟子和他的弟子们编定了《孟子》。朱熹则编定了"四书",即《大学》《中庸》《论语》《孟子》。作为教师,我坚信就凭这些教科书,他们就是人类万世师表!我的人生志向是在熟稔"四书"的基础上,精研一经——《礼记》。因为在我看来,古代说的"礼"其实就是我们今天说的"意识形态","礼教"就是意识形态教育或思想政治教育。《学记》《大学》《中庸》,都是《礼记》的一篇。这三本书的出版,意味着我对《礼记》的研究已经开开走了,让我颇为兴奋。尤其是在中国人民阔步走在中华民族伟大复兴大道上的今天,中国古代的"礼教"必将成为思想理论创新的源泉。陈子昂"前不见古人,后不见来者,念天地之悠悠,独怆然而涕下",我则坚信"君子多识前言往行,以畜其德"能成就美好生活。

我是马克思主义学院的思想政治理论课教师,我的最终目的不是研究《礼记》,而是把马克思主义基本原理同中国具体实际相结合、同中华优秀传统文化相结合,推进中华优秀传统文化创造性转化、创新性发展,推进马克思主义中国化、时代化。我不相信单纯地依靠马克思主义可以解决今天中国和世界面临的问题,我也不相信单纯地依靠中华优秀传统文化可以解决当今中国和世界面临的问题。我个人特别渴望能在马克思主义学院加强中华优秀传统文化的教育,没有这方面的教育就不可能真正推进马克思主义中国化!马克思主义学院的教育应该有这种意识:马克思主义无论如何不能算解决人类问题的中国智慧或中国方案,西方人嘲笑中国人没有解决人类问题的中国智慧或中国方案,要么接受自由主义和资本主义,要么接受马克思主义和社会主义，没有其他选择。近代以来，我们中国人确实也没有为人类贡献多少智慧，我们过去确实只能在以美国和苏联为代表的两大阵营中选择。但是，今天不一样了，苏联已经不存在了，以美国为代表的资本主义社会也千疮百孔，中国真正成为解决人类共同问题的全新选择。"当代中国的伟大社会变革，不是简单延续我国历史文化的母版，不是简单套用马克思主义经典作家设想的模板，不是其他国家社会主义实践的再版，也不是国外现代化发展的翻版"；"我们坚持和发展中国特色社会主义，推动物质文明、政治文明、精神文明、社会文明、生态文明协调发展，创造了中国式现代化新道路，创造了人类文明新形态。"马克思主义学院必须在"两个结合"和"两个创造"中探索前进道路。

  我觉得自己做的研究在方向上是正确的，还有继续研究的无限广阔前景，非常渴望有更多志同道合者。我也深知自己才疏学浅，却踏进了人类文明最深的长河，非常乐意接受学术方家的批评指正。很有可能马克思主义理论学科的同人要指责我偏离了马克思主义，而文史哲学科的学者又指责我完全不懂中华优秀传统文化，但我还会继续走"两个结合"和"两个创造"的"中庸之道"，因为我相信这就是毛主席说的"人间正道是沧桑"。

李效东

2022年6月21日

于北京长河畔大隐名座